Bush Boake Allen Inc.

представительства в 42 странах мира

АРОМАТИЗАТОРЫ, КРАСИТЕЛИ, ЭМУЛЬСИИ, ПРЯНОСТИ, ПРИПРАВЫ ДЛЯ ПИЩЕВОЙ ПРОМЫШЛЕННОСТИ, ПАРФЮМЕРНЫЕ КОМПОЗИЦИИ ДЛЯ КОСМЕТИЧЕСКИХ ПРЕПАРАТОВ, БЫТОВОЙ ХИМИИ И СИНТЕТИЧЕСКИЕ ДУШИСТЫЕ ВЕЩЕСТВА

Фирма BUSH BOAKE ALLEN LTD. организована в 1967 году в результате объединения трех самостоятельных процветающих фирм: W.J.BUSH CO LTD; BOAKE ROBERTS CO LTD; STAFFORD ALLEN&SONS LTD. Благодаря международной деятельности фирма в курсе самых современных тенденций всех основных рынков мира. Специалисты фирмы готовы предоставить самую современную информацию и технологическую помощь при разработке вашей продукции. Все наши производства сертифицированы в соответствии с международной системой контроля качества ISO 9002.

121351 Москва, ул. Молодогвардейская, д. 46, кор.1, подъезд 2
проезд: м. Молодежная, авт. 127, 757 (две остановки)
тел.: (095) 149 11 50, 444 98 85, 444 98 10, факс 149 85 81

АНГЛО-РУССКИЙ
СЛОВАРЬ
ПО ПАРФЮМЕРИИ
И КОСМЕТИКЕ

ENGLISH-RUSSIAN
DICTIONARY
OF PERFUMERY
AND BEAUTY CARE

T.V. POUTCHKOVA
S.I. KORALNIK

ENGLISH-RUSSIAN DICTIONARY OF PERFUMERY AND BEAUTY CARE

(with Index of Russian terms)

Approx. 18 000 terms

Edited by
S. V. Baranov, Cand. Sc. (Chem.),
T. V. Poutchkova, Cand. Sc. (Biol.)

«RUSSO»
MOSCOW
1996

«КОМПАНИЯ
РУССКАЯ
КОСМЕТИКА»

Т.В. ПУЧКОВА
С.И. КОРАЛЬНИК

АНГЛО-РУССКИЙ СЛОВАРЬ ПО ПАРФЮМЕРИИ И КОСМЕТИКЕ

(с указателем русских терминов)

Около 18 000 терминов

Под редакцией
канд. хим. наук С.В. Баранова,
канд. биол. наук Т.В. Пучковой

«РУССО»
МОСКВА
1996

«КОМПАНИЯ
РУССКАЯ
КОСМЕТИКА»

ББК 51.204.1
П 44

П 44　Пучкова Т.В., Коральник С.И.
　　　Англо-русский словарь по парфюмерии и косметике (с указателем русских терминов): Ок. 18 000 терминов/Под ред. С.В. Баранова, Т.В. Пучковой. — М.: РУССО, 1996. — 336 с.

ISBN 5-88721-053-2

　　　Словарь содержит около 18 000 слов и словосочетаний, охватывающих следующие разделы: парфюмерия и парфюмерные изделия; косметика и косметические изделия; натуральные эфирные масла; растительное и цветочное сырье; синтетические душистые вещества; фирменные продукты и композиции; добавки различного назначения; расфасовка, упаковка и художественное оформление продукции; виды тары и упаковочных материалов; контроль качества готовых изделий и сырья; производственное оборудование и технологические процессы; менеджмент, маркетинг и реклама парфюмерии и косметики.
　　　Словарь предназначен для специалистов парфюмерно-косметической промышленности, сотрудников коммерческих структур, специалистов по рекламе, переводчиков, студентов, а также для широкого круга потребителей парфюмерно-косметических товаров зарубежных фирм.

П $\frac{4602030000-021}{15И(03)-96}$ без объявл.　　　ББК 51.204.1 + 81.2 Англ-4

ISBN 5-88721-053-2　　　© Пучкова Т.В., Коральник С.И., 1996

　　　　　　　　　　　　Репродуцирование (воспроизведение) данного издания любым способом без договора с авторами запрещается.

ПРЕДИСЛОВИЕ

«Англо-русский словарь по парфюмерии и косметике» издается впервые.

Наполнение российского рынка парфюмерно-косметическими товарами резко увеличило потребность в выпуске специальной литературы. Правильный и точный перевод важен не только для специалистов при изучении научной и технической литературы, но и для широких масс потребителей для понимания рекламных проспектов, буклетов, аннотаций.

Словарь содержит около 18 000 слов и словосочетаний, охватывающих следующие разделы: парфюмерия и парфюмерные изделия; косметика и косметические изделия; натуральные эфирные масла; растительное и цветочное сырье; синтетические душистые вещества; фирменные продукты и композиции; добавки различного назначения; расфасовка, упаковка и художественное оформление продукции; виды тары и упаковочных материалов; контроль качества готовых изделий и сырья; производственное оборудование и технологические процессы; менеджмент, маркетинг и реклама парфюмерии и косметики.

Для формирования массива традиционных и новейших терминов были использованы современные справочники и энциклопедии по парфюмерии и косметике, американские и английские отраслевые журналы, каталоги и проспекты фирм, коммерческая и научно-техническая документация и пр. В словарь включены отдельные термины из смежных областей знаний: биологии, медицины, биохимии, врачебной косметики, имеющие непосредственное отношение к теме словаря.

Определенные трудности при составлении словаря вызваны отсутствием русского эквивалента английскому термину, что потребовало описательного перевода. В отдельных случаях при переводе на русский язык узкопрофессиональных терминов были даны краткие пояснения, что способствовало повышению информативности словаря.

Словарь снабжен полным указателем русских терминов, что позволяет выполнять переводы с русского языка на английский.

Словарь предназначен для специалистов парфюмерно-косметической промышленности, сотрудников коммерческих структур, специалистов по рекламе, переводчиков, студентов, а также для широкого круга потребителей парфюмерно-косметических товаров зарубежных фирм.

Авторы-составители и редакторы:
Пучкова Татьяна Валентиновна — кандидат биологических наук, директор фирмы ,,Компания Русская Косметика'';
Коральник Светлана Ивановна — специалист по научно-технической информации и переводу, соавтор ,,Французско-русского словаря по парфюмерии и косметике'';
Баранов Сергей Владимирович — кандидат химических наук, генеральный директор Научно-производственного центра синтетических и натуральных душистых веществ.
Авторы выражают благодарность за помощь и содействие в подготовке словаря канд. техн. наук Л. В. Симоновой, канд. мед. наук Т. В. Маяцкой, Т. Н. Алешиной, а также Российской Парфюмерно-Косметической Ассоциации.

Авторы

О ПОЛЬЗОВАНИИ СЛОВАРЕМ

Ведущие термины расположены в словаре в алфавитном порядке, при этом термины, состоящие из слов, написанных через дефис, следует рассматривать как слитно написанные слова.

Для составных терминов принята алфавитно-гнездовая система. Термины, состоящие из определений и определяемых слов, следует искать по определяемым (ведущим) словам. Например, термин **baby cream** следует искать в гнезде **cream**.

Ведущие термины в гнезде заменяются тильдой (~). В тех случаях, когда при последующем употреблении в тексте словарной статьи заглавное слово выступает не в исходной форме, в нем косой чертой (/) отделяется неизменяемая часть слова и вместо нее в гнезде ставится тильда (~) с измененным окончанием. Например:

    qualit/y 1. качество **2.** свойство

    organoleptic ~ies органолептические свойства.

В русском переводе различные части речи с одинаковым семантическим содержанием разделены параллельками (||). Например:

    abrasive абразив, абразивный материал || абразивный.

Устойчивые терминологические словосочетания даются в подбор к ведущему термину и отделяются знаком ромба (◇) Например:

    filling 1. наполнение; расфасовка; розлив **2.** затаривание, фасовка ◇ ~ **by volume** наполнение по объёму; ~ **by weight** наполнение по массе; ~ **to height** наполнение [розлив] по уровню.

Пояснения к русским переводам набраны курсивом и заключены в круглые скобки. Например:

    elastin эластин (*косметическое сырьё*).

Факультативная часть английского термина и русского перевода дается в круглых скобках. Например:

    alth(a)ea алтей, просвирник

    mask (косметическая) маска.

Синонимические варианты термина или перевода помещены в квадратные скобки. Например:

    effect:

    long-lasting [long-term] ~ устойчивый [длительный] эффект.

Английские омонимы даются как отдельные ведущие термины и разделяются римскими цифрами. Например:

    liner I косметический карандаш

    liner II вкладыш; прокладка.

В переводах близкие значения отделяются запятой, более отдаленные — точкой с запятой, разные значения — арабскими цифрами.

ПОМЕТЫ И СОКРАЩЕНИЯ, ПРИНЯТЫЕ В СЛОВАРЕ

лат. — латинский термин
напр. — например
см. — смотри
см. тж — смотри также
фирм. — фирменное название
фр. — французский термин
pl — множественное число

АНГЛИЙСКИЙ АЛФАВИТ

Aa	Hh	Oo	Vv
Bb	Ii	Pp	Ww
Cc	Jj	Qq	Xx
Dd	Kk	Rr	Yy
Ee	Ll	Ss	Zz
Ff	Mm	Tt	
Gg	Nn	Uu	

Российская Парфюмерно - Косметическая Ассоциация

РОССИЙСКАЯ ФЕДЕРАЦИЯ
107150, МОСКВА
бульвар МАРШАЛА РОКОССОВСКОГО, д.16
тел./факс (095) 742 97 40, 169 42 61

Perfumery and Cosmetics Association of Russia

ДРАГОКО
1919 - 1996

25 фирм группы ДРАГОКО по всему миру
Париж - Лондон - Вена - Милан - Нью-Йорк

ПАРФЮМЕРНЫЕ КОМПОЗИЦИИ

КЛАССИЧЕСКИЕ И СОВРЕМЕННЫЕ ПАРФЮМЕРНЫЕ КОМПОЗИЦИИ ДЛЯ ВСЕХ ОБЛАСТЕЙ ПРИМЕНЕНИЯ

Спиртовая парфюмерия. Косметика. Мыло. Шампуни и средства по уходу за волосами. Средства по уходу за телом. Моющие средства. Бытовая химия.

КОСМЕТИЧЕСКИЕ ОСНОВНЫЕ И ДЕЙСТВУЮЩИЕ ВЕЩЕСТВА

Растительные экстракты. Коллагены. Липосомы. Витаминные комплексы. Продукты PCL. Противовоспалительные и бактерицидные вещества. Действующие вещества для средств по уходу за волосами. Активные вещества для дезодорантов. Действующие вещества для средств по уходу за ногами. Эмульгаторы. Солюбилизаторы. Репелленты. Консерванты. Антиоксиданты.

Представительства фирмы ДРАГОКО (Австрия) в СНГ

Москва:	С.-Петербург:	Иркутск:	Минск:	Киев:
тел.: (095)239-90-89	тел.: (812)144-05-18	тел.: (3952)27-68-90	тел./факс	тел./факс
факс: (095)239-90-24	факс: (812)144-51-09	факс: (3952)27-11-71	(0172)45-44-51	(044)269-65-04

A

abacate см. avocado
aberration аберрация, отклонение
  color ~ цветовое искажение, искажение цвета
ability способность
  abrasive ~ абразивная способность *(напр. зубных паст)*
  anti-inflammatory ~ противовоспалительная способность
  bacteriostatic ~ бактериостатическая способность
  chelating ~ хелатообразующая способность
  coating ~ кроющая способность
  coloring ~ окрашивающая способность
  covering ~ укрывистость
  defoaming ~ пеногасительная способность
  dispersing ~ диспергирующая способность
  emulsifying ~ эмульгирующая способность
  film-forming ~ плёнкообразующая способность
  fixative ~ фиксирующая способность
  foaming ~ пенообразующая способность
  moisturizing ~ увлажняющая способность
  polishing ~ полирующая способность
  regenerative ~ регенерирующая способность
  spreading ~ способность к растеканию
  sudsing ~ вспенивающая способность
  water-absorbing ~ влагопоглотительная способность
  waterproofing ~ водоотталкивающая способность; влагостойкая способность
  water-retention ~ влагоудерживающая способность
abnormal анормальный, не соответствующий норме
aboundance:
  foam ~ обильное пенообразование
abrasive абразив, абразивный материал
  || абразивный
  chalk ~ абразив на основе мела *(для зубных паст)*
  dentifrice ~ абразивный материал для зубных паст
  mild ~ абразив мягкого действия
  moderate ~ материал средней степени абразивности
  natural ~ природный абразивный материал
  oatmeal ~ абразив на основе овсяной муки *(для отшелушивающих кремов)*
  polishing ~ абразивно-полирующий материал
  silica ~ абразив на основе диоксида кремния
abrasiveness абразивность, абразивно-полирующая способность *(напр. зубных паст)*
absinthe, absinthium 1. полынь горькая 2. запах *или* нота полыни горькой
absolute абсолю, абсолютное масло
  azalea ~ абсолю азалии
  broom ~ абсолю дрока
  carnation ~ абсолю (цветов) гвоздики
  cassia ~ абсолю кассии
  castoreum ~ абсолю кастореума
  de châssis ~ *фр.* абсолю, полученное методом мацерации
  civet ~ абсолю цибета [сивета]
  clary sage ~ абсолю шалфея мускатного
  colorless ~ неокрашенное абсолю

11

absolute

decolorized ~ обесцвеченное абсолю
everlasting ~ абсолю с устойчивым запахом
ex-benzene ~ абсолю, полученное бензольной экстракцией
fig leaves ~ абсолю из листьев фигового дерева, абсолю инжира
floral [flower] ~ абсолю из цветочного сырья
gardenia ~ абсолю гардении
hyacinth ~ абсолю гиацинта
immortelle ~ абсолю бессмертника
iris ~ абсолю ириса
jasmine ~ абсолю жасмина
labdanum ~ абсолю лабданума
lavender ~ абсолю лаванды
lilac ~ абсолю сирени
lily-of-the-valley ~ абсолю ландыша
mimosa ~ абсолю мимозы
neroli ~ абсолю нероли
oakmoss ~ абсолю дубового мха
orange blossom [orange flowers] ~ абсолю флёрдоранжа
orris ~ абсолю фиалкового корня
rose ~ абсолю розы
rose de Mai ~ *фр.* абсолю розы майской
styrax ~ абсолю стиракса
syringa ~ абсолю сиринги [чубушника]
tree moss ~ абсолю древесного мха
tuberose ~ абсолю туберозы
violet leaves ~ абсолю из листьев фиалки
ylang-ylang ~ абсолю иланг-иланга
absorbability 1. абсорбционная [поглощающая] способность 2. впитываемость
absorbed впитывающийся
quickly ~ быстро впитывающийся
absorbent абсорбент
absorber 1. абсорбер, абсорбционный аппарат 2. поглотитель
agitated ~ абсорбер с мешалкой
UV ~ поглотитель ультрафиолетовых лучей
UVA ~ поглотитель ультрафиолетовых лучей спектра А
UVB ~ поглотитель ультрафиолетовых лучей спектра В
absorption 1. абсорбция, поглощение 2. впитывание

active ~ 1. активное поглощение 2. активное впитывание
cutaneous [dermal] ~ впитывание через кожу
moisture ~ поглощение влаги
nutritive ~ впитывание питательных веществ
oil ~ впитывание жировых веществ
percutaneous [transcutaneous] ~ впитывание через кожу
UV ~ поглощение ультрафиолетовых лучей
water ~ поглощение воды
absorptivity абсорбционная [поглощающая] способность
skin ~ абсорбционная способность кожи
acacia 1. акация 2. запах *или* нота акации
artificial ~ искусственная композиция с запахом акации
gum arabic ~ акация аравийская
sweet ~ акация Фарнеси
acajou *фр.* 1. акажу 2. запах *или* нота акажу
accelerator ускоритель, активатор
  absorption ~ ускоритель впитывания (*напр. питательных веществ через кожу*)
tanning ~ ускоритель загара
accent оттенок, акцент (*в запахе*)
ambery ~ амбровый оттенок
carnation ~ оттенок гвоздики
fruity ~ фруктовый оттенок
green ~ оттенок зелени
green herbal ~ оттенок травянистой зелени
herbaceous ~ травянистый оттенок
musk ~ мускусный оттенок
powdery ~ пудровый оттенок
spice ~ пряный оттенок
sweety ~ сладковатый оттенок
woody ~ древесный оттенок
accented с оттенком (*о запахе*)
violet ~ с оттенком фиалки
accentuated подчёркнутый, усиленный
accentuation 1. подчёркивание; выделение 2. придание оттенка (*в запахе*)
acceptability приемлемость
acceptable приемлемый; разрешённый
acceptance принятие; одобрение

accepted принятый; одобренный; разрешённый
acceptor акцептор, поглотитель
  free radical ~ акцептор свободных радикалов
  moisture ~ влагопоглотитель
  oxygen ~ акцептор кислорода
accessories аксессуары, вспомогательные принадлежности
  fashion ~ модные аксессуары
  make-up ~ аксессуары макияжа
  shaving ~ бритвенные принадлежности
accidental случайный; временный
accord аккорд, сочетание запахов *или* ароматических нот
  adjusted ~ выверенное [хорошо подобранное] сочетание запахов
  amber-spicy ~ амброво-пряный аккорд, сочетание амбровых и пряных запахов
  amber-tobacco ~ аккорд [сочетание запахов] амбры и табака
  balanced ~ сбалансированный аккорд, сбалансированное сочетание запахов
  balsamic-fruity ~ фруктово-бальзамический аккорд, сочетание фруктовых и бальзамических запахов
  basic ~ основной [базовый] аккорд
  floral ~ цветочный аккорд, сочетание цветочных запахов
  fruity ~ фруктовый аккорд, сочетание фруктовых запахов
  green-herbaceous ~ аккорд травянистой зелени, сочетание запахов зелени и трав
  jasmine-oakmoss-cumin-wild minty ~ аккорд [сочетание запахов] жасмина, дубового мха, тмина и мяты
  mossy-chypry ~ аккорд [сочетание запахов] мха и шипра
  musky ~ мускусный аккорд, сочетание мускусных запахов
  powdery ~ пудровый аккорд, сочетание пудровых запахов
  rose-jasmine-iris-ambery ~ аккорд [сочетание запахов] розы, жасмина, ириса и амбры
  rose-violet ~ аккорд [сочетание запахов] розы и фиалки
  spicy ~ пряный аккорд, сочетание пряных запахов
  warm ~ аккорд тёплых запахов
  wood-cypress-ambery ~ аккорд [сочетание запахов] древесной, кипарисовой и амбровой нот
acetate ацетат
acetone ацетон
acetophenone ацетофенон (*цветочный запах с нотами мимозы, черёмухи, боярышника*)
Acetulan *фирм.* ацетулан (*производное ланолина*)
acetylated ацетилированный
acetylation ацетилирование
acetyl carene ацетилкарен (*древесно-травянистый запах*)
acid кислота ‖ кислотный; кислый
  acetic ~ уксусная кислота
  adipic ~ адипиновая кислота
  alginic ~ альгиновая кислота
  amino ~s аминокислоты
  angelic ~ ангеликовая кислота
  anisic ~ анисовая кислота
  arachidonic ~ арахидоновая кислота
  ascorbic ~ аскорбиновая кислота
  aspartic ~ аспарагиновая кислота
  azelaic ~ азелаиновая кислота
  benzoic ~ бензойная кислота
  bioamino ~s аминокислоты, полученные методом биотехнологии
  biohyaluronic ~ гиалуроновая кислота, полученная методом биотехнологии
  boric ~ борная кислота
  butyric ~ масляная кислота
  capric ~ каприновая кислота
  caprylic ~ каприловая кислота
  carboxylic ~s карбоновые кислоты
  chelidamic ~ хелидамовая кислота
  chelidonic ~ хелидоновая кислота
  cinnamic ~ коричная кислота
  coconut fatty ~s жирные кислоты кокосового масла
  crotonic ~ кротоновая кислота
  dilute ~ разбавленная кислота
  erucic ~ эруковая кислота
  fatty ~s жирные кислоты
  folic ~ фолиевая кислота
  fruit ~s фруктовые кислоты
  fusaric ~ фузаровая кислота
  gallic ~ галловая кислота

acid

gamma-linolenic ~ гамма-линоленовая кислота
glutamic ~ глутаминовая кислота
glyceric ~ глицериновая кислота
glycolic ~ гликолевая кислота
glycyrrhetinic ~ глицирретиновая кислота
hyaluronic ~ гиалуроновая кислота
hydroxy ~s оксикислоты
α-hydroxy ~s альфа-оксикислоты
kojic ~ койевая кислота
lactic ~ молочная кислота
lauric ~ лауриновая кислота
linoleic ~ линолевая кислота
linolenic ~ линоленовая кислота
linolic ~ линолевая кислота
maleic ~ малеиновая кислота
malic ~ яблочная кислота
myristic ~ миристиновая кислота
oleic ~ олеиновая кислота
organic ~s органические кислоты
palmitic ~ пальмитиновая кислота
palmitoleic ~ пальмитолеиновая кислота
para-aminobenzoic ~ пара-аминобензойная кислота
pelargonic ~ пеларгоновая кислота
phosphoric ~ фосфорная кислота
picolinic ~ пиколиновая кислота
propionic ~ пропионовая кислота
retinoic ~ ретиноевая кислота
ricinolic ~ рициполевая кислота
saturated ~s насыщенные кислоты
sorbic ~ сорбиновая кислота
stearic ~ стеариновая кислота
succinic ~ янтарная кислота
tartaric ~ винная кислота
terpenic ~s терпеновые кислоты
thioglycolic ~ тиогликолевая кислота
undecylenic ~ ундециленовая кислота
unsaturated ~s ненасыщенные кислоты
urocanic ~ уроканиновая кислота
acidic кислотный; кислый
acidification подкисление
acidity кислотность
  skin ~ кислотность кожи
acidulant подкисляющее вещество, подкислитель
acne 1. угорь 2. угревая сыпь
  facial ~ лицевые угри
  teenage ~ юношеская угревая сыпь
acnegenicity угревая сыпь
acrylate акрилат
action действие; воздействие; влияние; эффект
  abrasive ~ абразивное действие
  anabiotic ~ стимулирующее действие, действие, восстанавливающее жизненные силы
  anti-ag(e)ing ~ действие против старения (кожи)
  antibacterial ~ антибактериальное действие
  antifungal ~ противогрибковое действие
  anti-inflammatory ~ противовоспалительное действие
  antioxidant ~ противоокислительное действие
  antiphlogistic ~ противовоспалительное действие
  antiseborrheic ~ противосеборейное действие
  antiseptic ~ антисептическое действие
  antistatic ~ антистатическое действие
  anti-wrinkling ~ действие против морщин
  aromatizing ~ ароматизирующее действие
  astringent ~ вяжущее действие
  bactericidal ~ бактерицидное действие
  bacteriostatic ~ бактериостатическое действие
  balancing ~ уравновешивающее действие
  barrier ~ защитное действие
  beneficial [benefit] ~ благоприятное [полезное] действие
  bioactive ~ биологически активное действие
  biostimulate ~ биостимулирующее действие
  bleaching ~ отбеливающее действие
  calming ~ успокаивающее действие
  chemical ~ химическое воздействие
  cicatrizing ~ заживляющее действие
  cleansing ~ очищающее действие
  closing ~ закупоривающее действие
  conditioning ~ кондиционирующее действие (улучшающее физическое состояние волос, кожи)

action

control(ling) ~ регулирующее действие
cooling ~ 1. охлаждающее действие 2. холодящее действие
cosmetic ~ косметическое действие
damaging ~ разрушающее действие
deep cleansing ~ глубокое очищающее действие
defatting [degreasing] ~ обезжиривающее действие
deodorant ~ дезодорирующее действие
depigmentation ~ депигментирующее действие
dermatological ~ дерматологическое воздействие
detangling ~ действие, облегчающее расчёсывание волос
detergent ~ моющее действие
detoxifying ~ антитоксичное действие
direct ~ прямое воздействие
drying ~ высушивающее действие
emollient ~ смягчающее действие
epithelizing ~ эпителизирующее действие
favorable ~ благоприятное действие
fixative ~ фиксирующее действие
freshening ~ освежающее действие
fungicidal ~ противогрибковое действие
gelling ~ желирующее действие
gentle ~ мягкое действие
germicidal ~ бактерицидное действие
hair protection ~ защитное действие на волосы
harmful ~ неблагоприятное [вредное] действие
hyperemic ~ гиперемическое действие, действие, усиливающее кровообращение
invigorating ~ укрепляющее действие
lateral ~ побочное действие
lifting ~ подтягивающее действие
lightening ~ осветляющее действие
liposomal ~ липосом(аль)ное действие
local ~ местное действие
long-lasting ~ длительное [продолжительное] действие
mechanical ~ механическое воздействие
mild ~ мягкое действие

moisturizing ~ увлажняющее действие
negative ~ негативное [отрицательное] действие
non-irritating ~ действие, не вызывающее раздражения
normalization ~ нормализующее действие
oil controlling [oil regulating] ~ действие, регулирующее салоотделение (кожи)
opacifying ~ опалесцирующее действие, действие, вызывающее помутнение
opposite ~ противоположное действие
osmotic ~ осмотическое действие
overfatting ~ пережиривающее действие
partial ~ частичное действие
peeling ~ отшелушивающее [слущивающее] действие
photosensitizing ~ фотосенсибилизирующее действие
phototoxic ~ фототоксичное действие
physiological ~ физиологическое действие
positive ~ позитивное [положительное] действие
prolonged ~ пролонгированное действие
prophylactic ~ профилактическое действие
protective ~ защитное действие
pump(ing) ~ распыляющее [пульверизирующее] действие (по типу насосной системы)
regenerative ~ регенерирующее действие
rejuvenating ~ омолаживающее действие
relaxing ~ расслабляющее действие
retarding ~ замедленное действие
revitalizing [reviving] ~ оздоравливающее действие
selective ~ избирательное действие
sensitizing ~ сенсибилизирующее действие
short-time ~ кратковременное действие
side ~ побочное действие
skin-lightening ~ осветляющее [отбеливающее] кожу действие

action

softening ~ смягчающее действие
solubilizing ~ солюбилизирующее действие
solvent ~ растворяющее действие
stabilizing ~ стабилизирующее действие
stimulant [stimulative] ~ стимулирующее действие
sun-protective [sunscreening] ~ солнцезащитное [фотозащитное] действие
superfatting ~ пережиривающее действие
surface ~ поверхностно-активное действие
therapeutic ~ лечебно-оздоровительное действие
thickening ~ загущающее действие
tone-evening ~ корректировка тона (*в декоративной косметике*)
tonic ~ тонизирующее действие
toning ~ оттеняющее действие
topical ~ местное действие
toxic ~ токсическое действие
unfavorable ~ неблагоприятное действие
water-repellent ~ водоотталкивающее действие
water-resistant ~ водостойкое действие
wrinkle preventing ~ действие против морщин, действие, предупреждающее появление морщин
  activator активатор, ускоритель
    cell growth ~ активатор роста клеток
    cell renewal ~ активатор обновления клеток
    curl ~ активатор завивки волос
active активный, активнодействующий
activity активность; деятельность
  antibacterial ~ антибактериальная активность
  anticariogenic ~ антикариозная активность
  antifungal [antimicotic] ~ противогрибковая активность
  antimicrobial ~ антимикробная активность
  antioxidant ~ противоокислительная [антиоксидантная] активность
  biological ~ биологическая активность
  broad-spectrum ~ активность широкого спектра, многоплановая активность
  comedolytic ~ противоугревая активность
  commercial ~ коммерческая активность
  dermatological ~ дерматологическая активность
  emulsifying ~ эмульгирующая активность
  enzymatic ~ ферментативная активность
  functional ~ функциональная активность
  germicidal ~ бактерицидная активность
  high-performance ~ высокоэффективная [высокая] активность
  life ~ жизнедеятельность
  lipolytic ~ липолитическая активность
  long-lasting ~ долговременная активность, активность длительного действия
  metabolic ~ метаболическая активность
  muscular ~ мышечная активность
  new launch ~ активность по обновлению ассортимента
  optical ~ оптическая активность
  pharmacological ~ фармакологическая активность
  research ~ научно-исследовательская деятельность
  sebaceous ~ активность сальных желёз
  vital ~ жизнедеятельность
actuator:
  valve ~ (нажимной) клапан-пускатель (*аэрозольной упаковки*)
acuity острота
  olfactory [smell] ~ острота обоняния
adaptability адаптируемость, приспособляемость
ad *см.* advertizing
adding *см.* addition
addition добавление; введение, ввод (*в составе*)
  ~ of antioxidant добавление антиоксиданта
  ~ of coloring agent добавление красителя
  ~ of oily phase ввод масляной фазы

~ of perfume ввод отдушки
~ of vitamins добавление витаминов
additional дополнительный, добавочный
additive добавка (*см. тж* supplement)
   antidandruff ~ противоперхотная добавка
   antifoam ~ добавка, препятствующая вспениванию
   antistatic ~ антистатическая добавка
   bath ~ добавка для ванн
   coloring ~ красящая [окрашивающая] добавка
   detergent ~ моющая добавка
   fatty ~ жировая добавка
   functional ~ функциональная добавка
   food ~ пищевая [вкусовая] добавка
   gelling ~ желирующая добавка
   injurious ~ вредная примесь
   multifunctional ~ многофункциональная добавка, добавка широкого спектра действия
   oil-soluble ~ жирорастворимая добавка
   pearling ~ перламутровая добавка
   perfume ~ ароматизирующая добавка
   refatting ~ пережиривающая добавка
   special ~ специальная добавка
   superfatting ~ пережиривающая добавка
   sweetening ~ подслащивающая добавка
   treatment ~ добавка лечебно-оздоровительного назначения
   vitamin ~ витаминная добавка
   viscosity increasing ~ добавка, повышающая вязкость
   water-soluble ~ водорастворимая добавка
adherence *см.* adhesion
adhesion адгезия, прилипание, сцепление
   nail ~ адгезия с поверхностью ногтя
   skin ~ адгезия с кожей
adhesive клейкое вещество || клейкий, адгезивный
   bonding ~ самоклеящаяся лента
adhesiveness адгезионная способность, клейкость, липкость, сцепляемость
adipogenous жирообразующий
adipose жирный; жировой
adjacent прилежащий, соседний, смежный

adjunct *см.* additive
adjusted отрегулированный
adjustment регулирование
   pH ~ регулирование значения pH
   temperature ~ регулирование температуры
   viscosity ~ регулирование вязкости
adulteration фальсификация; подмешивание
adverse 1. неблагоприятный; вредный 2. противоположный
advertizing реклама; рекламная деятельность || рекламный
   aggressive ~ навязчивая рекламная деятельность
   cosmetic ~ реклама косметических средств
   heavy ~ мощная рекламная кампания
   massive ~ широкомасштабная рекламная деятельность
   TV ~ телевизионная реклама
aeration аэрация, проветривание, вентилирование
aerogel аэрогель
Aerosil *фирм.* аэросил (*косметическое сырьё*)
aerosol 1. аэрозоль 2. изделие в аэрозольной упаковке
   cologne ~ одеколон в аэрозольной упаковке
   cosmetic ~ косметическое изделие в аэрозольной упаковке
   non-CFC ~ изделие в аэрозольной упаковке, не содержащее хлорфторуглеродного пропеллента
   perfumery ~ парфюмерное изделие в аэрозольной упаковке
   powder ~ порошкообразное изделие в аэрозольной упаковке
   toiletry ~ гигиено-косметическое изделие в аэрозольной упаковке
affinity 1. сродство 2. сходство, подобие
   chemical ~ химическое сродство
   dyeing ~ сродство красителей
   natural ~ естественное сродство (*напр. с кожей*)
   odor ~ сродство запахов
afterfeel остаточное ощущение
   emollient ~ остаточное ощущение смягчённости

afterfeel

satin-like ~ остаточное ощущение атласности
smooth ~ остаточное ощущение гладкости
velvety ~ остаточное ощущение бархатистости
aftershave средство после бритья
moisturizing ~ увлажняющее средство после бритья
aftersmell остаточный запах
aftersun средство, применяемое после загара
aftertaste остаточный привкус
agar-agar агар, агар-агар
age 1. возраст 2. старость
aged 1. старый 2. утративший срок годности; потерявший качество от времени
age-grade возрастная группа, возрастная категория
ageing см. **aging**
agent 1. агент, активное начало 2. компонент; добавка 3. фактор
active ~ активнодействующий компонент
antibacterial ~ бактерицидный компонент
anticarious ~ антикариозный [противокариозный] компонент
anticreaming ~ компонент, препятствующий расслоению эмульсии
antidandruff ~ противоперхотный компонент
antifoaming ~ пеногаситель
antifungal ~ противогрибковый компонент
antimicrobial ~ противомикробный компонент
antiseptic ~ антисептическая добавка
astringent ~ вяжущий компонент
barrier ~ защитный компонент
binding ~ связующий компонент
bioactive [biologically active] ~ биологически активный компонент
bleaching ~ отбеливающий компонент
building ~ структурообразующий компонент
carrying ~ компонент-носитель
chelating ~ хелатный компонент
clarifying ~ осветляющий компонент
cleaning ~ компонент очищающего действия

coloring ~ красящая [окрашивающая] добавка
conditioning ~ компонент с кондиционирующим действием
coupling ~ связующий компонент
covering ~ укрывистый компонент
decolorizing ~ обесцвечивающий компонент
defoaming ~ пеногаситель
detoxifying ~ антитоксичный компонент
dispersing ~ диспергирующий компонент
drastic ~ высокоэффективный компонент
dye penetrating ~ компонент, способствующий глубине проникновения красителя
effective ~ эффективный компонент
emollient ~ смягчающий компонент
emulsifying ~ эмульгирующий компонент, эмульгатор
exalting ~ усиливающий компонент, экзальтатор
extraction ~ экстрагирующее вещество
flavoring ~ вкусовая добавка
fluoration ~ фторирующий компонент
foam improving ~ добавка, улучшающая пенообразование
foaming ~ пенообразующая добавка
gelling ~ желирующий компонент
glossing ~ компонент, придающий блеск [глянцевость]
lightening ~ осветляющий компонент
lifting ~ компонент, оказывающий подтягивающее действие (на кожу)
moisturizing ~ увлажняющий компонент
multifunctional ~ многофункциональная добавка
neutralizing ~ нейтрализующий компонент
nutritive ~ питательная добавка
opacifying ~ опалесцирующий [замутняющий] компонент
overfatting ~ пережиривающая добавка
pearlizing ~ перламутровая добавка
peeling ~ компонент с отшелушивающим действием

perfume ~ ароматизирующая добавка, отдушка
phototoxic ~ фототоксичный компонент
plastifying ~ пластифицирующая добавка
polishing ~ полирующий компонент
pollution ~ загрязняющий компонент, примесь
preservation ~ консервант
refatting ~ пережиривающая добавка
remedial ~ компонент лечебно-профилактического действия
sensitizing ~ сенсибилизирующий компонент
sequestering ~ см. peeling agent
skin-lightening ~ отбеливающий кожу компонент
smoothing ~ компонент, способствующий разглаживанию кожи
solubilizing ~ солюбилизирующий компонент
straightening ~ компонент, способствующий выпрямлению волос
sunscreen ~ солнцезащитный [фотозащитный] фактор
superfatting ~ пережиривающая добавка
supporting ~ несущий [опорный] компонент
surface-active ~ поверхностно-активный компонент
suspending ~ суспендирующий компонент
swelling ~ компонент, способствующий набуханию
tanning ~ компонент, способствующий загару
thickening ~ загущающий компонент
viscosity ~ компонент, способствующий регулированию вязкости
water-repellent ~ водоотталкивающий компонент
wetting ~ увлажняющий компонент
agglomeration агломерация, скопление; слипание
aggressive агрессивный, резкий, вызывающий *(о запахе)*
aging 1. старение; увядание *(кожи)* 2. вызревание
~ of emulsion вызревание эмульсии
accelerated ~ ускоренное старение
actinic ~ старение (кожи) от воздействия ультрафиолетовых лучей
chronological ~ возрастное старение
cutaneous ~ старение кожи
extrinsic ~ старение (кожи), вызванное воздействием внешних факторов
intrinsic ~ старение (кожи), вызванное внутренним состоянием организма
light-indicated skin ~ старение кожи, ускоренное воздействием солнечных лучей
natural ~ естественное старение
premature ~ преждевременное старение
skin ~ старение кожи
agitation перемешивание
continued ~ непрерывное перемешивание
gentle ~ лёгкое перемешивание
thorough ~ тщательное перемешивание
agitator мешалка *(см. тж* mixer, stirrer*)*
anchor ~ якорная мешалка
doubling ~ сдвоенная мешалка
helical ~ винтовая мешалка
mechanical ~ механическая мешалка
paddle-type ~ лопастная мешалка
planetary ~ планетарная мешалка
turbo-type ~ турбинная мешалка, турбомешалка
variable speed ~ мешалка с переменной скоростью
worm ~ шнековая мешалка
aids вспомогательные средства
beauty ~ косметические средства
grooming ~ средства для ухода за волосами
health and beauty ~ лечебно-профилактические косметические средства
skin treatment ~ средства для ухода за кожей
styling ~ средства для укладки волос
aiphyllous вечнозелёный
albany-hemp крапива растопыренная
albumin альбумин
bovine serum ~ альбумин из бычьей сыворотки
egg ~ яичный альбумин
milk ~ лактоальбумин
alcohol спирт

alcohol

abietyl ~ абиетиловый спирт *(древесный запах с нотой хвои)*
absolute ~ абсолютный спирт
amyl ~ амиловый спирт *(резкий химический запах)*
amylcinnamic ~ амилкоричный спирт *(слабый запах с нотой жасмина)*
anisic ~ анисовый спирт *(свежий цветочно-бальзамический запах с нотой сирени)*
beet sugar ~ спирт из сахарной свёклы
benzyl ~ бензиловый спирт *(слабый ароматический запах с миндальным оттенком)*
cetostearyl ~ цетостеариловый спирт *(косметическое сырьё)*
cetyl ~ цетиловый спирт *(сладковато-маслянистый запах)*
cinnamic ~ коричный спирт *(бальзамический сладковато-цветочный запах с нотой гиацинта)*
coniferyl ~ конифериловый спирт *(запах хвои)*
cucumber ~ спирт огурца, нонадиенол *(сильный запах с нотами зелени, трав, листьев)*
cuminic ~ куминовый спирт *(пряный запах с цветочным оттенком и нотой кожи)*
decyl ~ дециловый спирт *(жирный цветочный запах с нотами розы и флёрдоранжа)*
denaturated ~ денатурированный спирт
ethyl ~ этиловый спирт, этанол
fatty acid ~s спирты жирных кислот
grain ~ *см.* ethyl alcohol
high-proof ~ высокоградусный спирт
hydrotropic ~ гидротропный спирт *(цветочный запах с нотами гиацинта и жимолости и коричным оттенком)*
industrial ~ технический спирт
isopropyl ~ изопропиловый спирт *(маслянистый запах)*
isostearyl ~ изостеариловый спирт *(косметическое сырьё)*
lanolin ~s спирты ланолина
lauryl ~ лауриловый спирт *(цветочно-цитрусовый запах)*
leaf ~ спирт листьев *(запах свежей зелени)*

methyl ~ метиловый спирт, метанол
methylcinnamic ~ метилкоричный спирт *(цветочно-бальзамический запах)*
monoterpenic ~ монотерпеновый спирт
myristyl ~ миристиловый спирт *(косметическое сырьё)*
nonyl ~ нониловый спирт *(жирный цветочный запах с нотами розы и апельсина)*
octyl ~ октиловый спирт *(цитрусовый запах с жирной нотой)*
oleyl ~ олеиловый спирт *(косметическое сырьё)*
palmityl ~ пальмитиловый спирт *(косметическое сырьё)*
perfumery ~ парфюмерный спирт *(для парфюмерного производства)*
patchouli ~ пачулевый спирт *(древесно-камфорный запах с нотой пачули)*
phenylethyl ~ фенилэтиловый спирт *(цветочный запах с нотой розы)*
phenylpropyl ~ фенилпропиловый спирт *(цветочно-бальзамический запах с нотой гиацинта)*
Picea ~ *фирм.* изолонгифоленол *(древесный запах)*
rectified ~ спирт-ректификат
rice ~ рисовый спирт
rose ~ спирт розы, фенилэтиловый спирт *(цветочный запах с нотой розы)*
sesquiterpene [sesquiterpenoidal] ~s сесквитерпеновые спирты
stearyl ~ стеариловый спирт *(косметическое сырьё)*
styralyl ~ стиралиловый спирт, метилфенилкарбинол *(цветочно-фруктовый запах с нотами розы, гардении)*
synthetic ~ синтетический спирт
Syringa ~ *фирм.* спирт сиринги, метилфенилэтиловый спирт *(цветочный запах с нотами розы, жасмина, сирени и древесным оттенком)*
terpene ~ терпеновый спирт
tolyl ~ метилбензиловый спирт *(слабый сладковато-бальзамический запах с оттенком зелени)*
undecylenic ~ ундециленовый спирт

(свежий цветочный запах с нотами розы и цитрусов)
undecylic ~ ундециловый спирт *(цитрусовый запах с жирной нотой)*
violet leaf ~ спирт листьев фиалки, нонадиенол *(сильный запах с нотами зелени, трав, листьев)*
wood ~ древесный спирт
alcoholature спиртовая настойка
alcohol-free не содержащий спирта, бесспиртовой
alcoholic спиртовой
aldehyde альдегид
  amylcinnamic ~ амилкоричный альдегид, жасминальдегид *(цветочный запах с нотой жасмина)*
  anisic ~ анисовый альдегид *(цветочно-пряный запах с нотами мимозы, боярышника)*
  cinnamic ~ коричный альдегид *(пряный бальзамический запах с нотой корицы)*
  cucumber ~ альдегид огурца, нонадиеналь *(запах свежести с нотами фиалки, огурца)*
  cuminic ~ куминовый альдегид *(довольно резкий запах травянистой зелени)*
  cyclamen ~ цикламенальдегид *(цветочный запах с нотами цикламена и зелени)*
  decyl ~ дециловый альдегид *(альдегидный запах с апельсиновой нотой)*
  hydrotropic ~ гидротропный альдегид *(запах зелени с нотой гиацинта)*
  lauric ~ лауриновый альдегид *(свежий травянистый запах с цветочными нотами)*
  leaf ~ альдегид листьев *(запах зелени с фруктовым оттенком)*
  limonene ~ лимоненальдегид *(запах лимона со свежей цветочной нотой)*
  MNA ~ метилнонилацетальдегид *(альдегидный запах с цитрусовой нотой и оттенком амбры)*
  Muguet ~ *фирм.* альдегид ландыша, цитронеллилоксиацетальдегид *(цветочный запах с нотами ландыша, розы)*
  myristic ~ миристиновый альдегид *(жирный запах с нотой ириса)*
  nonyl ~ нониловый альдегид *(запах ириса)*
  octyl ~ октиловый альдегид *(резкий запах цитрусового типа)*
  peony ~ альдегид пиона, геранилоксиацетальдегид *(альдегидный запах с нотами розы, цикламена, пиона)*
  salicylic ~ салициловый альдегид *(миндальный запах с фенольной нотой)*
  sea ~ альдегид, полученный из некоторых видов морских водорослей
  Syringa ~ *фирм.* альдегид сиринги, метилфенилацетальдегид *(запах зелени и фруктов)*
  undecyl ~ ундециловый альдегид *(альдегидный запах с цветочной нотой и оттенком свежести)*
  violet leaf ~ альдегид листьев фиалки, нонадиеналь *(запах свежести с нотами фиалки, огурца)*
aldehydic альдегидный *(о запахе)*
alder ольха
alecost пижма обыкновенная
algae водоросли
  blue-green ~ сине-зелёные водоросли
  brown ~ бурые водоросли
  green ~ зелёные водоросли
  marine ~ морские водоросли
  red ~ красные водоросли, багрянки
  sea ~ морские водоросли
  yellow-green ~ золотистые водоросли
alginates альгинаты
alimentary пищевой
alimentation питание
alizarine ализарин *(краситель)*
alkaline щелочной
alkanet алканет *(голубой натуральный краситель)*
alkyl aryl sulfonates алкиларилсульфонаты
alkylated алкилированный
alkylation алкилирование
alkyl diphenyl oxide алкилированный дифенилоксид
alkyl sodium sulfate алкилсульфат натрия
alkyl sulfates алкилсульфаты
allantoin аллантоин *(косметическое сырьё)*
allantoin ascorbate аскорбат аллантоина *(косметическое сырьё)*
allergen аллерген
allergenic аллергенный
allergenicity аллергенность

all-family

all-family для семейного пользования
all-in-one «всё в одном» *(напр. шампунь, бальзам и кондиционер в одном флаконе)*
all-natural полностью натуральный
allo-ocimene аллооцимен *(свежий травянистый запах)*
all-overbody для ухода за всем телом
allowance 1. разрешение 2. норма содержания
allowed разрешённый; допустимый
all-purpose универсальный, многоцелевой
allyl caproate аллилкапронат *(фруктовый запах с нотой ананаса)*
allyl heptanoate аллилгептаноат *(фруктовый запах с нотами ананаса, яблок, банана)*
allyl ionone аллилионон *(цветочно-фруктовый запах с древесным оттенком)*
almond миндаль ‖ миндальный
  bitter ~ миндаль горький
  sweet ~ миндаль сладкий
aloe алоэ ◇ ~ **vera** алоэ древовидное
  Cape ~ алоэферокс
  Mediterranean ~ алоэ барбадосское
alopecia алопеция, облысение
alteration 1. изменение 2. порча
  emulsion ~ расслоение эмульсии
  odor ~ изменение запаха
  pH ~ изменение значения pH
alth(a)ea алтей, просвирник
  musk ~ просвирник мускусный
  rose ~ алтей розовый
alum квасцы *(косметическое сырьё)*
  ammonia ~ алюмоаммониевые квасцы
  sodium ~ алюмонатриевые квасцы
alumina оксид алюминия, глинозём
  silicated ~ оксид алюминия с добавкой кремния
aluminum chloride хлорид алюминия *(косметическое сырьё)*
aluminum chlorhydrate хлоргидрат алюминия *(косметическое сырьё)*
aluminum hydrate гидрат алюминия *(косметический краситель)*
aluminum hydroxide оксид алюминия *(косметическое сырьё)*
aluminum oxide trihydrate тригидрат оксида алюминия *(косметическое сырьё)*

amalgamation амальгамирование *(стадия производства мыла)*
amaranth 1. амарант, ширица 2. амарант *(краситель для губных помад)*
amber амбра ‖ амбровый *(о запахе)*
ambergris серая амбра
  synthetic ~ синтетическая амбра
amber-like подобный запаху амбры
ambery амбровый *(о запахе)*
ambery-sweet сладковато-амбровый *(о запахе)*
ambience окружающая среда; окружающие условия
Ambrarome *фирм.* амбраром *(амбровый запах)*
Ambretone *фирм.* амбретон *(амброво-мускусный запах)*
Ambrettolide *фирм.* амбреттолид *(мускусный запах с цветочной нотой)*
Ambrial *фирм.* амбриаль *(амбровый запах)*
Ambrinol *фирм.* амбринол *(амбровый запах с животным оттенком)*
Ambrophore *фирм.* амброфор *(амбровый запах)*
Ambrox *фирм.* амброксид *(амбровый запах с лёгким древесным оттенком)*
ambrose кудрявец, марь душистая
Amerchol *фирм.* амерхол *(косметическое сырьё)*
Amiodarane *фирм.* амиодаран *(косметическое сырьё)*
ammonium lauryl ether sulfate этерифицированный лаурилсульфат аммония *(косметическое сырьё)*
ammonium lauryl sulfate лаурилсульфат аммония *(косметическое сырьё)*
ammonium oleate олеат аммония *(косметическое сырьё)*
amount 1. количество 2. сумма, итог
  reasonable ~ приемлемое количество
amphoteric амфотерный
ampoule:
  anti-wrinkle ~ ампула со средством от морщин
  cosmetic ~ косметическая ампула, ампула с косметическим средством
amyl benzoate амилбензоат *(фруктовый слегка терпкий запах)*
amyl butyrate амилбутират *(фрукто-

вый запах с нотами банана и ананаса)
amyl cinnamate амилциннамат (бальзамический запах с нотами амбры и лабданума)
amyl cinnamic acetate амилциннамилацетат (маслянисто-фруктовый запах с бальзамической нотой)
amylopectin амилопектин (косметическое сырьё)
amyl phenol амилфенол (косметическое сырьё)
amyl propionate амилпропионат (запах яблока)
amyl salicylate амилсалицилат (цветочно-травянистый запах с бальзамическим оттенком)
amyl vinyl carbinol амилвинилкарбинол (грибной запах с оттенками зелени и лаванды)
anabiotic стимулирующий
anaerobic анаэробный
analog аналог
  olfactory ~ ольфакторный аналог
analogy аналогия
  ~ **of odors** аналогия запахов
analysis анализ
  chromatographic ~ хроматографический анализ
  finished goods ~ анализ готовой продукции
  image ~ визуальный анализ (напр. состояния кожи, морщин)
  microbiological ~ микробиологический анализ
  olfactory ~ ольфакторный анализ
  organoleptic ~ органолептический анализ
  physicochemical ~ физико-химический анализ
  qualitative ~ качественный анализ
  raw materials ~ анализ сырьевых материалов
  structural ~ структурный анализ
  taste-olfactory ~ органолептический анализ
  ultrasound ~ ультразвуковой анализ
anemone 1. анемон, ветреница **2.** запах или нота анемона
anethol анетол
  crystalline ~ кристаллический анетол
  natural ~ натуральный анетол
  sulfate ~ сульфатный анетол

antifungal

  synthetic ~ синтетический анетол
  wood ~ анетол из древесного скипидара
angelica ангелика, дудник
  cultivated ~ дудник лекарственный
  wild ~ дудник лесной
anhydrous безводный, не содержащий воды
animal животный, животного происхождения
anionic анионный, анионоактивный
anise 1. анис **2.** запах или нота аниса **3.** (эфирное) анисовое масло
  China ~ анис китайский
  Codex ~ фармакопейный анис
  natural ~ натуральное анисовое масло
  star ~ анис звёздчатый, бадьян
  synthetic ~ искусственное анисовое масло
  Tonkin ~ анис тонкинский
aniseed анисовое семя
anisic анисовый (о запахе)
anisol анизол (анисово-фенольный запах)
anisyl acetate анизилацетат (фруктово-цветочный бальзамический запах с нотой малины)
anisyl acetone анизилацетон, метоксифенилбутанон (цветочно-фруктовый запах с нотами малины, акации, фенхеля)
anisyl formate анизилформиат (запах зелени с пряным оттенком)
annatto аннатто (красно-жёлтый растительный краситель)
anosmia аносмия, отсутствие чувствительности к запаху
anti-ag(e)ing (косметическое) средство от старения ǁ замедляющий старение
antiallergic противоаллергический
antibacterial антибактериальный
anticariogenic, anticarious противокариозный
anticlogging препятствующий закупориванию (напр. пор)
anticreaming препятствующий расслоению эмульсии
antidandruff противоперхотный
antiedemic противоотёчный
antifoaming предупреждающий вспенивание
antifungal противогрибковый

anti-inflammatory

anti-inflammatory противовоспалительный
anti-irritant нераздражающий, не вызывающий раздражения
antimycotic противогрибковый
antioxidant антиоксидант
  lipid-soluble ~ жирорастворимый антиоксидант
  natural ~ природный [натуральный] антиоксидант
  plant ~ антиоксидант растительного происхождения
  water-soluble ~ водорастворимый антиоксидант
antiperspirant антиперспирант, средство от пота
  aerosol ~ *см.* spray antiperspirant
  alcohol-free ~ неспиртовой антиперспирант
  cream ~ крем-антиперспирант, крем от пота
  dry foam ~ сухой пенный антиперспирант
  gel ~ гель-антиперспирант, гель от пота
  liquid ~ жидкий антиперспирант
  powder ~ пудровый антиперспирант, присыпка от пота
  pump ~ антиперспирант с пульверизатором
  roll-on ~ шариковый антиперспирант, антиперспирант в шариковой упаковке
  spray ~ спрей-антиперспирант, антиперспирант в аэрозольной упаковке
  stick ~ карандаш-антиперспирант, карандаш от пота
  unscented ~ антиперспирант без отдушки
antiphlogistic противовоспалительный
antiseborrheic противосеборейный
antiseptic антисептик ‖ антисептический
  effective ~ эффективный антисептик
  powerful ~ сильнодействующий антисептик
antistatic антистатик
antisudorific уменьшающий потоотделение
anti-wrinkling препятствующий появлению морщин
anthraquinone антрахинон *(краситель)*

apparent видимый; очевидный; явный
appearance внешний вид, внешность
  grainy ~ зернистость
  greasy ~ жирный [сальный] внешний вид *(кожи или волос)*
  jelly-like ~ студенистость, желеобразность
  matte ~ матовость *(кожи)*
  satin-like ~ атласность
  shiny ~ шелковистый внешний вид *(кожи или волос)*
  skin ~ внешний вид кожи
  unacceptable ~ нежелательный внешний вид
  visual ~ внешний вид
  well-groomed ~ ухоженный внешний вид волос
  youthful(-looking) ~ 1. помолодевший внешний вид кожи 2. внешний вид молодой кожи
apple яблоко
applemint мята круглолистная
application 1. аппликация; прикладывание; нанесение 2. применение, употребление *(препарата)*
  accurate ~ правильное [соответствующее рекомендациям] применение
  after shampooing ~ применение после мытья шампунем
  after shave ~ применение после бритья
  after sun [after tanning] ~ применение после загара
  bath ~ применение во время *или* после принятия ванны
  cosmetic ~ косметическое применение
  daily ~ применение в дневное время
  everyday ~ ежедневное применение
  external ~ наружное применение
  flavor ~ употребление в качестве пищевого ароматизатора
  food ~ применение в качестве пищевой добавки
  fragrance ~ парфюмерное применение; применение в качестве душистого вещества
  healing ~ лечебно-профилактическое применение; применение с оздоровительной целью
  label ~ наклейка этикеток
  liposomal ~ липосом(аль)ное применение

long-term ~ длительное применение
overnight ~ применение на ночь
pharmaceutical ~ фармацевтическое применение, применение в фармацевтическом производстве
recommended ~ рекомендуемое применение
regular ~ регулярное применение
skin care ~ применение для ухода за кожей
topical ~ местное применение
applicator аппликатор
cosmetic ~ косметический аппликатор
double-ended ~ двухсторонний аппликатор
drop ~ капельный аппликатор
eye-shadow ~ аппликатор теней для век
fiber tipped ~ кисточка-аппликатор, аппликатор в виде кисточки из синтетических волокон
foam tipped ~ губчатый аппликатор, аппликатор с губчатым наконечником
hair ~ кисточка-аппликатор, аппликатор в виде волосяной кисточки
label ~ этикетировочный автомат
mascara ~ щёточка-аппликатор туши для ресниц
sponge tipped ~ см. foam tipped applicator
approval апробация
  new product ~ апробация нового изделия
  premarket ~ апробация (изделия) до выпуска на рынок сбыта
approximate приблизительный
apricot абрикос
aqua-alcoholic водно-спиртовой
aqueous водный
arch дуга
  labial ~ дуга губ
  nasal ~ дуга носа
  superciliary ~ надбровная дуга
area область; зона; участок
  ~ of application область применения
  ~ of lips область вокруг губ
  around eye ~ область вокруг глаз
  cheek ~ область щёк
  damaged ~ повреждённый [нездоровый] участок (кожи)
  décolletage ~ фр. область шеи и плеч

assortment

  eye (contour) ~ область вокруг глаз
  facial ~ лицевая область
  nose ~ область носа
  palpebral ~ область век
  production ~ производственный участок
  sensitive ~ чувствительная зона (кожи)
  skin ~ участок кожи
  sun-sensitive ~ фоточувствительная зона, зона, чувствительная к воздействию солнечных лучей
  test ~ зона тестирования
  underarms ~ подмышечная область
armoise фр. 1. полынь 2. запах или нота полыни
arnica арника
aroma аромат; запах
  delicate ~ тонкий аромат
  fruity ~ фруктовый аромат
  lemon ~ лимонный аромат
  unique ~ необыкновенный [уникальный] аромат
aromacology аромакология
aromatic ароматическое или душистое вещество ‖ ароматический; душистый
aromatization ароматизация; отдушивание
aromatized ароматизированный; отдушенный
aromatherapy арома(то)терапия
aromatous ароматический; душистый
artemisia 1. артемизия, полынь 2. запах или нота полыни
artificial искусственный
art:
  ~ of perfumery парфюмерное искусство
ascorbyl palmitate аскорбилпальмитат (косметическое сырьё)
ash зола
aspect 1. (внешний) вид 2. аспект
  cosmetic ~ косметический аспект
  medical ~ медицинский [лечебный] аспект
assay 1. испытание; проверка; (количественный) анализ 2. образец (для анализа)
  biological ~ биологическая проба, определение биологической активности
assortment 1. ассортимент 2. сортировка

25

assurance

assurance гарантия; обеспечение
 quality ~ гарантия качества
 safety ~ гарантия безвредности
astringent 1. вяжущее вещество **2.** вяжущее средство ‖ вяжущий
 clarifying ~ отбеливающее и вяжущее средство
 effective ~ эффективное вяжущее средство
 gently [mild] ~ вяжущее средство мягкого действия
 natural ~ натуральное вяжущее вещество
astringency вяжущая способность
atmosphere атмосфера; среда
 ~ of perfume парфюмерное «облако» *(шлейф, образующийся при испарении духов)*
 aggressive ~ агрессивная среда
 humid ~ влажная среда
atmospheric атмосферный; воздушный
atomizer пульверизатор; распылитель
 aerosol ~ аэрозольный распылитель
 purse ~ пульверизатор для (дамской) сумочки
atomizing распыление
atonia атония, потеря тонуса
 skin ~ потеря упругости кожи
attar:
 rose ~ розовое масло
attempt проба; попытка
attenuation 1. разбавление, разжижение **2.** растушёвывание тона *(в декоративной косметике)* **3.** ослабление, смягчение *(запаха)*
aubepine обепин, анисовый альдегид *(запах цветов боярышника)*
auxiliary вспомогательный; дополнительный
available доступный, имеющийся в наличии
 commercially ~ коммерчески доступный
avocado авокадо, аллигаторова груша
awlwort шильник
axilla подмышечная область
azalea азалия
 sweet ~ азалия древовидная
azopigment азопигмент
azulene азулен

B

Baccartol *фирм.* баккартол *(цветочный запах с нотами розы и герани)*
background 1. фон **2.** конечная [завершающая] нота *(запаха)*
 ambery ~ амбровая конечная нота
 musky ~ мускусная конечная нота
 oriental ~ восточная конечная нота
 powdery ~ пудровая конечная нота
bacteria бактерии, микробы
 aerobic ~ аэробные бактерии
 anaerobic ~ анаэробные бактерии
 gram-negative ~ грамотрицательные бактерии
 gram-positive ~ грамположительные бактерии
 pathogenic ~ патогенные бактерии
bacterial бактериальный
bactericide бактерицидное средство ‖ бактерицидный
bacteriostatic бактериостатический
badiane *фр.* **1.** бадьян, анис звёздчатый **2.** запах *или* нота бадьяна
bag 1. пакет; упаковочный пакет **2.** сумочка
 cosmetic ~ сумочка-косметичка
 film ~ плёночный пакет
 gift ~ подарочная сумочка с косметикой, подарочный косметический набор в сумочке
 make-up ~ сумочка-косметичка для декоративной косметики
 transparent ~ (упаковочный) пакет из прозрачного материала
bagging расфасовка в пакетики
bag-in-box пакетик-вкладыш в футляре
balance баланс
 amino acids ~ аминокислотный баланс
 healthy ~ баланс здоровой кожи
 hydrophilic-lipophilic ~ гидрофильно-липофильный баланс
 lipid ~ липидный баланс
 moisture ~ водный баланс
 natural moisture ~ естественный водный баланс
 physiological ~ физиологический баланс
 protein ~ протеиновый баланс

water ~ водный баланс
water-lipid ~ водно-липидный баланс
balanced сбалансированный
balancer:
   color tone ~ корректор тона *(в декоративной косметике)*
   skin ~ компонент, обеспечивающий биологический баланс кожи
balancing дозирование *(напр. сырьевых компонентов в соответствии с рецептурой)*
baldness алопеция, облысение
   pattern ~ мужское облысение
   progressive ~ прогрессирующее облысение
balm 1. *см.* balsam 2. мята лимонная, мелисса
   garden ~ мелисса лекарственная
   lemon ~ мята лимонная, мелисса
balsam бальзам
   aftershave ~ бальзам после бритья
   barrier ~ защитный бальзам, бальзам с защитным действием
   benzoin ~ бензойная смола, росный ладан
   camomile ~ ромашковый бальзам, бальзам с экстрактом ромашки
   copaiba ~ копайский бальзам
   eye contour ~ бальзам для век
   hair ~ бальзам для волос
   lip ~ бальзам для губ
   moisturizing ~ увлажняющий бальзам
   Peru ~ перуанский бальзам
   skin ~ бальзам для кожи
   tanning ~ бальзам для загара
   Tolu ~ толуанский бальзам
balsamic бальзамический *(о запахе)*
bamboo бамбук
band лента; тесьма; обод *(для декоративного оформления готовых изделий)*
banding 1. обандероливание *(упаковок)* 2. накладывание (декоративного) обода *(напр. на флакон, баночку)*
bar 1. кусок 2. кусок мыла
   acne ~ противоугревое мыло
   baby ~ детское мыло
   bath ~ банное мыло
   cleansing ~ очищающее мыло

base

   moisturizing cleansing ~ очищающее мыло с увлажняющими добавками
   oil controlling cleansing ~ очищающее мыло для жирной кожи
   pillow-shaped ~ мыло квадратно-выпуклой формы *(в виде подушечки)*
   scrub ~ мыло с отшелушивающим действием
   soap ~ кусок мыла
barberry барбарис
barium hydroxide гидроксид бария *(косметическое сырьё)*
barium sulfate сульфат бария *(косметическое сырьё)*
bark кора *(эфирномасличное сырьё)*
   birch ~ берёзовая кора
   cinchona ~ кора хинного дерева
   cinnamon ~ кора коричного дерева
barley ячмень
barrel баллон; баллончик
   aerosol ~ аэрозольный баллон
   aluminum ~ алюминиевый баллон
barrier барьер; преграда
   lipid(ic) ~ липидный барьер *(кожи)*
   penetration ~ барьер проницаемости
   skin ~ кожный барьер
base 1. основа, база 2. основание 3. композиция-база ◇ ~ under make-up treatment питательная основа для макияжа
   absorption ~ абсорбционная база
   anhydrous ~ безводная основа
   color ~ красящая основа
   colorless ~ бесцветная основа
   compatible ~ совместимая основа
   cosmetic ~ косметическая основа
   cream ~ основа для крема
   detergent ~ моющая основа
   emulsion ~ эмульсионная основа
   fatty ~ жировая основа
   fixative ~ фиксирующая основа
   floral ~ композиция-база с цветочным запахом
   greaseless ~ нежировая основа
   herbaceous-spicy ~ композиция-база с травянисто-пряным запахом
   hydroalcoholic ~ водно-спиртовая основа
   jasmine ~ композиция-база с запахом жасмина
   lacquer ~ лак-основа для маникюра
   lanolin ~ ланолиновая основа
   lipstick ~ основа для губной помады

base

make-up ~ основа для макияжа
moisturizing ~ увлажняющая основа
mossy ~ композиция-база с запахом мха
neroli ~ композиция-база с неролиевым запахом
oily ~ масляная основа
perfume ~ парфюмерная композиция-база
perfumed ~ ароматизированная основа
Schiff ~ шиффово основание
shampoo ~ основа для шампуня
soap ~ мыльная основа
surfactant ~ моющая основа
suspension ~ суспендирующая основа
sweet-ambery ~ композиция-база со сладковато-амбровым запахом
watery ~ водная основа
white ~ бесцветная основа
woody ~ композиция-база с древесным запахом
basic 1. основной, главный 2. основный
basil 1. базилик 2. запах или нота базилика
least ~ базилик низкорослый
sweet ~ базилик камфорный
wild ~ чабер обыкновенный
Basilex *фирм.* базилекс *(запах базилика с травянистым оттенком)*
basma басма
bath средство для ванн
aromatic ~ ароматизатор для ванн
baby ~ детское средство для ванн
bubble ~ пена для ванн
cream ~ крем для кожи после принятия ванны
foam(ing) ~ пена для ванн
ivy foam ~ пена для ванн с экстрактом плюща
baume *фр.* бальзам
bay лавр благородный
bayberry восковница
bayonet:
Spanish ~ юкка алоэлистная
beans бобы
Chinese [soya] ~ соевые бобы
Tonka ~ бобы Тонка
vanilla ~ бобы ванили
bearberry толокнянка

beautician специалист косметического кабинета, косметичка
beauticraft косметика
beauty красота
natural ~ естественная красота
skin ~ (естественная) красота кожи
bed пласт, слой
filtering ~ фильтрующий слой
nail ~ ногтевая пластина
beeswax пчелиный воск
ethoxylated ~ этоксилированный пчелиный воск
natural ~ натуральный пчелиный воск
synthetic ~ синтетический воск
white ~ осветлённый пчелиный воск
yellow ~ жёлтый пчелиный воск
beggar's-ticks череда
beginning 1. начало 2. начальная стадия 3. начальная нота *(запаха)* ◇ at the ~ в начальной стадии
flower ~ цветочная начальная нота
fresh ~ начальная нота свежести
green ~ начальная нота зелени
herbaceous ~ травянистая начальная нота
lavender-aromatic ~ лавандово-ароматическая начальная нота
behavior 1. работа, режим 2. свойства
foaming ~ пенообразование
flow ~ текучесть
rheological ~ реологические свойства
storage ~ устойчивость при хранении
bellflower колокольчик
beneficial благоприятный; полезный; благотворный
benefit польза, благо; благоприятное (воз)действие
anti-ag(e)ing ~ благоприятное (воз)действие, замедляющее старение
healing ~ оздоравливающее действие
immediate ~ быстрое благоприятное (воз)действие
long-term ~ длительное [долговременное] благоприятное (воз)действие
moisturizing ~ благоприятное увлажняющее (воз)действие
observed ~ заметное [явное] благоприятное (воз)действие
prolonged ~ *см.* long-term benefit
tactile ~ ощутимая польза
benne кунжут, сезам

bentonite бентонит *(косметическое сырьё)*
benzaldehyde бензальдегид *(запах миндаля горького)*
benzofuran бензофуран
benzoi бензоин
 gum ~ бензой, бензойная смола
benzophenone бензофенон *(цветочный запах с нотами розы, герани)*
benzyl acetate бензилацетат *(запах жасмина с лёгким фруктовым оттенком)*
benzyl acetone бензилацетон *(цветочно-травянистый запах с нотой жасмина)*
benzyl benzoate бензилбензоат *(бальзамический запах)*
benzyl butyrate бензилбутират *(фруктово-пряный запах с оттенком жасмина)*
benzyl cinnamate бензилциннамат *(сладковато-бальзамический запах)*
benzyl formate бензилформиат *(фруктово-пряный запах с оттенками жасмина, чёрной смородины)*
benzyl paraben бензилпарабен *(косметическое сырьё)*
benzyl propionate бензилпропионат *(фруктово-цветочный запах с оттенком жасмина)*
benzyl salicylate бензилсалицилат *(сладковато-бальзамический запах)*
berbine 1. вербена 2. запах или нота вербены
 European ~ вербена лекарственная
bergamot 1. бергамот 2. запах или нота бергамота
 artificial ~ искусственная композиция с запахом бергамота
 Calabria ~ итальянский бергамот из района Калабрии
 synthetic ~ см. artificial bergamot
bergamyl acetate бергамилацетат, мирценилацетат *(цветочно-травянистый запах с нотой бергамота)*
bergapten бергаптен *(запах с бергамотным оттенком)*
berry 1. ягода 2. плод
betaine бетаин *(косметическое сырьё)*
 cocoamido ~ амидобетаин жирных кислот кокосового масла

cocoamidopropyl ~ амидопропилбетаин жирных кислот кокосового масла
 Tego ~ *фирм.* тегобетаин
betulenol бетуленол *(основной компонент берёзового масла или его экстракта)*
bicolor двухцветный
bifacial двусторонний
bifunctional бифункциональный, двойного действия
bilberry черника
binder связующее вещество
 liquid ~ жидкое связующее вещество
binding связующее действие
bioactivator биоактиватор
bioactive биоактивный, биологически активный
bioactivity биологическая активность
bioassay биопроба, определение биологической активности
biochemical биохимический
biochemistry биохимия
 skin ~ биохимия кожи
biocide биоцид
biocompatibility биосовместимость
biocomplex биокомплекс, комплекс биологически активных веществ
 moisturizing ~ увлажняющий биокомплекс
 regenerative ~ регенерирующий биокомплекс
bioconcentrate биоконцентрат
biodegradability способность к разложению биологическим путём
biodegradable биоразлагаемый
biodegradation биологический распад, биологическое разложение
biofactor биофактор
bioflavonoids биофлавоноиды *(флавоноиды растительного происхождения)*
biopolymer биополимер
biostimulant биостимулятор, биологически активное вещество со стимулирующим действием
 natural ~ натуральный биостимулятор
biosurfactant поверхностно-активное вещество биологического происхождения
biosynthesis биосинтез
biotest биологический тест
biotin биотин, витамин H

29

birch

birch берёза
bisabol бисабол
bisabolene бисаболен
bisabolol бисаболол
bismuth oxychloride оксихлорид висмута *(косметический краситель)*
black 1. сажа **2.** чёрный краситель
  brilliant ~ чёрный краситель
  carbon ~ углеродная сажа *(чёрный краситель)*
  catechu ~ чёрный краситель из смолы акации
  charcoal ~ чёрный угольный краситель
  iron oxide ~ чёрный железооксидный краситель
  lamp ~ ламповая сажа *(чёрный краситель)*
blackberry ежевика
blackheads угри, угревая сыпь
blade 1. лопасть *(мешалки)* **2.** лезвие
  razor ~ бритвенное лезвие
bleached 1. обесцвеченный **2.** отбелённый
bleacher отбеливающее средство, отбеливающий препарат
  hair ~ средство для обесцвечивания волос
  nail ~ средство для удаления с ногтей пятен *(от чернил, табака, овощей и т.д.)*
  skin ~ средство для отбеливания кожи
bleaching 1. обесцвечивание *(напр. волос)* **2.** отбеливание *(напр. кожи)*
blemish 1. пятно **2.** недостаток; порок
  facial ~ недостаток кожи лица
  skin ~ недостаток кожи
blend 1. смесь, купаж **2.** (парфюмерная) композиция
  ~ **of preservatives** смесь консервантов
  ~ **of vitamins** смесь витаминов
  ~ **of waxes** композиция восков
  chypre-woody ~ композиция с шипрово-древесным запахом
  color ~ смесь красителей
  fatty ~ жировая смесь
  floral ~ композиция с цветочным запахом
  floral-balsamic ~ композиция с цветочно-бальзамическим запахом
  floral-oriental ~ композиция с цветочно-восточным запахом
  harmonious ~ гармоничная композиция
  herbal-aromatic ~ композиция с травянисто-ароматическим запахом
  mellow woody-violet ~ композиция древесных и фиалковых нот со сладковатым оттенком
  perfume ~ парфюмерная композиция
  rich ~ композиция с богатым запахом
  sophisticated ~ композиция со сложным изысканным запахом
  spicy-herbal ~ композиция с пряным травянистым запахом
  sweet floral-fruity ~ композиция с цветочно-фруктовым запахом и сладковатым оттенком
triglyceride ~ смесь триглицеридов
blender смеситель
  cone ~ конусный смеситель
  laboratory ~ лабораторный смеситель
blending смешивание
block 1. блок, узел *(прибора)* **2.** блокада, блокирование **3.** защитное косметическое средство
  facial sun ~ фотозащитное косметическое средство для лица, средство для защиты лица от солнечных лучей
  lip ~ защитное косметическое средство для губ
  spray nozzle ~ закупоривание пускового клапана аэрозольной упаковки
  sun ~ фотозащитное косметическое средство, средство для защиты от солнечных лучей
blooming цветущий
blossom 1. цветение; цвет **2.** цветок
  apple ~ яблоневый цвет
  lime [linden] ~ липовый цвет
  orange ~ флёрдоранж
blueberry голубика; черника
bluebottle, bluet василёк
blusher румяна
  cream ~ румяна в виде крема
  gel ~ румяна в виде геля
  opaque ~ непрозрачные румяна
  pearly ~ перламутровые румяна
  pressed ~ компактные румяна
  powder ~ рассыпные румяна
  transparent ~ транспарентные румяна

bottle

board картон *(см. тж* paperboard)
bleached ~ белёный картон
box ~ коробочный картон
container ~ тарный картон
corrugated ~ гофрированный картон
fiber ~ фибровый картон
fine-grade ~ высококачественный картон
gauffered ~ гофрированный картон
lined ~ кашированный картон
metallized ~ металлизированный картон
packaging ~ упаковочный картон
waxed ~ вощёный картон
body:
  bottle ~ корпус флакона
  fat ~ жирность
  hair ~ стержень волоса
  sense ~ орган чувств
  soft ~ мягкость
body-building структурообразующий
boiling 1. кипение 2. кипячение 3. варка
  soap ~ мыловарение, варка мыла
boneset посконник
bonnet люпин многолетний
boom бум, повышенный спрос
boortree бузина кистистая
booster усилитель; ускоритель
  foam ~ пенообразователь
  taste ~ усилитель вкуса
borax бура
borneol борнеол *(камфорный запах с перечным оттенком)*
bornyl acetate борнилацетат *(бальзамический сосново-камфорный запах)*
bornyl formate борнилформиат *(бальзамический запах с оттенком зелени)*
bornyl salicylate борнилсалицилат *(бальзамический запах)*
botanical 1. ботанический, растительный 2. *pl* растительное сырьё
bottle флакон; бутылочка; баллон ◇ ~ with long handle флакон с удлинённым колпачком и кисточкой *(для маникюрных лаков)*
  aerosol ~ аэрозольный баллон
  aluminum ~ алюминиевый баллон *(для аэрозольной упаковки)*
  art-form ~ высокохудожественный флакон
  asymmetrical ~ флакон асимметричной формы
  ball-shaped ~ флакон шарообразной формы
  big ~ флакон большой ёмкости
  black ~ флакон из тёмного стекла
  blow molding ~ пластмассовый флакон, полученный методом выдувания
  capped ~ укупоренный флакон, флакон с колпачком
  circular ~ флакон округлённой формы
  clear ~ прозрачный флакон
  clear glass ~ флакон из прозрачного стекла
  coated glass ~ флакон из упрочнённого стекла *(с защитным покрытием)*
  cologne ~ флакон для одеколона
  colored (glass) ~ флакон из цветного стекла
  crystal(line) ~ хрустальный флакон
  curving ~ флакон сложной конфигурации
  cut glass ~ флакон из шлифованного стекла
  cylindrical ~ флакон цилиндрической формы
  dark ~ флакон из тёмного стекла
  decorated ~ декорированный флакон
  diagonal rib ~ флакон с диагональным рифлением
  diamond ~ резной хрустальный флакон, хрустальный флакон с резными гранями
  distinctive ~ изящный флакон, флакон необычной формы
  edt ~ флакон для туалетной воды
  elliptical ~ флакон эллиптической формы
  faceted ~ шлифованный флакон
  filled ~ наполненный флакон
  flask-like [flat] ~ плоский флакон
  friction-type ~ флакон под притёртую пробку
  frosted glass ~ флакон из декоративного стекла «под изморозь»
  glass ~ стеклянный флакон
  glossy ~ полированный флакон
  gorgeous ~ декорированный флакон
  hand made ~ флакон ручной работы
  high-glass ~ флакон из высококачественного стекла

bottle

irregular ~ фигурный [фасонный] флакон
labeled ~ флакон с этикеткой, этикетированный флакон
matted ~ флакон из матового [матированного] стекла
miniature ~ миниатюрный флакон, флакон малой ёмкости
multilayer ~ флакон из многослойного материала
narrow-neck ~ флакон с узким горлом
non-breakable ~ флакон из небьющегося стекла
non-colored ~ флакон из бесцветного [прозрачного] стекла
oblong ~ флакон продолговатой формы
opal glass ~ флакон из непрозрачного стекла
oval ~ флакон овальной формы
PE ~ полиэтиленовый флакон
pentagonal ~ флакон пятиугольной формы
perfume(ry) ~ парфюмерный флакон
PET ~ флакон из полиэтилентерефталата
plastic ~ пластмассовый флакон
plastic squeeze ~ легкосжимаемый [мягкий] пластмассовый флакон
pleated ~ фигурный флакон
polish ~ флакон из полированного стекла
PP ~ полипропиленовый флакон
prefilled ~ предварительно наполненный флакон
purse ~ флакон для (дамской) сумочки
PVC ~ пластмассовый флакон из поливинилхлорида
rectangular ~ прямоугольный флакон
ribbed ~ гранёный флакон
round ~ круглый флакон
sculpted [shaped] ~ фигурный флакон
sophisticated ~ изящный флакон сложной формы
spiraled ~ флакон со спиральным рифлением
spray ~ флакон для аэрозольной упаковки
square ~ квадратный флакон
squeeze ~ см. plastic squeeze bottle
standard ~ унифицированный флакон
thin-walled ~ флакон из тонкого стекла
transparent ~ прозрачный флакон
triangular ~ флакон треугольной формы
unbreakable ~ флакон из небьющегося стекла
vertical rib ~ флакон с вертикальным рифлением
wide-neck ~ флакон с широким горлом
bottle-brush хвощ полевой
bottler установка для розлива во флаконы
bottling розлив во флаконы
bottom 1. основание 2. дно 3. нижняя часть
bouquet букет *(запаха)*
classic ~ букет классического стиля
delicate ~ тонкий букет
fantasy ~ фантазийный букет
floral ~ цветочный букет
floral-amber ~ цветочно-амбровый букет
floral-chypre ~ цветочно-шипровый букет
floral-fruity ~ цветочно-фруктовый букет
floral-herbaceous ~ цветочно-травянистый букет
fresh floral ~ букет свежих цветочных запахов
fruity ~ букет фруктовых запахов
green-muguet ~ цветочный букет с нотами ландыша и зелени
light floral ~ букет лёгких цветочных запахов
non-floral ~ фантазийный букет
oriental ~ букет восточных запахов
rich floral ~ богатый цветочный букет
romantic floral ~ цветочный букет романтического стиля
rose ~ букет с запахом розы
rose-based ~ букет с базовой нотой розы
rosy-sweet floral ~ сладковато-цветочный букет с запахом розы
round ~ букет с округлённым запахом

semifloral ~ цветочный букет с дополнительными оттенками
semioriental ~ букет полувосточного стиля
spicy-chypre ~ пряный шипровый букет
spicy-floral ~ пряный цветочный букет
spicy-herbal ~ пряный травянистый букет
sultry ~ букет с чувственным [волнующим] запахом
sweet floral ~ сладковато-цветочный букет
violet ~ букет с запахом фиалки
well-balanced ~ хорошо сбалансированный (по запаху) букет
white flowers ~ букет с запахом белых цветов
bow бант, бантик (*элемент художественного оформления*)
box 1. коробка; футляр; ящик 2. бокс, камера
cardboard ~ картонный футляр; картонная коробка
cellophane wrapped ~ оцеллофаненный футляр
cold storage ~ холодильная камера
collapsible ~ складной футляр; складная коробка
display ~ *см.* fancy box
double-walled ~ футляр *или* коробка с двойными стенками
fancy ~ футляр *или* коробка с художественной печатью
folding ~ складной футляр; складная коробка
hand made ~ футляр *или* коробка ручной сборки
lug ~ коробка с прорезными ручками [ушками]
metal ~ металлическая коробка
packing ~ упаковочный футляр; упаковочная коробка
plastic ~ пластмассовый футляр; пластмассовая коробка
powder ~ коробка для пудры
presentation ~ подарочный футляр; подарочная коробка
press-out ~ штампованный футляр; штампованная коробка
soap ~ футляр для мыла

square ~ прямоугольный футляр; прямоугольная коробка
stitched ~ сшивной футляр; сшивная коробка
tin-plate ~ жестяная коробка
transparent ~ прозрачный футляр; прозрачная коробка
vacuum ~ вакуумная камера
window-face ~ футляр с окном из прозрачной плёнки
boxed упакованный в футляр *или* коробку
boxing упаковка в футляры *или* коробки
boy's-love полынь кустарниковая
Brahmanol *фирм.* брахманол (*санталовый запах с мускусным оттенком*)
bran отруби
rice ~ рисовые отруби
wheat ~ пшеничные отруби
brand 1. торговая марка, торговый знак 2. марка; название, наименование (*изделия*)
baby care ~ марка детского изделия
favorite ~ предпочитаемая марка изделия
female ~ марка изделия для женщин
fine fragrance ~ марка изделия высшей категории
fragrance ~ парфюмерная марка
hair care ~ марка средства для волос
international ~ международная торговая марка
major ~ лидирующая марка
make-up ~ марка изделия декоративной косметики
manufacturer ~ торговая марка изготовителя
mass (market) ~ марка изделия массового ассортимента
middle ~ марка изделия средней категории
own label ~ фирменная марка
premium ~ марка, пользующаяся повышенным спросом
prestige ~ престижная марка
relauched ~ обновлённая марка
shampoo ~ марка шампуня
skin care ~ марка средства для ухода за кожей
top ~ ведущая [лидирующая] марка
brazinyl formate бразинилформиат

breakage

(свежий запах с фруктовым оттенком)
breakage:
  bottle ~ бой стеклотары
breakdown 1. размельчение; дробление 2. разделение; расслоение 3. распад; порча
  emulsion ~ расслоение эмульсии
  foam ~ гашение пены
breaker дробилка, измельчитель
  conical ~ конусный измельчитель
  disk ~ дисковый измельчитель
  impact ~ молотковая дробилка
  roller ~ валковый измельчитель
breaking 1. ломкость 2. образование трещин
  hair ~ ломкость волос
  nail ~ ломкость ногтей
brick брикет, брусок
  mascara ~ твёрдая [брусковая] тушь для ресниц
brightness белизна *(напр. кожи)*
brilliance блеск
  high ~ повышенный блеск *(красителя)*
  pearly ~ перламутровый блеск
  silky ~ шелковистый блеск
brilliantine бриллиантин
  alcoholic ~ спиртовой бриллиантин, бриллиантин на спиртовой основе
  hair ~ бриллиантин для волос
  liquid ~ жидкий бриллиантин
  non-oily ~ безжировой бриллиантин
  pomade [solid] ~ густой бриллиантин
brier шиповник
brittle ломкий, хрупкий
brittleness ломкость, хрупкость
  nail ~ ломкость ногтей
bromstyrene бромстирол *(сильный цветочный запах гиацинта и зелени)*
Bronopol *фирм.* бронопол *(косметическое сырьё)*
bronzing загар
broom ракитник
brown коричневый краситель || коричневый
  chocolate ~ шоколадно-коричневый
  yellow ~ жёлто-коричневый
brush 1. щётка; щёточка 2. кисть; кисточка
  applicator ~ щёточка-аппликатор
  cosmetic ~ косметическая щёточка *(напр. для бровей)*

  eye ~ кисточка-аппликатор теней для век
  lip ~ кисточка для губ
  soft ~ мягкая щёточка
  spiral (wire) ~ спиральная щёточка для туши
  taper ~ конусообразная кисточка
  tooth ~ зубная щётка
  tuft ~ мягкая кисточка *(для декоративной косметики)*
  two-sided ~ двусторонняя щёточка
brushing 1. мойка щётками, ершевание *(флаконов)* 2. расчёсывание волос
  multiple ~ неоднократное расчёсывание волос
bubble пузырёк
  air ~ воздушный пузырёк
Buccoxime *фирм.* буккоксим *(свежий фруктовый запах с нотой чёрной смородины)*
buckeye конский каштан
buckthorn 1. жостер 2. крушина
  sea ~ облепиха крушинная
buds 1. почки 2. бутоны *(эфирномасличное сырьё)*
  birch ~ берёзовые почки
  black currant ~ почки чёрной смородины
  clove ~ бутоны гвоздичного дерева
  flower ~ цветочные бутоны
budget:
  advertizing ~ рекламный бюджет; ассигнования на рекламу
builder 1. основной компонент 2. модифицирующая добавка; составная часть 3. наполнитель
bulb луковица
  hair ~ волосяная луковица
  olfactory ~ обонятельная луковица
bulk 1. величина, объём; вместимость 2. большое количество, масса ◇ in ~ общей массой, навалом; без тары
  lipstick ~ масса губной помады *(в производстве)*
bullet:
  ~ of lipstick карандаш [стержень] губной помады
burdock лопух
  medical ~ лопух лечебный
burgeons *см.* buds
bur-marigold череда
burn ожог
  sun ~ солнечный ожог

business бизнес, коммерческая деятельность
cosmetic ~ косметический бизнес
fragrance ~ парфюмерный бизнес
butter 1. масло 2. жир
cacao ~ масло какао
Carite ~ масло Каритэ
coconut ~ кокосовое масло
iris ~ ирисовое масло
shea ~ масло ши
shorea ~ масло copea
synthetic cacao ~ синтетическое масло какао
buttercup лютик
button 1. кнопка 2. пусковой клапан
push ~ нажимной клапан
spray ~ клапан аэрозольной упаковки
butyl acetate бутилацетат *(фруктовый запах с оттенком ананаса)*
butyl butyrate бутилбутират *(сладковато-фруктовый запах с нотой банана)*
butyl cinnamate бутилциннамат *(фруктово-бальзамический запах с цветочным оттенком)*
butylene glycol бутиленгликоль *(косметическое сырьё)*
butyl glycolate бутилгликолят *(косметическое сырьё)*
butyl hydroxyanisol бутилоксианизол *(косметическое сырьё)*
butyl myristate бутилмиристат *(косметическое сырьё)*
butyl palmitate бутилпальмитат *(косметическое сырьё)*
butyl paraben бутилпарабен *(косметическое сырьё)*
butyl propionate бутилпропионат *(эфирно-фруктовый запах с грибным оттенком)*
butyl salicylate бутилсалицилат *(травянистый запах, напоминающий запах клевера и орхидеи)*
by-effect побочное действие, побочный эффект
by-product побочный продукт

C

cabinet шкаф; камера
drying ~ сушильный шкаф

campaign

low-temperature ~ низкотемпературная камера
temperature ~ термостат
cacao 1. дерево какао 2. какао-боб
cade можжевельник
cadinene кадинен *(древесный запах с нотой можжевельника)*
cajeput, cajuput каепут *(эфирномасличное сырьё)*
cake брусок, брикет
mascara ~ брусковая тушь для ресниц
caking спекание, слёживание
powder ~ слёживание пудры
calamus 1. аир 2. запах *или* нота аира
calcification кальцификация, известкование *(напр. зубной пасты)*
calcium carbonate карбонат кальция *(косметическое сырьё)*
calcium chloride хлорид кальция
anhydrous ~ безводный хлорид кальция *(косметическое сырьё)*
calcium metaphosphate метафосфат кальция *(косметическое сырьё)*
calcium pantothenate пантотенат кальция *(косметическое сырьё)*
calcium phosphate фосфат кальция *(косметическое сырьё)*
calcium pyrophosphate пирофосфат кальция *(косметическое сырьё)*
calcium stearate стеарат кальция *(косметическое сырьё)*
calcium thioglycolate тиогликолят кальция *(косметическое сырьё)*
calculus:
dental ~ зубной камень
calendula календула
calophyllum калофилл, пантениум
camellia 1. камелия 2. запах *или* нота камелии
camomile 1. ромашка 2. запах *или* нота ромашки
German ~ ромашка непахучая
matricaria ~ ромашка лекарственная
Roman ~ ромашка благородная
wild ~ ромашка непахучая
campaign кампания; мероприятие
ad [advertizing] ~ рекламная кампания
magazine ~ рекламная кампания в журналах
press advertizing ~ рекламная кампания в прессе

campaign

promotioning ~ рекламно-пропагандистская кампания
TV advertizing ~ рекламная кампания на телевидении
camphene камфен *(камфорный запах)*
camphor 1. камфора **2.** запах *или* нота камфоры
camphoraceous камфорный *(о запахе)*
can 1. металлическая тара **2.** баллон **3.** банка; баночка
  aerosol ~ аэрозольный баллон
  aluminum ~ 1. алюминиевый баллон **2.** алюминиевая банка
  cone-shaped ~ конусовидная банка
  cylindrical ~ 1. цилиндрический баллон **2.** цилиндрическая банка
  glass ~ стеклянная банка
  labeled ~ этикетированная банка
  lacquered ~ лакированная банка
  lithographed ~ банка с литографической печатью
  monoblock ~ цельный [бесшовный, цельнотянутый] баллон, баллон-моноблок
  oblong ~ овальная банка
  profiled [shaped] ~ фигурная [фасонная] банка
  standard ~ стандартная банка
  tin-plate ~ 1. жестяной баллон **2.** жестяная банка
cananga 1. кананга **2.** канланговое дерево
cankerwort одуванчик лекарственный
canning 1. затаривание **2.** розлив в баночную тару
cap колпачок; крышка; головка
  aerosol ~ колпачок аэрозольного баллона
  anodized metal ~ анодированный металлический колпачок
  atomizer ~ колпачок-распылитель
  ball ~ колпачок шариковой упаковки
  bottle ~ колпачок [нахлобучка] флакона
  dispenser ~ дозирующий колпачок, колпачок с дозатором
  domed ~ куполообразный колпачок
  flip-top ~ посадочный колпачок со щелчком
  friction-fit ~ притёртый [посадочный] колпачок
  gold ~ золочёный колпачок
  metal ~ металлический колпачок
  nozzle ~ распылительный колпачок
  plastic ~ пластмассовый колпачок
  polystyrene ~ колпачок из полистирола
  pump ~ колпачок-распылитель *(по типу насоса)*
  push-on ~ нажимной колпачок
  roll-on ~ колпачок шариковой упаковки
  screw(-on) ~ винтовой [навинчивающийся] колпачок
  squat ~ посадочный колпачок
  threaded jar ~ винтовая крышка для банки
  transparent ~ прозрачный колпачок
  tray ~ насадка тарелки ректификационной колонны
  twist-off ~ винтовой [навинчивающийся] колпачок
capacity 1. способность **2.** ёмкость, объём, вместимость **3.** мощность, производительность
  abrasive ~ абразивная способность
  absorbing ~ абсорбирующая способность
  antioxidant ~ противоокислительная способность
  binding ~ связующая способность
  biostimulating ~ биостимулирующая способность
  bonding ~ связующая способность
  bottle ~ ёмкость флакона
  breath-freshening ~ способность *(напр. зубной пасты)* освежать полость рта
  calming ~ способность *(напр. биодобавок)* к успокаивающему действию
  container ~ ёмкость тары
  crystallization ~ кристаллизуемость
  diffusion ~ диффузионная способность
  emulsifying ~ эмульгирующая способность
  evaporative ~ способность к испарению
  filtration ~ фильтрующая способность, фильтруемость
  foam-boosting ~ пеноусиливающая способность
  foam-holding ~ пеностойкость, стойкость пены
  foaming ~ пенообразующая способность

care

grease absorbent ~ жиропоглотительная способность
lathering ~ пенообразующая способность
moisture ~ увлажняющая способность
moisture retaining ~ влагоудерживающая способность
$1/4$ oz ~ ёмкость в четверть унции
production ~ производительность
skin softening ~ способность к смягчению кожи
stabilizing ~ стабилизирующая способность
storage ~ вместимость [ёмкость] склада
swelling ~ способность к набуханию, набухаемость
thickening ~ загущающая способность
transport ~ способность к переносу (*напр. биологически активных веществ*)
UV absorption ~ способность к поглощению ультрафиолетовых лучей
water-absorbent ~ влагопоглотительная способность (*напр. пудры*)
water-binding ~ способность к связыванию воды (*при биохимических процессах*)
water-holding [water-retention] ~ влагоудерживающая способность
capillary средство [препарат] для ухода за волосами
bioactive ~ биологически активный препарат для ухода за волосами
capper машина для укупоривания колпачками, укупорочная машина
automatic ~ автомат для укупоривания колпачками
bottle ~ машина для укупоривания флаконов колпачками
jar ~ машина для укупоривания банок колпачками *или* крышками
screw ~ машина для укупоривания винтовыми колпачками
single head ~ машина для укупоривания колпачками с одной закруточной головкой
capping укупоривание колпачками
automatic ~ укупоривание колпачками автоматическим способом
capsule 1. капсула 2. оболочка

adipose ~ жировая капсула
bath ~ капсула для ванн (*с ароматизирующим составом*)
fatty ~ жировая капсула
gelatin ~ желатиновая капсула (*для герметизации горлышка флакона*)
nose ~ обонятельная капсула
caramel карамельный краситель
caraway тмин
Carbomer *фирм.* карбомер (*косметическое сырьё*)
carbon 1. углерод 2. уголь
black ~ чёрная сажа (*косметический краситель*)
Carbopol *фирм.* карбопол (*косметическое сырьё*)
Carbowax *фирм.* карбовакс (*заменитель натурального воска*)
carboxymethyl cellulose карбоксиметилцеллюлоза, кмц (*косметическое сырьё*)
cardamon 1. кардамон 2. запах *или* нота кардамона
cardboard картон (*см. тж* board, paperboard)
care (косметический) уход; гигиена
anti-ag(e)ing ~ уход, предупреждающий старение (*кожи*)
at-home nail ~ уход за ногтями в домашних условиях
baby ~ (косметический) уход за младенцем
bath ~ (косметический) уход при принятии ванн
beauty ~ косметический уход
body ~ (косметический) уход за телом
day-time ~ (косметический) уход в дневное время [в течение дня]
dental ~ уход за зубами
enriched ~ (косметический) уход с помощью средств, обогащённых полезными добавками
facial ~ (косметический) уход за лицом
gingival [gum] ~ уход за дёснами
hair ~ (косметический) уход за волосами
hand ~ (косметический) уход за руками
hygiene ~ гигиенический уход
intensive ~ интенсивный (косметический) уход

care

lip ~ (косметический) уход за губами
nail ~ уход за ногтями
night-time ~ (косметический) уход в ночное время
oral ~ уход за полостью рта
personal ~ личная гигиена
professional hair ~ профессиональный уход за волосами *(в парикмахерских салонах)*
professional nail ~ профессиональный уход за ногтями *(в парикмахерских салонах)*
regular ~ регулярный (косметический) уход
sensitive skin ~ (косметический) уход за чувствительной кожей
skin ~ (косметический) уход за кожей
sun ~ (косметический) уход при загаре
teeth and mouth ~ уход за зубами и полостью рта
total ~ всесторонний [комплексный] (косметический) уход

Δ-3-carene дельта-3-карен *(свежий хвойно-сосновый запах с оттенком лимонена)*
carmine кармин *(краситель)*
carmoisin кармуазин *(краситель)*
carnation 1. гвоздика 2. запах *или* нота гвоздики
carotene каротин
carotenoid каротеноид
carrageen карраген, ирландский мох
carrageenan каррагенан *(желирующее вещество)*
carrageenate каррагенат *(желирующее вещество)*
carragheen *см.* carrageen
carrier носитель; несущий элемент; переносчик
  oxygen ~ переносчик кислорода
  transcutaneous oxygen ~ переносчик кислорода в кожных тканях
  water ~ переносчик воды
carrot морковь
carton 1. картон; картонаж 2. картонная коробка; картонный футляр
  collapsed [collapsible] ~ *см.* folding carton
  corrugated ~ 1. гофрированный картон 2. коробка из гофрированного картона; футляр из гофрированного картона
  cylindrical ~ цилиндрический картонный футляр
  decorative ~ картонная коробка с декоративной печатью; картонный футляр с декоративной печатью
  film laminated ~ картон, ламинированный плёнкой
  folding ~ складная картонная коробка; складной картонный футляр
  glossy ~ глянцевый картон
  glued ~ клеевая картонная коробка; клеевой картонный футляр
  lacquered ~ лакированный картон
  lithoprinted ~ 1. литографированный картон 2. литографированная картонная коробка; литографированный картонный футляр
  metallized ~ металлизированный картон
  outer ~ упаковочный картон
  pearlized silver ~ серебристо-перламутровая картонная коробка; серебристо-перламутровый картонный футляр
  pliable ~ *см.* folding carton
  precut ~ заготовка для картонной коробки; заготовка для картонного футляра
  PVC-board ~ картон, ламинированный поливинилхлоридной плёнкой
  smooth ~ гладкий картон
  solid ~ жёсткий картон
  stitched ~ сшивная картонная коробка; сшивной картонный футляр
  transparent ~ прозрачная коробка; прозрачный футляр
  window ~ картонная коробка с окном из прозрачной плёнки; картонный футляр с окном из прозрачной плёнки
cartoning упаковывание в картонную тару
  automatic ~ упаковывание в картонную тару автоматическим способом
carvacrol карвакрол *(терпкий и пряный запах с оттенком тимола)*
carvone карвон *(мятно-тминный запах)*
caryophyllene кариофиллен *(запах гвоздики)*
case коробка; футляр; ларец; пенал

brass ~ латунный пенал
gold ~ золочёный пенал
lipstick ~ пенал для губной помады
luxury ~ футляр *или* пенал категории «люкс»
metal ~ металлический пенал
plastic ~ пластмассовая коробка; пластмассовый футляр
propel-repel ~ выдвижной [возвратно-поступательный] пенал
push-up ~ нажимной пенал, пенал с движком-толкателем
swivel-up ~ поворотный пенал *(для губной помады)*
transparent ~ прозрачный футляр; прозрачный пенал
wood ~ деревянная коробочка; деревянный пенал
caseine казеин
　denatured ~ денатурированный казеин
　lactic ~ молочнокислый казеин
　micellar ~ мицеллярный казеин
　native ~ нативный казеин
　vegetable ~ растительный казеин
caser машина для упаковки в коробки *или* ящики
　automatic ~ автомат для упаковки в коробки *или* ящики
cassia 1. акация 2. запах *или* нота акации
cassis *фр.* 1. чёрная смородина 2. запах *или* нота чёрной смородины
castoreum касторeум, бобровая струя
catechol катехин, пирокатехин
category категория; группа
　C ~ категория веществ, разрешённых к использованию в косметическом производстве
　C-Ext ~ категория веществ, разрешённых к использованию в косметических средствах наружного применения
　cosmetic ~ косметическая категория; косметическая группа (изделий)
　C-WR ~ категория веществ, разрешённых к использованию в водорастворимых косметических средствах
　lip ~ группа изделий для ухода за губами
　nail ~ группа изделий для ухода за ногтями

　stick ~ группа карандашных косметических изделий
cationic катионный, катионоактивный
cavity полость
cedar 1. кедр 2. можжевельник
　Atlas ~ кедр атласский
　red ~ можжевельник виргинский
　Siberian ~ кедр сибирский
　Spanish ~ можжевельник красный
cedarwood кедровое дерево
cedrene, cedrol цедрол *(кедровый запах)*
cedryl acetate цедрилацетат *(кедрововетиверовый запах)*
celandine чистотел
celery 1. сельдерей 2. запах *или* нота сельдерея
cellophane целлофан
　heat sealing ~ термосклеиваемый целлофан
　lacquered ~ лакированный целлофан
　polyethylene coated ~ целлофан с полиэтиленовым покрытием
　transparent ~ прозрачный целлофан
　unlacquered ~ нелакированный целлофан
　water-resisting ~ водостойкий целлофан
cells клетки
　adipose ~ жировые клетки
　animal ~ животные клетки
　damaged ~ повреждённые [разрушенные] клетки
　dead skin ~ омертвевшие клетки кожи
　epidermal ~ эпидермальные клетки
　epithelial ~ эпителиальные клетки
　fatty ~ жировые клетки
　horny ~ клетки рогового слоя
　keratinized ~ ороговевшие клетки
　living ~ *см.* vital cells
　olfactory ~ обонятельные клетки
　skin ~ кожные клетки
　squamous ~ слущенные клетки
　vital ~ жизнедеятельные [живые] клетки
cellular 1. клеточный 2. пористый; сетчатый
cellule 1. клеточка 2. ячейка
cellulite целлюлит *(подкожные водножировые отложения)*

Этуаль

САЛОН
ÉTOILE

ВСЕ ВИДЫ КОСМЕТИЧЕСКИХ УСЛУГ
БИО- И ЭЛЕКТРОЭПИЛЯЦИЯ
ПАРИКМАХЕРСКИЙ ЗАЛ
МАССАЖНЫЙ КАБИНЕТ
МАНИКЮР, ПЕДИКЮР
КОРРЕКЦИЯ ФИГУРЫ
МОДЕЛИРОВАНИЕ НОГТЕЙ
СОЗВЕЗДИЕ МАСТЕРОВ - СТИЛИСТОВ
ВСЕ ВИДЫ УСЛУГ ОТ СТРИЖКИ И МАКИЯЖА
ДО ИСПАНСКОГО МАССАЖА

САЛОН "ЭТУАЛЬ" : МОСКВА, КУТУЗОВСКИЙ ПРОСПЕКТ, 7
Тел. (095) 974-80-50, 243-11-10 с 9.00 до 21.00

САНАТА
косметические салоны

ДИАГНОСТИКА И КОМПЛЕКСНЫЙ УХОД ЗА КОЖЕЙ ЛИЦА
УСЛУГИ ВРАЧА-КОНСУЛЬТАНТА
КОРРЕКЦИЯ ФИГУРЫ
МАНИКЮР-ПЕДИКЮР
ВСЕ ВИДЫ ЭПИЛЯЦИИ
ПАРИКМАХЕРСКИЕ УСЛУГИ, В ТОМ ЧИСЛЕ ЛЕЧЕНИЕ ВОЛОС
САУНА, ДЖАКУЗИ, ГРЯЗЕЛЕЧЕНИЕ
СОЛЯРИЙ

РОССИЯ 123456 МОСКВА ШАБОЛОВКА 52 (м. ШАБОЛОВСКАЯ) т. 954 47 84

cellulose

cellulose целлюлоза, клетчатка
  cotton ~ хлопковая целлюлоза
  microcrystalline ~ микрокристаллическая целлюлоза
  modified ~ модифицированная целлюлоза
  sulfate ~ сульфатная целлюлоза
  sulfite ~ сульфитная целлюлоза
  wood ~ древесная целлюлоза
cellulose acetate ацетат целлюлозы, ацетилцеллюлоза
centaury василёк
centipoise сантипуаз *(единица вязкости)*
centrifugal центробежный
centrifugation центрифугирование
centrifuge центрифуга
  doubled ~ сдвоенная центрифуга
  laboratory ~ лабораторная центрифуга
  settling ~ отстойная центрифуга
ceramide церамид
  animal-derived ~ церамид животного происхождения
  glycosyl ~ гликозилцерамид
  plant ~ церамид растительного происхождения
cerebrosides цереброзиды
  plant-derived ~ цереброзиды растительного происхождения
cereous восковой, воскоподобный
ceresin церезин
certificate:
  ~ of quality сертификат качества
certified 1. проверенный 2. сертифицированный, подтверждённый сертификатом
ceteareth *см.* **cetyl stearyl ether**
cetyl arachidate цетиловый эфир арахидоновой кислоты *(косметическое сырьё)*
cetyl arachidol цетиларахидол *(косметическое сырьё)*
cetyl lactate цетиловый эфир молочной кислоты *(косметическое сырьё)*
cetyl myristate цетилмиристат *(косметическое сырьё)*
cetyl palmitate цетилпальмитат *(косметическое сырьё)*
cetyl ricinoleate цетилрицинолеат *(косметическое сырьё)*

cetyl stearyl ether цетилстеариловый эфир *(косметическое сырьё)*
chalk мел
  cosmetic ~ мел для косметического производства
  precipitated ~ осаждённый мел
  prepared ~ обработанный [аморфный] мел
  superlight ~ отбелённый мел высшего сорта
chamazulene хамазулен
chamber камера
  air cooling ~ камера охлаждения воздухом
  drying ~ сушильная камера
  washing ~ моечная камера, мойка
chamomile *см.* **camomile**
change 1. изменение 2. замена
  biological ~s биологические изменения
  chemical ~ химическая реакция
  formulation ~ изменение в рецептуре
  odor ~ изменение запаха
  qualitative ~s качественные изменения
  quantitative ~s количественные изменения
  structural ~s структурные изменения
  viscoelastic ~s вязкоупругие изменения, изменения вязкоупругости
  visible ~ видимое [явное] изменение
changeable 1. изменчивый, неустойчивый 2. съёмный; заменимый
channel (торговый) канал; путь сбыта
  distribution ~ канал распределения *(товара)*
  mass ~ канал массовой торговли
  perfumery ~ канал парфюмерной торговли
character 1. (отличительный) признак, (характерная) особенность, свойство 2. качество, характер
  aldehydic ~ альдегидный характер *(запаха)*
  amber ~ амбровый характер *(запаха)*
  amphoteric ~ амфотерное свойство *(напр. ПАВ)*
  animal ~ животный характер *(запаха)*
  anionic ~ анионное свойство *(напр. ПАВ)*
  butter ~ масляное [жировое] свойство

camphoraceous ~ камфорный характер *(запаха)*
cationic ~ катионное свойство *(напр. ПАВ)*
citrus ~ цитрусовый характер *(запаха)*
distinguishing ~ отличительный признак
electrolytic ~ электролитическое свойство
fruity ~ фруктовый характер *(запаха)*
green ~ характерный оттенок зелени *(в запахе)*
herbaceous ~ травянистый характер *(запаха)*
hydrophilic ~ гидрофильное свойство
hydrophobic ~ гидрофобное свойство
lipophilic ~ липофильное свойство
melony ~ характерный оттенок дыни *(в запахе)*
minor ~ второстепенный признак
musk ~ мускусный характер *(запаха)*
patchouli ~ пачулевый характер *(запаха)*
sweet ~ сладковатый характер *(запаха)*
woody ~ древесный характер *(запаха)*
characteristic 1. свойство, признак 2. характеристика, параметр
aesthetic ~s эстетические свойства [характеристики]
application ~s 1. прикладные характеристики 2. потребительские свойства
binding ~s связующие свойства
conditioning ~s кондиционирующие свойства
dental abrasive ~s абразивно-полирующие свойства зубных паст
emulsifying ~s эмульгирующие свойства
feel ~s *см.* organoleptic characteristics
film(-forming) ~s плёнкообразующие свойства
flow ~s текучесть
foaming ~s пенообразующие свойства
hydrophilic ~s гидрофильные свойства
hydrophobic ~s гидрофобные свойства
lipophilic ~s липофильные свойства
moisturizing ~s увлажняющие свойства
odor [olfactory] ~s ольфакторные характеристики
organoleptic ~s органолептические характеристики
penetration ~ способность к проницаемости
physicochemical ~s физико-химические свойства
rheological ~s реологические свойства
solubility ~ способность к растворению
spreading ~ способность к растеканию
tactual ~s осязательные характеристики, характеристики ощущений
temperature ~s температурные характеристики
wear ~s потребительские свойства
châssis-enfleurage *фр.* рамы для получения эфирных масел методом анфлёраж
cheek щека
chemical химикат, химическое вещество
aroma ~ синтетическое душистое вещество
cosmetic ~ химическое вещество косметического назначения
fine ~ химическое вещество тонкого органического синтеза
flavor ~ химическое вещество пищевого ароматизирующего назначения
musk ~ синтетическое вещество с мускусным запахом
perfume ~ синтетическое душистое вещество; химическое вещество для парфюмерии
sunblock ~ фотозащитное соединение, ФЗС
synthetic aroma ~ синтетическое душистое вещество
chemical-free не содержащий химикатов [химических веществ]
chemist химик
cosmetic ~ химик-косметолог, химик, работающий в области косметики

chemist

flavoring ~ химик по пищевым ароматизаторам
formulating ~ химик-составитель рецептур
perfumery ~ химик-парфюмер, химик, работающий в области парфюмерии
scientific ~ химик-исследователь

cherry 1. вишня 2. запах *или* нота вишни
   black ~ черёмуха

chestnut каштан ‖ каштановый *(о цвете)*
   horse ~ конский каштан

chevelure *фр.* шевелюра; волосы
chic шик; изысканность
chicory цикорий
chilling охлаждение *(см. тж* cooling*)*
chillproofing выдержка на холоде
chin подбородок
chip стружка
   soap ~ мыльная стружка

chipper:
   soap ~ мылострогальная машина

chitin хитин
chitosan хитозан
chlorhexidine хлоргексидин *(косметическое сырьё)*
chlorhydrol хлоргидрол *(косметическое сырьё)*
chlorobutanol хлорбутанол *(косметическое сырьё)*
chlorofluorocarbon хлорфторуглерод *(газ-пропеллент для аэрозольной упаковки)*
chlorophyll хлорофилл
chlorophyllin хлорофиллин
chokeberry арония, черноплодная рябина
cholesterol холестерин *(косметическое сырьё)*

chromatography хроматография
   absorption ~ абсорбционная хроматография
   affinity ~ хроматография по сродству
   capillary ~ капиллярная хроматография
   column ~ колоночная хроматография
   countercurrent ~ противоточная хроматография
   gas ~ газовая хроматография
   gas-liquid ~ газожидкостная хроматография
   gas-solid ~ газоадсорбционная хроматография
   gel ~ гель-хроматография
   high-performance liquid ~ жидкостная хроматография высокого разрешения
   ion exchange ~ ионообменная хроматография
   liquid ~ жидкостная хроматография
   paper ~ хроматография на бумаге
   preparative gas ~ препаративная газовая хроматография
   thin-layer ~ тонкослойная хроматография

Chrysanthal *фирм.* хризанталь *(запах цветов хризантемы с оттенком свежей зелени)*
chrysanthemum 1. хризантема 2. запах *или* нота хризантемы
chypre 1. шипр 2. композиция с запахом шипра
   modern ~ композиция современного типа с запахом шипра

cicatrizing заживляющий, обладающий заживляющим действием
cinchona 1. хинное дерево 2. хинная кора
cineol цинеол *(камфорный запах)*
cinnamon 1. коричное дерево 2. запах *или* нота корицы
cinnamyl butyrate циннамилбутират *(фруктово-бальзамический запах с цветочным оттенком)*
cinnamyl cinnamate циннамилциннамат *(бальзамический запах)*
cinnamyl formate циннамилформиат *(запах травянистой зелени с бальзамической нотой)*
cinnamyl propionate циннамилпропионат *(фруктово-цветочный запах)*
cinquefoil лапчатка

circles:
   dark ~ тёмные круги *(под глазами)*
   palpebral ~ пальпебральные круги *(вокруг нижнего века)*

circuit цикл; технологическая схема
   closed ~ замкнутый цикл *(производства)*
   reflex ~ возвратный цикл
   refrigeration ~ цикл охлаждения

cistus 1. ладанник 2. запах *или* нота ладанника
citral цитраль *(лимонный запах)*
　ex-lemongrass oil ~ цитраль из лемонграссового масла
　ex-pinene ~ *(синтетический)* цитраль из пинена
　natural ~ натуральный цитраль
　synthetic ~ синтетический цитраль
citronella 1. цитронелла 2. запах *или* нота цитронеллы
citronellal цитронеллаль *(свежий цитрусовый запах с нотами мелиссы и цитронеллы)*
citronellol цитронеллол *(цветочный запах с нотами розы и герани)*
citronellol-cœur *фр.* цитронеллол-кёр *(купаж лучших по запаху фракций цитронеллола при вакуум-разгонке)*
citronellyl acetate цитронеллилацетат *(цветочно-фруктовый запах с нотами розы, герани и оттенком свежести)*
citronellyl butyrate цитронеллилбутират *(сладковато-фруктовый запах с нотой розы)*
citronellyl formate цитронеллилформиат *(цветочно-фруктовый запах с нотами розы, герани, свежей зелени)*
citronellyl isobutyrate цитронеллилизобутират *(цветочно-фруктовый запах с нотами яблока, герани, розы)*
citronellyl propionate цитронеллилпропионат *(фруктово-цветочный запах с нотой розы)*
civet 1. цибет, сивет 2. запах *или* нота цибета [сивета]
　artificial ~ 1. искусственный цибет 2. композиция с запахом цибета
　crystalline ~ кристаллический цибет
　natural ~ натуральный цибет
　synthetic ~ синтетический цибет
civettone цибетон *(мускусный запах с животной нотой)*
claim 1. требование; претензия 2. заявленные свойства *(какого-л. препарата)*
　anti-ag(e)ing ~ заявленные свойства препарата от старения
　company ~ заявленные фирмой свойства *(напр. нового препарата)*

clean(s)er

　cosmetic ~ заявленные косметические свойства
　false ~ фальсифицированные заявленные свойства
　gingivitis ~ заявленные свойства препарата для ухода за дёснами
　hypoallergenic ~ заявленные свойства гипоаллергического препарата
　misleading ~ ошибочные заявленные свойства
　plaque ~ заявленные свойства препарата от зубного налёта
clarification *см.* clarifying
clarifying 1. осветление 2. очищение, очистка *(напр. кожи)*
　peel-off ~ очищение кожи путём отшелушивания ороговевших клеток
classic классический, классического стиля
classification 1. классификация 2. сортировка
　colors ~ классификация красителей
　odor ~ классификация запахов
　perfume ~ классификация парфюмерных изделий
　surfactant ~ классификация поверхностно-активных веществ
clay глина
　China ~ каолин
　colloidal ~ коллоидная глина
　decolorizing ~ отбелённая [обесцвеченная] глина
　deodorizing ~ дезодорированная глина
　mild ~ пластичная глина
　mineral ~ минеральная глина
　smectic ~ смектическая глина
　water swellable ~ набухаемая в воде глина
　white ~ белая глина
clean(s)er (косметическое) очищающее средство ◇ ~ **and toner in one** очищающе-тонизирующее средство в одном флаконе
　active ~ очищающее средство с активными добавками
　aloe ~ очищающее средство с алоэ
　blueberry and lavender gel ~ очищающий гель с экстрактом черники и лавандовым маслом
　bar ~ очищающее средство в виде (косметического) карандаша
　body ~**s** средства для мытья тела

45

clean(s)er

conditioning ~ кондиционирующее очищающее средство
cream ~ очищающий крем
daily ~ очищающее средство для повседневного ухода
denture ~ очищающее средство для зубов и полости рта
enriched ~ очищающее средство с полезными добавками
exfoliating ~ очищающее средство с отшелушивающим действием
eyelashes ~ очищающее средство для ресниц
eyelids ~ очищающее средство для век
facial ~ очищающее средство для лица
fluid ~ жидкое очищающее средство, очищающий лосьон
foaming ~ очищающее пенное средство, очищающая пена
gel ~ очищающий гель
gently ~ очищающее средство мягкого действия
hand ~ очищающее средство для рук
household ~ очищающее средство бытовой химии
hydrating ~ очищающее средство с увлажняющим действием
lime blossom ~ очищающее средство с экстрактом из цветов липы
milky ~ очищающее молочко
morning ~ очищающее средство для утреннего умывания
night ~ очищающее средство для умывания на ночь
scrub ~ *см.* exfoliating clean(s)er
soap-free ~ очищающее средство, не содержащее мыла
soapless hand ~ очищающее средство для рук, не содержащее мыла
waterless hand ~ очищающее средство для рук, используемое без воды
clean(s)ing очищение, очистка *(напр. кожи)*
deep ~ глубокое очищение
clear 1. прозрачный; бесцветный 2. светлый
clogging:
  ~ of pores закупоривание пор (кожи)

valve ~ закупоривание клапана *(аэрозольной упаковки)*
closure 1. крышка; пробка; колпачок 2. укупорочное средство 3. укупоривание, укупорка
dispensing ~ 1. распылительный колпачок 2. укупоривание распылительным колпачком
flush-fitting ~ крышка впотай
friction-fitted ~ 1. притёртая [посадочная] пробка 2. укупоривание притёртой пробкой
metallized ~ металлизированная крышка
plastic ~ пластмассовая крышка; пластмассовый колпачок
roll-on ~ шариковая укупорка
slant-top ~ наклонная [косая] крышка; наклонный [косой] колпачок
snap-top ~ посадочная крышка со щелчком
stylized ~ стилизованная пробка
clouding помутнение
cloudy мутный, непрозрачный
clove 1. гвоздика 2. запах *или* нота гвоздики
clover 1. клевер 2. запах *или* нота клевера
clusterberry брусника
coalescence коалесценция; соединение; сращение; слияние
coarse шероховатый
coarse-grained крупнозернистый
coat покрытие; оболочка; слой *(см. тж* coating)
base ~ 1. нижний [первый] слой *(напр. при нанесении маникюрного лака)* 2. бесцветная основа под маникюрный лак
top ~ верхний [закрепляющий] слой *(напр. при нанесении маникюрного лака)*
varnish ~ слой лака
coated с (нанесённым) покрытием
gloss ~ с глянцевым покрытием
silk ~ с шёлковым покрытием
coating покрытие; оболочка; слой
adherent ~ адгезивное покрытие
anticorrosion ~ антикоррозионное покрытие
antistatic ~ антистатическое покрытие

collection

inside protective ~ внутреннее защитное покрытие *(напр. тубы)*
lacquering ~ лаковое покрытие
lipid ~ жировая оболочка
protective ~ защитное покрытие
waterproof ~ водостойкое покрытие
cochineal кошениль *(природный краситель)*
coco 1. кокосовая пальма 2. кокосовый орех
cocoamide амид жирной кислоты кокосового масла *(косметическое сырьё)*
cocoamidopropyl betaine амидопропилбетаин жирных кислот кокосового масла *(косметическое сырьё)*
cocobetaine бетаин на основе жирных кислот кокосового масла *(косметическое сырьё)*
cocoglycerides глицериды кокосового масла
coconut кокосовый орех
code 1. код, шифр 2. кодекс
  BP ~ фармакопейный кодекс Великобритании
  filling ~ шифровой код при фасовочно-наполнительных операциях
co-distillation совместная перегонка
coefficient коэффициент
  diffusion ~ коэффициент диффузии
  evaporation ~ коэффициент испарения
  extraction ~ коэффициент экстракции
  permeability ~ коэффициент проницаемости
  solubility ~ коэффициент растворимости
co-emollient вспомогательный смягчающий компонент
co-emulsifier вспомогательный эмульгатор
coenzyme кофермент
co-factor сопутствующий [вспомогательный] фактор
  biological ~ биологический сопутствующий фактор
coffee 1. кофейное дерево 2. кофейное зерно 3. кофейный *(о цвете)*
coffeeweed цикорий
coffret *фр.* 1. коробка, футляр 2. набор *(изделий)*
coherence сцепление, связь, соединение

coiffure *фр.* причёска
cold 1. холод 2. холодный
collagen коллаген
  alcohol-soluble ~ растворимый в спирте коллаген
  animal ~ животный коллаген
  fibrous ~ тканевый коллаген
  hydrolyzed ~ гидролизованный коллаген
  insoluble ~ нерастворимый коллаген
  liquid ~ жидкий коллаген
  lyophilized ~ лиофилизированный коллаген
  native ~ нативный коллаген
  soluble ~ растворимый коллаген
collapsible 1. складной; разборный 2. мягкий, сжимаемый
collar 1. кольцо, обруч, хомутик 2. горловина
  aerosol ~ горловина аэрозольного баллона
  metal ~ металлический хомутик [кольцо] на горловине стеклянного флакона
collection набор, комплект, коллекция
  Christmas ~ коллекция [набор] к Рождеству
  color ~ for spring цветовая гамма макияжа для весеннего сезона
  eye-shadow ~ набор [комплект] теней для век
  fragrance ~ парфюмерная коллекция, парфюмерный набор
  gift ~ подарочный набор
  grooming ~ набор [комплект] для ухода за волосами
  make-up ~ коллекция [набор] для макияжа
  men's fragrance ~ мужской парфюмерный набор, коллекция парфюмерных изделий для мужчин
  miniature ~ набор *(парфюмерных или косметических)* изделий в мелкой расфасовке
  perfume ~ парфюмерная коллекция, набор парфюмерных изделий
  prestige ~ коллекция [набор] престижных изделий
  private ~ фирменная коллекция
  seasonal ~ сезонная коллекция
  skin care ~ коллекция [набор] изделий для ухода за кожей

collection

spring ~ весенняя коллекция, набор изделий для весеннего сезона
women's fragrance ~ коллекция парфюмерных изделий для женщин
colloidal коллоидный
cologne одеколон
  citrus ~ одеколон с цитрусовым запахом
  classic ~ классический одеколон, одеколон с запахом классического стиля
  club ~ клубный одеколон, одеколон с символикой клуба *(напр. спортивного)*
  concentrated ~ концентрированный одеколон
  country-sport ~ одеколон для отдыха и спорта
  feminine ~ одеколон для женщин
  fine ~ одеколон с тонким [нежным] запахом
  line ~ одеколон, входящий в парфюмерную серию
  low-alcoholic ~ одеколон с низким содержанием спирта
  men's ~ мужской одеколон
  musk ~ одеколон с мускусным запахом
  old-fashioned ~ одеколон устаревшего стиля, старомодный одеколон
  solid ~ *см.* stick cologne
  splash ~ одеколон в обычной упаковке *(без аэрозольно-распылительной системы)*
  stick ~ твёрдый одеколон *(в виде карандаша)*
colophony канифоль
color 1. цвет; тон; оттенок 2. краситель; краска; красящее вещество 3. цветное (косметическое) изделие
  active ~ активнодействующая краска
  ammonia-free hair ~ краска для волос, не содержащая аммиачных продуктов
  ash ~ пепельная краска для волос
  banned ~ запрещённый краситель
  black ~ чёрная краска для волос
  bright ~ яркий цвет
  certified ~ сертифицированный [разрешённый] краситель
  cheek ~s румяна
  complementary ~ дополнительный краситель
  cosmetic ~ косметический краситель; косметическая краска
  dark ~ тёмный цвет
  dark brown ~ тёмно-коричневая краска для волос
  deep ~ густой цвет
  demipermanent hair ~ *см.* semipermanent hair color
  dull ~ тусклый цвет
  eye ~s тени для век
  eyebrow ~ краска для бровей
  eyelash ~ краска для ресниц
  faded ~ блёклый цвет
  fashion ~s модные цветовые тона
  foundational ~ основной тон
  hair ~ 1. цвет волос 2. краска для волос
  home hair ~ краска для волос, используемая в домашних условиях
  intense ~ интенсивный тон [цвет]
  iridescent ~ радужный [переливчатый] тон
  lake ~ краплак
  lead acetated ~ свинцово-ацетатный краситель
  light blond ~ светло-русая краска для волос
  lips ~ 1. губная помада 2. краситель для губной помады
  lipstick ~ 1. тон губной помады 2. краситель для губной помады
  men's hair ~ краска для мужских волос
  microencapsulated ~ микрокапсулированный краситель
  nail ~ 1. маникюрный лак 2. краситель для маникюрного лака
  natural ~ 1. естественный тон 2. натуральный краситель
  organic ~ органический краситель
  oxidative ~ окисляемый краситель
  pale ~ палевый тон [цвет]
  permanent hair ~ устойчивая [длительно сохраняющаяся] краска для волос
  predispersed ~ предварительно диспергируемый краситель
  primary ~ основной краситель
  semipermanent hair ~ краска для волос средней устойчивости
  team ~s 1. клубные цветовые тона 2. набор цветных карандашей для фанатов

time released ~ проявляющийся краситель *(в губных помадах)*
twilight ~ смазанный [нечётко выраженный] тон
unacceptable ~ запрещённый краситель
warm ~ тёплый тон [цвет]
water-soluble ~ водорастворимый краситель
colorable поддающийся окраске
colorant краска; краситель, окрашивающее средство
artificial ~ химический краситель
certified ~ сертифицированный краситель
cosmetic ~ косметическое окрашивающее средство
harmless ~ безвредный краситель
home ~ краска для волос, используемая в домашних условиях
mica ~ слюдяной краситель
nail enamel ~ маникюрная эмаль
natural ~ натуральный краситель
plant-extracted ~ растительный краситель
synthetic ~ синтетический краситель
tone-on-tone ~ оттеночный краситель
coloration *см.* coloring
colored окрашенный
colorful красочный, яркий
coloring 1. окраска, окрашивание 2. подкрашивание
artificial ~ искусственное подкрашивание
home ~ окраска волос в домашних условиях
hair ~ окраска волос
tint ~ оттеночная окраска волос
toner ~ тональная окраска волос
colorless бесцветный
colour *см.* color
coltsfoot мать-и-мачеха
column колонна
absorbing ~ абсорбционная колонна
distillation ~ дистилляционная [перегонная] колонна
extraction ~ экстракционная колонна
fractionating ~ ректификационная колонна
multiplate ~ многотарельчатая колонна
packed ~ насадочная колонна
plate-type ~ тарельчатая колонна

company

rectification ~ ректификационная колонна
tray ~ тарельчатая колонна
twin-rectifying ~ двухколонный ректификационный аппарат
vacuum distilling ~ вакуум-перегонная колонна
colza рапс
comb расчёска; гребень
combability расчёсываемость волос
dry ~ расчёсываемость сухих волос
wet ~ расчёсываемость влажных волос
combination комбинация; соединение; сочетание
color ~ комбинация красителей
surfactant ~ комбинация [смесь] поверхностно-активных веществ
combing расчёсывание
dry ~ расчёсывание сухих волос
wet ~ расчёсывание влажных волос
comedogenicity угревая сыпь
comedogenous с угревой сыпью, угристый
comedones угри
comfort:
skin ~ комфортное состояние кожи
comfrey окопник лекарственный
compact компактный
compaction компактирование *(пудры или теней для век)*
company фирма; компания
aerosol filling ~ фирма по наполнению аэрозольных баллонов
aroma chemical ~ фирма синтетических душистых веществ
big-name ~ крупная известная фирма
chemical ~ химическая фирма
contract packaging ~ фирма, осуществляющая упаковку готовых изделий по контракту
cosmetic ~ косметическая фирма
door-to-door ~ фирма по торговле вразнос
family-owned ~ семейная фирма, фирма семейной собственности
French ~ французская фирма
home ~ местная фирма
leader ~ лидирующая фирма
local ~ местная фирма
multinational ~ транснациональная фирма

company

parent ~ фирма-учредитель
perfume ~ парфюмерная фирма
pharmaceutical ~ фармацевтическая фирма
private ~ частная фирма
rival ~ соперничающая [конкурирующая] фирма
compatibility совместимость; переносимость ◇ ~ with the skin совместимость с кожей
  chemical ~ химическая совместимость
  complete ~ полная совместимость
  dermatological ~ дерматологическая переносимость
  full ~ полная совместимость
  mucous membrane ~ переносимость слизистой оболочкой
  skin ~ кожная переносимость
compatible совместимый
compensatory компенсирующий
complaints:
  customer ~ жалобы потребителей
complex комплекс; смесь
  active ~ активная смесь, смесь активных веществ
  aluminum chlorhydrate ~ алюминохлоргидратный комплекс *(косметическое сырьё)*
  aluminum zirconium salts ~ алюмоциркониевый комплекс, комплекс на основе солей алюминия и циркония *(косметическое сырьё)*
  amino acid ~ комплекс аминокислот
  amphoteric ~ смесь амфотерных поверхностно-активных веществ
  anti-ag(e)ing ~ комплекс против старения (кожи)
  antiradical ~ комплекс против свободных радикалов
  bioactive ~ биоактивный комплекс, смесь биологически активных веществ
  biovegetable ~ биорастительный комплекс
  botanical extract ~ комплекс растительных экстрактов
  cellular face ~ целлюлярный [клеточный] комплекс в средствах для ухода за кожей лица
  cellulite control ~ противоцеллюлитный комплекс
  ceramide ~ комплекс церамидов
  collagen-vit C ~ комплекс коллагена и витамина С
  concentrated ~ комплексный концентрат
  emollient ~ комплекс [смесь] смягчающих веществ
  epidermal barrier ~ эпидермальный защитный комплекс
  firming ~ комплекс, улучшающий упругость кожи
  fortifying ~ укрепляющий комплекс
  glucose glutamate ~ глюкозоглютаматный комплекс
  glycoceramide ~ гликоцерамидный комплекс
  hydrating ~ увлажняющий комплекс
  hydroxy acid ~ комплекс оксикислот
  liposome ~ липосом(аль)ный комплекс
  natural ~ комплекс натуральных веществ
  nutrient rich ~ комплекс, богатый питательными веществами
  plant-derived protein ~ протеиновый комплекс растительного происхождения
  polypeptide-vitamin ~ полипептидно-витаминный комплекс
  preservative ~ комплекс [смесь] консервантов
  protein ~ протеиновый комплекс
  reactivating ~ активизирующий комплекс
  revitalizing ~ оздоравливающий комплекс
  selenium-protein ~ селенопротеиновый комплекс *(от свободных радикалов)*
  skin energizing ~ комплекс, повышающий жизненный тонус кожи
  vitamins ~ комплекс витаминов
  well-balanced ~ хорошо сбалансированная смесь
complexion цвет лица
  bronzed ~ загорелый цвет лица
  clear ~ посветлевший цвет лица
  fresh ~ свежий цвет лица
  healthy ~ здоровый цвет лица
  refreshed ~ посвежевший цвет лица
  tanned ~ загорелый цвет лица
component компонент; составная часть
  active ~ активный компонент

composition

additive ~ добавочный [дополнительный] компонент
antimicrobial ~ противомикробный компонент
auxiliary ~ вспомогательный компонент
basic ~ основной [базовый] компонент
binding ~ связующий компонент
body ~ структурообразующий компонент
chemical ~ химический компонент
emollient ~ смягчающий компонент
fat [fatting, fatty] ~ жировой компонент
floral ~ компонент с цветочным запахом
fragrance ~ ароматизирующий компонент, отдушка
functional ~ функциональный компонент
gloss-conferring [gloss-imparting] ~ компонент, придающий блеск *(напр. волосам)*
hair dye ~ компонент краски для волос
identified ~ идентифицированный компонент *(напр. в составе эфирного масла)*
important ~ важный компонент
key ~ ключевой компонент
main ~ основной [главный] компонент
major ~ основной [преобладающий] компонент
minor ~ *см.* trace component
moisturizing ~ увлажняющий компонент
non-toxic ~ нетоксичный компонент
oil phase ~ компонент жировой фазы
oily ~ масляный [жировой] компонент
overfatting ~ пережиривающий компонент
packaging ~s тароупаковочные детали [компоненты]
peeling ~ компонент, способствующий отшелушиванию омертвевших клеток кожи
perfume ~ ароматизирующий компонент, отдушка
refatting ~ пережиривающий компонент

rose ~ компонент с запахом розы
superfatting ~ пережиривающий компонент
surface active ~ поверхностно-активный компонент
trace ~ микрокомпонент, компонент в следовых количествах
violet ~ компонент с запахом фиалки
water-insoluble ~ нерастворимый в воде компонент
waxy ~ восковой компонент
composition 1. композиция; смесь 2. состав
aldehydic-woody ~ композиция с альдегидно-древесным запахом
base ~ композиция-база
cassia ~ композиция с запахом акации
chemical ~ химический состав
chypre ~ шипровая композиция
classic ~ классическая композиция, композиция с запахом классического стиля
contrasting ~ композиция с контрастными нотами
fantasy ~ фантазийная композиция
fashion perfume ~ парфюмерная композиция с модным запахом
floral ~ цветочная композиция
floral-woody-fern ~ композиция с древесно-цветочным запахом и нотой папоротника
fougère-type ~ композиция с запахом типа «фужер»
fragrance ~ парфюмерная композиция
fresh hesperidic-green ~ композиция со свежим запахом цитрусов и зелени
harmonious ~ гармоничная (по запаху) композиция
intermediate ~ промежуточная композиция
jasmine-rose ~ композиция с нотами жасмина и розы
jonquil blossom ~ композиция с запахом цветов нарцисса
lilac ~ композиция с запахом сирени
lipid ~ жировая композиция, жировая смесь *(в косметике)*
model ~ модельная композиция
modern floral ~ цветочная композиция современного стиля

composition

muguet ~ *фр.* композиция с запахом ландыша
percentage ~ процентный состав
perfume ~ парфюмерная композиция; композиция для духов
shampoo ~ состав шампуня
sweet floral ~ композиция со сладковатым цветочным запахом
sweet pea ~ композиция с запахом душистого горошка
sweet vanilla-musky ~ композиция со сладковатым запахом ванили и мускуса
white flowers ~ композиция с запахом белых цветов
woody ~ композиция с древесным запахом

compound 1. вещество; соединение 2. композиция; смесь
aroma ~ 1. душистое вещество, отдушка 2. душистая [ароматическая] композиция
chemical ~ химическое вещество, химическое соединение
flavor ~ пищевой ароматизатор
floral ~ вещество с цветочным запахом
fragrance ~ душистое вещество
insoluble ~ нерастворимое вещество
isolated ~ изолят, выделенное (из состава) вещество
jasmine ~ композиция с запахом жасмина
lilac ~ композиция с запахом сирени
modern ~ композиция с запахом современного стиля
nail lacquer ~ состав лака для ногтей
natural ~ натуральное вещество
non-floral ~ композиция фантазийного *(нецветочного)* запаха
organic ~ органическое вещество, органическое соединение
perfume ~ 1. душистое вещество, отдушка 2. парфюмерная композиция
quaternary ammonium ~s соединения четвертичного аммония *(косметическое сырьё)*
silicone ~s силиконы, силиконовые соединения
synthetic ~ 1. искусственное вещество 2. искусственная композиция
volatile ~ летучее вещество
wax ~ воск, восковое вещество

concentrate 1. концентрат 2. концентрированный состав 3. парфюмерная (готовая) композиция
aftersun face ~ концентрированный состав для ухода за кожей лица после загара
aloe vera ~ концентрат алоэ
color ~ концентрат красителей, красящий концентрат
day care ~ концентрированный (косметический) состав для ухода за кожей в дневное время
eye zone ~ концентрированный (косметический) состав для ухода за кожей вокруг глаз
lipid ~ липидный концентрат
liposomal ~ липосом(аль)ный концентрат
microemulsion ~ микроэмульсионный концентрат
moisture ~ увлажняющий концентрированный состав
pearl essence ~ перламутровый концентрат, концентрат перламутровых красителей
perfume ~ парфюмерная (готовая) композиция
pigment ~ пигментный концентрат, концентрат пигментных красителей
rejuvenating night ~ омолаживающий кожу концентрированный состав, применяемый на ночь
serum ~ сывороточный концентрат, концентрированный (косметический) состав-сыворотка
shampoo ~ концентрат-основа для приготовления шампуня
skin care ~ концентрированный (косметический) состав для ухода за кожей
vitamin ~ витаминный концентрат
concentration концентрация; (количественное) содержание
admissible ~ допустимая концентрация
alcoholic ~ содержание спирта
average ~ средняя концентрация
emulsifier ~ содержание эмульгатора
final ~ конечная концентрация
high ~ высокая концентрация; повышенное содержание
highest ~ максимальная концентрация

initial ~ исходная [начальная] концентрация
low ~ низкая концентрация
maximum ~ максимальная концентрация
maximum admissible ~ предельно допустимая концентрация
moderate ~ невысокая [средняя] концентрация
normal ~ нормальная концентрация
oil phase ~ содержание жировой фазы
perfume ~ содержание композиции в парфюмерном изделии
permissible ~ допустимая концентрация
specificated ~ концентрация согласно техническим условиям
subthreshold ~ допороговая концентрация
threshold ~ пороговая концентрация
usage [use] ~ концентрация в практических условиях, нормированная концентрация
concept концепция; представление, понятие
«Charlie» ~ концепция «Чарли» *(для парфюмерного изделия)*
«Chypre» ~ концепция «Шипр» *(для парфюмерного изделия)*
classic ~ классическая концепция
company ~ фирменная концепция
design ~ концепция по дизайну
fougère fragrance ~ концепция «фужер» *(для парфюмерного изделия)*
fragrance ~ парфюмерная концепция
mousse ~ фр. концепция пенных препаратов *(в косметике)*
original ~ оригинальная концепция
«Poison» ~ фр. концепция «Пуазон» *(для парфюмерного изделия)*
sweet fragrance ~ парфюмерная концепция со сладковатым запахом
unisex ~ концепция «унисекс» *(для парфюмерного изделия, предназначенного в равной степени для женщин и мужчин)*
white flowers ~ концепция белых цветов *(для парфюмерного изделия)*
concrete конкрет *(твёрдый цветочный экстракт)*
floral ~ конкрет из цветочного сырья
jasmine ~ конкрет жасмина

conditioner

lilac ~ конкрет сирени
mimosa ~ конкрет мимозы
mimosa leaves ~ конкрет из листьев мимозы
orris ~ конкрет фиалкового корня
rose ~ конкрет розы
ylang-ylang ~ конкрет иланг-иланга
condensate конденсат
condensation конденсация; сжижение
dropwise ~ капельная конденсация
fractional ~ фракционная конденсация
condenser конденсатор
air-cooling ~ конденсатор с воздушным охлаждением
circulation ~ циркуляционный конденсатор
coiled-tube ~ змеевиковый конденсатор
countercurrent ~ противоточный конденсатор
jet ~ струйный конденсатор
parallel-flow ~ прямоточный конденсатор
reflux ~ дефлегматор
condition 1. условие 2. кондиция, состояние
ambient ~s окружающие условия
application ~s условия применения
climate ~s климатические условия
drying ~s условия сушки *(напр. эфирномасличного сырья)*
environmental ~s окружающие условия
favorable ~s благоприятные условия
operating ~s технологические условия
processing ~s производственные условия
raw material ~ кондиция сырья
sanitary ~s санитарные условия
storage ~s условия хранения
transport ~s условия транспортировки
use ~s практические условия
conditioner кондиционер *(препарат, нормализующий физическое состояние кожи или волос)*
after shampoo ~ кондиционер, применяемый после шампуня
body-building ~ кондиционер, укрепляющий структуру волос

conditioner

camomile ~ кондиционер *(для волос)* с экстрактом ромашки
cream ~ кондиционирующий крем
deep softening ~ кондиционер для высокоэффективного [глубокого] смягчения кожи
deep treatment hair ~ кондиционер для высокоэффективного ухода за волосами
enriched ~ кондиционер, обогащённый полезными добавками
hair ~ кондиционер для волос
henna hair ~ кондиционер для волос с экстрактом хны
marigold ~ кондиционер *(для волос)* с календулой
mousse ~ *фр.* кондиционер в виде пены
oil hair ~ кондиционер для жирных волос
protein nail ~ кондиционер с протеином для ухода за ногтями
rich hair ~ кондиционер для волос, обогащённый полезными добавками
scalp ~ кондиционер для ухода за кожей головы
skin ~ кондиционер для ухода за кожей
UV ~ фотозащитный кондиционер, кондиционер для защиты от ультрафиолетовых лучей
conditioning кондиционирование *(уход, нормализующий физическое состояние волос или кожи)*
cone 1. шишка, бугорок 2. конус
configuration конфигурация; форма
conformation структура; форма
conifer хвойное дерево
coniferous хвойный
connotation дополнительный оттенок, штрих; дополняющая нота *(в композиции)*
   fruity ~ дополнительный фруктовый оттенок
   musky ~ дополнительный мускусный оттенок
consistency консистенция
   cream-like ~ кремообразная консистенция
   dry ~ сухая консистенция
   foamy ~ пенная консистенция
   gluey ~ липкая консистенция
   granular ~ зернистая консистенция
   hard ~ твёрдая консистенция
   liquid ~ жидкая консистенция
   non-viscous ~ невязкая консистенция
   paste-like [pasty] ~ пастообразная консистенция
   thinner ~ тонкая консистенция
   uniform ~ однородная консистенция
   viscous ~ вязкая консистенция
   watery ~ водянистая консистенция
   wax-like ~ воскообразная консистенция
   weak ~ слабовязкая консистенция
constituent компонент
   abrasive ~ абразивный компонент
   active ~ активный компонент
   basic ~ базовый [основной] компонент
   grease-resisting ~ жиростойкий компонент
   hygroscopic ~ гигроскопический компонент
   major ~ основной [преобладающий] компонент
   minor ~ микрокомпонент
   odorous ~ душистый [ароматизирующий] компонент
   oil-soluble ~ жирорастворимый компонент
   primary ~ 1. простейший компонент 2. первичный компонент
   unidentified ~ неидентифицированный компонент
   water-soluble ~ водорастворимый компонент
constitution строение, структура
   chemical ~ химическое строение
   molecular ~ молекулярное строение
consumer потребитель
consumption 1. потребление 2. расход
   dentifrice ~ потребление зубных паст *(напр. населением страны)*
   per capita ~ потребление на душу населения
   perfumery ~ потребление парфюмерной продукции
container тара; ёмкость; контейнер
   aerosol ~ аэрозольный баллон
   aluminum foil ~ пакетик из алюминиевой фольги
   bottom-fill ~ ёмкость, заполняемая с днища
   composite ~ комбинированная тара *(из разных материалов)*

control

dispenser ~ тара с распылителем [с распыляющим клапаном]
double-walled ~ тара с двойными стенками
flexible ~ мягкая тара
gift ~ тара в подарочном исполнении
glass ~ стеклянная ёмкость *(флакон или баночка)*
lipstick ~ пенал для губной помады
metal ~ металлическая тара
paperboard ~ картонная тара
plastic ~ пластмассовая тара
plastic squeeze ~ пластмассовая легкосжимаемая тара
polypropylene ~ тара из полипропилена
polystyrene ~ тара из полистирола
propel-repel type ~ выдвижной [возвратно-поступательный] пенал *(для карандашной косметики)*
push-up type ~ нажимной пенал *(для карандашной косметики)*
refillable ~ тара с запасным блоком
rigid ~ жёсткая [несминаемая] тара
standard ~ тара стандартных размеров
stick ~ пенал для карандашной косметики
storage ~ тара для хранения, упаковочная тара
swivel type ~ пенал поворотного типа *(для карандашной косметики)*
thermoformed ~ термоусадочная тара
tin-plate ~ жестяной баллон
top-fill ~ ёмкость, заполняемая через горловину
containing содержащий, имеющий в своём составе
collagen ~ содержащий коллаген
fluor ~ содержащий фтор
lanolin ~ содержащий ланолин
vitamin ~ содержащий витамины
contamination 1. загрязнение 2. заражение 3. порча
bacterial ~ бактериальное заражение
microbial ~ микробное заражение
content 1. содержание 2. объём, вместимость
acid ~ кислотность
alcohol ~ содержание спирта
amino acid ~ содержание аминокислот
ash ~ зольность
ethanol ~ содержание этилового спирта
fat ~ содержание жировых компонентов, жирность
fatty acid ~ содержание жирных кислот
free acid ~ содержание свободных кислот
high oil ~ высокое содержание жиров [масел]
impurity ~ содержание примесей
lipid-water ~ водно-липидное содержание
menthol ~ содержание ментола *(в мятном масле)*
moisture ~ влагосодержание; увлажнённость
pesticide ~ содержание пестицидов *(в эфирном или растительном сырье)*
predominant ~ преимущественное [преобладающее] содержание
terpene hydrocarbon ~ содержание терпеновых углеводородных соединений
triglyceride ~ содержание триглицеридов
water ~ содержание воды
wax ~ содержание воска
contraction 1. сокращение 2. сужение
muscular ~ мышечное сокращение
pores ~ сужение пор
contraindication противопоказание
contrast контраст
control 1. контроль; оценка 2. регулирование 3. предупреждение; препятствие
active wrinkle ~ активное предупреждение появления морщин
antistatic ~ антистатический контроль *(за волосами)*
automatic ~ автоматический контроль *(в производстве)*
biological ~ биологический контроль
biological age ~ контроль процесса биологического старения *(кожи)*
bleeding ~ регулирование процесса кровоснабжения
computerized ~ контроль с помощью компьютера, компьютеризированный контроль *(в производстве)*
cost ~ ценовое регулирование

control

   equipment ~ контроль за оборудованием
   in-process ~ производственный [технологический] контроль
   line ~ предупреждение появления мелких морщин
   microbial ~ микробиологический контроль
   oral flora ~ контроль микробиологической флоры полости рта
   plaque ~ предупреждение появления зубного налёта
   qualitative ~ контроль качества
   rheological [rheology] ~ реологический контроль
   sanitary ~ санитарный контроль, санитарный надзор
   sebum ~ регулирование салоотделения
   skin flora ~ контроль кожной микрофлоры
   stability ~ контроль стабильности *(препарата или сырья)*
   tartar ~ предупреждение появления зубного камня
   temperature ~ температурный контроль
   viscosity ~ регулирование вязкости
conveyor конвейер, транспортёр
   air ~ пневматический конвейер
   band ~ ленточный конвейер
   bottle ~ конвейер для перемещения флаконов
   filling ~ наполнительно-фасовочный конвейер
   packing ~ конвейер для упаковки в тару
cooling охлаждение
   deep ~ глубокое охлаждение
   even ~ равномерное охлаждение
   gradual ~ постепенное охлаждение
   quick ~ быстрое охлаждение
coordinated 1. соответствующий по тону *или* запаху 2. имеющий одну цветовую гамму
coordinating:
   color ~ координирование цветового тона *(губной помады и лака для ногтей)*
coriander 1. кориандр 2. запах *или* нота кориандра
corneous роговой
cornflower василёк

correction корректирование, корректировка
   color ~ корректировка тона
   process ~ корректировка технологического процесса производства
corrector:
   soft conceal ~ мягкий маскирующий корректор *(напр. недостатков кожи)*
corrosion коррозия
   atmospheric ~ коррозия на воздухе
   internal ~ коррозия внутренней поверхности *(напр. тубы)*
corrosion-resistant устойчивый к коррозии
corrugation складка; морщина
cortex кора; корка; корковый слой
   hair ~ наружный покров волоса
   inner ~ внутренний корковый слой
cortical корковый
cosmetic косметическое средство ‖ косметический
cosmetical косметический
cosmetician косметолог
cosmetics косметические изделия [средства], косметика
   anhydrous ~ не содержащие воды [сухие] косметические изделия
   anti-ag(e)ing ~ косметические изделия от старения кожи
   baby ~ детская косметика, косметические изделия для детей
   color ~ декоративная [цветная] косметика
   compact ~ компактные косметические изделия
   decorative ~ *см.* color cosmetics
   ethnic ~ косметика [косметические изделия] для этнических групп населения
   eye ~ косметика [косметические изделия] для глаз и век
   eyelash ~ косметика [косметические изделия] для ресниц
   facial ~ косметика [косметические изделия] для лица
   feminine ~ косметика [косметические изделия] для женщин
   functional ~ функциональная косметика
   gel ~ гелеобразные косметические изделия

cracking

«green» ~ натуральная косметика
high-class ~ косметические изделия высшей категории [высокого класса]
hypoallergenic ~ гипоаллергические косметические изделия
intimate ~ интимная косметика
liquid ~ жидкие косметические изделия
low-prices ~ дешёвые косметические изделия
man ~ мужская косметика, косметические изделия для мужчин
molded ~ формоналивные косметические изделия
nail ~ косметические изделия для ногтей
prestige ~ престижные косметические изделия, косметические изделия престижной категории
private label ~ фирменные косметические изделия
protective ~ защитные косметические изделия
skin care ~ косметика [косметические изделия] для ухода за кожей
stick ~ карандашная косметика, косметические изделия в виде карандашей
teenager ~ подростковая косметика, косметические изделия для подростков
theatrical ~ театральная косметика (грим)
treatment ~ лечебно-профилактические косметические изделия
unscented ~ косметические изделия без отдушки
cosmetology косметология
advanced ~ новейшая [передовая] косметология
modern ~ современная косметология
scientific ~ научная косметология
cosmetologist косметолог
co-solvent вспомогательный растворитель
costmary пижма обыкновенная
cost 1. стоимость 2. pl затраты
additional ~s дополнительные затраты
direct ~s прямые затраты
failure ~s потери
manufacturing ~s производственные затраты
material ~s материальные затраты
production ~s производственные затраты
costus 1. костус 2. запах или нота костуса
co-surfactant вспомогательное [дополнительное] поверхностно-активное вещество
co-thickener вспомогательный [дополнительный] загуститель
coumarin кумарин (сладковато-травянистый запах с нотой табака)
couperose фр. красные пятна на лице
cover крышка; нахлобучка
aerosol ~ нахлобучка-колпачок на аэрозольном баллоне
kettle ~ крышка котла (варочного или перегонного)
coverage 1. укрывистость, кроющая способность 2. кроющий слой
continuous ~ сплошной кроющий слой
high ~ высокая укрывистость (напр. пудры)
make-up ~ укрывистость декоративного средства
medium ~ средняя степень укрывистости
coverstick маскирующий карандаш
bifunctional ~ бифункциональный маскирующий карандаш, маскирующий карандаш двойного назначения
blemish ~ карандаш, маскирующий пятна и другие недостатки кожи
color corrector ~ цветной [тональный] маскирующий карандаш (маскирующий и корректирующий пятна, прыщи, угри на коже)
corrective ~ корректирующий и маскирующий карандаш
medicated ~ маскирующий карандаш с лечебным действием
cover-up 1. маскирующий карандаш 2. крем-пудра
oil control ~ маскирующий карандаш для жирной кожи
cowberry брусника
cracked потрескавшийся
cracking растрескивание, образование трещин
hair ~ расщепление волос
nail ~ растрескивание ногтей

cranberry

cranberry клюква
crayon *фр.* косметический карандаш
  eye-shadow ~ карандашные тени для век
cream крем
  abrasive ~ крем с абразивными добавками, отшелушивающий крем, пилинг-крем
  active ~ биокрем, биоактивный крем
  advanced ~ крем новейшей рецептуры
  aftershave ~ крем после бритья
  against slackness ~ крем против дряблости кожи
  age-controlling ~ крем от старения кожи; крем, замедляющий возрастные изменения кожи
  age-protection hand ~ крем для рук, предупреждающий старение кожи
  age-smoothing ~ крем от старения кожи
  AHA's ~ крем с альфа-оксикислотами
  all-purpose ~ универсальный крем
  all skin type ~ крем для любого типа кожи
  almond ~ миндальный крем
  aloe ~ крем с алоэ
  aloe vera eye ~ крем с алоэ для кожи вокруг глаз
  antiacneic ~ крем от угрей [от угревой сыпи]
  anti-ag(e)ing ~ крем от старения кожи
  anticellulite ~ антицеллюлитный крем
  antifriction foot ~ крем от натирания кожи ног
  antiperspirant ~ крем от пота, крем-антиперспирант
  antiperspirant foot ~ крем от потливости ног
  antiseptic ~ антисептический крем
  anti-wrinkle ~ крем от морщин
  apricot kernel ~ отшелушивающий крем с измельчёнными абрикосовыми косточками
  apricot oil ~ крем с абрикосовым маслом
  arnica hand ~ крем для рук с экстрактом арники
  astringent ~ вяжущий крем; крем, сокращающий поры
  avocado oil ~ крем с маслом авокадо
  azulene ~ азуленовый крем
  baby ~ детский крем
  balancing ~ крем, регулирующий водно-солевой баланс кожи
  bamboo milk ~ крем с экстрактом бамбука
  barrier ~ защитный крем
  bath ~ крем для кожи после принятия ванны
  beauty ~ косметический крем
  bioactive [biological] ~ биокрем, биоактивный крем
  biostimulating ~ стимулирующий биокрем
  bleach(ing) ~ отбеливающий (кожу) крем
  body ~ крем для тела
  body exfoliating ~ отшелушивающий крем для тела
  breast care ~ крем для ухода за кожей груди
  bronzing ~ крем для загара
  brushless shaving ~ крем для бритья, наносимый без помазка
  bust care ~ крем для ухода за кожей груди
  bust firming ~ крем для ухода за кожей груди с укрепляющим и подтягивающим действием
  cacao butter ~ крем с маслом какао
  calendula ~ крем с календулой
  calming ~ крем с успокаивающим действием (*на кожу*)
  camomile ~ ромашковый крем
  care ~ крем для профилактического ухода (*напр. за кожей*)
  casein ~ крем с казеином
  cell renewal ~ регенерирующий крем (*активизирующий процесс обновления клеток кожи*)
  cellular night ~ целлюлярный ночной крем (*с клеточным экстрактом*)
  chamomile ~ *см.* camomile cream
  chinchilla oil ~ крем с шиншилловым жиром
  cicatrizing ~ крем заживляющего действия
  cleansing ~ очищающий крем
  coconut oil ~ крем с кокосовым маслом
  cold ~ кольдкрем

cream

cold wave ~ крем для холодной завивки волос
collagen ~ коллагеновый крем, крем с коллагеном
color ~ крем-краска для волос
color control ~ крем для улучшения цвета лица *(регулирующий степень покраснения кожи)*
comfort ~ крем для ног, снимающий усталость
concentrated night ~ концентрированный ночной крем
concentrated nourishing ~ концентрированный питательный крем
conditioning ~ крем-кондиционер, кондиционирующий крем
contouring ~ (массажный) крем для похудения
cooling body finish ~ крем, наносимый на кожу после ванн для придания холодящего эффекта
cosmetic ~ косметический крем
cucumber ~ крем с огуречным экстрактом
cuticle (treatment) ~ крем от кутикул *(на ногтях)*
dandelion ~ крем с экстрактом одуванчиков
day(-time) ~ дневной крем
deep cleansing ~ крем для глубокого очищения кожи
deep moisturizing ~ крем для глубокого увлажнения кожи
delicate skin ~ крем для тонкой чувствительной кожи
démaquillante ~ *фр.* крем для удаления макияжа
dental [denture] ~ крем-паста для зубов *(преимущественно для ухода за зубными протезами)*
deodorant ~ крем-дезодорант, дезодорант в виде крема
depilatory ~ крем-депиляторий, крем для удаления волос
detangling ~ крем, облегчающий расчёсывание волос
dry skin ~ крем для сухой кожи
easily absorbed ~ легковпитывающийся крем
embryo ~ крем с эмбриональным экстрактом
emollient ~ смягчающий крем
emulsion type ~ эмульсионный крем
epilating [epilatory] ~ *см.* depilatory cream
estrogen ~ крем с гормонами
exfoliating ~ *см.* abrasive cream
extrarich renutritive ~ высокоэффективный питательный крем *(обогащённый активными добавками)*
eyebrow plucking ~ крем для бровей после выщипывания
eye care ~ крем для век
eye contour ~ крем для ухода за кожей вокруг глаз
eye wrinkle ~ крем от морщин вокруг глаз
facial ~ крем для лица
fatty ~ жирный крем
fight-age ~ крем от (преждевременного) старения кожи
firm(ing) ~ крем, повышающий упругость кожи
firming wrinkle ~ крем, сглаживающий морщины
fluid ~ жидкий крем
foot care ~ крем для ног
foundation ~ крем-основа *(под грим)*
fragrance-free ~ крем без отдушки
freckle ~ крем от веснушек
freshening ~ освежающий крем
fruit juice ~ крем с (натуральным) фруктовым соком
gentle eye ~ лёгкий крем для кожи вокруг глаз
ginseng ~ женьшеневый крем
glycerin hand ~ глицериновый крем для рук
greaseless ~ нежирный крем
hair groom ~ крем для ухода за волосами
hair relaxing ~ крем для распрямления волос
hair remover ~ *см.* depilatory cream
hair treatment ~ крем для ухода за волосами, крем для укрепления волос
hair waving ~ крем для завивки волос
hand ~ крем для рук
heavy textured ~ густой крем, крем плотной текстуры
herbal ~ крем с экстрактами трав
honey ~ медовый крем
hormone(-containing) ~ гормональный крем, крем с гормонами

cream

hydrating ~ увлажняющий крем
hydrointensive ~ крем для интенсивного увлажнения кожи
hydrorenewal ~ увлажняющий крем; крем, восстанавливающий нормальное содержание влаги в коже
hypoallergenic ~ гипоаллергический крем
lanolin ~ ланолиновый крем
lecithin ~ лецитиновый крем
leg ~ крем для ног
lemon ~ лимонный крем
light reflecting ~ крем с оптическим эффектом *(благодаря светоотражающим пигментам делает морщины менее заметными)*
light-textured ~ крем лёгкой текстуры
light-weight ~ лёгкий крем, крем лёгкой консистенции
lip ~ крем для губ, крем для ухода за губами
liposomal ~ липосом(аль)ный крем
lip treatment ~ *см.* lip cream
liquid [liquifying] ~ жидкий крем
mango ~ крем с соком манго
massage ~ массажный крем
medicated ~ лечебно-оздоровительный крем
milkweed ~ крем с экстрактом молочая
mineral salt ~ крем с минеральными солями
mink oil ~ норковый крем, крем с жиром норки
moisture relief ~ крем с увлажняющим и успокаивающим действием на кожу
moisturizing ~ увлажняющий крем
multiactive ~ высокоактивный крем
multipurpose ~ многофункциональный крем
multivitamin ~ крем с мультивитаминами
nail care ~ крем для ухода за ногтями
natural ~ крем на основе натуральных продуктов
neck ~ крем для кожи шеи
neck and bust treatment ~ крем для ухода за кожей шеи и груди
night ~ ночной крем
night renewal ~ ночной крем для обновления клеток кожи
night treatment ~ ночной лечебно-профилактический крем
non-emulsion ~ неэмульсионный крем
non-greasy ~ нежирный крем
non-irritating face ~ крем, не раздражающий кожу лица
normal/dry skin ~ крем для нормальной и сухой кожи
normalizing ~ крем, нормализующий обменные процессы в коже
normal/oily skin ~ крем для нормальной и жирной кожи
normal skin ~ крем для нормальной кожи
nourishing ~ питательный крем
nourishing night ~ ночной питательный крем
nutritional ~ питательный крем
oil hair treatment ~ крем для ухода за жирными волосами
oil rich ~ крем с высоким содержанием жировых компонентов, жирный крем
oil/water ~ эмульсионный крем типа масло/вода
oily skin ~ крем для жирной кожи
olive oil ~ крем с оливковым маслом
orchid pollen ~ крем с пыльцой орхидеи
orris ~ крем с экстрактом фиалкового корня
oxygenated ~ крем, улучшающий кислородный обмен веществ
paraffin-free ~ крем, не содержащий парафина
peeling ~ *см.* abrasive cream
perfume ~ духи-крем
perfumed ~ крем с отдушкой
petroleum jelly ~ вазелиновый крем
pH-balanced ~ крем со сбалансированным значением pH
placebo ~ крем-плацебо *(крем нейтрального состава, не содержащий активных веществ и используемый при сравнительных испытаниях препаратов со специальными добавками)*
placenta ~ крем с экстрактом плаценты
plankton beauty ~ крем с экстрактом планктона

cream

plant-based ~ крем с растительными экстрактами
pollen extract ~ крем с экстрактом цветочной пыльцы
pore ~ крем для кожи с расширенными порами
postfoaming body ~ крем для тела, применяемый после мытья пенными препаратами
powder ~ крем-пудра
problem skin ~ крем для проблемной кожи
protecting [protective] ~ защитный крем
refirming ~ крем, повышающий упругость кожи
regenerating ~ регенерирующий крем (*восстанавливающий жизненно важные функции кожи*)
rejuvenating ~ омолаживающий крем, крем, способствующий омолаживанию кожи
relief ~ крем с успокаивающим действием на кожу
renutritive ~ питательный крем
replenishing ~ крем питательного и регенерирующего действия
resilience ~ крем, повышающий тургор кожи, крем, улучшающий эластичность и упругость кожи
restorative ~ регенерирующий крем
restructuring shave ~ крем для бритья, восстанавливающий структуру кожи
revitalizing ~ крем оздоравливающего действия
rich ~ питательный высокоэффективный крем, крем, обогащённый активными добавками
rich moisturizing ~ увлажняющий крем, обогащённый активными добавками
rose-almond ~ миндальный крем с экстрактом розы
rough skin remover ~ *см.* abrasive cream
satinized ~ крем, придающий атласность коже
self-tanning ~ крем для искусственного загара
shaving ~ крем для бритья
shower ~ крем, применяемый после душа
silicone hand ~ силиконовый крем для рук
silk serum wrinkle ~ крем от морщин с экстрактом шёлка
silky ~ крем нежной [шелковистой] текстуры
skin perfecting ~ крем, улучшающий состояние кожи
skin softening ~ крем, смягчающий кожу, смягчающий крем
slenderizing ~ крем для похудения (*массажный крем, уменьшающий подкожный жировой слой*)
soft ~ смягчающий крем; крем мягкой текстуры
spermaceti ~ спермацетовый крем
sphingosome ~ крем со сфингосомами
sport ~ спортивный крем
spotty skin ~ крем от пятен и прыщей
stearate [stearin] ~ стеариновый крем
strawberry ~ крем с соком земляники, земляничный крем
styling ~ крем для укладки волос
sunblock [sun-protection, sunscreen] ~ солнцезащитный крем
tanning ~ крем для загара
thick ~ густой крем
throat and decolleté ~ крем для кожи шеи и плеч
time defence [time stop] ~ крем от преждевременного старения кожи
tinted ~ окрашенный крем
tinting ~ тональный крем
tissular firming ~ крем, повышающий упругость кожи
toning ~ тонизирующий крем для кожи
toning shave ~ тонизирующий крем для бритья
total sunscreen ~ высокоэффективный крем от загара
treatment day ~ дневной крем для ухода за кожей
treatment night ~ ночной крем для ухода за кожей
troubled skin ~ *см.* problem skin cream
turtle oil ~ крем с жиром черепахи
ultralight ~ крем очень лёгкой консистенции

cream

   untinting day ~ нетональный дневной крем
   vanishing ~ быстровпитывающийся крем
   viscous ~ густой крем
   vitamin E ~ крем с витамином Е
   vitamin enriched ~ витаминный крем
   vitamin eye ~ витаминный крем для кожи вокруг глаз
   water/oil ~ эмульсионный крем типа вода/масло
   weather barrier ~ защитный крем от неблагоприятных погодных условий
   whitening ~ отбеливающий крем
   witch hazel ~ крем с экстрактом гамамелиса
   wrinkle ~ крем от морщин
   wrinkle-preventing ~ крем, предупреждающий появление морщин
   wrinkle-smoothing ~ крем, разглаживающий морщины

creaminess кремообразность, кремообразная консистенция, кремообразная текстура
   ~ of foam кремообразность пены

creaming:
   emulsion ~ расслоение эмульсии

creamy 1. кремообразный, в виде крема 2. густой 3. жирный

crease:
   skin ~ складка кожи

creasing 1. образование складок 2. слёживаемость *(теней или других видов компактной косметики)*

creativity творчество, творческая деятельность
   designer ~ творчество дизайнера
   perfumer ~ творчество парфюмера

crème *фр. см.* cream

Cremophore *фирм.* кремофор *(косметическое сырьё)*

m-**cresol** мета-крезол

crevice:
   skin ~ трещина на коже

crimping плющение; фальцовка *(напр. туб)*

criteri/on критерий
   decisive ~ решающий критерий
   essential ~ основной критерий
   important ~ важный критерий
   microbiological ~a микробиологические критерии *(для косметической продукции)*
   performance ~a критерии потребительских качеств
   purity ~a критерии чистоты *(продукции)*
   safety ~a критерии безвредности
   selection ~a критерии для (потребительского) выбора

crop 1. урожай 2. сбор урожая
   annual ~ годовой сбор *(напр. эфирномасличной культуры)*

crystalline кристаллический

crystallization кристаллизация

crystals кристаллы
   bath ~ кристаллы [соль] для ванн
   cubical bath ~ кристаллы для ванн кубической формы
   guanine ~ кристаллы гуанина *(кристаллы перламутрового красителя, получаемого из рыбьей чешуи)*
   menthol ~ кристаллический ментол
   needle-shaped bath ~ кристаллы для ванн игольчатой формы
   vanillin ~ кристаллический ванилин

cucumber огурец

cultivation культивирование; выращивание; разведение
   essential oil plant ~ культивирование эфирномасличных растений
   lavender ~ культивирование лаванды
   oil plant ~ разведение масличных культур
   rose ~ культивирование эфирномасличной розы

culture:
   beauty ~ косметология

cumin 1. тмин, кумин тминовый 2. запах *или* нота тмина

curcuma 1. куркума *(растение)* 2. куркума *(натуральный жёлтый краситель)*

curcumone куркумон

curing вызревание; выдержка
   cream ~ вызревание крема

curl 1. завиток; локон 2. *pl* вьющиеся волосы

curler:
   eyelash ~ щипцы для загибания ресниц

curliness:
   natural ~ естественная кудрявость волос

curling завивка волос
  cold ~ холодная завивка волос
  thermal ~ горячая завивка волос
currant 1. смородина **2.** запах *или* нота смородины
curve кривая *(диаграммы)*
  evaporation ~ кривая испарения *(напр. душистого вещества или композиции)*
  temperature ~ температурная кривая
  viscosity ~ кривая вязкости
custom 1. заказ **2.** заказчик
customer потребитель; покупатель; клиент
customized изготовленный по индивидуальному заказу
customizing изготовление на заказ *(напр. тароупаковочных средств)*
cutaneous кожный
cuticle кутикула; кожица; тонкая плёнка
  dental ~ кутикула зубной эмали
  hair ~ волосяной сосочек
  nail ~ ногтевая кутикула
cyclamen 1. цикламен **2.** запах *или* нота цикламена
cycle цикл; период; стадия
  cooling ~ цикл охлаждения
  life ~ жизненный цикл
  storage ~ цикл [стадия] выстаивания [вызревания]
cyclic циклический
cyclohexyl acetate циклогексилацетат *(фруктово-травянистый запах)*
cyclohexyl butyrate циклогексилбутират *(сладковато-фруктовый запах)*
cyclomethicones циклометиконы

D

damage вред; повреждение; нарушение
  cell ~ нарушение жизнедеятельности клеток *(кожи)*
  epidermal ~ эпидермальное нарушение
  free radicals ~ нарушение, вызванное свободными радикалами
  mechanical ~ механическое повреждение *(напр. кожи)*
  nail ~ повреждение ногтей
  skin ~ повреждение кожи
  sun ~ вред от солнечных лучей
damaged повреждённый; поражённый
Damascenone *фирм.* дамасценон *(цветочно-фруктовый запах с нотами розы, грейпфрута, малины)*
α-Damascone *фирм.* альфа-дамаскон *(сильный цветочно-фруктовый запах с нотами яблока, розы, чёрной смородины)*
β-Damascone *фирм.* бета-дамаскон *(цветочно-фруктовый запах с нотами чёрной смородины, розы и табака)*
damp влажность ‖ увлажнять, смачивать ‖ влажный
damping увлажнение
dandelion одуванчик лекарственный
dandruff перхоть
  infectious ~ инфекционная перхоть
danewort бузина
dark тёмный; потемневший
darkening потемнение
  pigment ~ потемнение пигмента [красителя]
  surface ~ поверхностное потемнение *(препарата)*
data данные; показатели; сведения
  additional ~ дополнительные данные
  analytical ~ аналитические данные
  clinical ~ клинические данные, данные клинических исследований
  direct ~ непосредственные данные
  experimental ~ экспериментальные данные
  in vitro ~ данные лабораторных исследований
  in vivo ~ данные исследований на живых организмах
  marketing ~ данные маркетинга
  market test ~ данные изучения рынка
  objective ~ объективные данные
  panel test ~ данные исследований на группе испытуемых
  quantitative ~ количественные показатели
  safety ~ показатели безвредности
  statistical ~ статистические данные
  technical ~ технические показатели
  toxicological ~ токсикологические данные

date

date 1. дата, число 2. время, срок, период
   expiration ~ срок годности
   label ~ дата на этикетке
   launch ~ дата выпуска
dayberry крыжовник
dead неживой, омертвевший
deaeration деаэрация *(напр. сырья)*
dearomatizing деароматизация, удаление запаха
debris остатки; обломки; осколки
   cellular ~ омертвевшие клетки кожи
   epithelial ~ остатки эпителиальных клеток кожи
Δ-decalactone дельта-декалактон *(запах кокосовых орехов с фруктовым оттенком)*
decanal деканаль, дециловый альдегид
decanol деканол, дециловый спирт
decantation 1. отстаивание 2. слив с осадка
decanter отстойник
deco:
   art ~ художественное оформление
decoction отвар, декокт
   ~ of cinchona отвар хинной коры
decolorant обесцвечивающее вещество; обесцвечивающий компонент || обесцвечивающий
decoloration 1. обесцвечивание 2. понижение цветности *(тона)*
   hair ~ обесцвечивание волос
decolorize обесцвечивать
decolorized обесцвеченный
decomposition разложение; порча; гниение
   acid ~ кислотное расщепление
   bacterial ~ бактериальное разложение, разложение под влиянием бактерий
   chemical ~ химическое разложение
   enzymatic ~ ферментативное расщепление
   fungal ~ грибковая порча
   hydrolytic ~ гидролиз, гидролитическое расщепление
   light ~ разложение под действием света
   oxidative ~ окислительное расщепление
   thermal ~ термическое разложение; термический распад

decontamination очистка; обеззараживание
decorate декорировать, украшать, художественно оформлять
decorating *см.* decoration
decoration декорирование, художественное оформление
   package ~ художественное оформление тароупаковочных материалов
   silkscreen ~ шелкографическое художественное оформление
decyl acetate децилацетат *(свежий цветочно-фруктовый запах)*
decyl succinate децилсукцинат *(косметическое сырьё)*
defatting обезжиривание *(см. тж* degreasing)
   hair ~ обезжиривание волос
   skin ~ обезжиривание кожи
defect дефект; недостаток
   aroma ~ дефект запаха
   color ~ дефект цвета; дефект окраски
   packaging ~ дефект упаковки
   skin ~ дефект кожи
   surface ~ поверхностный дефект
   texture ~ дефект структуры
   visual ~ видимый дефект
deficiency дефицит, нехватка, недостаток
   oxygen ~ недостаток кислорода
   vitamin ~ недостаток витаминов
defoamer пеногаситель, противовспенивающий компонент
defoaming пеногашение
   chemical ~ пеногашение химическим способом
   mechanical ~ пеногашение механическим способом
   ultrasonic ~ пеногашение ультразвуком
deformation деформация
degeneration 1. упадок, вырождение, дегенерация 2. ухудшение свойств
degradability:
   biological ~ способность к биологическому разложению
degradation 1. разложение, распад 2. порча
   biological ~ биологический распад
   cellular ~ распад клеток

chemical ~ химический распад
enzymatic ~ ферментативное разложение
long-term ~ замедленный распад
microbial ~ микробиологическое разложение
oxidative ~ окислительное разложение
sunlight ~ 1. разложение при воздействии солнечных лучей 2. порча от воздействия солнечных лучей
thermal ~ термическое разложение
degreasing обезжиривание *(см. тж* defatting)
vigorous ~ сильное обезжиривание, высокая степень обезжиривания
degree 1. степень 2. градус
~ of acidity or alkalinity степень кислотности *или* щёлочности, показатель pH
~ of homogenization степень гомогенизации
color ~ степень цветности *(в декоративной косметике)*
density ~ степень плотности
fineness ~ степень измельчения [размола]
humidity ~ степень влажности; степень увлажнённости
purity ~ степень чистоты; степень очистки *(напр. сырья)*
viscosity ~ степень вязкости
dehydrate обезвоживать, дегидратировать
dehydrated обезвоженный, утративший влажность
dehydration обезвоживание, потеря влаги
skin ~ обезвоживание кожи
deionization деионизация *(воды)*
delipidization обезжиривание
nail ~ обезжиривание ногтей
delivery 1. доставка, подача 2. отгрузка
aerosol ~ подача препарата с помощью аэрозольной системы упаковки
essential oil ~ поставка эфирного масла
glass bottles ~ отгрузка стеклотары
pump ~ подача препарата с помощью насосной системы упаковки
raw materials ~ отгрузка сырья
demand спрос, потребность ◇ per capita ~ потребность в расчёте на душу населения
consumers ~ потребительский спрос
increasing ~ возрастающая потребность
démaquillant *фр.* средство [состав] для удаления макияжа
demineralization деминерализация
dental ~ деминерализация зубов
water ~ деминерализация воды
demineralizer деминерализатор, опреснительная установка
demulsifier деэмульгатор, деэмульгирующее вещество
demulsify деэмульгировать, разрушать эмульсию
demulsifying деэмульгирование, разрушение эмульсии
denomination название; обозначение
chemical ~ химическое название
commercial ~ торговое название
density плотность
bacterial population ~ степень бактериальной обсеменённости
color ~ насыщенность [интенсивность] цвета
packing ~ плотность укладки в тару; плотность упаковывания
particle ~ плотность частиц
relative ~ относительная плотность
specific ~ удельная масса
vapor ~ плотность пара
dental зубной
dentifrice зубная паста *(см. тж* toothpaste)
abrasive ~ абразивная зубная паста
antiplaque ~ зубная паста от зубного налёта
antitartar ~ зубная паста от зубного камня
chalk-free ~ зубная паста, не содержащая мела
charcoal ~ зубная паста с активированным углём
cleansing ~ очищающая зубная паста
clinically tested ~ клинически тестированная зубная паста
cosmetic ~ косметическая зубная паста, зубная паста без специальных лечебных добавок
desensitizing ~ зубная паста для чувствительных дёсен

dentifrice

fluor(ide) ~ фтористая [фторсодержащая] зубная паста
foaming [frothy] ~ пенящаяся зубная паста
gel ~ гелеобразная зубная паста
high-cleansing ~ высокоэффективная зубная паста, зубная паста высокой очищающей способности
liquid ~ зубной эликсир
low-abrasive ~ низкоабразивная зубная паста
medicated ~ лечебно-профилактическая зубная паста
non-abrasive ~ зубная паста, не содержащая абразивных веществ
non-frothy ~ непенящаяся зубная паста
oxygenated ~ оксигенированная зубная паста
paste ~ зубная паста
speckled ~ зубная паста с цветными вкраплениями
striped ~ зубная паста с цветными полосками
strong abrasive ~ высокоабразивная зубная паста
therapeutic ~ лечебно-профилактическая зубная паста
dentine дентин
denutrition недостаток питания [питательных веществ]
  hair ~ недостаток питательных веществ волос
  skin ~ недостаток питательных веществ кожи
déocologne *фр.* одеколон-дезодорант
deodorant 1. дезодорант ‖ дезодорирующий 2. средство от пота, дезодорант
  aerosol ~ дезодорант в аэрозольной упаковке
  aftershave ~ дезодорант после бритья
  air ~ освежитель воздуха
  alcohol-based ~ спиртовой дезодорант, дезодорант, содержащий спирт
  alcohol-free ~ дезодорант, не содержащий спирта
  backing soda ~ дезодорант с бикарбонатом натрия
  cream ~ крем-дезодорант, дезодорант в виде крема
  dry ~ сухой [порошкообразный] дезодорант
  feminine ~ дезодорант для женщин
  foot ~ дезодорант для ног
  hypoallergenic ~ гипоаллергический дезодорант
  intimate ~ дезодорант для интимной гигиены
  liquid ~ дезодорант жидкой консистенции
  male ~ мужской дезодорант
  non-aerosol ~ дезодорант без аэрозольной упаковки
  non-CFC ~ аэрозольный дезодорант, не содержащий хлорфторуглеродного пропеллента
  perfume ~ духи-дезодорант
  powder ~ сухой [порошкообразный] дезодорант
  pump ~ дезодорант с пульверизатором
  roll-on ~ дезодорант в шариковой упаковке
  room ~ освежитель воздуха
  solid ~ *см.* stick deodorant
  space ~ освежитель воздуха
  spray ~ дезодорант в аэрозольной упаковке
  stick ~ карандашный дезодорант, дезодорант в виде карандаша [в виде палочки]
  underarm ~ дезодорант для подмышечной зоны
  wax-based ~ дезодорант в виде воскового карандаша
deodorization дезодорация; устранение (неприятного) запаха
  ozone ~ дезодорация озоном
  vacuum ~ вакуумная дезодорация
deodorized дезодорированный
deodorizer бытовой дезодорант
deodorizing устраняющий (неприятный) запах
deospray дезодорант в аэрозольной упаковке, аэрозольный дезодорант
department отделение; цех
  bottle-filling ~ цех розлива во флаконы
  bottle-washing ~ отделение мойки флаконов
  packaging ~ упаковочно-фасовочный цех
  soap ~ мыловаренный цех
  storage ~ 1. цех выстаивания *(пар-*

фюмерной жидкости) 2. складское отделение
depigmentation:
  skin ~ депигментация [нарушение пигментации] кожи
depilation депиляция, удаление волос
depilatory депиляторий, средство для удаления волос
  aerosol ~ депиляторий в аэрозольной упаковке
  cream ~ крем-депиляторий
  liquid ~ жидкий депиляторий
  lotion ~ лосьон-депиляторий
  powder ~ порошкообразный депиляторий
  thioglycolic ~ тиогликолевый депиляторий
  wax ~ воскообразный депиляторий
depth глубина
  ~ of wrinkles глубина морщин
  color ~ насыщенность цветового тона
  odor ~ глубина [насыщенность] запаха
derivative производный продукт, продукт переработки, производное (соединение)
  ascorbic acid ~ производное аскорбиновой кислоты
  beewax ~ продукт переработки пчелиного воска
  benzofuran ~ производное бензофурана
  botanical ~ продукт переработки растительного сырья
  casein ~ производное казеина
  castor oil ~ продукт переработки касторового масла
  cellulose ~ производное целлюлозы
  chitin ~ производное хитина
  citral ~ производное цитраля
  coal tar ~ продукт переработки каменного угля
  collagen ~ производное коллагена
  essential oil ~ продукт переработки эфирного масла
  fatty acid ~ производное жирной кислоты
  fatty alcohol ~ производное жирного спирта
  glucose ~ производное глюкозы
  imidazole ~ производное имидазола
  indole ~ производное индола
  jojoba ~ продукт переработки масла хохобы
  lanolin ~ производное ланолина
  lipid ~ производное липида
  PABA ~ производное пара-аминобензойной кислоты
  panthenol ~ производное пантенола
  petroleum ~ продукт нефтепереработки
  protein ~ производное протеина
  quaternary ammonia ~ четвертично-аммониевое производное
  silicone ~ силиконовое производное
  silk ~ продукт переработки шёлка
  thioglycol ~ производное тиогликолевой кислоты
  urea ~ производное мочевины
  vitamin E ~ производное витамина E
  wood ~ продукт переработки древесины
derma дерма, собственно кожа
dermal кожный
dermatic кожный; наружный
dermatitis дерматит
  allergic ~ аллергический дерматит
  bubble gum ~ аллергический контактный дерматит на губах, связанный с употреблением жевательной резинки
  seborrheic ~ себорейная экзема
  sunlight ~ солнечный дерматит
dermatorrhea избыточная секреция сальных *или* потовых желёз
dermis *см.* derma
dermoactivator биоактивный косметический препарат для кожи
dermocosmetics лечебно-косметические средства для кожи
description описание
  odor [olfactive] ~ описание запаха
desensitization десенсибилизация, снижение раздражения
desensitizing десенсибилизирующий, снижающий раздражение
design 1. рисунок; узор 2. дизайн
  bottle ~ дизайн флакона
  computerized ~ компьютерный дизайн, дизайн с помощью компьютера
  deco ~ декоративный рисунок
  distinguished ~ необычный [оригинальный] дизайн
  embossing ~ рельефный рисунок, рельефное тиснение

design

manual ~ дизайн ручного исполнения
package ~ дизайн упаковки
relief ~ *см.* embossing design
upgraded ~ высококвалифицированный дизайн
designation обозначение; название
  CTFA ~ обозначение, принятое Ассоциацией по парфюмерно-косметическим товарам и душистым веществам
designer дизайнер; художник-модельер
  hair ~ стилист, художник-модельер по причёскам
  make-up ~ визажист, специалист по макияжу
desquamation шелушение, слущивание
destabilization нарушение стабильности
detangler средство для облегчения расчёсывания волос
  silky mist ~ средство для облегчения расчёсывания волос, придающее им шелковистость и блеск
detangling облегчающий расчёсывание волос
detergent детергент, моющее средство
  amphoteric ~ детергент амфотерного типа
  anionic ~ детергент анионного типа
  biodegradable ~ биоразлагаемый детергент
  cationic ~ детергент катионного типа
  imidazole-based ~ детергент на основе имидазола
  liquid ~ жидкое моющее средство
  non-ionic ~ неионогенный детергент
  powder ~ стиральный порошок
  synthetic ~ синтетическое моющее средство
determination определение
  acid ~ определение кислотности
  chromatographic ~ хроматографическое определение
  colorimetric ~ колориметрическое определение
  moisture ~ определение содержания влаги
  organoleptic ~ органолептическое определение
  pH ~ определение значения pH
  qualitative ~ качественное определение
  quantitative ~ количественное определение
  visual ~ визуальное определение
development 1. развитие, рост 2. разработка
  ~ of microorganisms рост микроорганизмов
  ~ of odor развитие запаха *(напр. парфюмерной композиции)*
  product ~ разработка нового продукта [нового препарата]
dew:
  bath ~ освежающее средство для ванн
dewberry ежевика
dextrin декстрин *(косметическое сырьё)*
dialkylamides диалкиламиды
dibutyl phtalate дибутилфталат
dicalcium phosphate дикальцийфосфат *(косметическое сырьё)*
dichlorophen дихлорофен *(косметическое сырьё)*
diethanolamine диэтаноламин
diethanolamine lauryl sulfate диэтаноламинлаурилсульфат *(косметическое сырьё)*
diethyl phtalate диэтилфталат
difficult трудный ◇ ~ to emulsify трудный для эмульгирования; ~ to incorporate трудный для введения в состав *(чего-л.)*; ~ to mask трудный для маскировки *(о запахе)*
diffusion диффузия; распространение
diffusive диффузионный; распространяющийся
diffusiveness:
  odor ~ диффузия запаха
diglycerides диглицериды
dihydrocarveol дигидрокарвеол *(сладковатый древесно-пряный запах)*
dihydrocoumarin дигидрокумарин *(травянисто-пряный запах)*
dihydroisojasmonate дигидроизожасмонат *(цветочно-фруктовый запах с нотой жасмина)*
dihydrojasmone дигидрожасмон *(запах жасмина с фруктовым оттенком)*
dihydrolinalool дигидролиналоол *(древесный запах с цитрусовой и камфорной нотами)*
dihydromyrcenol дигидромирценол *(цветочно-цитрусовый запах)*

dihydroxyacetone диоксиацетон *(косметическое сырьё)*
dihydroxyindole hydrobromide бромгидрат дигидроксииндола *(косметическое сырьё)*
diisopropyladipate диизопропиладипат *(косметическое сырьё)*
dilatation расширение
~ **of pores** расширение пор
dill укроп
diluent разбавитель, разжижитель ‖ разбавляющий, разжижающий
plasticizing ~ разбавитель-пластификатор *(в маникюрных лаках)*
dilution разбавление, разжижение
dimethicones диметиконы
dimethyl benzylcarbinol диметилбензилкарбинол *(цветочный запах с нотой сирени и травянисто-древесным оттенком)*
dimethyl heptanol диметилгептанол *(свежий цветочный запах)*
dimethyl heptenal диметилгептеналь *(свежий фруктовый запах с нотой дыни)*
dimethyl heptenol диметилгептенол *(свежий цветочный запах с нотой лаванды и древесным оттенком)*
dimethyl polysiloxanes диметилполисилоксаны *(косметическое сырьё)*
diminution уменьшение; сокращение
diphenyl oxide дифенилоксид *(запах листьев герани с фенольной нотой)*
dipropylene glycol дипропиленгликоль
directions инструкция (к применению)
directives:
cosmetic ~ директивы [законодательные акты] по косметике
EC ~ **for cosmetics** директивы Европейского сообщества по косметике
discoloration 1. обесцвечивание 2. изменение цвета
disk:
seal ~ внутренняя крышечка [диск] в косметической баночке
dispenser 1. распределительное устройство 2. распылительный клапан, дозатор
aerosol ~ распылительный клапан аэрозольной упаковки
flip-top ~ насадочный клапан со щелчком *(на тубе)*

distillation

high-viscosity ~ распределительный клапан для густых [вязких] препаратов
pump ~ клапан пульверизатора насосного типа
dispersant диспергирующее вещество ‖ диспергирующий
dispersibility дисперсность, степень дисперсности
dispersible дисперсный
dispersion дисперсия
aqueous ~ водная дисперсия
coarse ~ грубая [крупнозернистая] дисперсия
fine ~ тонкая [тонкозернистая] дисперсия
homogeneous ~ однородная [гомогенная] дисперсия
pearlescent ~ перламутровая дисперсия, дисперсия перламутрового пигмента
pigment ~ дисперсия пигмента
transparent ~ прозрачная дисперсия
uniform ~ однородная дисперсия
water ~ водная дисперсия
display:
sale ~ торговый рекламный щит; мини-витрина
window ~ витрина
dissolve растворять
dissolvent растворитель
distillate дистиллят, погон, продукт перегонки
aqueous ~ водный погон
light ~ лёгкий погон
overhead ~ головной погон, погон из верхней части колонны
steam ~ погон от перегонки с водяным паром
water-alcohol ~ водно-спиртовой погон
distillation дистилляция, перегонка
air ~ перегонка при атмосферном давлении
continuous ~ непрерывная перегонка
double ~ двойная перегонка
dry ~ сухая перегонка
extractive ~ экстракционная перегонка
fractional ~ фракционная перегонка
local ~ перегонка на месте *(сбора сырья)*
molecular ~ молекулярная перегонка

distillation

naked flame ~ перегонка на открытом огне
simple ~ простая перегонка, перегонка без ректификации
steam ~ перегонка с водяным паром
vacuum ~ перегонка под вакуумом
water ~ гидродистилляция
distiller 1. перегонный аппарат, дистиллятор 2. предприниматель, занимающийся перегонкой эфирных масел
distillery 1. дистилляционная [перегонная] установка 2. перегонный завод
essence [essential oil] ~ эфирномасличное предприятие
distributer распространитель; торговец; продавец
cosmetic products ~ распространитель [продавец] косметической продукции
perfumery ~ распространитель [продавец] парфюмерии
distribution 1. распределение 2. сбыт; торговля
limited ~ ограниченная сфера сбыта
mail order ~ торговля по почте *(по каталогам)*
mass ~ массовая [широкая] торговля
particle ~ распределение частиц
retail ~ розничная торговля
selective ~ селективный [выборочный] сбыт; торговля по выборочной системе
uneven ~ неравномерное распределение *(напр. красителя)*
uniform ~ равномерное распределение *(напр. красителя)*
disturbance нарушение, сбой
biochemical ~ биохимическое нарушение
metabolic ~ нарушение обмена веществ
diversification диверсификация, разнообразие форм [направлений] деятельности
diversity разнообразие; разновидность
~ of additives разнообразие добавок
~ of colors разнообразие красителей
~ of emulsifiers разнообразие эмульгаторов
~ of products разнообразие продукции [ассортимента]

~ of raw materials разнообразие сырья
division отделение; филиал
cosmetic ~ косметическое отделение *(напр. в фирме)*
dock щавель
documentation документация
commercial ~ коммерческая документация
production ~ производственная [технологическая] документация
γ-**dodecalactone** гамма-додекалактон *(маслянисто-пудровый запах с нотой персика)*
dodecanal додеканаль, лауриновый альдегид *(свежий травянистый запах с цветочными нотами)*
dodecanol додеканол, лауриловый спирт *(жирный запах с цветочно-цитрусовыми нотами)*
dodecyl acetate додецилацетат *(фруктовый запах с нотами розы и цитрусов)*
dosage 1. дозирование, дозировка 2. доза, количество
excessive ~ избыточная [завышенная] дозировка
low ~ заниженная дозировка
normal ~ нормальная дозировка
dose доза || дозировать
erythema ~ эритемная доза *(для ультрафиолетового облучения)*
maximal ~ максимальная доза
minimal ~ минимальная доза
threshold ~ пороговая доза
tolerance ~ допустимая доза
double двойной, сдвоенный; парный
eye ~ декоративное изделие для век двойного назначения *(тушь и контур для век)*
Dowicil *фирм.* довисил *(косметическое сырьё)*
dressing:
hair ~ уход за волосами
drier:
hair ~ сушуар
nail lacquer ~ сушилка для маникюрного лака
drop 1. капля 2. снижение, падение, спад
drug лекарство, лекарственный препарат
dry 1. сухой 2. обезвоженный

drying сушка; высыхание
  blow ~ сушка феном
dryness сухость
  ~ of the scalp сухость кожи головы
  eye contour ~ сухость кожи вокруг глаз
  hair ~ сухость волос
  nail ~ сухость ногтей
  skin ~ сухость кожи
dry-out конечная [завершающая] нота
  animal-musky ~ животная мускусная конечная нота
  animal-woody-ambery ~ животная амбровая конечная нота с древесным оттенком
  balsamic ~ бальзамическая конечная нота
  balsamic-musky ~ бальзамическая конечная нота с мускусным оттенком
  chypre-woody-cedarwood ~ древесно-шипровая конечная нота с кедровым оттенком
  cistus-honey ~ конечная нота ладанника со сладковато-медовым оттенком
  fruity ~ фруктовая конечная нота
  musky-oakmoss ~ мускусная конечная нота с оттенком дубового мха
  woody-coumarin ~ древесная конечная нота с оттенком кумарина
  woody-musky ~ древесно-мускусная конечная нота
  woody-patchouli-ambery ~ древесно-амбровая конечная нота с оттенком пачули
dummy макет; модель || модельный
duo набор из двух предметов, двойной набор
  dark blue/green ~ двойные тени тёмно-голубого и зелёного тонов
  eye-color ~ набор из двух декоративных изделий для век
  eye-shadow ~ набор из двух теней для век
  pink/lilac ~ двойные тени розового и сиреневого тонов
  powder-blush ~ двойной набор из пудры и румян
  powder-eye-shadow ~ двойной набор из пудры и теней для век
duocolor двухцветный
duo-packs упаковка для двойного набора

durability прочность, стойкость
  film ~ прочность плёнки
  nail lacquer ~ прочность маникюрного лака
  strength ~ высокопрочность
dust гигиеническая пудра, присыпка || припудривать
  baby ~ детская присыпка
  powder ~ гигиеническая пудра
dye краситель, краска, окрашивающее вещество
  alcohol-soluble ~ спирторастворимый краситель
  aniline ~ анилиновый краситель
  azo ~ азокраситель
  basic ~ основной краситель
  bright ~ яркий краситель
  certified ~ сертифицированный краситель
  cosmetic ~ косметический краситель
  crystalline ~ кристаллический краситель
  eyebrow ~ краска для бровей
  eyelash ~ краска для ресниц
  food ~ пищевой краситель
  hair ~ краска для волос
  henna ~ краситель на базе хны
  iron hair ~ железоокисный краситель
  nail lacquer ~ краситель для маникюрного лака
  natural ~ натуральный краситель
  organic ~ органический краситель
  oxidative hair ~ окислительная краска для волос
  permanent ~ прочный краситель
  pigment ~ пигментный краситель
  primary ~ основной краситель
  secondary ~ дополнительный краситель
  self-oxidizing ~ самоокисляющийся краситель
  semipermanent hair ~ краска для волос полуперманентного типа
  soluble ~ растворимый краситель
  synthetic hair ~ синтетический краситель в краске для волос
  vegetable hair ~ растительный краситель в краске для волос
  water-soluble ~ водорастворимый краситель
dyeing окрашивание, окраска
  hair ~ окраска волос

dyestuff

dyestuff окрашивающее вещество, краситель
   fluorescent ~ флуоресцентный краситель

E

earth глина *(косметическое сырьё)*
   bleaching ~ отбелённая глина
   Fuller's ~ фуллерова глина
   purified siliceous ~ очищенный кремнезём
ease облегчать; успокаивать
easement облегчение; успокоение
eau de Cologne *фр.* одеколон *(см. тж* cologne)
eau de parfum *фр.* душистая вода
eau de toilette *фр.* туалетная вода
eczema экзема
   seborrheic ~ себорейная экзема
   solar ~ солнечная экзема
eczemogenous вызывающий экзему
edema отёк; водянка
   inflammatory ~ воспалительный отёк
edematous отёчный
effect 1. действие, влияние 2. эффект, результат
   additive ~ дополнительный эффект
   anti-ag(e)ing ~ действие, предотвращающее старение кожи
   anticlogging ~ действие, препятствующее закупориванию *(пор кожи)*
   antifungal ~ противогрибковое действие
   anti-inflammatory ~ противовоспалительное действие
   antimycotic ~ противогрибковое действие
   antioxidant ~ противоокислительное [антиоксидантное] действие
   antiphlogistic ~ противовоспалительное действие
   antiseborrheic ~ противосеборейное действие
   antistatic ~ антистатическое действие
   anti-wrinkle ~ действие, предотвращающее появление морщин
   aroma ~ ароматизирующий эффект
   astringent ~ вяжущее действие
   bacteriostatic ~ бактериостатическое действие
   beneficial ~ благоприятное действие
   biological ~ биологическое действие
   biostimulating ~ биостимулирующее действие
   bleaching ~ отбеливающее действие
   bronzing ~ действие, способствующее загару
   burning ~ действие, вызывающее жжение кожи
   calming ~ успокаивающее действие
   cell renewal ~ эффект обновления клеток кожи
   cicatrizing ~ заживляющее действие
   combined ~ комплексное действие
   conditioning ~ кондиционирующее действие
   conserving ~ консервирующее действие
   controlling ~ регулирующее действие
   cooling ~ 1. охлаждающее действие 2. холодящий эффект
   cosmetic ~ косметический эффект
   cumulative ~ кумулятивный [совокупный] эффект
   damaging ~ вредное действие
   decorative ~ декоративный эффект
   defatting [degreasing] ~ обезжиривающее действие
   depigmentary [depigmentation] ~ депигментирующее действие
   detangling ~ действие, облегчающее расчёсывание волос
   dilution ~ разбавляющее действие
   direct ~ 1. прямое действие 2. непосредственный эффект
   drying ~ высушивающее действие
   dual-color ~ двухцветный эффект
   ecological ~ экологическое последствие
   favorable ~ благоприятное действие
   film-forming ~ плёнкообразующее действие
   final ~ конечный результат
   firming ~ укрепляющее действие
   fixative ~ фиксирующее действие
   flattening ~ декоративный сглаживающий эффект *(от пудры)*
   frosted ~ перламутровый эффект, эффект изморози

effect

gloss(ing) ~ действие, придающее блеск
hair protection ~ защитное действие на волосы
harmful ~ неблагоприятный эффект
hyperemic ~ гиперемическое действие, действие, усиливающее кровообращение
immediate ~ непосредственный [быстрый] эффект
inflammation reducing ~ действие, снижающее воспаление
injurious ~ вредное действие
invigorating ~ укрепляющее действие
iridescent ~ перламутровый эффект
jewel-like ~ ювелирный эффект
latering ~ побочный эффект
lightening ~ осветляющее действие
long-lasting [long-term] ~ устойчивый [длительный] эффект
lustre ~ действие, придающее блеск
marbled [marbleized] ~ мраморный эффект
matte ~ действие, придающее коже матовый оттенок
maximum ~ максимальный эффект
mild ~ мягкое действие
mirror-like ~ эффект зеркального блеска
moisturizing ~ увлажняющее действие
negative ~ негативный эффект
normalizing ~ нормализующее действие
oil-controlling ~ действие, регулирующее салоотделение (жирной кожи)
opacifying ~ опалесцирующее действие
opposite ~ противоположный эффект
optical ~ оптический эффект
optimal ~ оптимальный эффект
overfatting ~ пережиривающее действие
partial ~ частичный эффект
pharmacological ~ фармакологическое действие
phototoxic ~ фототоксичное действие
physiological ~ физиологическое действие
positive ~ позитивный эффект
prolonged ~ пролонгированный эффект
pronounced ~ выраженный эффект
prophylactic ~ профилактическое действие
regenerative ~ регенерирующее действие
rejuvenating ~ 1. омолаживающее действие 2. омолаживающий эффект
relaxing ~ расслабляющее действие
remedial ~ лечебное действие
residual ~ остаточный эффект
retarding ~ замедленный эффект
revitalizing ~ оздоравливающее действие
selective ~ избирательное действие
sensitizing ~ сенсибилизирующее действие
shielding ~ защитное действие
short-term ~ 1. кратковременное действие 2. краткосрочный эффект
side ~ побочный эффект
skin-lightening ~ осветляющее [отбеливающее] кожу действие
skin-protection ~ защищающее кожу действие
solubilizing ~ солюбилизирующее действие
soothing ~ успокаивающее действие
spectacular ~ внешний [видимый] эффект
stabilizing ~ стабилизирующее действие
stimulating ~ стимулирующее действие
strong setting ~ эффект жёсткой фиксации (волос)
sun-protective ~ солнцезащитное действие
synergistic ~ синергический эффект
tanning ~ эффект загара
temporary ~ временный эффект
thickening ~ загущающее действие
tonic [toning] ~ тонизирующее действие
toxic ~ токсическое действие
turbidity ~ замутняющее действие
undesirable ~ нежелательный эффект
UV-filter ~ действие, защищающее кожу от ультрафиолетовых лучей
viscosity building ~ структурообразующее действие
water-repellent ~ водоотталкивающее действие
wetlook ~ эффект влажности

effect

wrinkle-preventing ~ действие, предупреждающее появление морщин
wrinkle-smoothing ~ действие, способствующее разглаживанию морщин

effectiveness см. efficiency
effervescence 1. выделение пузырьков газа 2. образование пены
efficacy см. efficiency
efficiency эффективность, действенность
  anticaries ~ антикариозная эффективность
  anti-inflammatory ~ противовоспалительная эффективность
  antimicrobial ~ антимикробная эффективность
  antimycotic ~ противогрибковая эффективность
  cosmetic ~ косметическая эффективность
  deodorizing ~ дезодорирующая эффективность
  dermatological ~ дерматологическая эффективность
  germicidal ~ бактерицидная эффективность
  liposomal ~ липосом(аль)ная эффективность
  long-term ~ длительная [долговременная] эффективность
  proven ~ подтверждённая [апробированная] эффективность
  sunscreen ~ солнцезащитная [фотозащитная] эффективность
  therapeutic ~ лечебно-оздоровительная эффективность

efficient эффективный, действенный
elastic эластичный; упругий
elasticity эластичность; упругость
  altered ~ утраченная [сниженная] упругость (кожи)
  cutaneous ~ упругость кожи
  natural ~ естественная упругость (кожи)
  skin ~ упругость кожи
  youthful ~ упругость молодой кожи

elastin эластин (косметическое сырьё)
  animal ~ животный эластин
  hydrolyzed ~ гидролизованный эластин
  powdered ~ порошкообразный эластин
  soluble ~ растворимый эластин

elastomer эластомер
elder бузина
electrolyte электролит
element элемент; составная часть; деталь
  cartoning ~ картонажная заготовка
  citrus ~ составной компонент композиции с цитрусовым запахом
  constitutive ~ составная часть
  floral ~ составной компонент композиции с цветочным запахом
  minor ~ микроэлемент
  mixing ~ составная часть смеси [композиции]
  packaging ~ элемент упаковочного материала, деталь упаковки
  trace ~ микроэлемент

elemi элеми (смола)
eliminator:
  fast-acting wrinkle ~ высокоэффективный состав от морщин

elixir эликсир
  aromatic ~ ароматизирующий эликсир
  dental ~ зубной эликсир
  eye-mask ~ маска-эликсир для кожи вокруг глаз

eluent элюент, растворитель
embossing рельефное штампование [тиснение] (напр. рисунка на мыле)
  heat ~ штампование [тиснение] горячим способом

emolliency смягчение, умягчение
emollient 1. смягчающее вещество, умягчитель 2. смягчающее косметическое средство для кожи ‖ смягчающий
  alcohol-soluble ~ спирторастворимое смягчающее вещество
  greaseless ~ нежировое смягчающее средство
  high-spreading ~ смягчающее средство с высокой степенью растекания на коже
  non-occlusive ~ неокклюзивное смягчающее средство (не образующее непроницаемую плёнку на коже)
  non-oily ~ немасляное смягчающее средство
  water-soluble ~ водорастворимое смягчающее вещество

emulsible эмульгируемый

enamel

emulsification эмульгирование
  cold ~ эмульгирование без нагревания, холодное эмульгирование
  hot ~ эмульгирование с нагревом, горячее эмульгирование
  hot/cold ~ эмульгирование смешанного типа
  phase inversion ~ эмульгирование с инверсией фаз
emulsifier 1. эмульгатор, эмульгирующее вещество 2. эмульсификатор, аппарат для эмульгирования
  amphoteric ~ амфотерный эмульгатор
  anionic ~ анионный эмульгатор
  auxiliary ~ вспомогательный эмульгатор
  cationic ~ катионный эмульгатор
  cholesterol ~ эмульгатор на базе холестерина
  cosmetic ~ косметический эмульгатор, эмульгатор для косметического производства
  effective ~ эффективный эмульгатор
  liquid ~ жидкий эмульгатор
  natural ~ природный эмульгатор
  non-ionic ~ неионогенный эмульгатор
  oil-soluble ~ жирорастворимый эмульгатор
  organic ~ эмульгатор органического происхождения
  o/w ~ эмульгатор типа масло/вода
  primary [principal] ~ основной эмульгатор
  silicone ~ силиконовый эмульгатор
  water-soluble ~ водорастворимый эмульгатор
  w/o ~ эмульгатор типа вода/масло
emulsify эмульгировать
emulsifying эмульгирование (*см. тж* **emulsification**) ‖ эмульгирующий
emulsion 1. эмульсия 2. эмульсионный препарат, эмульсия
  aftershave ~ эмульсия после бритья
  aftersun ~ эмульсия после загара
  aqueous ~ водная эмульсия
  baby ~ эмульсия для детей
  base ~ эмульсионная основа
  body care ~ эмульсия для ухода за телом
  broken ~ расслоившаяся эмульсия
  care ~ косметическая эмульсия (*для ухода за кожей*)
  color ~ эмульсия красителя
  cosmetical ~ косметическая эмульсия
  creamy ~ кремообразная эмульсия
  demigreasy ~ полужирная эмульсия
  exemplary ~ модельная эмульсия
  eye contour ~ эмульсия для ухода за кожей вокруг глаз
  facial ~ эмульсия для лица
  fine ~ тонкодисперсная эмульсия
  fragrancing ~ ароматизированная эмульсия, эмульсия с отдушкой
  high-dispersion ~ *см.* fine emulsion
  homogeneous ~ однородная [гомогенная] эмульсия
  irreversible ~ необратимая эмульсия
  light ~ лёгкая [неплотная] эмульсия
  liquid ~ жидкая эмульсия
  low-viscosity ~ эмульсия низкой вязкости
  make-up remover ~ эмульсия для удаления макияжа
  marginal ~ пограничная эмульсия
  milky ~ жидкая эмульсия
  mist ~ тонкодисперсная эмульсия
  moisturizing ~ увлажняющая эмульсия
  multiphase ~ многофазная эмульсия
  non-stable ~ неустойчивая [нестабильная] эмульсия
  o/w ~ эмульсия типа масло/вода
  reversible ~ обратимая эмульсия
  rich ~ эмульсия, обогащённая полезными добавками
  silicone ~ эмульсия на основе силикона
  sport ~ эмульсия для спортивного массажа
  stable ~ устойчивая [стабильная] эмульсия
  temporary ~ неустойчивая эмульсия
  three-phase ~ трёхфазная эмульсия
  traditional ~ эмульсия обычного типа
  type ~ типовая эмульсия
  unstable ~ неустойчивая [нестабильная] эмульсия
  viscous ~ высоковязкая эмульсия
  w/o ~ эмульсия типа вода/масло
enamel эмаль
  cream ~ крем-эмаль для ногтей

enamel

   dental ~ зубная эмаль
   glossy nail ~ блеск для ногтей
   nail ~ эмаль для ногтей
   nitrocellulose ~ эмаль для ногтей с нитроцеллюлозой
   non-settling nail ~ эмаль для ногтей, не дающая осадка
   pearled nail ~ перламутровая эмаль для ногтей
   tooth ~ зубная эмаль
   tough nail ~ стойкая эмаль для ногтей
encapsulated инкапсулированный, заключённый в капсулу
encapsulation инкапсулирование
   perfume ~ инкапсулирование отдушки
   vitamin ~ инкапсулирование витаминов
end 1. конец, окончание 2. завершающая стадия 3. конечная нота *(запаха)* ◇ at the ~ на завершающей стадии
   split ~s раздвоенные концы волос
endermic внутрикожный
endodor конечный запах, запах на завершающей стадии
endogenic, endogenous эндогенный
energizer биоактивный стимулятор для волос
enfleurage *фр.* анфлёраж *(метод извлечения эфирного масла)*
enhancement усиление, увеличение
enhancer интенсификатор, усилитель
   curl ~ усилитель завитости волос
   flavor ~ интенсификатор вкусоароматических свойств
   foam ~ вспениватель, усилитель пенообразования
   hydration ~ интенсификатор увлажнения кожи
   penetration ~ интенсификатор впитываемости
   shine ~ усилитель блеска волос
   taste ~ интенсификатор вкусовых свойств
enlargement 1. расширение 2. развитие; рост
   cell ~ рост клеток
   pore ~ расширение пор
enrich обогащать
enriched обогащённый

enrichment обогащение
   mineral matter ~ обогащение минеральными веществами
   protein ~ обогащение протеинами
   vitamin ~ обогащение витаминами
envelope 1. оболочка; плёнка 2. обёртка
environment окружающая среда
enzymatic ферментативный, энзимный
enzyme фермент, энзим
   active ~ активный фермент
   proteolytic ~ протеолитический фермент
eosin эозин *(краситель)*
epidermal эпидермальный
epidermis эпидермис, эпидерма
   human ~ эпидерма [эпидермальный слой кожи] человека
epilation эпиляция, удаление волос
epithelial эпителиальный
epithelium эпителий, эпителиальная ткань
   desquamated ~ слущенный эпителий
   olfactory ~ обонятельный эпителий
   oral ~ эпителий полости рта
epithelization эпителизация
equilibrium равновесие, баланс
   acid-basic ~ кислотно-щелочной баланс
   biological ~ биологическое равновесие
   phase ~ равновесие фаз
   unstable ~ неустойчивое равновесие
equipment оборудование (*см. тж* **machinery**)
   aerosol ~ оборудование для производства изделий в аэрозольной упаковке
   automatic ~ автоматическое оборудование
   bottle cleansing ~ оборудование для мойки флаконов
   capping ~ укупорочное оборудование
   cartoning ~ картонажное оборудование
   case-making ~ оборудование для изготовления тары
   code-marking ~ кодирующее *(готовую продукцию)* оборудование
   control ~ оборудование технологического контроля
   distillation ~ перегонное [дистилляционное] оборудование

ether

filling ~ наполнительно-разливочное оборудование
hand operated ~ оборудование для ручных операций
laboratory(-scale) ~ лабораторное оборудование
lipstick manufacturing ~ оборудование для производства губной помады
manufacturing ~ производственное оборудование
measuring ~ контрольно-измерительное оборудование
mixing ~ оборудование для смесительных операций
packaging ~ тароупаковочное оборудование
printing ~ оборудование для художественной печати
sampling ~ оборудование для забора образцов
semiautomatic ~ полуавтоматическое оборудование
soap-making ~ мыловаренное оборудование
tube-filling ~ тубонаполнительное оборудование
vacuum ~ вакуумное оборудование
erector:
carton ~ установка для сборки картонных футляров *или* коробок
erosion эрозия
eruption сыпь, высыпание
acne ~ угревая сыпь
skin ~ кожная сыпь
erythema эритема
solar [ultraviolet] ~ солнечная эритема, эритема от ультрафиолетовых лучей
erythrosin эритрозин *(краситель в декоративной косметике)*
esculin эскулин *(активный компонент экстракта конского каштана)*
esprit de parfum *фр.* духи-эспри
essence 1. эссенция 2. эфирное масло
aromatic ~ ароматизирующая эссенция
artificial ~ искусственная эссенция
bath ~ эссенция для ванн
flavoring ~ ароматизирующая пищевая эссенция
foaming bath ~ пенная эссенция для ванн

food ~ пищевая эссенция
fruit ~ фруктовая (пищевая) эссенция
pearl ~ перламутровая эссенция *(краситель)*
relaxing bath ~ эссенция для ванн с расслабляющим действием
volatile ~ эфирное масло
ester сложный эфир
cholesterol ~ сложный эфир холестерина
fatty acid ~ сложный эфир жирной кислоты
isopropyl ~ изопропиловый сложный эфир
oleic acid ~ сложный эфир олеиновой кислоты
polyethylene glycol ~ сложный эфир полиэтиленгликоля
sorbitol ~ сложный эфир сорбита
sorbitol fatty acid ~ сложный эфир сорбита и жирной кислоты
esterification эстерификация
esterified эстерифицированный
estimate оценка || оценивать *(см. тж* evaluation)
approximate ~ приблизительная оценка
expert ~ экспертная оценка
olfactory ~ ольфакторная [обонятельная] оценка
organoleptic ~ органолептическая оценка
sampling ~ оценка путём взятия проб
visual ~ визуальная оценка
estimation оценка, оценивание
estragon эстрагон
ethanol этиловый спирт
ethanolic этиловый, с содержанием этилового спирта
ether простой эфир
cellulose ~ простой эфир целлюлозы
fatty alcohol ~ простой эфир жирного спирта
methylbenzyl ~ метилбензиловый эфир
β-naphthylmethyl ~ бета-нафтилметиловый эфир
petroleum ~ петролейный эфир
polyethylene glycol ~ полиэтиленгликолевый эфир
polyglycol ~ полигликолевый эфир

77

ether

silicone polyglycol ~ силикон-полигликолевый эфир
ethnic этнический
Ethoxylan *фирм.* этоксилан *(косметическое сырьё)*
ethoxylated этоксилированный
ethoxylation этоксилирование
ethyl acetate этилацетат *(эфирно-фруктовый запах)*
ethyl anthranilate этилантранилат *(запах флёрдоранжа)*
ethyl benzoate этилбензоат *(цветочно-фруктовый запах)*
ethyl butyrate этилбутират *(запах ананаса)*
ethyl caproate этилкапроат *(фруктовый запах)*
ethyl cinnamate этилциннамат *(сладковатый фруктово-бальзамический запах)*
ethylene brassilate этиленбрассилат *(мускусный запах)*
ethylhexyl palmitate этилгексилпальмитат *(косметическое сырьё)*
ethylhexyl pelargonate этилгексилпеларгонат *(косметическое сырьё)*
ethyl isovalerate этилизовалериат *(фруктовый запах)*
ethyl lactate этиллактат *(пластификатор в маникюрных лаках)*
ethyl oleate этилолеат *(косметическое сырьё)*
ethyl paraben этилпарабен *(косметическое сырьё)*
ethyl salicylate этилсалицилат *(цветочно-фруктовый запах с оттенком земляники)*
ethyl vanillin этилванилин *(ванильный запах)*
eucalyptol эвкалиптол *(камфорный запах)*
eucalyptus эвкалипт
eugenol эвгенол *(пряный гвоздичный запах)*
eugenyl acetate эвгенилацетат *(гвоздичный запах с фруктовым оттенком)*
euphorbia молочай
evaluation оценка *(см. тж* estimate*)*
  consumer ~ потребительская оценка
  fragrance [odor] ~ оценка запаха
  organoleptic ~ органолептическая оценка
  subjective ~ субъективная оценка
  toxicologic ~ токсикологическая оценка
evaluator:
  odor ~ парфюмер по оценке запахов
evaporation испарение
  postapplication ~ испарение *(напр. духов)* после нанесения
  solvent ~ испарение растворителя
evening-primrose энотера
evergreen вечнозелёный
exaltation усиление, подчёркивание *(определённых оттенков запаха)*
Exaltolide *фирм.* экзальтолид *(мускусный запах)*
Exaltone *фирм.* экзальтон *(сильный мускусный запах)*
examination исследование; изучение; наблюдение
  olfactory ~ ольфакторное изучение
exception исключение
excess избыток, излишек
  ~ of oil избыток масла *(напр. в креме)*
  ~ of water избыток воды
excessive избыточный, чрезмерный
exchange обмен
  ion ~ ионный обмен
  oxygen ~ кислородный обмен
  respiratory ~ дыхательный газообмен
  water ~ водный обмен
exclusion исключение
exclusive исключительный
exfoliation шелушение, отслоение
exfoliator средство для отшелушивания *(омертвевших клеток кожи)*
  deep-cleansing ~ средство для отшелушивания и глубокого очищения кожи
  gentle ~ средство для отшелушивания мягкого действия
  skin ~ средство для отшелушивания омертвевших клеток кожи
exogenous экзогенный, наружный
experiment эксперимент, опыт
control ~ контрольный опыт
in vitro ~ эксперимент в пробирке
in vivo ~ эксперимент на живых организмах
laboratory ~ лабораторный опыт
experimentation экспериментирование

extract

export экспорт
 essential oil ~ экспорт эфирных масел
 perfumery ~ экспорт парфюмерной продукции
exposure:
 sun [UV] ~ солнечное [ультрафиолетовое] облучение
expression отжим; прессование
 cold ~ холодное прессование
extend 1. удлинять; вытягивать; растягивать **2.** разбавлять
extender 1. удлинитель **2.** разбавитель
 color ~ разбавитель красителя
 lash ~ удлинитель ресниц *(тушь со специальными добавками)*
 pigment ~ разбавитель пигмента
extensibility:
 skin ~ растяжимость кожи
external наружный, внешний
extract экстракт; вытяжка; экстракционное масло
 absinthe ~ экстракт полыни горькой
 alcoholic ~ спиртовой экстракт
 algae ~ экстракт из морских водорослей
 aloe ~ экстракт алоэ
 Alpine lichen ~ экстракт альпийского лишайника
 alth(a)ea ~ экстракт алтея
 animal tissue ~ экстракт из животной ткани
 apple ~ экстракт яблока
 applemint ~ экстракт мяты круглолистной
 aqueous ~ водный экстракт
 arnica ~ экстракт арники
 balm ~ экстракт мелиссы, экстракт мяты лимонной
 bamboo ~ экстракт бамбука
 barley ~ ячменный экстракт
 biological ~ биологический экстракт
 birch bud ~ экстракт из берёзовых почек, берёзовый экстракт
 birch leaf ~ экстракт из берёзовых листьев, берёзовый экстракт
 blackberry ~ экстракт ежевики
 black walnut ~ экстракт чёрного ореха
 blueberry ~ экстракт черники
 borage ~ экстракт бурачника
 bovine blood ~ экстракт из крови крупного рогатого скота
 bovine marrow ~ экстракт из костного мозга крупного рогатого скота
 bovine thymus ~ экстракт из тимуса крупного рогатого скота
 burdock ~ экстракт лопуха
 butcher's-broom ~ экстракт иглицы понтийской
 cactus ~ экстракт кактуса
 calendula ~ экстракт календулы
 calophyllum ~ экстракт калофилла, пантениум-экстракт
 camomile ~ экстракт ромашки, ромашковый экстракт
 carrot ~ экстракт моркови
 cinchona ~ хинный экстракт
 clover ~ экстракт клевера
 coconut ~ экстракт кокосового ореха, кокосовый экстракт
 coltsfoot ~ экстракт мать-и-мачехи
 comfrey ~ экстракт окопника лекарственного
 concentrated ~ концентрированный экстракт
 cornflower ~ экстракт васильков
 crude ~ первичный [неочищенный] экстракт
 cucumber ~ экстракт огурца, огуречный экстракт
 dandelion ~ экстракт одуванчика
 decolorized ~ обесцвеченный экстракт
 dewberry ~ экстракт ежевики
 distilled ~ дистиллированный экстракт
 egg ~ яичный экстракт
 elderflower ~ экстракт из цветов бузины
 eucalyptus ~ экстракт эвкалипта
 everlasting ~ экстракт цмина
 eyebright ~ экстракт очанки
 fennel ~ экстракт фенхеля
 fern ~ экстракт папоротника
 field poppy ~ экстракт мака-самосейки
 flax-seed ~ экстракт льняного семени
 fruit ~ фруктовый экстракт, фруктовый сок
 fucus ~ экстракт чёрных водорослей фукус

extract

fumitory ~ экстракт дымянки лекарственной
gentian ~ экстракт горечавки
ginkgo ~ экстракт гинкго
ginseng ~ экстракт женьшеня
goldenseal ~ экстракт гидрастиса [желтокорня]
green coffee ~ экстракт зелёного кофе
green tea ~ экстракт зелёного чая
hawthorn ~ экстракт боярышника
hazelwort ~ экстракт копытня
heather ~ экстракт вереска
henna ~ экстракт хны
herbal ~s экстракты лекарственных трав
hibiscus ~ экстракт гибискуса
honey-comb ~ экстракт пчелиных сот
hop ~ экстракт хмеля
horse chestnut ~ экстракт конского каштана
horsetail ~ экстракт хвоща
hydroalcoholic ~ водно-спиртовой экстракт
hydroglyceric ~ водно-глицериновый экстракт
hydroglycolic ~ водно-гликолевый экстракт
hydrolyzed ~ гидролизованный экстракт
hypericum ~ экстракт зверобоя
Irish moss ~ экстракт ирландского мха
ivy ~ экстракт плюща
jasmine ~ экстракционное масло жасмина
John's-wort ~ экстракт зверобоя
juniper ~ экстракт можжевельника
kiwi fruit ~ экстракт из плодов киви
lemon balm ~ экстракт мяты лимонной
lemon verbena ~ экстракт вербены лимонной
lettuce ~ экстракт латука
licorice ~ экстракт из корня солодки
lily ~ экстракт лилии
lime ~ 1. экстракт лайма 2. экстракт липы
lime blossom ~ экстракт из цветов липы
liver ~ экстракт из печени (*крупного рогатого скота*)

luffa ~ экстракт люффы
lyophilized ~ лиофилизированный экстракт
maidenhair fern ~ экстракт венерина волоса
mallow ~ экстракт мальвы [просвирника]
malt ~ экстракт из корня солодки
mango leaf ~ экстракт из листьев мангового дерева
marigold ~ экстракт календулы
marine ~ экстракт из морских водорослей
marshmallow ~ экстракт алтея
mate ~ экстракт мате [парагвайского чая]
matricaria ~ экстракт ромашки лекарственной
melissa ~ экстракт мелиссы
mildweek ~ экстракт молочая
milfoil ~ экстракт тысячелистника
mistletoe ~ экстракт омелы
mountain ash ~ экстракт рябины обыкновенной
mugwort ~ экстракт полыни обыкновенной
mulberry ~ экстракт шелковицы
mullein ~ экстракт коровяка
muscle ~ тканевый экстракт (*из мышечных тканей крупного рогатого скота*)
myrtle ~ экстракт мирта
nasturtium ~ экстракт настурции
natural ~ натуральный экстракт
nettle ~ экстракт крапивы
oat ~ овсяный экстракт
oily ~ масляный экстракт
olive leaf ~ экстракт из листьев оливкового дерева
orange flowers ~ экстракционное масло флёрдоранжа
pansy ~ экстракт фиалки трёхцветной [анютиных глазок]
papaya ~ экстракт из плодов папайи
passiflora ~ экстракт страстоцвета
pellitory ~ экстракт постенницы
pennyroyal ~ экстракт мяты болотной
pine needle ~ хвойный экстракт
placenta(l) ~ плацентарный экстракт, экстракт плаценты
plant ~ растительный экстракт

pollen ~ экстракт из цветочной пыльцы
refined ~ очищенный экстракт
restharrow ~ экстракт стальника
rhubarb ~ экстракт ревеня
rice ~ рисовый экстракт
rosebay ~ экстракт иван-чая [кипрея]
rosemary ~ экстракт розмарина
sage ~ экстракт шалфея
sanguinary ~ экстракт тысячелистника
sea kelp [seaweed] ~ экстракт из морских водорослей
sea wrack ~ экстракт взморника морского
shavegrass ~ экстракт хвоща
silk ~ экстракт шёлка
soapwort ~ экстракт мыльнянки
sorrel ~ экстракт щавеля
spleen ~ экстракт из селезёнки (крупного рогатого скота)
stinging nettle ~ экстракт крапивы жгучей
sugar cane ~ экстракт сахарного тростника
tea tree ~ экстракт чайного дерева
testicular ~ тестикулярный экстракт (из яичников крупного рогатого скота)
thyme ~ тимьяновый экстракт, экстракт чабреца
thymus ~ экстракт из тимуса (крупного рогатого скота)
tormentil ~ экстракт лапчатки
valerian ~ экстракт валерианы
vegetable ~ растительный экстракт
venus ~ экстракт венерина волоса
viburnum ~ экстракт калины
viola tricolor ~ см. pansy extract
walnut ~ экстракт орешника
water-glycol ~ водно-гликолевый экстракт
wheat bran [wheat germ] ~ экстракт из пшеничных зародышей
witch hazel ~ экстракт гамамелиса
yarrow ~ экстракт тысячелистника
yeast ~ дрожжевой экстракт
yucca ~ экстракт юкки
extraction экстракция
  acetone ~ экстракция ацетоном
  alcohol ~ спиртовая экстракция
  benzene ~ экстракция бензолом

eye-shadow

  CO_2 ~ CO_2-экстракция, экстракция углекислым газом
  countercurrent ~ экстракция противотоком
  critical ~ критическая экстракция
  gaseous solvent ~ экстракция летучим растворителем
  hexane ~ экстракция гексаном
  petroleum ether ~ экстракция петролейным эфиром
  solvent ~ экстракция растворителем
  volatile solvent ~ экстракция летучим растворителем
extrahold сверхжёсткая фиксация
extrait фр. 1. экстракт 2. духи
  perfume ~ духи
Extrapones фирм. экстрапоны (растительные экстракты)
extrinsic несвойственный, неприсущий
extruder экструдер
  constant-pressure variable rate ~ экструдер постоянного давления переменной скорости (для выдавливания туб)
extrusion экструзия, выдавливание
exudate экссудат, выпот
  dried ~ сухой экссудат
  leaf ~ экссудат из листьев
  plant ~ растительный экссудат
  resinous ~ смолистый экссудат
eye глаз
  sensitive ~s чувствительная слизистая оболочка и кожа вокруг глаз
eyebrows брови
eyelashes ресницы
  false ~ искусственные [накладные] ресницы
eyelid веко
eyeliner подводка (для век)
  cake ~ брусковая подводка
  liquid ~ жидкая подводка
  moiré ~ фр. муаровая подводка
  refillable ~ подводка с перезарядкой
  tears-resistant ~ подводка, стойкая к слезам
  ultrathin ~ подводка, дающая очень тонкую линию
  waterproof ~ водостойкая подводка
eye-shadow тени для век
  anhydrous ~ безводные тени для век
  cake ~ брусковые тени для век
  cream ~ кремообразные тени для век
  double ~ двойные тени для век

eye-shadow

liquid ~ жидкие тени для век
loose powder ~ рассыпные тени для век
marblized ~ мраморированные тени для век
matte ~ матовые тени для век
mono ~ одинарные тени для век
pearlescent ~ перламутровые тени для век
pencil ~ тени для век в виде карандаша
powder ~ рассыпные тени для век
pressed ~ компактные тени для век
single ~ одинарные тени для век
sparkle ~ тени для век с блёстками
water-resistant ~ водостойкие тени для век
eye-stylo карандаш для подводки век

F

fabes крыжовник отклонённый
fabricate изготовлять, производить
fabrication изготовление, производство
   large-scale ~ крупномасштабное производство
face 1. лицо 2. лицевая сторона
facepack маска для лица
facet 1. грань 2. фаска (на флаконе)
faceted гранёный; многогранный (о флаконе)
facial лицевой
facilities оборудование
   production ~ производственные мощности
   storage ~ складское оборудование
factor 1. фактор, причина 2. показатель, коэффициент
   accessory ~ вспомогательный фактор
   additional ~ дополнительный фактор
   age ~ возрастной фактор
   biological ~ биологический фактор
   cell growth ~ фактор роста клеток
   consistency ~ показатель консистенции
   control ~ регулирующий фактор, фактор контроля
   environmental ~ фактор влияния окружающей среды
   external ~ внешний фактор
   extraction ~ коэффициент экстракции
   fluidity ~ показатель растекания (напр. крема на коже)
   intrinsic ~ внутренний фактор, причина внутреннего характера
   key ~ ключевой фактор
   natural moisturizing ~ натуральный увлажняющий фактор
   physical ~ физический фактор
   production ~ производственный показатель
   protective ~ защитный фактор
   quality ~ показатель качества
   skin respiratory ~ фактор кожного кислородного обмена
   solubility ~ коэффициент растворимости
   spreadability ~ см. fluidity factor
   sun-protection [sunscreen] ~ солнцезащитный [фотозащитный] фактор
   UV-protection ~ см. sun-protection factor
   viscosity ~ коэффициент вязкости
   vital ~ показатель жизнедеятельности (напр. клеток кожи)
   water-absorption ~ коэффициент поглощения влаги
   water-retention ~ коэффициент удержания влаги
factory фабрика; завод (см. тж plant II)
   cosmetic ~ косметическая фабрика
   perfumery ~ парфюмерная фабрика
   processing ~ перерабатывающая фабрика
   soap ~ мыловаренный завод
fade 1. увядать 2. выцветать, терять окраску
fading 1. увядание || увядающий 2. выцветание, обесцвечивание
   color ~ снижение цветности
   flavor ~ снижение вкусовых свойств
   odor ~ улетучивание запаха
failure повреждение; разрушение
   interfacial ~ разрушение межфазовой поверхности
   skin ~s повреждения кожи
fall падение, снижение || падать, уменьшаться
   hair ~ выпадение волос

false 1. фальшивый, ложный 2. суррогатный
falsification фальсификация
falsify фальсифицировать
family:
 aldehydic ~ группа альдегидных запахов
 basic floral ~ группа основных цветочных запахов
 chypre ~ группа шипровых запахов
 fragrance ~ группа (однотипных) запахов
 mossy-woody ~ группа древесно-мховых запахов
 oriental ~ группа запахов восточного типа
 spicy ~ группа пряных запахов
 tobacco ~ группа запахов табака
 white flowers ~ группа запахов белых цветов
fantasy фантазия || фантазийный *(о запахе)*
farine 1. цветочная пыльца 2. белый мучнистый налёт
farnesol фарнезол *(запах цветов липы с древесным оттенком)*
fashion мода, стиль
 current ~ современная мода
 feminine ~ женская мода
 hair ~ модный стиль причёски
 high ~ «высокая» мода
 musk ~ мода на мускусные запахи *(в парфюмерии)*
 perfumery ~ мода в парфюмерии
fat жир, жировое вещество, сало
 animal ~ животный жир
 biological skin ~ кожное сало
 excessive ~ избыточное кожное сало
 goose ~ гусиный жир
 hair ~ жир [сало] волос
 hydrogenated ~ гидрогенизированный жир
 mineral ~ минеральное жировое вещество
 mink ~ норковый жир
 natural ~ натуральный жир
 refined ~ рафинированный [очищенный] жир
 soft-melting ~ жир с низкой температурой плавления
 surface skin ~ кожное сало
 synthetic ~ синтетический жир
 vegetable ~ растительный жир
 wool ~ шерстяной жир, ланолин
fat-based на жировой основе
fat-free безжировой; обезжиренный
fatigue усталость
 olfactory ~ обонятельная усталость
 skin ~ «усталость» кожи
fat-soluble жирорастворимый
fatty жирный, маслянистый
fault порок; дефект
feature признак, характерная черта
feeder питатель; подающий механизм
 ingredient ~ загрузочный дозатор для сырьевых ингредиентов
 screw ~ шнековый питатель
 tube ~ тубоподающий механизм
feel *см.* feeling
feeling ощущение, чувство || чувствительный
 cooling ~ холодящее ощущение
 dry (skin) ~ ощущение сухости кожи
 fresh ~ ощущение свежести
 greasy (skin) ~ ощущение жирности кожи
 harsh (skin) ~ ощущение шероховатости кожи
 heavy (skin) ~ ощущение тяжести на коже *(напр. от крема)*
 lubricous (skin) ~ ощущение жирности кожи
 moist ~ ощущение увлажнённости кожи
 non-greasy (skin) ~ отсутствие ощущения жирности кожи
 non-tacky (skin) ~ отсутствие ощущения липкости кожи
 occlusive ~ ощущение окклюзивности *(закупоривания пор кожи)*
 prolonged ~ длительное ощущение
 refreshing ~ ощущение свежести
 silky (skin) ~ ощущение шелковистости кожи
 smooth (skin) ~ ощущение гладкости кожи
 soft (skin) ~ ощущение мягкости кожи
 sticky [tacky] (skin) ~ ощущение липкости кожи
 velvety ~ ощущение бархатистости кожи
feijoa фейхоа
female, feminine женский, предназначенный для женщин

fenberry

fenberry клюква
fennel фенхель
  common ~ фенхель лекарственный
  sweet ~ фенхель итальянский
fenugreek пажитник
ferment фермент (см. тж **enzyme**)
fermentation ферментация, брожение
  active ~ активная ферментация
  bacterial ~ бактериальная ферментация
  spontaneous ~ самопроизвольная ферментация
fermenter бродильный аппарат; бродильный чан
fern 1. папоротник 2. запах или нота папоротника
fiber волокно; нить; фибра
  cotton ~ хлопковое волокно
  hair ~ стержень волоса
  nylon ~ нейлоновое волокно
fiberglass фиберглас, стекловолокно
fibre см. **fiber**
fibroin:
  silk ~ фиброин шёлка
fibronectin фибронектин (косметическое сырьё)
fibrous волокнистый
field 1. область, зона 2. сфера деятельности; отрасль
  ~ of application область применения
  cosmetic ~ косметическая отрасль
  essential oil ~ эфирномасличная отрасль
filament нить, волокно
filler 1. наполнитель (вещество) 2. разливочно-наполнительная установка
  discontinued tube ~ тубонаполнительная установка периодического действия
  four-head piston ~ наполнитель поршневого типа с четырьмя дозирующими патронами
  mascara tube ~ тубонаполнительная установка туши для ресниц
  rotary twelve-head ~ разливочно-наполнительная установка карусельного типа с двенадцатью дозирующими патронами
  soap ~ наполнитель для мыльной массы
  toothpaste tube ~ тубонаполнительная установка для зубных паст
  tube ~ тубонаполнитель
  turntable ~ разливочно-наполнительная установка карусельного типа
  vacuum ~ разливочно-наполнительная установка вакуумного типа
  viscous ~ наполнительно-фасовочная установка для вязких масс
filling 1. наполнение; расфасовка; розлив 2. затаривание, фасовка ◇ ~ by volume наполнение по объёму; ~ by weight наполнение по массе; ~ to height наполнение [розлив] по уровню
  aerosol ~ наполнение аэрозольных баллонов
  contract ~ фасовка по контракту
  sachet ~ фасовка саше
  tube ~ наполнение туб
  vacuum ~ вакуум-розлив, наполнение под вакуумом
film плёнка
  aluminum ~ алюминиевая фольга
  barrier ~ защитная плёнка, защитный слой
  brittle ~ непрочная плёнка
  cellulose ~ целлюлозная плёнка
  clear ~ прозрачная плёнка
  coherent ~ адгезивная плёнка, адгезивный слой
  complex ~ многослойная [композитная] плёнка
  continuous ~ непрерывная плёнка
  enamel ~ слой эмали; слой лака
  fatty ~ жировая плёнка, жировой слой
  flexible ~ эластичная плёнка
  hard ~ прочная плёнка
  humidity-resistant ~ влагостойкая плёнка
  hydrophobic ~ водоотталкивающая плёнка
  glossy ~ блестящая плёнка
  lacquer ~ слой лака
  lipid ~ липидный слой
  lubricious ~ маслянистая плёнка
  metallized ~ металлизированная плёнка
  non-greasy ~ нежирная плёнка, нежирный слой
  non-occlusive ~ неокклюзивная плёнка, неокклюзивный слой
  non-oily ~ см. **non-greasy film**

finish

non-sticky [non-tacky] ~ нелипкая плёнка, нелипкий слой
occlusive ~ окклюзивная плёнка, окклюзивный слой
oily ~ масляная [жирная] плёнка, масляный [жирный] слой
overwrapping ~ упаковочная [обёрточная] плёнка
permeable ~ проницаемый слой (плёнки)
polyethylene ~ полиэтиленовая плёнка
polymer ~ полимерная плёнка
polypropylene ~ полипропиленовая плёнка
polyvinylchloride ~ поливинилхлоридная плёнка
polyvinylpyrrolidone ~ поливинилпирролидоновая плёнка
PP ~ см. polypropylene film
protective ~ защитная плёнка, защитный слой
PVC ~ см. polyvinylchloride film
PVP ~ см. polyvinylpyrrolidone film
residual ~ остаточный слой в виде плёнки
sheer ~ прозрачная плёнка
thermosetting ~ термоусадочная плёнка
thin ~ тонкая плёнка, тонкий слой
transparent ~ прозрачная плёнка
waterproof ~ водоотталкивающая плёнка
water-retaining ~ влагоудерживающая плёнка
water vapor permeable lipid ~ проницаемый для паров воды липидный слой
film-forming плёнкообразование
filter фильтр || фильтровать
  allowed UV ~ разрешённый (к применению) УФ-фильтр
  banned UV ~ запрещённый (к применению) УФ-фильтр
  cloth ~ тканевый фильтр
  fine ~ фильтр тонкой очистки
  leaf ~ пластинчатый фильтр
  paper ~ бумажный фильтр
  provisionally-allowed UV ~ временно разрешённый (к применению) УФ-фильтр
  sun [sunlight, sunscreen] ~ солнцезащитный [фотозащитный] фильтр
  UVA ~ фильтр ультрафиолетовых лучей спектра А
  UVB ~ фильтр ультрафиолетовых лучей спектра В
  UVC ~ фильтр ультрафиолетовых лучей спектра С
filtrate фильтровать
filtration фильтрование, фильтрация
  centrifugal ~ центробежное фильтрование, фильтрование на центрифуге
  cold ~ холодное фильтрование
  preliminary ~ предварительное фильтрование
findings сведения; полученные данные
  biochemical ~ биохимические данные
  dermatological ~ дерматологические показатели
fine 1. тонкий 2. мелкий, мелкозернистый 3. чистый, очищенный 4. высококачественный
fine-fibrous, fine-filamented тонковолокнистый
fine-grained 1. мелкозернистый 2. тонкоразмолотый
fineness 1. мелкозернистость, дисперсность 2. тонкость, утончённость (запаха)
  ~ of emulsion тонкодисперсность эмульсии
  ~ of fragrance утончённость запаха
  ~ of pigments мелкозернистость пигментов
  ~ of powder тонкодисперсность пудры
fine-textured с тонкой текстурой
finish 1. законченность, завершённость 2. завершающий штрих (макияжа), отделка 3. (косметическое) средство, придающее завершённость (напр. причёске, макияжу)
  frosted ~ перламутровый завершающий штрих
  iridescent ~ радужный завершающий штрих
  matte ~ матовый завершающий штрих
  nail ~ верхний [закрепляющий] слой лака
  shimmery ~ мерцающий завершающий штрих
  shiny ~ блестящий завершающий штрих

finish

uniform ~ ровный [однородный] завершающий штрих
fir 1. пихта 2. ель
  balsam ~ пихта бальзамическая
  needle ~ пихта цельнолистная
  spruce ~ ель обыкновенная
fireweed иван-чай, кипрей
firing жжение, покраснение *(кожи)*
firm I фирма
firm II укреплять, уплотнять ǁ твёрдый, крепкий, плотный
firmness:
  skin ~ плотность кожи
fissure трещина; царапина; борозда
fitment:
  plastic ~ пластмассовый наконечник на стебле стеклянной пробки
fixation фиксация
  colorant ~ фиксация красителя *(при окраске волос)*
  firm ~ *см.* hard fixation
  hair ~ фиксация волос [причёски]
  hard ~ жёсткая фиксация волос
  normal ~ нормальная фиксация волос
  odor ~ фиксация запаха
  solf ~ мягкая фиксация волос
fixative фиксатор ǁ фиксирующий
  exalting ~ душистое вещество, обладающее фиксирующими и усиливающими запах свойствами
  hair ~ фиксатор для волос
  nail enamel ~ фиксатор для маникюрного лака
  natural ~ натуральный фиксатор
  perfume ~ фиксатор для парфюмерных композиций
fixer фиксирующее средство, фиксатор
  hair ~ фиксатор для волос
  moustache ~ фиксатор для усов
flacon флакон *(см. тж* bottle*)*
  aerosol ~ (стеклянный) флакон под аэрозольную упаковку
  art-deco ~ художественно-декорированный флакон
flake-like хлопьевидный
flakes хлопья
flaking осыпание (хлопьев) *(туши или пудры)*
flaming оплавление *(губной помады)*
  surface ~ поверхностное оплавление

flap откидная крышка с защёлкой *(напр. на пудренице)*
flavonoid флавоноид
flavor 1. вкус, привкус 2. вкусовое ароматизирующее вещество, ароматизатор *(см. тж* flavoring*)*
  apple ~ 1. яблочный привкус 2. яблочный ароматизатор
  artificial ~ искусственный ароматизатор
  bitter ~ горький привкус
  cherry ~ 1. вишнёвый привкус 2. вишнёвый ароматизатор
  cooling ~ ароматизатор с холодящим эффектом *(типа ментола)*
  extramint ~ ароматизатор с сильным мятным привкусом
  food ~ пищевой ароматизатор
  lipstick ~ вкусовая добавка [ароматизатор] для губной помады
  mint ~ мятный ароматизатор
  natural ~ натуральный ароматизатор
  natural fruit ~ натуральный фруктовый ароматизатор
  natural identical ~ ароматизатор, идентичный натуральному
  peppermint ~ ароматизатор с привкусом мяты перечной
  powdered ~ порошковый ароматизатор, ароматизатор в виде порошка
  rum ~ ромовый ароматизатор
  spearmint ~ ароматизатор с привкусом мяты кудрявой
  synthetic ~ синтетический ароматизатор
  tobacco ~ ароматизатор для табачных изделий
  toothpaste ~ ароматизирующая добавка для зубных паст
flavoring 1. ароматизация 2. вкусовое ароматизирующее вещество, ароматизатор *(см. тж* flavor*)*
  citrus ~ цитрусовый ароматизатор
  fruit ~ фруктовый ароматизатор
  spice ~ пряный ароматизатор
flavorist специалист по пищевым ароматизаторам
flavour *см.* flavor
flavouring *см.* flavoring
fleadock белокопытник
fleck 1. пятно; пятнышко 2. веснушка
flecked 1. пятнистый 2. веснушчатый

fold

fleur-d'oranger *фр.* 1. флёрдоранж 2. запах *или* нота флёрдоранжа
flexibility гибкость; эластичность
  cutaneous ~ эластичность кожи
  film ~ эластичность плёнки
  nail enamel ~ эластичность эмали для ногтей
flexible гибкий; эластичный
flocculation флокуляция, образование хлопьев
flora 1. флора, растительный мир 2. микрофлора
  bacterial ~ бактериальная микрофлора
  individual ~ индивидуальная микрофлора
  natural ~ естественная микрофлора
  normal ~ нормальная микрофлора
  pathogenic ~ патогенная микрофлора
  skin ~ кожная микрофлора
floral 1. цветочный 2. растительный, относящийся к флоре
Floral *фирм.* флораль (*цветочный запах с нотами розы, ландыша и травянистым оттенком*)
floralizer компонент *или* композиция с цветочным запахом
floriental флориенталь (*сложный цветочный запах с восточными нотами*)
flowers цветы; цветочное сырьё
  dried ~ подсушенное цветочное сырьё
  fresh ~ свежесобранное цветочное сырьё
  orange ~ флёрдоранж
  perfumery ~ эфирномасличное цветочное сырьё
flowering цветение
fluctuation колебание, неустойчивость
  prices' ~ неустойчивость цен
  quality ~ неустойчивость качества
  temperature ~ колебание температуры
fluid 1. жидкость ‖ жидкий 2. лосьон
  amniotic ~ амниотическая жидкость
  calming ~ лосьон с успокаивающим действием на кожу
  facial ~ лосьон для лица
  low-viscosity ~ слабовязкая жидкость
  moisture ~ увлажняющий лосьон
  permanent waving ~ лосьон для перманентной завивки волос
  viscous ~ вязкая жидкость
fluidity текучесть
fluorescence флуоресценция
fluorescent флуоресцирующий; флуоресцентный
fluoride 1. фторид, фтористое соединение 2. фтористая добавка
Fluoristan *фирм.* фтористан (*косметическое сырьё*)
flyaway разлетающийся, непослушный (*о волосах*)
foalfoot мать-и-мачеха
foam пена ‖ пениться, образовывать пену
  aerosol shaving ~ пена для бритья в аэрозольной упаковке
  bath ~ пена для ванн
  cleansing ~ очищающая пена для лица
  dense ~ густая пена
  depilatory ~ пенный депиляторий, депиляторий в виде пены
  effervescent bath ~ шипучая пена для ванн (*с выделением пузырьков газа*)
  meadow ~ пена для ванн с экстрактом луговых трав
  moisturizing shaving ~ увлажняющая пена для бритья
  rich ~ обильная пена
  shaving ~ пена для бритья
  stable ~ устойчивая пена
  styling ~ пена [пенный состав] для укладки волос
  unctuous ~ густая маслянистая пена
foaming пенообразование, вспенивание ‖ пенообразующий, пенящийся
  excessive ~ избыточное пенообразование
foamy пенящийся, пенный
foil фольга
  aluminum ~ алюминиевая фольга
  colored ~ окрашенная фольга
  embossed ~ тиснёная фольга
  gold ~ «золотая» фольга
  lacquered ~ лакированная фольга
  self-adhesive ~ самоклеящаяся фольга
fold 1. складка, изгиб ‖ складывать 2. фальц ‖ фальцевать
  body ~ складка тела
  nail ~ ногтевая складка

folding

folding фальцовка
  tube ~ фальцовка тубы
foliaceous лиственный
foliage листья; листва
foliar лиственный
follicle фолликула, пузырёк, мешочек
  hair ~ волосяная фолликула
follicular фолликулярный
food пища; питание
foody пищевой; питательный
foot I нога, ступня
foot II жировая смесь для варки мыла
forehead лоб
foreign 1. иностранный, зарубежный 2. чужеродный, инородный
forget-me-not незабудка
form 1. вид; форма 2. состояние
  active ~ активная форма
  aerosol ~ см. spray form
  concentrated ~ концентрированная форма
  concentrated paste ~ концентрированная пастообразная форма
  cream ~ кремообразная форма
  crude ~ необработанное состояние
  diluted ~ разбавленное состояние
  dispersion ~ дисперсная форма
  gel(led) ~ гелеобразная форма
  granular [granulated] ~ гранулированная форма
  liposomal ~ липосом(аль)ная форма
  liquid ~ жидкая форма
  oily ~ маслянистая форма
  paste ~ пастообразная форма
  powder(ed) ~ порошкообразная форма
  pressed ~ прессованная форма
  pure [purified] ~ очищенный вид
  roll-on ~ шариковая форма (упаковки)
  semisolid ~ полутвёрдая форма
  solid ~ твёрдая форма
  spray ~ аэрозольная форма (упаковки)
  supply ~ форма изготовления
  suspended ~ суспендированное состояние
  undiluted ~ неразбавленное состояние
  unscented ~ неароматизированная форма, форма без отдушки
formaldehyde формальдегид

formation образование, формирование; возникновение
  collagen ~ образование коллагена
  crystal ~ кристаллообразование
  dandruff ~ появление перхоти
  film ~ плёнкообразование
  foam ~ пенообразование
  free radical ~ образование свободных радикалов
  gel ~ гелеобразование
  haze ~ помутнение
  lipidperoxide [lipoperoxide] ~ образование липопероксидов
  lump ~ комкование, образование комков
  nitrosamine ~ образование нитрозаминов
  sebum ~ салообразование
  wrinkle ~ появление морщин
formula формула; рецептура; состав (см. тж formulation)
  advanced ~ новейшая [усовершенствованная] рецептура
  alcohol-free ~ бесспиртовая рецептура
  alcoholic ~ спиртосодержащая рецептура
  anhydrous ~ безводный состав
  basic ~ базовая рецептура
  captive ~ зашифрованная рецептура
  complex ~ комплексный состав
  cosmetic ~ косметическая рецептура
  dry skin ~ состав для сухой кожи
  economic ~ экономически эффективная [рентабельная] рецептура
  emulsion ~ эмульсионный состав
  exclusive ~ фирменная [оригинальная] рецептура
  exemplary ~ модельная рецептура
  final ~ окончательная [конечная] рецептура
  α-hydroxy acid ~ рецептура на базе альфа-оксикислоты
  illustrative ~ иллюстративная рецептура, рецептура-образец
  improved ~ усовершенствованная [улучшенная] рецептура
  innovative [new concept] ~ обновлённая [переработанная] рецептура
  non-ammonia ~ рецептура, не содержащая аммониевых соединений
  oil-free ~ нежировая рецептура

fortifier

original ~ оригинальная рецептура
patented ~ запатентованная рецептура
perfume ~ парфюмерная рецептура
pH-balanced ~ рецептура, сбалансированная по значению pH
quantitative ~ количественный состав
revised ~ пересмотренная [переработанная] рецептура
rich ~ обогащённая специальными добавками рецептура
salon ~ рецептура, разработанная специально для парикмахерских салонов
standard ~ типовая [стандартная] рецептура
structural ~ структурная формула
three-phase ~ трёхфазная рецептура *(эмульсии)*
versatile ~ легкозаменяемая *(по отдельным компонентам)* рецептура
wax and oil ~ воскожировая рецептура *(напр. губной помады)*
formulating разработка [составление] рецептуры
formulation 1. состав; композиция; рецептура (*см. тж* formula) 2. *см.* formulating
active substance ~ рецептура с активными добавками
aerosol ~ *см.* spray formulation
antiperspirant ~ рецептура антиперспиранта
anti-wrinkle ~ состав средства от морщин
aqueous ~ водосодержащий состав
balanced ~ сбалансированная рецептура
closure ~ зашифрованная [секретная] рецептура
cologne ~ рецептура одеколона
cream ~ рецептура крема
creamy ~ кремообразная рецептура
dentifrice ~ рецептура зубной пасты
enriched ~ обогащённая специальными добавками рецептура
eye-shadow ~ рецептура теней для век
finished ~ завершённая рецептура
innovative ~ обновлённая [переработанная] рецептура
lip care ~ рецептура средства для ухода за губами
liposomal ~ липосом(аль)ная рецептура
lipstick ~ рецептура губной помады
low pH ~ рецептура с низким значением pH
mascara ~ рецептура туши для ресниц
model ~ модельная рецептура
modified ~ модифицированная рецептура
multicomponent ~ многокомпонентная рецептура
nail lacquer ~ рецептура лака для ногтей
new ~ новая рецептура
non-liposomal ~ рецептура нелипосом(аль)ного типа
non-nitrosamine ~ рецептура, не содержащая нитрозаминов
oil-in-water ~ рецептура *(эмульсии)* типа масло/вода
patented ~ запатентованная рецептура
preservative-free ~ рецептура без добавления консерванта
shampoo ~ рецептура шампуня
skin care ~ рецептура средства для ухода за кожей
soft ~ состав мягкого действия
spray ~ рецептура изделия в аэрозольной упаковке
stick ~ рецептура карандашного изделия
sunscreen ~ рецептура фотозащитного средства
suspension type ~ состав в виде суспензии
tartar control ~ рецептура средства от зубного камня
therapeutically orientated ~ рецептура средства лечебно-оздоровительного действия
toothpaste ~ рецептура зубной пасты
traditional ~ традиционная [классическая] рецептура
type ~ типовая рецептура
water-free ~ безводный состав
water-in-oil ~ рецептура *(эмульсии)* типа вода/масло
formulator разработчик рецептур
fortifier:
hair ~ средство для укрепления волос

89

fortify

fortify укреплять; поддерживать
fougère *фр.* 1. фужер, папоротник 2. запах *или* нота «фужер»
foundation 1. основа 2. крем-основа *(под макияж)* 3. тональный крем
   bioperfect ~ биоактивный крем-основа
   cake ~ твёрдая [брусковая] основа *(под макияж)*
   compact ~ компактное тональное средство
   covering ~ укрывистый тональный крем
   cream ~ крем-основа
   fluid ~ жидкий тональный крем
   fluid satin ~ жидкий тональный крем, придающий атласность коже
   invisible ~ невидимый крем-основа
   liquid ~ жидкий тональный крем
   make-up ~ тональный крем
   moisture balance ~ крем-основа, регулирующий водный баланс кожи
   moisturizing ~ увлажняющий крем-основа
   powder ~ тональная крем-пудра
   solid ~ *см.* cake foundation
   stick ~ тональный крем в виде карандаша
   treatment ~ тональный крем с лечебными добавками
   velvety ~ тональный крем, придающий бархатистость коже
foxberry брусника
fraction фракция, погон
   alcoholic ~ спиртовая фракция
   aldehydic ~ альдегидная фракция
   aromatic ~ фракция, содержащая душистые вещества
   emulsifiable ~ эмульгирующая фракция
   head ~ головная фракция
   insoluble ~ нерастворимая фракция
   light ~ лёгкая фракция
   lipid ~ липидная [жировая] фракция
   middle ~ средняя [промежуточная] фракция
   monoterpenic ~ монотерпеновая фракция
   neutral ~ нейтральная фракция
   non-saponifiable ~ неомыляемая фракция
   saponifiable ~ омыляемая фракция
   sesquiterpenic ~ сесквитерпеновая фракция
   soluble ~ растворимая фракция
   tail ~ хвостовая [концевая] фракция
   terpenic ~ терпеновая фракция
   volatile ~ летучая фракция
fractional фракционный, дробный
fractionation фракционирование; перегонка; ректификация
   chromatographic ~ фракционирование методом хроматографии
fractionator ректификационная колонна
fractionization *см.* fractionation
fragile хрупкий, ломкий
fragility хрупкость, ломкость
   ~ **of hair** ломкость волос
   ~ **of nails** ломкость ногтей
fragrance ~ неустойчивость запаха
   package ~ непрочность упаковки
fragment фрагмент, часть *(чего-л.)*
fragmentation фрагментация, дробление
fragrance 1. запах 2. душистое вещество 3. композиция 4. духи 5. отдушка
   aldehydic ~ 1. душистое вещество с альдегидным запахом 2. композиция с альдегидным запахом
   bath ~ ароматизирующее средство для ванн
   children's ~ детские духи
   chypre ~ 1. шипровый запах 2. композиция с шипровым запахом
   citrus fresh ~ 1. свежий цитрусовый запах 2. композиция со свежим цитрусовым запахом
   classical ~ запах классического стиля
   daytime ~ дневные духи
   designer ~ парфюмерная серия художника-дизайнера
   diffusive ~ 1. летучий [нестойкий] запах 2. композиция с нестойким запахом
   eccentric ~ эксцентричный [необычный, странный] запах
   encapsulated ~ инкапсулированная отдушка
   extravagant ~ 1. экстравагантный запах 2. композиция с экстравагантным запахом
   fashionable ~ 1. модный запах 2. духи с модным запахом

female [feminine] ~ 1. запах, свойственный парфюмерии для женщин 2. духи для женщин
fine ~ 1. тонкий запах 2. композиция с тонким [утончённым] запахом
floral ~ 1. цветочный запах 2. композиция с цветочным запахом
floral-chypre ~ 1. цветочно-шипровый запах 2. композиция с цветочно-шипровым запахом
floriental ~ 1. цветочно-восточный запах 2. композиция с цветочно-восточным запахом
fougère-aromatic ~ 1. ароматический запах с нотой «фужер» 2. композиция с ароматическим запахом и нотой «фужер»
fresh-fruity ~ 1. свежий фруктовый запах 2. композиция со свежим фруктовым запахом
green-lime ~ 1. запах зелени с нотой лайма 2. композиция с запахом зелени и нотой лайма
green-muguet ~ 1. запах зелени с нотой ландыша 2. композиция с запахом зелени и нотой ландыша
high-priced ~ дорогостоящие духи
leading ~ 1. основной запах 2. лидирующее парфюмерное изделие 3. духи-лидер
lemon ~ 1. лимонный запах 2. отдушка с лимонным запахом
long-lasting ~ 1. стойкий [устойчивый] запах 2. стойкие духи
male [masculine] ~ 1. запах, свойственный парфюмерии для мужчин 2. мужские духи
masking ~ 1. маскирующий запах 2. маскирующая отдушка
men's ~ *см.* male fragrance
«me-too» ~ духи, созданные по аналогии с популярной новинкой
microencapsulated ~ микрокапсулированная отдушка
modern ~ духи с запахом современного типа
nice ~ 1. нежный запах 2. композиция с нежным запахом
nighttime ~ вечерние духи
oriental ~ 1. восточный запах 2. композиция с восточным запахом
original ~ 1. оригинальный запах 2. композиция с оригинальным запахом
parent ~ однотипный запах
peach ~ 1. запах персика 2. персиковая отдушка
«pirated» ~ «пиратские» духи
plagiary ~ духи-подделка
pleasant ~ 1. приятный запах 2. отдушка с приятным запахом
popular ~ 1. популярный [модный] запах 2. композиция с популярным [модным] запахом
rich floral ~ 1. богатый цветочный запах 2. композиция с богатым цветочным запахом
romantic ~ 1. запах романтического стиля 2. композиция с запахом романтического стиля
seductive ~ обольстительный запах
selective ~ духи для избранного круга потребителей
semioriental ~ композиция с полувосточным запахом
similar ~ однотипный запах
simple floral ~ 1. простой цветочный запах 2. композиция с простым цветочным запахом 3. отдушка с простым цветочным запахом
single floral [single flower] ~ композиция на основе одной цветочной ноты *(напр. розы, ландыша или др.)*
sophisticated ~ 1. усложнённый запах 2. композиция с усложнённым запахом
sport-orientated [sporty] ~ парфюмерное изделие для занятия спортом
teenagers ~ духи для молодёжи
tenacious ~ 1. стойкий запах 2. композиция со стойким запахом
women's ~ *см.* female fragrance
woody-spicy ~ 1. древесно-пряный запах 2. композиция с древесно-пряным запахом
young orientated ~ духи для молодёжи

fragranced отдушенный, содержащий отдушку; ароматизированный
  delicately [fine] ~ тонкоароматизированный
  freshly ~ содержащий отдушку со свежим запахом
  lightly ~ слегка ароматизированный
fragrance-free не содержащий отдушки, без отдушки
frankincense ладан

freckles веснушки
  senile ~ старческие веснушки *(пигментные пятна)*
freezing замораживание; вымораживание
  rapid ~ быстрое замораживание
Freon фреон *(хлорфторуглеродный газ-пропеллент для аэрозольной упаковки)*
Freon 11 трихлорфторметан
Freon 12 дихлорфторметан
Freon 114 дихлортетрафторэтан
Freon 142 хлордифторэтан
Freon 152 дифторэтан
frequency частота, повторяемость
freshener освежитель
  air ~ освежитель воздуха
  breath ~ освежитель [ароматизатор] для полости рта
freshness 1. свежесть *(запаха)* 2. ощущение свежести
  aromatic ~ свежесть аромата, свежесть ароматического запаха
  bergamot ~ свежесть запаха бергамота
  daylong ~ ощущение свежести, сохраняющееся в течение всего дня
  green leaf ~ свежесть запаха зелёных листьев
  immediate ~ быстрое [непосредственное] ощущение свежести
  jasmine ~ свежесть запаха жасмина
  odor ~ свежесть запаха
  skin ~ 1. ощущение свежести кожи 2. естественная свежесть кожи
friendly благоприятный; безвредный
  environmentally ~ безвредный для окружающей среды
  skin ~ благоприятный для кожи
frost декоративное (косметическое) изделие с перламутровым блеском
  gel-blush ~ перламутровый гель-румяна
frosting декорирование «под изморозь», матирование *(напр. стекла)* ‖ перламутровый
  acid ~ матирование кислотой
  mechanical ~ матирование механическим способом
frothy пенящийся
frowsy, frowzy затхлый; плесневый *(о запахе)*
fruit 1. плод 2. фрукты
  avocado ~s плоды авокадо
  bergamot ~s плоды бергамота
  citrus ~s цитрусовые плоды
  crude ~s незрелые плоды
  dried ~s сухие плоды
  hesperidic ~s цитрусовые плоды
  orange ~s плоды апельсина
fruity фруктовый; с фруктовой нотой *(о запахе)*
fruityness фруктовое направление запаха
  aldehydic ~ фруктово-альдегидное направление запаха
  floral ~ фруктово-цветочное направление запаха
  lemony ~ фруктово-лимонное направление запаха
  peach-like ~ фруктовое направление запаха с нотой персика
fugacious летучий, нестойкий
fugacity летучесть, нестойкость
full полный, наполненный
fumigation окуривание (благовониями)
function функция, назначение
  abrasive ~ абразивная функция
  aesthetic ~ эстетическая функция
  barrier ~ защитная функция
  basic ~ основная функция
  biological ~ биологическая функция
  cosmetic ~ косметическая функция
  decorative ~ декоративная функция
  metabolic ~ метаболическая функция
  natural skin ~ естественная функция кожи
  overlapping ~ сверхфункция
  protective ~ защитная функция
  sebaceous gland ~ функция сальных желёз
  skin ~ функция кожи
  therapeutic ~ лечебно-оздоровительная функция
  useful ~ полезная функция
  vital ~ жизнедеятельная функция
functional функциональный
fungal грибковый
fungicide фунгицидный, противогрибковый
fung/us 1. гриб 2. грибок
  mold ~i плесневые грибки
  pathogenic ~i патогенные грибки
furfurol фурфурол
furocoumarin фурокумарин
furrow глубокая морщина

G

Galaxolide *фирм.* галаксолид *(мускусный запах с древесным оттенком)*
galbanum 1. гальбанум 2. запах *или* нота гальбанума
galipot живица, еловая смола
gallon галлон *(мера объёма жидкости; в Великобритании 1 Г. = 4,546 л, в США 1 Г. = 3,785 л)*
gardenia 1. гардения 2. запах *или* нота гардении
garlic чеснок
gas газ
  aerosol ~ газ-пропеллент для аэрозольной упаковки
  bottled ~ баллонный газ
  chlorfluorocarbon ~ хлорфторуглеродный газ
  compressed ~ сжатый газ
  inert ~ инертный газ
  liquefied ~ сжиженный газ
  propellant ~ газ-пропеллент
gel 1. гель; желе 2. гелеобразный (косметический) препарат
  acne treatment ~ гель от угревой сыпи
  aftershave ~ гель после бритья
  alcoholic [alcohol type] ~ спиртовой гель
  aloe vera ~ гель с алоэ
  anhydrous ~ безводный гель
  anti-ag(e)ing eye ~ гель от старения кожи вокруг глаз
  antiblemish treatment ~ гель от прыщей и пятен на лице
  balancing night ~ ночной гель, улучшающий биологический баланс кожи
  balm ~ гель-бальзам для кожи
  bath and shower ~ гель для ванн и душа
  body and hair ~ гель для мытья волос и тела
  body shaping ~ гель для массажа, улучшающий стройность фигуры
  body slender ~ гель для похудения
  bronzing ~ гель для загара
  cleansing ~ очищающий гель
  clear ~ прозрачный гель
  concentrated ~ концентрированный гель
  cosmetic ~ косметический гель
  curl activator ~ гель для усиления завитости волос
  deodorizing ~ гель-дезодорант
  exfoliating ~ отшелушивающий гель
  eye contour ~ гель для ухода за кожей вокруг глаз
  eye make-up remover ~ гель для удаления макияжа вокруг глаз
  eye treatment ~ гель для ухода за кожей вокруг глаз
  firm ~ плотный гель
  fixing ~ гель для фиксации волос
  foam ~ пенный гель
  fresh cleansing ~ освежающий и очищающий кожу гель
  hair removal ~ гель для удаления волос, гель-депиляторий
  hair setting ~ гель для укладки волос
  hand ~ гель для рук
  hard ~ плотный гель
  herbal ~ гель с экстрактами трав
  hold styling ~ гель для жёсткой укладки волос
  hydrous ~ водный гель
  instant firming ~ быстродействующий гель, улучшающий упругость кожи
  invigorating shower ~ гель для душа со стимулирующим действием *(на кожу)*
  irreversible ~ необратимый гель
  lightweight ~ лёгкий гель
  liposomal ~ липосом(аль)ный гель
  liquid crystal ~ гель на жидких кристаллах
  loose ~ рыхлый гель
  make-up removing ~ гель для удаления макияжа
  massage ~ гель для массажа
  moisturizing ~ увлажняющий гель
  non-foaming shaving ~ гель для бритья, не дающий пены
  non-oily ~ нежирный [немасляный] гель
  oil ~ масляный гель
  oil-control cleansing ~ очищающий гель для жирной кожи
  oil-free ~ нежирный гель
  opaque ~ непрозрачный гель
  perm ~ гель для завивки волос
  postfoaming shaving ~ пенный гель для бритья

gel

refresher [refreshing] ~ освежающий (кожу) гель
refreshing facial ~ освежающий гель для лица
relaxing ~ гель, снимающий усталость *(ног)*
repair ~ гель для оздоровления кожи
reversible ~ обратимый гель
rinsing ~ гель-ополаскиватель для волос
satiny shower ~ гель для душа, придающий атласность коже
setting ~ гель для укладки волос
shaving ~ гель для бритья
sheer ~ прозрачный гель
shower ~ гель для душа
silica [silicone] ~ силикагель
sleek effect ~ гель для волос, придающий глянцевый блеск
smoothing eye contour ~ гель, разглаживающий кожу вокруг глаз
spa bath ~ гель для душа с минеральными добавками
sparking ~ гель с блёстками *(для нанесения на кожу)*
strong ~ плотный гель
studio hair ~ гель для волос для парикмахерских салонов
styling ~ гель для укладки волос
suntan ~ гель для загара
tinted ~ окрашенный гель
translucent [transparent] ~ прозрачный гель
vegetable ~ гель с растительными экстрактами
vitalizing ~ гель для оздоровления *(волос или кожи)*
vitalizing shower ~ гель для душа с оздоравливающим действием (на кожу)
washing ~ гель для мытья
water-based ~ водный гель
water-repellent ~ водоотталкивающий [водостойкий] гель
wave ~ гель для завивки волос
wetlook ~ гель, придающий волосам влажный вид
gelated желированный, студнеобразный
gelatin желатин
gelatinization, gelation желирование, образование геля или желе

gemma (листовая) почка
gene ген
genealogy:
~ of perfumery генеалогия парфюмерии
genetic генетический
genial подбородочный
gentian горечавка
gentle мягкий; лёгкий *(о косметическом действии)*
geraniol гераниол *(запах розы)*
ex-citronella ~ гераниол из цитронеллового масла
ex-isoprene ~ (синтетический) гераниол из изопрена
ex-palmarose oil ~ гераниол из пальмарозового масла
ex-pinene ~ (синтетический) гераниол из пинена
natural ~ натуральный гераниол
synthetic ~ синтетический гераниол
geraniol-cœur *фр.* гераниол-кёр *(купаж лучших по запаху фракций гераниола при вакуум-разгонке)*
geranium 1. герань 2. запах *или* нота герани
bourbon ~ *фр.* герань «бурбон»
rose ~ розовая герань
geranyl benzoate геранилбензоат *(запах иланг-иланга)*
geranyl butyrate геранилбутират *(цветочно-фруктовый запах с нотами розы, герани)*
geranyl formate геранилформиат *(фруктово-травянистый запах с нотами розы, герани)*
geranyl isobutyrate геранилизобутират *(фруктово-цветочный запах с нотой розы)*
geranyl propionate геранилпропионат *(свежий фруктовый запах с нотой розы)*
gerbicide гербицид
germ 1. зародыш 2. проросток, почка
wheat ~ пшеничный зародыш
Germall *фирм.* гермаль *(косметическое сырьё)*
germander дубровник
wild ~ вероника
germicidal бактерицидный
germicide бактерицид, бактерицидное средство

gift подарок; подарочное изделие
  promotional ~ рекламное подарочное изделие
gillyflower 1. лакфиоль **2.** левкой
  march ~ горицвет, кукушкин цвет
gingelli кунжут
ginger 1. имбирь **2.** запах *или* нота имбиря
  wild ~ копытень
gingiva десна
gingival десневой
ginseng женьшень
gland железа
  adipose ~s сальные железы
  overactive sebaceous ~s гиперактивные сальные железы
  sebaceous ~s сальные железы
  sweat ~s потовые железы
  thymus ~ тимус, вилочковая железа
glass 1. стекло **2.** стеклотара
  amber ~ жёлтое стекло
  break-resistant ~ ударопрочное стекло
  chemically inert ~ химически инертное стекло
  clear ~ прозрачное стекло
  coated ~ стекло с защитным покрытием
  colored ~ цветное стекло
  crizzle ~ стеклотара с трещинами
  dark ~ тёмное стекло
  durable ~ прочное стекло
  flint ~ флинт(глас) *(оптическое стекло)*
  frosted ~ матовое стекло, стекло, декорированное «под изморозь»
  hand polish ~ стекло ручной полировки
  heavy ~ утяжелённое стекло
  imitate ~ искусственное стекло
  impact-resistant ~ ударопрочное стекло
  matte ~ матовое [матированное] стекло
  obscured ~ дымчатое стекло
  opal(ine) ~ матовое стекло
  partially frosted ~ стекло, частично декорированное «под изморозь»
  pigmented ~ цветное стекло
  plastic-coated ~ стекло с пластмассовым покрытием
  polish ~ полированное стекло
  red ~ красное стекло

glosser

  ruby ~ рубиновое стекло
  safety ~ безосколочное стекло
  scratched ~ стеклотара с царапинами
  scratch-resistant ~ стекло, стойкое к царапинам
  semiwhite ~ полупрозрачное стекло
  smoked ~ дымчатое стекло
  strengthened ~ упрочнённое стекло
  transparent ~ прозрачное стекло
  two-tone ~ тонированное (в два тона) стекло
  white ~ прозрачное стекло
  white opal ~ полупрозрачное стекло
glaze 1. глянец **2.** состав для придания волосам глянцевого блеска *(при жёсткой укладке волос)*
  cream ~ крем для укладки волос и придания им глянцевого блеска
  styling ~ состав для укладки волос и придания им глянцевого блеска
glazing 1. наведение глянца, придание глянцевого блеска **2.** шлифование; полирование
  ~ of glass шлифование стекла *(флакона)*
  lipstick ~ глянцевание [оплавление] губной помады
glitter:
  hair ~ блеск для волос
globular сферический, шарообразный
globule шарик; глобула; частица
  dispersed ~s диспергированные частицы
  emulsified ~s эмульгированные частицы
  fat ~s жировые шарики
  lipid ~s липидные шарики
  protein ~s глобулы протеина
gloss блеск; лоск
  added ~ дополнительный блеск
  creamy lip ~ крем-блеск для губ
  dense ~ приглушённый блеск
  hair ~ 1. блеск волос **2.** блеск для волос
  lip ~ блеск для губ
  pearly ~ перламутровый блеск
  silky ~ шелковистый блеск
  stick lip ~ карандаш-блеск для губ
  surface ~ поверхностный [внешний] блеск *(напр. губной помады)*
glosser:
  hair ~ блеск для волос
  lip ~ блеск для губ

95

glow

glow 1. румянец *(на щеках)* 2. румяна
  frost ~ перламутровые румяна
  natural ~ естественный румянец
glucosaminoglycans глюкозаминогликаны *(косметическое сырьё)*
glucose глюкоза
glue клей
  carton-sealing ~ клей для картонной тары
  casein ~ казеиновый клей
  cold ~ клей для холодного склеивания
  hot ~ клей для горячего склеивания
gluer 1. клеенамазывающее устройство *(этикетировочной машины)* 2. склеивающая машина *(для картонной или бумажной тары)*
  automatic ~ автомат для склеивания картонных футляров
glycerides глицериды
  coco [coconut oil] ~ глицериды жирных кислот кокосового масла
  fatty acid ~ глицериды жирных кислот
  palm oil ~ глицериды пальмового масла
glycerin глицерин
  anhydrous ~ безводный глицерин
  Codex ~ фармакопейный глицерин
  ethoxylated ~ этоксилированный глицерин
  hydrogenated ~ гидрогенизированный глицерин
  refined ~ очищенный глицерин
  synthetic ~ синтетический глицерин
glycerol *см.* glycerin
glyceryl capriate глицерилкаприлат *(косметическое сырьё)*
glyceryl coconate эфир глицерина и жирной кислоты кокосового масла *(косметическое сырьё)*
glyceryl isostearate глицерилизостеарат *(косметическое сырьё)*
glyceryl lanolate глицериллаnолат *(косметическое сырьё)*
glyceryl monostearate глицерилмоностеарат *(косметическое сырьё)*
glyceryl myristate глицерилмиристат *(косметическое сырьё)*
glyceryl stearate глицерилстеарат *(косметическое сырьё)*
glycogen гликоген, животный крахмал
glycolipids гликолипиды
glycolysat гликолизат
glycoprotein гликопротеин
glycosides гликозиды
glycosphingolipids гликосфинголипиды
goat's-leap жимолость душистая
gobo лопушник
godet *фр.* 1. чашечка 2. пенал 3. футляр
  metal ~ металлический пенал
  miniature ~ миниатюрный пенал *(напр. для губной помады)*
  powder ~ пудреница
goods изделия, товары
  cosmetic ~ косметические изделия
  finished ~ готовые изделия
  toiletry ~ гигиено-косметические изделия
gooseberry крыжовник
gorge горло; горловина; горлышко *(флакона)*
gorget ободок *(вокруг горла флакона)*
  gold-like ~ золочёный ободок
  metallic ~ металлический ободок
gowan маргаритка
  yellow ~ одуванчик лекарственный
grade качество; сорт; категория
  commercial ~ товарный сорт, рыночная категория
  cosmetic ~ косметическая категория
  fine ~ высший сорт
  extra fine ~ сорт [категория] «экстра»
  industrial ~ промышленная категория
  perfumery ~ парфюмерная категория
  pharmaceutical ~ фармацевтическая категория
  poor ~ низкий сорт
  premium ~ первый сорт
  pure ~ очищенный сорт
  refined ~ рафинированный сорт
  standard ~ стандартный сорт
  technical ~ техническая категория
  top ~ высший сорт
grading 1. оценка, определение качества 2. сортировка
gradual постепенный; последовательный
grain 1. зерно, хлебный злак 2. зёрнышко, гранула, зерно
  musk ~s мускусные зёрна

pigment ~s частицы [гранулы] красителя
grainy см. granular
granadilla страстоцвет, пассифлора
granular гранулированный, зернистый
granules гранулы, зёрнышки
  rounded ~ круглые гранулы
  uniform-size ~ однородные по размеру гранулы
grape виноград
grapefruit грейпфрут
grass трава
  scented ~ душистая трава
Grasse Грас (город во Франции — центр эфирномасличной промышленности)
grassy травяной, травянистый (о запахе)
grease жир, жировое вещество, сало
  animal ~ животный жир
  cutaneous ~ кожное сало
  mink ~ норковый жир
  soap ~ технический жир для мыловарения
  vegetable ~ растительное масло
  wool ~ шерстяной жир, ланолин
grease-paint грим
  theatrical ~ театральный грим
greasiness жирность, сальность
greasy 1. жирный, сальный 2. жировой
green 1. зелёный цвет || зелёный 2. запах или нота зелени
greenweed дрок
grinding помол; измельчение; дробление; растирание
  ~ of neck шлифование горла флакона (под притёртую пробку)
  fine ~ тонкий помол
  first ~ первый [грубый] помол
  roll ~ вальцовый помол
grinds:
  pigment ~ пигментный размол, размолотая пигментная масса
grooming:
  hair ~ уход за волосами
  personal ~ индивидуальный уход за волосами
groundnut земляной орех, арахис
growth рост; развитие
  cell(ular) ~ рост клеток
  hair ~ рост волос
  sales ~ рост объёма продаж
4 — 478

guaiacol гваякол (древесный запах с цветочным оттенком)
guaiacwood гваяковое дерево
guanine гуанин
gum I 1. смола, камедь 2. эвкалипт
  acacia ~ аравийская камедь
  acajou ~ фр. смола акажу
  arabic ~ аравийская камедь
  aromatic ~ душистая смола
  benzoin ~ бензойная смола, росный ладан
  black locust ~ смола лжеакации [белой акации]
  carrageenan ~ каррагенан (желирующее вещество)
  guaiac ~ гваяковая смола
  guar ~ гуаровая камедь
  karaya ~ камедь карайи
  natural ~ природная камедь
  opoponax ~ опопонакс
  organic ~ органическая смола
  plant ~ растительная смола
  seaweed ~ камедь из морских водорослей
  Sumatra ~ бензойная смола
  synthetic ~ синтетическая смола
  tragacanth ~ трага(ка)нтовая камедь, трага(ка)нт
  vegetable ~ растительная смола
  wood ~ древесная камедь
  xanthane ~ ксантановая смола
gum II десна
gummiferous камеденосный
gurjun гурьюновая смола, копайский бальзам
gustation проба на вкус, дегустация

H

hair 1. волосы, шевелюра 2. волосяной покров
  abundant ~ чрезмерно густые волосы
  adult ~ волосы взрослого человека
  beautiful ~ красивые волосы
  black ~ тёмные волосы
  bleached ~ обесцвеченные волосы
  blond ~ белокурые волосы
  brittle ~ ломкие волосы
  brown ~ каштановые волосы

hair

chemically treated ~ волосы, обработанные химическим составом
children ~ детские волосы
coarse ~ жёсткие волосы
colored [color treated] ~ окрашенные волосы
curly ~ 1. завитые волосы 2. вьющиеся волосы
damaged ~ повреждённые волосы
damp ~ влажные волосы
dark ~ тёмные волосы
delicate ~ тонкие волосы
dry ~ сухие волосы
dull ~ тусклые волосы
female ~ женские волосы
fine ~ тонкие волосы
fluffy sculpted ~ взбитые *(в высокую причёску)* волосы
flyaway ~ разлетающиеся [непослушные] волосы
fractured [fragile] ~ ломкие волосы
glossy ~ блестящие волосы
greasy ~ жирные волосы
grey ~ седые волосы
hard ~ жёсткие волосы
healthy ~ здоровые волосы
human ~ волосы человека
impoverished ~ истощённые [ослабленные] волосы
lifeless ~ безжизненные [истощённые] волосы
lightened ~ осветлённые волосы
limp ~ слабые [ослабленные, утратившие упругость] волосы
male ~ мужские волосы
manageable ~ послушные волосы
non-frizzy ~ незавитые волосы
normal ~ нормальные волосы
oily ~ жирные волосы
out-of-condition ~ неухоженные волосы
permed ~ волосы с перманентной завивкой
pigmented ~ волосы с естественной пигментацией *(без седины)*
rebel ~ непослушные волосы
shampooed ~ вымытые шампунем волосы
shiny ~ блестящие волосы
smooth ~ гладкие волосы
soft ~ мягкие волосы
split ends [splitting] ~ волосы с раздвоенными [посечёнными] концами
sticky ~ липкие [жирные] волосы
straightened ~ 1. прямые волосы 2. выпрямленные волосы
strong ~ сильные [здоровые] волосы
supple ~ послушные волосы
tangly ~ спутанные волосы
thick ~ густые волосы
thin ~ тонкие волосы
thinning ~ истончённые волосы
tightly curled ~ жёсткозавитые волосы
tinted ~ окрашенные волосы
treated ~ обработанные *(напр. краской)* волосы
unhealthy ~ нездоровые волосы
unmanageable [unruly] ~ непослушные волосы
untangling ~ распутанные [расчёсанные] волосы
very dry ~ очень сухие волосы
waved ~ завитые волосы
wavy ~ волнистые волосы
wet ~ влажные волосы
wetlook ~ волосы, имеющие влажный вид
wild ~ растрёпанные волосы
hairdresser парикмахер
hairspray лак для волос
　body-building ~ лак, увеличивающий объёмность волос
　color(ing) ~ оттеночный лак для волос
　conditioning ~ лак для волос с кондиционирующими добавками
　feminine ~ лак для женских волос
　finishing ~ лак для завершающей отделки причёски
　firm hold ~ лак для жёсткой фиксации волос
　gold ~ лак для волос с золотистым оттенком
　holding ~ лак для фиксации волос
　men's ~ лак для мужских волос
　moisturizing ~ лак, восстанавливающий влагу волос
　non-aerosol ~ лак для волос в неаэрозольной упаковке
　non-alcoholic ~ бесспиртовой лак для волос

head

non-propellant ~ лак для волос в неаэрозольной упаковке
pearlescent ~ лак для волос с перламутровым оттенком
pump ~ лак для волос в упаковке пульверизаторного типа
silk ~ лак, придающий шелковистость волосам
silver ~ лак для волос с серебристым оттенком
soft ~ лак для лёгкой фиксации волос
ultrahold ~ лак для сверхжёсткой фиксации волос
hairstyle стиль укладки волос
funny ~ забавный [смешной] стиль укладки волос
informal ~ свободный стиль укладки волос
sculpted ~ стиль жёсткой модельной укладки волос
spiky ~ стиль укладки волос с острыми прядями
structured ~ стиль укладки волос со сложным переплетением прядей
wild ~ стиль нарочито растрёпанных волос
hairstylist стилист, художник-модельер по причёскам
hairy волосатый
hamamelis гамамелис
hand-packed упакованный вручную
handwork ручная операция
hard твёрдый; жёсткий
hardener отверждающий компонент
base coat ~ основа, наносящаяся под маникюрный лак для ускорения высыхания
nail ~ средство для укрепления ногтей
hardening отверждение; застывание
lipstick ~ отвердение губной помады (в формах)
hardness твёрдость; жёсткость
~ of water жёсткость воды
nail ~ твёрдость ногтей
harmful вредный
harmless безвредный
harmony гармония, гармоничное сочетание
aldehydic-floral ~ гармоничное сочетание альдегидных и цветочных запахов
aldehydic-fruity ~ гармоничное сочетание альдегидных и фруктовых запахов
aldehydic-green ~ гармоничное сочетание альдегидных запахов с нотой зелени
amber-labdanum-vanilla ~ гармоничное сочетание запахов амбры, лабданума, ванили
amber-woody ~ гармоничное сочетание амбровых и древесных запахов
chypre-woody ~ гармоничное сочетание шипровых и древесных запахов
floral-fruity-leather ~ гармоничное сочетание цветочных и фруктовых запахов с запахом кожи
fresh-citrus ~ гармоничное сочетание запахов свежести и цитрусовых нот
fruity-floral ~ гармоничное сочетание фруктовых и цветочных запахов
green-floral ~ гармоничное сочетание запаха зелени с цветочными нотами
green-fruity-floral ~ гармоничное сочетание запаха зелени с фруктовыми и цветочными нотами
lavender-oakmoss-spicy ~ гармоничное сочетание лавандовых и пряных запахов с нотой дубового мха
musky-balsamic ~ гармоничное сочетание мускусных и бальзамических запахов
oakmoss-labdanum-styrax-patchouli ~ гармоничное сочетание запахов дубового мха, лабданума, стиракса и пачули
rich ~ богатый букет запахов
spicy-aromatic ~ гармоничное сочетание пряных и ароматических запахов
spicy-floral ~ гармоничное сочетание пряных и цветочных запахов
white flowers ~ гармоничное сочетание запахов белых цветов
woody-floral ~ гармоничное сочетание древесных и цветочных запахов
woody-herbaceous ~ гармоничное сочетание древесных и травянистых запахов
harvest сбор урожая
haw(thorn) боярышник
hazel лещина
hazelwort копытень
head 1. голова 2. головная [начальная]

head

нота *(запаха)* *(см. тж* topnote) 3. патрон *(разливочно-наполнительного оборудования)*
  adjustable filling ~ регулируемый патрон
  dosing ~ дозирующий патрон
  foamer ~ патрон для фасовки пенных препаратов
healing лечение ‖ лечебный, целебный
  wound ~ заживление (мелких) ран *(на коже)*
health здоровье; здоровое состояние
  dental ~ здоровое состояние зубов
  gingival ~ здоровое состояние дёсен
  hair ~ здоровое состояние волос
  oral ~ здоровое состояние полости рта
  skin ~ здоровое состояние кожи
heart 1. сердцевина, «сердце» *(купаж лучших по запаху срединных фракций при вакуум-разгонке)* 2. срединная нота *(запаха)*
  floral ~ цветочная срединная нота
  fragrance ~ срединная нота запаха
  fruity ~ срединная нота с фруктовым оттенком
  rose ~ срединная нота с оттенком розы
  spicy ~ пряная срединная нота
  woody-herbaceous ~ древесно-травянистая срединная нота
heat 1. тепло, теплота 2. нагревать, разогревать
heating нагревание, нагрев
  direct fire ~ нагрев на открытом огне
  electric ~ электрический нагрев
  excessive ~ перегрев
  steam ~ паровой обогрев
heat-stable теплостойкий, стойкий к нагреву
Hedione *фирм.* гедион, метилдигидрожасмонат *(запах жасмина с цитрусовым оттенком)*
Heliopan *фирм.* гелиопан *(косметическое сырьё)*
heliotrope 1. гелиотроп 2. запах *или* нота гелиотропа
heliotropin гелиотропин *(цветочно-пряный запах с нотой гелиотропа)*
  amorphous ~ аморфный гелиотропин
henna хна
heptanon гептанон *(фруктово-перечный запах)*

herb трава, травянистое растение
  eve ~ подорожник перистый
  healing ~ целебная трава
  medicinal ~s лекарственные травы
  willow ~ иван-чай, кипрей
herbaceous травянистый *(о запахе)*
herbal травяной
heterocyclic гетероциклический
heterogenous гетерогенный, неоднородный
hexachlorophene гексахлорофен *(косметическое сырьё)*
hexadecanolide гексадеканолид *(мускусный запах с жирным оттенком)*
hexane гексан
cis-3-hexenal цис-3-гексеналь, альдегид листьев *(запах зелени и листьев)*
cis-3-hexenol цис-3-гексенол, спирт листьев *(запах свежей зелени)*
hexyl benzoate гексилбензоат *(древесно-бальзамический запах с фруктовым оттенком)*
hexyl butyrate гексилбутират *(фруктово-цветочный запах с оттенком зелени)*
hexyl salicylate гексилсалицилат *(цветочно-пряный запах с нотами азалии, зелени и бальзамическим оттенком)*
hibiscus гибискус
high-fatty с высоким содержанием жира
highlight цветовой эффект; яркость
  lustrous ~ яркий блеск *(напр. от перламутрового красителя)*
highlighting особо подчёркнутый, ярко выделенный *(напр. с помощью декоративных средств)*
hint намёк; штрих; (лёгкий) оттенок
  ~ of amber амбровый оттенок
  ~ of green оттенок зелени
  ~ of moss оттенок мха
  ~ of musk мускусный оттенок
hold фиксация волос
  firm ~ жёсткая фиксация волос
  freeze ~ *см.* maximum hold
  light ~ лёгкая фиксация волос
  maximum ~ максимально жёсткая фиксация волос
  natural ~ лёгкая фиксация, придающая волосам естественный вид

normal ~ нормальная фиксация волос
soft ~ мягкая фиксация волос
strong ~ сильная фиксация волос
holder 1. футляр; пенал 2. держатель
  label ~ держатель этикеток (*в этикетировочной машине*)
  lipstick ~ пенал для губной помады
  metal ~ металлический пенал
  plastic ~ пластмассовый футляр
holography голография (*способ декоративной печати*)
homogeneous гомогенный, однородный
homogenization гомогенизация
  double-stage ~ двухступенчатая гомогенизация
  high-speed ~ высокоскоростная гомогенизация
  intense ~ интенсивная гомогенизация
  separate ~ раздельная гомогенизация (*фаз*)
  ultrasonic ~ гомогенизация ультразвуком
homogenizer гомогенизатор
  high-pressure ~ гомогенизатор высокого давления
homolog гомолог
homo-mixer смеситель-гомогенизатор
honey мёд
honeysuckle жимолость
hop хмель
hormonal гормональный
hormone гормон
hornification ороговение
horsetail хвощ
house:
  cosmetic ~ косметическая фирма
  fragrance ~ фирма по производству душистых веществ
  perfumery ~ парфюмерная фирма
  perfumery materials ~ фирма парфюмерного сырья
  top cosmetic ~ ведущая косметическая фирма
huckleberry черника
human человеческий
humectancy влагоудерживающая способность
  effective ~ эффективная влагоудерживающая способность
  long-lasting ~ продолжительная влагоудерживающая способность

humectant влагоудерживающее вещество ‖ влагоудерживающий
humid влажный; сырой
humidification увлажнение
humidity 1. влажность 2. увлажнённость, степень влажности
  high ~ высокая увлажнённость
  skin ~ увлажнённость кожи, содержание влаги в коже
hyacinth 1. гиацинт 2. запах *или* нота гиацинта
hydrangea 1. гортензия 2. запах *или* нота гортензии
hydroalcoholic водно-спиртовой
hydrocolloid гидроколлоидный
hydrodistillation гидродистилляция
hydrogel гидрогель
hydrogenated гидрогенизированный
hydrogenation гидрогенизация, гидрирование
  catalytic ~ каталитическая гидрогенизация
  fatty acid ~ гидрогенизация жирных кислот
hydrogenizer гидрогенизатор, гидрогенизационная установка
hydrolysis гидролиз
  enzymatic ~ ферментативный гидролиз
  natural ~ естественный гидролиз
hydrolyzate гидролизат
  cellulose ~ гидролизат целлюлозы
  collagen ~ гидролизованный коллаген
  egg white ~ гидролизат яичного белка
  elastin ~ гидролизат эластина
  gelatin ~ гидролизованный желатин
  keratin ~ гидролизат кератина
  protein ~ протеиновый гидролизат
  silk ~ гидролизат шёлка
  starch ~ гидролизованный крахмал
hydrolyzed гидролизованный
  partially ~ частично гидролизованный
hydrolytic гидролитический
hydrophilic гидрофильный
hydrophobic гидрофобный
hydroquinone гидрохинон (*косметическое сырьё*)
hydroxide:
  guanidine ~ гуанидингидроксид (*косметическое сырьё*)

hydroxide

lithium ~ гидроксид лития *(косметическое сырьё)*
potassium ~ гидроксид калия *(косметическое сырьё)*
sodium ~ гидроксид натрия *(косметическое сырьё)*
hydroxycitronellal гидроксицитронеллаль *(цветочный запах)*
hydroxycitronellol гидроксицитронеллол *(цветочный запах с оттенком розы)*
hydroxyethyl cellulose гидроксиэтилцеллюлоза *(косметическое сырьё)*
hydroxyproline гидроксипролин *(косметическое сырьё)*
hydroxypropyl cellulose гидроксипропилцеллюлоза *(косметическое сырьё)*
hygiene гигиена
  body ~ гигиена тела
  dental ~ гигиена зубов
  gum ~ гигиена дёсен
  intimate [intime] ~ интимная гигиена
  oral ~ гигиена полости рта
  personal ~ личная гигиена
  skin ~ гигиена кожи
  social ~ социальная гигиена
  teeth ~ гигиена зубов
hyperactivity сверхактивность, повышенная активность *(напр. сальных или потовых желёз)*
hyperemic гиперемический, усиливающий кровообращение
hyperessence эфирное масло, полученное вакуум-разгонкой
hypericum зверобой
hyperhydration гипергидратация, избыточная увлажнённость
hyperpigmentation гиперпигментация, избыточная пигментация (кожи)
hypersecretion повышенная секреция
hypersensitivity повышенная чувствительность
  allergic ~ аллергическая реакция
  delayed ~ замедленная аллергическая реакция
hypoallergenic гипоаллергический, с пониженным содержанием аллергенов
hyssop 1. иссоп 2. запах *или* нота иссопа

I

identical идентичный, одинаковый, сходный
identifiable идентифицированный, поддающийся определению
identification идентификация, определение
  olfactive ~ идентификация запаха
identity идентичность, сходство
  odor ~ идентичность запахов
image образ, изображение
  advertizing ~ рекламный образ, образ, созданный рекламой
  consumer ~ потребительский образ
imidazolidinyl urea имидазолидинилмочевина *(косметическое сырьё)*
imitation имитация, подражание
  glass ~ имитация стекла
  lilac ~ имитация запаха сирени, искусственная композиция с запахом сирени
  rose ~ имитация запаха розы, искусственная композиция с запахом розы
immortelle бессмертник
immune иммунный
immunity иммунитет, невосприимчивость
impact 1. удар, импульс 2. воздействие, влияние
  initial ~ первоначальный импульс *(в оценке запаха)*
  olfactive ~ ольфакторный импульс
impalpable неощутимый, неосязаемый
impermeable непроницаемый
imponderable невесомый; очень лёгкий
import импорт, ввоз
  aroma chemicals ~ импорт душистых веществ
  essential oils ~ импорт эфирных масел
  perfumery ~ импорт парфюмерии
  toothpastes ~ импорт зубных паст
impregnation пропитывание, импрегнация
impression 1. впечатление 2. восприятие
  light ~ впечатление лёгкости
  olfactory ~ ольфакторное впечатление, впечатление от запаха
  taste ~ вкусовое ощущение

impulse импульс (*см. тж* impact)
impurities примеси
  admitted ~ допустимые примеси
  frequent ~ часто встречающиеся примеси
  trace ~ минимальные примеси
inactive неактивный, инертный
incense 1. ладан 2. запах *или* нота ладана
inclusion включение; вкрапление
  air ~ воздушный карман
incompatibility несовместимость
  biological ~ биологическая несовместимость
  chemical ~ химическая несовместимость
  packaging material ~ несовместимость с упаковочным материалом
incompatible несовместимый
incorporation включение, добавление (*в состав*)
  perfume ~ добавление отдушки
  pigment ~ добавление пигментного красителя
index 1. индекс, показатель 2. коэффициент; число
  abrasion ~ показатель абразивности
  color ~ показатель цветности
  dispersion ~ индекс дисперсности
  ether ~ эфирное число
  granulation ~ гранулометрический индекс, показатель зернистости
  homogenization ~ показатель гомогенизации
  plasticity ~ индекс пластичности
  quality ~ показатель качества
  refraction ~ показатель преломления
  viscosity ~ коэффициент вязкости
indigo индиго (*краситель*)
individual индивидуальный; характерный; особенный
indole индол (*фекальный запах; при сильном разбавлении проявляется цветочная нота жасмина*)
industry 1. промышленность, индустрия 2. производство
  aroma chemical ~ производство синтетических душистых веществ
  beauty [cosmetics] ~ косметическая промышленность
  essential oil ~ эфирномасличная промышленность
  fragrance ~ производство душистых веществ
  perfumery ~ парфюмерная промышленность
inefficient неэффективный
inert инертный
infection инфекция, заражение
  bacterial ~ бактериальная инфекция
  fungal [fungus] ~ грибковая инфекция
  microbial ~ микробная инфекция
  viral ~ вирусная инфекция
inflammable 1. воспалительный 2. воспламеняемый
inflammation 1. воспаление 2. воспламенение
  allergic ~ аллергическая реакция
  mucous membrane ~ воспаление слизистой оболочки
  skin ~ кожное воспаление
  surface ~ поверхностное воспаление
information информация
  application ~ информация по применению
  commercial ~ коммерческая информация
  technical ~ техническая информация
infusion 1. настой 2. вытяжка 3. экстракт
  alcoholic ~ спиртовой настой
  ambergris ~ настой серой амбры
  benzoin ~ настой бензойной смолы
  civet ~ настой цибета [сивета]
  herbal ~ настой (целебных) трав
  hydroalcoholic ~ водно-спиртовой настой
  iris ~ настой ирисового корня
  marigold ~ настой календулы
  oily ~ масляный настой
  sage ~ настой шалфея
  styrax ~ настой стиракса
  thick ~ густой [крепкий] настой
  Tolu ~ настой толуанского бальзама
  Tonkin musk ~ настой мускуса тонкинского
ingredient ингредиент, составная часть, компонент
  abrasive ~ абразивный ингредиент
  active ~ активный ингредиент
  active plant ~ активный ингредиент растительного происхождения
  additive ~ дополнительный ингредиент

ingredient

aggressive ~ сильнодействующий ингредиент
animal ~ ингредиент животного происхождения
antiplaque ~ ингредиент против образования зубного налёта
approved ~ 1. апробированный ингредиент 2. разрешённый (к применению) ингредиент
auxiliary ~ вспомогательный ингредиент
banned ~ запрещённый (к применению) ингредиент
base [basic] ~ основной ингредиент
beneficial ~ полезный [благотворный] ингредиент
bioactive [biological] ~ биологически активный [биоактивный] ингредиент
chemical ~ химический ингредиент
color(ing) ~ окрашивающий ингредиент
compatible ~ совместимый ингредиент
conditioning ~ кондиционирующий ингредиент
cosmetic ~ косметический ингредиент
dentifrice ~ ингредиент для зубных паст
encapsulated ~ инкапсулированный ингредиент
FDA registered ~ ингредиент, зарегистрированный ФДА
film-forming ~ плёнкообразующий ингредиент
functional ~ функциональный ингредиент
gel-forming ~ гелеобразующий ингредиент
gloss-conferring [glossing] ~ ингредиент, придающий блеск [глянец]
healing ~ ингредиент оздоравливающего действия
heat sensitive ~ ингредиент, чувствительный к нагреванию
herbal ~ ингредиент растительного происхождения
key ~ ключевой ингредиент
mild ~ ингредиент мягкого действия *(не вызывающий раздражения кожи)*
multifunctional ~ многофункциональный ингредиент
natural ~ натуральный ингредиент
nutritive ~ питательный ингредиент
oil-soluble ~ маслорастворимый ингредиент
overfatting ~ пережиривающий ингредиент
phyto [plant-derived] ~ фитоингредиент, ингредиент растительного происхождения
refatting ~ пережиривающий ингредиент
safe ~ безвредный ингредиент
scientifically advanced ~ ингредиент, полученный в результате новых научных достижений
stabilizing ~ стабилизирующий ингредиент
superfatting ~ пережиривающий ингредиент
synthetic ~ синтетический [искусственный] ингредиент
tartar-fighting ~ ингредиент, уничтожающий зубной камень
therapeutic ~ лечебно-оздоровительный ингредиент
thickening ~ загущающий ингредиент
vital ~ оздоравливающий ингредиент
water-soluble ~ водорастворимый ингредиент

inhibition ингибирование; подавление; замедление
plaque ~ замедление образования зубного налёта

inhibitor ингибитор; задерживающий фактор; замедлитель
effective ~ эффективный ингибитор
hair growth ~ замедлитель роста волос
inflammatory ~ замедлитель воспаления
selective ~ избирательно действующий ингибитор
ultraviolet ~ задерживающий фактор для ультрафиолетовых лучей

initial начальный, первичный, исходный
injurious вредный, губительный
inner внутренний
innocuous безвредный
dermatologically ~ дерматологически безвредный
ecologically ~ экологически безвредный

innovation новшество; новинка; нововведение
inodorous не имеющий запаха, без запаха
insert вставка; вкладыш
  package ~ листок-вкладыш в упаковке (*содержащий информацию о косметическом средстве*)
inside внутренняя сторона ‖ внутренний
insolation инсоляция
insolubility нерастворимость
insoluble нерастворимый
inspection 1. инспекция, проверка 2. бракераж
  bottle ~ бракераж флаконов
  quality ~ проверка качества
inspiration 1. вдохновение, воодушевление 2. влияние, инспирирование 3. вдыхание
instability нестойкость, нестабильность
  color ~ нестабильность красителя
  emulsion ~ нестабильность эмульсии
insufficiency недостаточность
integral неотъемлемый, существенный
intensity интенсивность
  color ~ интенсивность цвета
  odor ~ интенсивность запаха
interaction взаимодействие
  abrasive-fluoride ~ взаимодействие абразивного компонента и фтористой добавки (*в зубных пастах*)
intercellular межклеточный
interference 1. интерференция 2. вмешательство
intermediate промежуточный продукт
  chemical ~ промежуточный продукт химической реакции
  synthesis ~ промежуточный продукт синтеза
interruption нарушение; прекращение
interval интервал, промежуток
intrinsic 1. присущий, свойственный 2. внутренний
introduction:
  new fragrance ~ выпуск новых духов
  product ~ выпуск изделия
inula девясил
inverse обратный, противоположный
inversion:
  ~ of emulsion обратимость эмульсии
ion ион

α-ionone альфа-ионон (*запах фиалки с древесной и фруктовой нотами*)
β-ionone бета-ионон (*цветочно-древесный запах*)
ionones иононы
  synthetic ~ синтетические иононы
Iralia *фирм.* иралия (*цветочный запах с нотами ириса, фиалки и пудровым оттенком*)
iridescent 1. радужный, переливчатый 2. флуоресцирующий
iris 1. ирис 2. запах *или* нота ириса
irone ирон (*запах ириса*)
iron oxide:
  black ~ чёрный железооксидный краситель
  brown ~ коричневый железооксидный краситель
  red ~ красный железооксидный краситель
  yellow ~ жёлтый железооксидный краситель
irradiant светящийся, сияющий, излучающий
irradiation излучение, иррадиация
  sun ~ солнечное излучение
  UV ~ ультрафиолетовое излучение
irritant раздражитель; компонент, вызывающий раздражение ‖ раздражающий
  oil-soluble ~ маслорастворимый компонент, вызывающий раздражение кожи
irritant-free не вызывающий раздражения
irritating раздражающий
  extremely ~ сильно раздражающий
  minimally ~ минимально раздражающий
  severely ~ резко раздражающий
  slightly ~ слабо раздражающий
irritation раздражение
  dermal ~ раздражение кожи
  eye ~ раздражение слизистой оболочки глаз
  inflammatory ~ воспалительное раздражение
  mucous membrane ~ раздражение слизистой оболочки
  ocular ~ *см.* eye irritation
  primary skin ~ первичное раздражение кожи
  razor ~ раздражение кожи от бритья

irritation
  scalp ~ раздражение кожи головы
  skin ~ раздражение кожи
  surface ~ поверхностное раздражение
  surfactant ~ раздражение от поверхностно-активных веществ
isoamyl butyrate изоамилбутират *(фруктовый запах с нотами абрикоса, банана, ананаса)*
isoamyl salicylate изоамилсалицилат *(цветочно-пряный запах с нотами орхидеи, клевера)*
isoborneol изоборнеол *(камфорный запах)*
isobutyl cinnamate изобутилциннамат *(травянисто-бальзамический запах)*
isobutyl myristate изобутилмиристат *(косметическое сырьё)*
isobutyl palmitate изобутилпальмитат *(косметическое сырьё)*
isobutyl salicylate изобутилсалицилат *(цветочно-травянистый запах)*
isobutyl stearate изобутилстеарат *(косметическое сырьё)*
Isodamascone фирм. изодамаскон *(цветочно-фруктовый запах с оттенком розы)*
isoeugenol изоэвгенол *(гвоздичный запах с цветочным оттенком)*
Isogalbanate фирм. изогальбанат *(запах гальбанума с фруктовыми оттенками)*
isojasmone изожасмон *(запах жасмина)*
isolate изолят
  bioactive ~ изолят с биологически активными свойствами
isolation изоляция, отделение
isolavandulol изолавандулол *(травянисто-пряный запах с нотой лаванды)*
isolongifolene изолонгифолен *(древесный запах с фруктово-цветочной нотой)*
isomer изомер
isomeric изомерный
isomerization изомеризация
isoprene изопрен
isopropyl isostearate изопропилизостеарат *(косметическое сырьё)*

isopropyl lanolate изопропилланолат *(косметическое сырьё)*
isopropyl myristate изопропилмиристат *(косметическое сырьё)*
isopropyl palmitate изопропилпальмитат *(косметическое сырьё)*
isopulegol изопулегол *(травянисто-пряный горьковатый запах)*
isosafrol изосафрол *(сладковато-пряный запах с нотой аниса)*
itching:
  skin ~ кожный зуд; кожное раздражение
ivy плющ

J

jacinth 1. гиацинт 2. запах *или* нота гиацинта
  artificial ~ искусственная композиция с запахом гиацинта
jar банка; баночка
  capped ~ баночка с крышкой, укупоренная (крышкой) баночка
  ceramic ~ керамическая баночка
  cosmetic ~ косметическая баночка, баночка для косметических изделий
  double-wall ~ баночка с двойными стенками
  glass ~ стеклянная баночка
  heavy-walled ~ баночка с уплотнёнными стенками
  large-mouth ~ баночка с широкой горловиной
  liner ~ двойная баночка *(с внутренней капсулой)*
  linerless ~ одинарная баночка *(без внутренней капсулы)*
  low ~ невысокая баночка
  offset decorated ~ баночка с офсетным рисунком
  opaque ~ непрозрачная баночка, баночка из непрозрачного материала
  PE ~ *см.* polyethylene jar
  plastic ~ пластмассовая баночка
  polyethylene ~ полиэтиленовая баночка
  polypropylene ~ полипропиленовая баночка

PP ~ *см.* polypropylene jar
profile ~ фигурная баночка
screw-capped ~ баночка с винтовой крышкой
silk-screening decorated ~ баночка, декорированная шелкографией
single-wall ~ одностенная баночка
standard ~ стандартная баночка
threaded ~ рифлёная баночка
trial-size ~ баночка для пробных образцов продукции
wide-mouth ~ баночка с широкой горловиной
jasmine 1. жасмин 2. запах *или* нота жасмина
artificial ~ *см.* synthetic jasmine
common white ~ белый [эфирномасличный] жасмин
invar ~ жасмин-инвар
Spanish ~ жасмин крупноцветковый
synthetic ~ искусственная композиция с запахом жасмина
Jasmolactone *фирм.* жасмолактон *(маслянисто-фруктовый запах с нотой жасмина)*
Jasmonal *фирм.* жасминальдегид *(запах жасмина)*
jasmone жасмон *(запах жасмина)*
jelly желе, гель
glycerin ~ глицериновое желе
hand ~ желе [гель] для рук
lip ~ желе [гель] для ухода за губами
peel-off ~ отшелушивающее желе, отшелушивающий гель, пилинг-гель
petroleum ~ вазелин
royal ~ желе-рояль *(маточное молочко пчёл)*
vegetable ~ растительное желе
white petroleum ~ белый вазелин
jelly-like студенистый, желеобразный
John's-wort зверобой
jojoba хохоба *(растение)*
synthetic ~ синтетическое масло хохобы
jonquil 1. нарцисс жонкиль 2. запах *или* нота нарцисса
synthetic ~ искусственная композиция с запахом нарцисса
juglone юглон *(натуральный краситель из коры орехового дерева)*
juniper 1. можжевельник 2. запах *или* нота можжевельника

K

kaolin каолин *(косметическое сырьё)*
colloidal ~ коллоидный каолин
Kathon *фирм.* катон *(косметическое сырьё)*
kelps бурые водоросли
Kephalis *фирм.* кефалис *(амброво-древесный запах)*
keratin кератин
animal ~ животный кератин
hair ~ кератин волос
hydrolized ~ гидролизат кератина
natural ~ натуральный кератин
skin ~ кератин кожи
soluble ~ растворимый кератин
keratinization кератинизация, ороговение
cell ~ ороговение клеток
skin ~ кератинизация кожи
kernel 1. косточка *(плода)* 2. ядро *(ореха)*
apricot ~s косточки абрикоса *(косметическое сырьё)*
fine ground apricot ~s тонкоизмельчённые косточки абрикоса *(косметическое сырьё)*
peach ~s косточки персика *(косметическое сырьё)*
walnut ~ ядро ореха
ketone:
celery ~ кетон сельдерея *(травянисто-пряный запах с нотой сельдерея)*
musk ~ мускус-кетон *(мускусный запах)*
raspberry ~ кетон малины *(сладковато-фруктовый запах с нотой малины)*
vetiver ~ ветивер-кетон *(древесный запах с нотой ветиверового масла)*
kettle 1. котёл 2. куб
cooking ~ варочный котёл
direct-fired ~ котёл на открытом огне
enclosed ~ котёл закрытого типа
evaporating ~ выпарной котёл
manufacturing ~ производственная ёмкость
motion ~ подвижный [опрокидывающийся] котёл
pressure ~ автоклав

kettle

soap boiling ~ мыловаренный котёл
steam-jacketed ~ котёл с паровой рубашкой
vacuum ~ вакуумный выпарной аппарат
kind 1. вид, разновидность 2. отличительный признак; качество
kit набор, комплект (*см. тж* set)
  bath ~ (косметический) набор для ванн
  cosmetic ~ косметический набор
  eye-shadow ~ набор теней для век
  fun ~ набор косметических карандашей для раскраски лица
  nail mending ~ маникюрный набор
  team colors ~ *см*. fun kit
kneader:
  vacuum planetary ~ планетарная вакуум-мешалка
kneading перемешивание, смешивание
kohl карандаш для бровей

L

lab *см*. laboratory
labdanum 1. лабданум 2. запах или нота лабданума
label 1. этикетка; наклейка 2. марка [наименование] изделия
  adhesive ~ гуммированная этикетка
  back ~ этикетка, наклеиваемая на заднюю стенку тары
  best-selling ~ марка изделия, пользующаяся большим спросом
  foil ~ этикетка из фольги
  front ~ этикетка, наклеиваемая на фронтальную сторону тары
  full ingredient ~ этикетка с полным перечнем компонентов в составе изделия
  gummed ~ клеевая этикетка
  heat-fix ~ этикетка, наклеиваемая горячим способом
  hologram ~ этикетка в виде голограммы
  laminated ~ ламинированная этикетка
  leading ~ лидирующая марка изделия
  litho(graphic) ~ литографированная этикетка
  multicolor ~ многоцветная этикетка
  net contents ~ *см*. full ingredient label
  paper ~ бумажная этикетка
  paper metallized ~ металлизированная этикетка
  permanent ~ несмываемая этикетка
  plain ~ упрощённая этикетка
  plastic ~ пластмассовая этикетка
  prestige [prestigious] ~ престижная марка изделия
  printed ~ отпечатанная этикетка
  private ~ частная торговая марка
  production ~ производственная маркировка
  scented ~ ароматизированная этикетка
  self-adhesive ~ самоклеящаяся этикетка
  shrink sleeve ~ колеретка из усадочного материала
  sleeve ~ колеретка (*этикетка, надеваемая в виде воротника вокруг горловины флакона*)
  sophisticated ~ этикетка изысканного стиля
  unwashable ~ несмываемая этикетка
  web ~ ленточная [рулонная] этикетка
labeler этикетировочная машина
  automatic ~ этикетировочный автомат
  automatic roll-feed ~ ротационный этикетировочный автомат
  bottle ~ этикетировочная машина для флаконов
  high-speed ~ высокоскоростная этикетировочная машина
  pressure sensitive ~ этикетировочная машина с прижимным устройством
  printer-applicator ~ печатающая этикетировочная машина
  self-adhesive ~ машина для нанесения самоклеящихся этикеток
  semiautomatic ~ этикетировочный полуавтомат
labeling этикетирование; наклейка этикеток
  airflow [air-jet] ~ этикетирование с использованием воздушной струи
  bottom ~ этикетирование дна тары
  heat-fix ~ этикетирование горячим способом

lanolin

ingredient ~ этикетирование с полным указанием состава изделия
lithographic ~ литографическое этикетирование
pressure sensitive ~ этикетирование прижимным способом
side ~ этикетирование боковой поверхности тары
top ~ этикетирование верхней поверхности тары
wrapround ~ круговое этикетирование
labial губной
laboratory лаборатория
  analytical ~ аналитическая лаборатория
  cosmetic ~ косметическая лаборатория
  microbiological ~ микробиологическая лаборатория
  perfumery ~ парфюмерная лаборатория
  quality control ~ лаборатория контроля качества [технологического контроля]
  research and development ~ лаборатория научных исследований и развития
  testing ~ лаборатория тестирования [испытаний]
lack 1. отсутствие 2. недостаток
  ~ of allergenicity отсутствие аллергенности
  ~ of moisture недостаток влаги
  ~ of toxicity отсутствие токсичности
  ~ of vitamins недостаток витаминов
lacquer лак ‖ лакировать, наносить слой лака
  aerosol ~ лак в аэрозольной упаковке
  clear ~ прозрачный лак
  color ~ цветной лак
  coordinated nail ~ лак для ногтей, скоординированный по тону с губной помадой
  detergent-resistant ~ лак, стойкий к воздействию моющих средств
  hair ~ лак для волос
  nail ~ лак для ногтей, маникюрный лак
  nail strengthening ~ маникюрный лак с добавками для укрепления ногтей
  non-settling nail ~ антиседиментационный лак для ногтей, лак для ногтей, не дающий осадка
  pearled nail ~ перламутровый лак для ногтей
  water-resistant ~ водостойкий лак
lactone лактон
  angelica ~ ангеликалактон (запах ангелики)
  nonyl ~ ноналактон (фруктовый запах с оттенком кокоса)
  peach ~ лактон персика, декалактон (запах персика)
lactoserum лактосерум, молочная сыворотка
lad's-love полынь лекарственная
lady's-purse пастушья сумка
lake лак (краситель)
  alizarine ~ ализариновый лак
  aluminum ~ алюминиевый лак
  cochineal ~ кошенилевый лак
  cosmetic ~ косметический лак
  organic ~ органический лак
lamb's-foot подорожник
lamella пластинка; чешуйка
lamellar пластинчатый; чешуйчатый; слоистый
laminar, laminated ламинарный, пластинчатый; слоистый
lampblack ламповая сажа (чёрный краситель)
lanolin ланолин
  acetylated ~ ацетилированный ланолин
  anhydrous ~ безводный ланолин
  cosmetic ~ косметический ланолин
  crude ~ неочищенный ланолин
  deodorized ~ дезодорированный ланолин
  dewaxed ~ безвосковой ланолин
  ethoxylated ~ этоксилированный ланолин
  hydrogenated ~ гидрогенизированный [гидрированный] ланолин
  liquid ~ жидкий ланолин
  modified ~ модифицированный ланолин
  oxyethylated ~ оксиэтилированный ланолин
  pure ~ очищенный ланолин
  refined ~ рафинированный ланолин
  solubilized ~ солюбилизированный ланолин

lanolin

technical ~ технический ланолин
USP ~ ланолин фармакопеи США
Lantrol *фирм.* лантрол *(косметическое сырьё)*
larch лиственница
lashes *см.* eyelashes
latent латентный, скрытый
lateral боковой, латеральный
latex латекс, млечный сок
lather пена; мыльная пена
   rich ~ обильная пена
   shaving ~ пена для бритья
launch выпуск *(изделия)*
   fragrance ~ выпуск парфюмерного изделия
   new brand ~ выпуск нового наименования *(изделия)*
laurel лавр
   cherry ~ лавровишня лекарственная
laureth sulfate этерифицированный лаурилсульфат *(косметическое сырьё)*
lauryl betaine лаурилбетаин *(косметическое сырьё)*
lauryl glycol лаурилгликоль *(косметическое сырьё)*
lauryl stearate лаурилстеарат *(косметическое сырьё)*
lauryl sulfate лаурилсульфат *(косметическое сырьё)*
lavandin 1. лавандин 2. запах *или* нота лавандина
lavandulol лавандулол *(цветочно-травянистый запах с лёгкой пряной нотой)*
lavandulyl acetate лавандулилацетат *(цветочно-травянистый запах с нотой лаванды)*
lavender 1. лаванда 2. запах *или* нота лаванды
   artificial ~ 1. искусственное лавандовое масло 2. искусственная композиция с запахом лаванды
   natural ~ натуральное лавандовое масло
   spike ~ лаванда-спик
layer слой, пласт
   adhesive ~ клеевой слой
   aqueous ~ водный слой
   barrier ~ защитный слой
   basal ~ базовый слой
   corneous ~ роговой слой
   epidermic ~ эпидермальный слой

   fatty ~ жировой слой
   fibrous ~ волокнистый слой
   horny ~ роговой слой
   innermost cell ~ глубинный клеточный слой
   keratinous ~ ороговевший слой *(кожи)*
   lipidic ~ липидный слой
   occlusive ~ окклюзивный слой
   oil ~ масляный [жирный] слой
   outer ~ наружный [внешний] слой
   ozone ~ озонный слой *(атмосферы)*
   protective ~ защитный слой
   subcutaneous ~ подкожный слой
   thick ~ густой слой
leaf acetate цис-3-гексенилацетат, ацетат листьев *(запах свежескошенной травы, зелени и листьев)*
leaflet:
   instruction ~ листочек-вкладыш с инструкцией *(о пользовании косметическим средством)*
leaf-shaped листовидный
leakage утечка
   propellant ~ утечка пропеллента
leather 1. кожа 2. запах *или* нота кожи
   English ~ «английская кожа» *(парфюмерная композиция)*
   Russian ~ «русская кожа» *(парфюмерная композиция)*
leathery с оттенком кожи *(о запахе)*
leaves листья *(эфирномасличное сырьё)*
   apical ~ верхушечные листья
   bay ~ лавровые листья
   birch ~ берёзовые листья
   cinnamon ~ листья коричного дерева
   clove ~ листья гвоздичного дерева
   coriander ~ листья кориандра
   mango ~ листья дерева манго
   tea-tree ~ листья чайного дерева
   vanilla ~ листья ванильного дерева
   violet ~ листья фиалки
lecithin лецитин
   chemical ~ синтетический лецитин
   cosmetic ~ косметический лецитин
   egg ~ яичный лецитин
   hydrogenated ~ гидрогенизированный лецитин
   modified ~ модифицированный лецитин
   soluble ~ растворимый лецитин
   soya (bean) ~ соевый лецитин
   vegetable ~ растительный лецитин

yolk ~ лецитин яичного желтка
legislation законодательство, законодательные акты
  cosmetic ~ законодательство по косметической промышленности
  EC ~ законодательство стран Европейского сообщества
  FDA ~ законодательные акты Управления по санитарному надзору за пищевыми продуктами и медикаментами
lemon 1. лимон 2. запах *или* нота лимона
  balm ~ мелисса, мята лимонная
lemongrass 1. лемонграсс 2. запах *или* нота лемонграсса
lesions повреждения
  lip ~ (мелкие) повреждения на коже губ
  skin ~ кожные повреждения
lettering надпись; тиснение
  golden ~ тиснение «под золото»
lettuce латук
level уровень; степень; дозировка
  abrasive ~ уровень абразивности
  average use ~ средняя дозировка
  clinically proven ~ дозировка, подтверждённая клиническими испытаниями
  efficacy ~ эффективный уровень
  elevated ~ повышенная дозировка
  emollient ~ степень смягчения *(кожи)*
  filling ~ уровень наполнения *(напр. флаконов при розливе)*
  fluoride ~ дозировка фтористой добавки
  hold ~ степень фиксации *(причёски)*
  hydration ~ уровень увлажнения
  impurity ~ уровень загрязнённости *(напр. сырья)*
  lipid ~ уровень содержания липидов
  low ~ низкий уровень
  low-toxicity ~ низкий уровень токсичности
  maximum ~ максимальный уровень; максимальная дозировка
  moisture ~ уровень содержания влаги
  moisturizing ~ уровень увлажнённости
  molecular ~ молекулярный уровень

  peroxide ~ уровень содержания перекисных соединений
  pH ~ уровень pH
  pigmentation ~ степень пигментации *(кожи)*
  price ~ уровень цен
  safe ~ уровень безвредности
  sale ~ уровень продаж
  tolerance ~ уровень переносимости
  toxic ~ степень токсичности
  usage ~ уровень потребления
  used ~ дозировка
  viscosity ~ уровень вязкости
lichen лишайник
  Alpine ~ альпийский лишайник
licorice солодка, лакричник
lid 1. крышка; колпачок 2. веко
  lipstick ~ колпачок футляра губной помады
lifetime срок годности
lift(ing) лифтинг-эффект, эффект подтягивания кожи
  face ~ эффект подтягивания кожи лица
light свет
  artificial ~ искусственный свет
  day ~ дневной свет
  infrared ~ инфракрасный свет
  sun ~ солнечный свет
  ultraviolet ~ ультрафиолетовый свет
light-absorbing светопоглощающий
lightening:
  hair ~ осветление волос
  skin ~ отбеливание кожи
lightproof светоустойчивый
light-sensitive светочувствительный
lignin лигнин
lilac 1. сирень 2. запах *или* нота сирени
  artificial ~ искусственная композиция с запахом сирени
  Persian ~ сирень персидская
  synthetic ~ *см.* artificial lilac
  white ~ 1. белая сирень 2. запах *или* нота белой сирени
Lilestralis *фирм.* лилестралис *(лилиальальдегид)*
Lilial *фирм.* лилиаль *(лилиальальдегид)*
lilialaldehyde лилиальальдегид *(свежий цветочный запах с нотами ландыша, лилии, цикламена)*
lily 1. лилия 2. запах *или* нота лилии

lily-of-the-valley

lily-of-the-valley 1. ландыш 2. запах *или* нота ландыша
lime 1. липа 2. лайм 3. запах *или* нота лайма
limit 1. предел, граница 2. ограничение
  age ~ возрастное ограничение
  inferior ~ нижний предел, минимум
  recommended ~ рекомендуемое ограничение
  superior ~ верхний предел, максимум
limitation ограничение
  quantitative ~ количественное ограничение
  use ~s ограничения к применению
limonene лимонен *(цитрусовый запах)*
linalool линалоол *(цветочный запах с оттенком розы)*
  ex-bois de rose ~ *фр.* линалоол из масла розового дерева
  ex-isoprene ~ (синтетический) линалоол из изопрена
  ex-pinene ~ (синтетический) линалоол из пинена
  natural ~ натуральный линалоол
  perfumery ~ парфюмерный линалоол
  synthetic ~ синтетический линалоол
linalool oxide линалоолоксид *(древесно-цветочный запах с нотами лаванды, кориандра)*
linalyl acetate линалилацетат *(цветочно-фруктовый запах с нотами бергамота и лаванды)*
linalyl benzoate линалилбензоат *(цветочный запах с нотой туберозы)*
linalyl butyrate линалилбутират *(цитрусово-цветочный запах)*
linalyl cinnamate линалилциннамат *(травянисто-цветочный запах с нотами ландыша и лилии)*
linalyl formate линалилформиат *(фруктовый запах с нотой бергамота и оттенком свежей зелени)*
linalyl propionate линалилпропионат *(фруктово-цветочный запах с нотами бергамота, ландыша)*
linden липа
line 1. линия, черта 2. морщина; складка кожи 3. серия изделий; набор изделий 4. поточная линия
  aerosol filling ~ наполнительная линия для аэрозольных баллонов
  anti-ag(e)ing ~ серия изделий от старения кожи
  antidandruff ~ серия изделий от перхоти
  assembly ~ линия сборки
  automatic ~ поточно-автоматическая линия
  baby ~ серия изделий для детей
  bath ~ серия изделий для ванн
  body care ~ серия изделий для ухода за телом
  color ~ серия декоративной косметики
  eye contour ~ подводка для век
  facial ~ морщина на лице
  fashion ~ серия модных изделий
  feminine ~ серия изделий для женщин
  filling and packing ~ наполнительно-фасовочная линия
  filling and cartoning ~ поточная линия по наполнению, укупорке и укладке в картонную тару
  fragrance ~ парфюмерная серия
  gift ~ подарочная серия
  hair care ~ серия изделий для ухода за волосами
  hypoallergenic ~ серия гипоаллергических изделий *(для лиц с чувствительной кожей)*
  liquid filling ~ наполнительно-фасовочная линия для жидких препаратов
  low-price ~ серия недорогих изделий
  luxury ~ серия «люкс»
  make-up removing ~ серия изделий для удаления макияжа
  masculine ~ серия изделий для мужчин
  mass market [mass merchandized] ~ серия изделий массового ассортимента
  men's ~ серия изделий для мужчин
  men's fragrance ~ мужская парфюмерная серия
  men's grooming ~ серия изделий для мужчин для ухода за волосами
  plastic tube filling ~ наполнительная линия для пластмассовых туб
  prestige ~ серия изделий престижной категории
  8-product ~ серия из восьми изделий

lipstick

seasonal ~ серия изделий для определённого сезона
semiautomatic lipstick ~ полуавтоматическая линия по производству губной помады
shaving ~ серия изделий для бритья
skin care ~ серия изделий для ухода за кожей
small ~s мелкие морщины
spa ~ серия изделий на базе минеральных добавок
sport ~ серия изделий для занятия спортом
spring color ~ серия декоративных косметических изделий для весеннего сезона
sun care ~ серия изделий для загара
teenage ~ молодёжная серия, серия изделий для молодёжи
toiletry ~ гигиено-косметическая серия, серия изделий гигиенического назначения
treatment ~ серия изделий лечебно-профилактического назначения
tube filling ~ тубонаполнительная линия
liner I косметический карандаш
  brow ~ карандаш для бровей
  eye ~ карандаш для подводки век
  lip ~ контурный карандаш для губ
liner II вкладыш; прокладка
  cap ~ прокладка в (винтовом) колпачке
  case ~ внутренняя прокладка в футляре *или* коробке
  closure ~ укупорочная прокладка
linkage 1. связь 2. соединение, сцепление
  ~ of molecules межмолекулярная связь
  chemical ~ химическая связь
  peptide ~ пептидная связь
lipgloss блеск для губ
lipids липиды
  barrier ~ защитные липиды
  cutaneous ~ кожные липиды
  epidermal ~ липиды эпидермального слоя
  hydrated ~ гидрированные липиды
  skin ~ кожные липиды
lipoamino acids липоаминокислоты
lipoblast жировая клетка

lipometabolism жировой обмен
lipopeptides липопептиды
lipophilic липофильный, олеофильный
lipoplastidines липопластидины
lipopolysaccharides липополисахариды
lipoprotein липопротеин
liposoluble жирорастворимый
liposomal липосом(аль)ный
liposome липосома
  bilamellar ~ двухслойная липосома
  cosmetic ~s липосомы для косметического применения
  empty ~ «пустая» липосома, липосома, не содержащая биологически активных веществ
  lecithin ~ липосома на основе лецитина
  loaded ~ липосома, несущая биологически активные вещества
  lyophilized ~ лиофилизированная липосома
  multilamellar [multilayered] ~ многослойная липосома
  phospholipidic ~ липосома на основе фосфолипидов
  single ~ однослойная липосома
  sphingolipidic ~ липосома на основе сфинголипидов
  stable ~ устойчивая липосома
  unilamellar ~ однослойная липосома
liposystem липосистема
lipovitamin липовитамин, жирорастворимый витамин
liprouge *см.* lipstick
lips губы
  chafed ~ раздражение на коже губ
  chapped [cracked] ~ потрескавшиеся губы
  dry ~ сухие губы
  high-lighting ~ ярко подчёркнутые *(с помощью декоративных средств)* губы
  wind-burned ~ обветренные губы
lipshine, lipspark блеск для губ
lipstick губная помада
  all-day ~ трудносмываемая губная помада *(сохраняющаяся в течение всего дня)*
  bicolor double-sided ~ двухцветная губная помада
  caring ~ гигиеническая губная помада

lipstick

conditioning ~ губная помада с полезными добавками
coordinated ~ губная помада, скоординированная по тону с лаком для ногтей *или* с контурным карандашом для губ
coral ~ губная помада кораллового цвета
covering ~ укрывистая губная помада
creamy ~ губная помада в виде крема
dark ~ губная помада тёмного тона
double-color ~ двухцветная губная помада
durable ~ трудносмываемая губная помада
emollient ~ губная помада, смягчающая кожу губ
everlasting ~ трудносмываемая губная помада
filtering ~ фотозащитная губная помада
frosted ~ перламутровая губная помада
golden ~ губная помада с золотистым блеском
greasy ~ жирная губная помада
indelible ~ трудносмываемая губная помада
liquid ~ жидкая губная помада
long-lasting ~ трудносмываемая губная помада
marbled ~ губная помада «под мрамор»
matte ~ губная помада матового оттенка
medicated ~ губная помада лечебно-оздоровительного действия
mini ~ губная помада в мелкой расфасовке
moisturizing ~ увлажняющая губная помада
nacreous ~ перламутровая губная помада
non-smear ~ губная помада, не оставляющая пятен
orange ~ оранжевая губная помада
pastel shade ~ губная помада пастельного [неяркого] тона
pearly ~ перламутровая губная помада
radiant ~ блестящая губная помада

refillable ~ губная помада с запасным блоком [с перезарядкой]
renutritive ~ губная помада с питательными добавками
satin ~ атласная губная помада
semigreasy ~ полужирная губная помада
semilucent ~ полупрозрачная губная помада
sheer ~ прозрачная губная помада
sun-protection ~ фотозащитная губная помада
superrich ~ губная помада, обогащённая полезными добавками
time released ~ проявляющаяся губная помада
transparent ~ прозрачная губная помада
treatment ~ губная помада лечебно-профилактического действия
twin-color ~ двухцветная губная помада
wear-resistant ~ трудносмываемая губная помада
white ~ бесцветная губная помада
liquefaction разжижение; растапливание; плавление
liquid жидкость; лосьон || жидкий; текучий
bath ~ жидкий состав для ванн
colorless ~ бесцветная жидкость
foot care ~ лосьон для ног
hair waving ~ состав для завивки волос
light ~ светлая жидкость
nail polish ~ лак для ногтей
non-volatile ~ нелетучая жидкость
oily ~ маслянистая жидкость
perfume(ry) ~ парфюмерная жидкость
scurf ~ лосьон от перхоти
volatile ~ летучая жидкость
wash ~ промывочная жидкость *(для флаконов, оборудования)*
liquorice *см.* licorice
list список; перечень; реестр
GRAS ~ перечень веществ, признанных полностью безвредными
IFRA ~ перечень веществ, утверждённых Международной ассоциацией по душистым веществам
ingredient ~ перечень компонентов
limitative ~ список веществ, разре-

lotion

шённых к применению в ограниченных дозах *или* условиях
«negative» ~ список веществ, запрещённых к применению
official ~ официальный перечень
permitted ~ of colors перечень разрешённых к применению красителей
«positive» ~ список веществ, разрешённых к применению
preservatives ~ перечень консервантов
lithium stearate стеарат лития *(косметическое сырьё)*
lithography литография, литографическая печать
five-color ~ пятицветная литография
lithol литол *(краситель)*
litsea cubeba лицеа кубеба *(эфирномасличное растение)*
loader погрузочное устройство, погрузчик; укладчик
 automatic tube ~ автоматический тубоукладчик
 finished product ~ укладчик готовой продукции
loading:
 pigment ~ загрузка [добавление] красителя
lobe доля
lobule долька
 ~ of ear мочка уха
local местный, локальный
lock пучок; прядь *(волос)*
 hair ~ прядь волос
logo знак; символ
 company ~ фирменный знак
long-wear трудносмываемый
look 1. вид, наружность; внешний облик 2. стиль макияжа
 attractive ~ привлекательный вид
 autumn/winter ~ стиль макияжа для осенне-зимнего сезона
 bright satin ~ макияж с атласным блеском
 custom ~ потребительский вид *(товара)*
 genuine ~ *см.* natural look
 hard ~ жёсткий стиль *(причёски)*
 natural ~ 1. естественный вид 2. естественный стиль макияжа
 natural glowing ~ естественность румянца
 outdoor ~ стиль макияжа «вне дома»
 radiant ~ 1. блестящий внешний вид 2. макияж в ярких тонах
 sleek ~ лоснящийся вид *(волос)*
 stylish ~ стилизованный вид *(волос)*
 summer ~ стиль макияжа для летнего сезона
 tanned ~ загорелый вид
 wet ~ влажный вид *(волос)*
 young ~ моложавый вид
loose сыпучий, рассыпной; рыхлый
loss потеря, утрата; убыток
 ~ of elasticity [of flexibility] утрата эластичности
 ~es of oil потери при производстве эфирного масла
 ~ of stability потеря стабильности
 ~ of viscosity утрата вязкости
 evaporation ~es потери за счёт испарения *(в парфюмерном производстве)*
 hair ~ потеря волос
 market ~ рыночный [коммерческий] убыток
 moisture ~ потеря влаги
 natural ~ естественная потеря *(напр. влаги)*
 nutritive ~ потеря питательных веществ
 protein ~ утрата протеинов *(кожей)*
 transepidermal water ~ потеря влаги испарением через кожу
 vitamins ~ утрата витаминов
 water ~ потеря влаги
lot партия *(товара, сырья)*
lotion лосьон, жидкий крем
 afterbath ~ лосьон для кожи после ванн
 aftershave ~ лосьон после бритья
 aftersun ~ лосьон после загара
 alcohol-free ~ бесспиртовой лосьон
 alcoholic ~ спиртовой лосьон
 all-purpose ~ универсальный лосьон
 antiacneic [anticomedogenic] ~ противоугревой лосьон
 antidandruff ~ лосьон от перхоти
 antiseborrheic ~ противосеборейный лосьон
 antiseptic ~ антисептический лосьон
 anti-wrinkle ~ лосьон от морщин
 astringent ~ вяжущий лосьон

lotion

baby ~ детский лосьон
balancing derma ~ лосьон, регулирующий (водно-солевой) баланс кожи
bioactive ~ лосьон с биологически активными добавками
blow-drying ~ лосьон для укладки волос феном
body ~ лосьон для ухода за телом
bronzing ~ лосьон для загара
camphor ~ камфорный лосьон
clarifying ~ отбеливающий лосьон
cleansing ~ очищающий лосьон
clear ~ прозрачный лосьон
cold wave ~ лосьон для холодной завивки волос
collagen ~ лосьон с коллагеном
concentrated ~ концентрированный лосьон
conditioning ~ кондиционирующий лосьон для волос
cooling body ~ лосьон для тела с холодящим эффектом
creamy ~ 1. густой лосьон 2. расслоившийся лосьон
cucumber ~ огуречный лосьон
curling ~ лосьон для завивки волос
deep-cleansing ~ лосьон для глубокого очищения кожи
deodorant ~ дезодорирующий лосьон, лосьон от пота
emollient ~ смягчающий лосьон
eye make-up remover ~ лосьон для удаления макияжа вокруг глаз
facial ~ лосьон для лица
fluid ~ жидкий лосьон
foot ~ лосьон для ног
foot cooling ~ лосьон для ног с холодящим эффектом
freshening ~ освежающий лосьон
friction ~ лосьон для массажа
hair ~ лосьон для волос
hair groom ~ лосьон для ухода за волосами
hair raising preshave ~ лосьон до бритья, изменяющий наклон волос
hair removal ~ лосьон для удаления волос, лосьон-депиляторий
hair softening ~ лосьон для смягчения волос
hand ~ лосьон для рук
herbal ~ лосьон с экстрактами трав
honey and lemon hand ~ медово-лимонный лосьон для рук
hormone ~ лосьон с гормонами
hydroalcoholic ~ водно-спиртовой лосьон
$α$-hydroxy acids body ~ лосьон для тела с альфа-оксикислотами
jojoba ~ лосьон с маслом хохобы
light ~ лёгкий лосьон
line controlling ~ лосьон от мелких морщин
lower concentrated shaving ~ слабоконцентрированный лосьон для бритья
make-up remover ~ лосьон для удаления макияжа
mild ~ смягчающий лосьон
moisturizing ~ увлажняющий лосьон
multiaction ~ универсальный лосьон
nail ~ лосьон для ухода за ногтями
neutralizing ~ нейтрализующая жидкость (при химической завивке волос)
night ~ ночной лосьон
non-drying cleansing ~ очищающий лосьон, не вызывающий сухости кожи
non-greasy ~ нежирный лосьон
oil control ~ лосьон для жирной кожи
oil-free ~ нежирный лосьон
opaque ~ непрозрачный лосьон
pearly ~ лосьон с перламутровым красителем
peppermint foot ~ лосьон для ног с экстрактом мяты
permanent waving [perming] ~ лосьон для перманентной завивки волос
preelectric shaving ~ лосьон до бритья электробритвой
preshave ~ лосьон до бритья
revitalizing ~ лосьон, оказывающий на кожу оздоравливающее действие
scalp ~ лосьон для ухода за кожей головы
scruffing ~ лосьон от перхоти
sculpting ~ лосьон для модельной укладки волос
semifluid ~ полужидкий лосьон
setting ~ лосьон для укладки волос
skin contracting ~ лосьон для сокращения пор (при жирной коже)
skin lightening ~ отбеливающий кожу лосьон

machine

skin normalizing ~ лосьон, нормализующий состояние кожи
skin perfecting ~ лосьон, улучшающий состояние кожи
skin treatment ~ лосьон, оказывающий на кожу лечебно-профилактическое действие
skin whitening ~ отбеливающий кожу лосьон
softening ~ смягчающий лосьон
soothing ~ успокаивающий лосьон
SPF 4-sun ~ лосьон для загара с фотозащитным фактором 4 *(поглощает 75% ультрафиолетовых лучей)*
SPF 8-sun ~ лосьон для загара с фотозащитным фактором 8 *(поглощает 85% ультрафиолетовых лучей)*
split-end ~ лосьон для ухода за посечёнными волосами
spray ~ лосьон в аэрозольной упаковке
styling ~ лосьон для укладки волос
sunburn ~ лосьон от солнечных ожогов
suntan ~ лосьон для загара
superrich ~ лосьон, обогащённый полезными добавками
toning ~ тонизирующий лосьон
vitamin enriched ~ лосьон с витаминами
waving ~ лосьон для завивки волос
lovage любисток лекарственный
lubricant смягчающий компонент, умягчитель ‖ смягчающий
  natural ~ натуральный смягчающий компонент
lubricating смягчение, умягчение
lubricity способность к смягчению
luffa тыква
luminescent светящийся, люминесцентный
lumpiness 1. комковатость 2. хлопьевидная консистенция
lunule лунка
  nail ~ ногтевая лунка
luster блеск; глянец; лоск ◇ ~ producing придающий блеск
  hair ~ блеск волос
  natural skin ~ естественный блеск кожи
  pearly ~ перламутровый блеск
  satin ~ атласный блеск
  silky ~ шелковистый блеск

soft ~ неяркий [приглушённый] блеск
lustrous блестящий; глянцевый
luxury относящийся к категории «люкс»
lyophilization лиофилизация
Lyral *фирм.* лираль *(цветочный запах с нотой ландыша)*
Lysmeral *фирм.* лисмераль *(цветочно-альдегидный запах)*

M

maceration мацерация *(метод получения эфирных масел)*
  alcoholic ~ спиртовая мацерация
  cold ~ мацерация на холоде
  enzymatic ~ ферментативная мацерация
  heat ~ мацерация при нагревании
machine машина; установка; агрегат
  automatic capping ~ автомат для укупоривания колпачками
  automatic closing ~ укупорочный автомат
  automatic dosing ~ дозировочный автомат
  automatic dosing-filling ~ дозировочно-наполнительный автомат
  automatic filling ~ наполнительно-разливочный автомат
  automatic folding box gluing ~ автомат для складывания и склеивания картонных коробок
  automatic folding carton ~ автомат для складывания картонных футляров
  automatic gravity filling ~ наполнительно-разливочный автомат по принципу самотёка
  automatic labeling ~ этикетировочный автомат
  automatic screw capping ~ автомат для укупоривания винтовыми колпачками
  automatic tube filling and closing ~ тубонаполнительный и укупорочный автомат

machine

automatic tube sealing ~ автомат для фальцовки [зажима] туб
automatic wrapping ~ обёрточный автомат
blending ~ смеситель, смесительная установка
bottle brushing ~ щёточная флакономоечная машина
bottle capping ~ машина для укупоривания флаконов
bottle drying ~ установка для сушки флаконов
bottle filling ~ машина для розлива во флаконы
bottle washing ~ флакономоечная машина
capping ~ машина для укупоривания колпачками
carton erecting ~ машина для сборки картонной тары
carton filling ~ машина для затаривания в картонную тару
cartoning ~ машина для укладки в картонные футляры
cellophane overwrapping ~ целлофано-обёрточная установка
cooling ~ холодильная установка
film overwrapping ~ установка для обёртывания термоусадочной плёнкой
foil wrapping ~ установка для завёртывания в фольгу
kneading ~ перемешивающаяся установка
labeling ~ этикетировочная машина
level filling ~ наполнительно-разливочная установка, работающая по уровню
lipstick molding ~ формовочная установка для губной помады
mascara filling ~ установка для расфасовки жидкой туши
measuring-and-filling ~ дозатор-наполнитель
mixing ~ смеситель; мешалка
multiheading filling ~ многопатронная наполнительная установка
multiple labeling ~ многопозиционная этикетировочная установка
overwrapping ~ обёрточная установка
packaging ~ упаковочная установка
packaging-and-weighing ~ фасовочно-упаковочная установка

powder pressing ~ машина для прессования пудры
printing ~ машина для нанесения художественной печати
rotary filling ~ ротационная разливочная машина
sachet filling ~ машина для фасовки в саше
self-adhesive labeling ~ машина для накладывания самоклеящихся этикеток
semiautomatic capping ~ полуавтомат для укупоривания колпачками
semiautomatic filling ~ наполнительно-разливочный полуавтомат
semiautomatic gravity filling ~ наполнительно-разливочный полуавтомат по принципу самотёка
shrink wrapping ~ установка для обёртывания термоусадочной плёнкой
soap cutting ~ мылорезальная машина
soap flakes ~ вальцы для мыльной стружки
soap milling ~ пилировочные вальцы для мыла
soap wrapping ~ мылообёрточная установка
stirring ~ смеситель; мешалка
tube sealing ~ машина для фальцовки [зажима] туб
two-speed filling ~ двухскоростная наполнительно-разливочная установка
vacuum capping ~ машина для вакуумного укупоривания колпачками
vacuum filling ~ вакуум-наполнительная машина
machinery оборудование; производственные линии (см. тж equipment)
aerosol filling ~ аэрозольно-наполнительное оборудование
bottle filling ~ флакононаполнительное оборудование
cream filling ~ оборудование для фасовки кремов
labeling ~ этикетировочное оборудование
powder filling ~ оборудование для фасовки порошкообразных препаратов

printing ~ оборудование для художественной печати
soap processing ~ оборудование для производства мыла
macromusks макромускусы
magnesium aluminum silicate алюмосиликат магния *(косметическое сырьё)*
magnesium carbonate карбонат магния *(косметическое сырьё)*
magnesium lauryl sulfate лаурилсульфат магния *(косметическое сырьё)*
magnesium phosphate фосфат магния *(косметическое сырьё)*
magnesium stearate стеарат магния *(косметическое сырьё)*
magnolia 1. магнолия 2. запах *или* нота магнолии
make-up 1. макияж, грим 2. декоративное средство, средство макияжа
cake ~ брусковое средство макияжа
compact ~ компактное средство макияжа
covering ~ укрывистое средство макияжа
creamy ~ средство макияжа в виде крема
demimatte ~ макияж в полуматовых тонах
ethnic ~ средство макияжа для этнических групп населения
eye ~ средство макияжа век
face ~ 1. макияж лица 2. средство макияжа лица
fluid ~ жидкое средство макияжа
fragrance-free ~ средство макияжа, не содержащее отдушки
heavy covering ~ средство макияжа с высокой укрывистостью
hypoallergenic ~ гипоаллергическое средство макияжа *(для лиц с чувствительной кожей)*
lip ~ средство макияжа губ
liquid ~ жидкое средство макияжа
lucidity ~ прозрачное средство макияжа
mousse ~ пенное средство макияжа *(напр. тональный крем)*
nail ~ средство для маникюра
natural ~ естественный макияж
oil-based ~ жирное средство макияжа

outdoor ~ макияж «вне дома»
permanent ~ перманентный макияж
pore covering ~ средство макияжа, маскирующее поры
powder ~ рассыпное средство макияжа
pressed powder ~ компактное средство макияжа
professional ~ профессиональный макияж
radiant ~ яркий макияж
semimatte ~ *см.* demimatte make-up
stay-true ~ макияж, придающий естественность
stubborn ~ трудносмываемый [стойкий] макияж
theatrical ~ 1. театральный грим 2. средство для театрального грима
therapeutic ~ средство макияжа, содержащее полезные добавки
tough ~ трудносмываемый [стойкий] макияж
waterproof ~ водостойкое средство макияжа
mallow мальва, просвирник
malodor неприятный запах
maltol мальтол *(сладковатый запах с оттенками малины, клубники)*
manageability:
~ of hair послушность волос
manageable послушный, податливый *(о волосах)*
mango 1. манго 2. запах *или* нота манго
manicure маникюр
salon ~ профессиональный маникюр
mannitol маннит *(косметическое сырьё из морских водорослей)*
manufacturer изготовитель, производитель
aerosol ~ изготовитель изделий в аэрозольной упаковке
aroma chemical ~ изготовитель синтетических душистых веществ
big ~ крупный [крупномасштабный] изготовитель
contract ~ изготовитель по контракту
cosmetic ~ изготовитель косметики
cosmetic raw material ~ производитель косметического сырья
detergent ~ изготовитель моющих средств

manufacturer

   essential oil ~ изготовитель эфирных масел
   fragrance ~ изготовитель душистых веществ
   indigenous [local] ~ местный изготовитель
   packaging ~ изготовитель тароупаковочных средств
   perfumery ~ изготовитель парфюмерии
   soap ~ изготовитель мыла
   surfactant ~ изготовитель синтетических моющих средств
   toiletry ~ изготовитель гигиено-косметических средств
manufacturing производство, изготовление
   contract ~ производство по контракту
   glass ~ стекольное производство
   under licence ~ лицензированное производство
marbleized мраморированный *(о цветовой гамме)*
marigold 1. календула, ноготки 2. запах *или* нота календулы
marjoram 1. майоран 2. запах *или* нота майорана
mark марка
   registered trade ~ зарегистрированная торговая марка
   trade ~ торговая марка
market рынок
   baby product ~ рынок детских (косметических) товаров
   cosmetics ~ рынок косметических товаров
   domestic ~ внутренний рынок
   ethnic ~ рынок (косметических) товаров для этнических групп населения
   European ~ европейский рынок
   fragmented ~ фрагментированный рынок *(разделённый на определённые сектора)*
   hair care ~ рынок средств для ухода за волосами
   home ~ внутренний рынок
   international ~ международный рынок
   mass ~ рынок (парфюмерно-косметических) товаров массового спроса
   mature ~ насыщенный рынок
   men's product ~ рынок (парфюмерно-косметических) товаров для мужчин
   middle ~ рынок (парфюмерно-косметических) товаров средней категории
   oral hygiene ~ рынок средств гигиены полости рта
   perfumery ~ рынок парфюмерии
   premium ~ рынок (парфюмерно-косметических) товаров высшей категории
   selective ~ рынок (парфюмерно-косметических) товаров избирательного спроса
   women's perfumery ~ рынок парфюмерии для женщин
   world(-wide) ~ мировой рынок
marshmallow алтей лекарственный
mascara тушь для ресниц
   automatic ~ жидкая тушь в карандашном футляре со спиральной щёточкой-аппликатором
   black ~ чёрная тушь
   block ~ твёрдая [брусковая] тушь
   blue ~ синяя тушь
   cake ~ *см.* block mascara
   clear conditioning ~ бесцветная кондиционирующая тушь
   colored ~ цветная тушь
   conditioning ~ кондиционирующая тушь
   cream ~ кремообразная тушь
   dual-purpose ~ тушь двойного действия *(красящего и кондиционирующего)*
   emulsion ~ тушь эмульсионного типа
   extralength ~ тушь, эффективно удлиняющая ресницы
   fiber containing ~ тушь с волокнами *(для удлинения ресниц)*
   fiber-free ~ тушь, не содержащая волокон
   flake-resistant ~ неосыпающаяся тушь
   glossy ~ тушь, придающая блеск ресницам
   green ~ зелёная тушь
   grey ~ серо-пепельная тушь
   lash ~ тушь для ресниц
   lash building ~ тушь, утолщающая ресницы
   lengthening ~ тушь, удлиняющая ресницы
   liquid ~ жидкая тушь

mask

long and curly ~ тушь, удлиняющая и загибающая ресницы
long lash ~ тушь, удлиняющая ресницы
long wear ~ трудносмываемая тушь
moiré ~ *фр.* муаровая тушь
non-crumbling ~ неосыпающаяся тушь
non-irritant ~ тушь, не раздражающая слизистую оболочку глаз
protein ~ тушь с протеиновыми добавками
refillable ~ тушь с запасным блоком [с перезарядкой]
smudgeproof [smudge-resistant] ~ нерастекающаяся и непачкающая тушь
spectacular ~ тушь, придающая особый внешний эффект
tear-resistant ~ тушь, стойкая к слезам
treatment ~ тушь с полезными для ресниц добавками
two-brush ~ тушь с двухсторонней щёточкой
volume buildng ~ тушь, утолщающая ресницы
waterproof [water-resistant] ~ водостойкая тушь
weatherproof ~ тушь, устойчивая к неблагоприятным погодным условиям
masculine мужской, предназначенный для мужчин
mask (косметическая) маска (*см. тж* pack)
algae ~ маска с экстрактами водорослей
all-type skin ~ маска для любого типа кожи
aloe hydrating ~ увлажняющая маска с алоэ
antiacneic ~ маска от угревой сыпи
anti-wrinkle ~ маска от морщин
argillaceous ~ маска на основе белой глины
astringent ~ маска вяжущего действия
beauty ~ косметическая маска
bioactive ~ маска с биоактивными добавками
biomoisturizing ~ увлажняющая маска с биоактивными добавками
bleaching ~ отбеливающая маска
botanical ~ маска с растительными экстрактами
calming ~ успокаивающая маска
casein ~ маска на основе казеина
cellular moisture ~ маска, регулирующая водный баланс клеток кожи
citrus claryfying ~ очищающая маска с лимонным соком
clay purifying ~ очищающая маска на основе белой глины
clay type ~ маска на основе белой глины
cleansing ~ очищающая маска
collagen facial ~ коллагеновая маска для лица
cream ~ крем-маска
cucumber claryfying ~ огуречная очищающая маска
dry skin ~ маска для сухой кожи
egg ~ яичная маска
emergency ~ маска с быстрым косметическим эффектом
enzyme ~ маска с ферментами
exfoliating ~ отшелушивающая маска, маска-пилинг
express purifying ~ очищающая экспресс-маска, очищающая маска с быстрым эффектом
eye (zone) ~ маска для кожи вокруг глаз
face [facial] ~ маска для лица
film-type ~ маска плёночного типа (*образующая тонкую плёнку*)
firm ~ укрепляющая маска, маска, повышающая упругость кожи
foam ~ пенка для лица
foaming enzyme facial ~ пенка для лица с ферментами
fruity ~ маска с фруктовым соком, фруктовая маска
gel ~ маска-гель
herbal ~ маска с экстрактами трав
herbal clay ~ маска на основе белой глины с экстрактами трав
Hollywood ~ маска со смолами, маска, обладающая стягивающим действием
honey ~ медовая маска
hot ~ тепловая маска
hydrating ~ увлажняющая маска
hydroactive ~ активноувлажняющая маска

mask

instant pureness ~ быстродействующая очищающая маска
instant relaxing ~ быстродействующая успокаивающая маска
intensive hydrating ~ интенсивно увлажняющая маска
jelly ~ маска-желе
kaolin ~ маска на основе каолина
lettuce face ~ маска для лица с экстрактом латука
liquid ~ жидкая маска
men's ~ (косметическая) маска для мужчин
moisture [moisturizing] ~ увлажняющая маска
mud ~ грязевая маска
nutrient ~ питательная маска
oily skin ~ маска для жирной кожи
peeling facial [peel-off face] ~ отшелушивающая маска, маска-пилинг
placenta ~ маска с экстрактом плаценты
powder ~ порошкообразная маска
protein ~ маска с протеиновыми добавками
purify(ing) ~ очищающая маска
quick lift 4-minute ~ быстродействующая в течение 4 минут маска с подтягивающим эффектом
refreshing ~ освежающая маска
rejuvenating ~ омолаживающая маска
relaxing ~ успокаивающая маска
replenishing face ~ регенерирующая маска для лица
revitalizing ~ оздоравливающая маска
sea ~ маска с экстрактами морепродуктов
sebum ~ маска для жирной кожи
smoothing ~ разглаживающая кожу маска
softening ~ смягчающая маска
stimulating ~ стимулирующая маска
stress relief eye ~ маска, разглаживающая кожу вокруг глаз
tonic ~ тонизирующая маска
vitamin enriched ~ маска с витаминами
wax ~ маска на основе воска
masking маскировка (*напр. неприятного запаха*)

masque *фр.* маска (*см. тж* mask, pack)
mass масса
air-free ~ деаэрированная масса
creamy ~ кремообразная масса
critical ~ критическая масса
deaerated ~ деаэрированная масса
floral ~ масса цветочного сырья
lard-like ~ жирообразная масса
lipstick ~ масса губной помады
refined ~ тонкоизмельчённая масса
soap ~ мыльная масса
solid ~ твёрдая масса
specific ~ удельная масса
wax-like ~ воскообразная масса
massage массаж
body ~ массаж тела
facial ~ массаж лица
gentle ~ лёгкий массаж
vigorous ~ энергичный массаж
mass-spectrometry масс-спектрометрия
matching подбор
color ~ подбор красителей
emulsifier ~ подбор эмульгатора
preservative ~ подбор консерванта
materials материалы; вещества; продукты
abrasive ~ абразивные вещества
all-natural ~ натуральные вещества
animal ~ вещества животного происхождения
aroma(tic) ~ душистые вещества
base [basic] ~ базовые [основные] вещества
binding ~ связующие вещества
biocompatible ~ биологически совместимые вещества
cellophane ~ целлофановые материалы (*для упаковки*)
cellulosic ~ продукты целлюлозы
coloring ~ красители, красящие вещества
compatible ~ совместимые вещества
cosmetic raw ~ косметическое сырьё
distilling ~ сырьё для перегонки
essential oil ~ эфирномасличное сырьё
fatty ~ жировые продукты
film ~ плёночные материалы
fine fragrance ~ высококачественные душистые вещества
flavoring ~ ароматизирующие пище-

membrane

вые вещества, вкусовые ароматизаторы
floral raw ~ цветочное сырьё
foreign ~ примеси, посторонние вещества
fresh flower ~ свежесобранное цветочное сырьё
fresh plant ~ свежесобранное растительное сырьё
glass-like ~ заменители стекла
herbal raw ~ травянистое сырьё
laminated ~ многослойные материалы *(для упаковки)*
natural ~ натуральные вещества
non-fatty raw ~ нежировое сырьё
packaging ~ тароупаковочные материалы
perfumery ~ душистые вещества
perfumery raw ~ парфюмерное сырьё
plant ~ растительное сырьё
plant-extracted ~ вещества, полученные экстракцией из растительного сырья
plant raw ~ растительное сырьё
polymeric ~ полимерные материалы
porous ~ пористые вещества
raw ~ сырьё
resinous ~ смолистые вещества
sample ~ образцы
sea-derived raw ~ сырьё из продуктов моря
starting ~ исходные вещества
surface-active [surfactant] ~ поверхностно-активные вещества
synthetic ~ синтетические вещества
test ~ материалы для тестирования
vegetable ~ вещества растительного происхождения
waxy ~ воски, воскообразные вещества
matricaria ромашка лекарственная
matter вещество *(см. тж* substance*)*
  colloid ~ коллоидное вещество
  coloring ~ краситель, красящее вещество
  crystalline ~ кристаллическое вещество
  extraneous ~ примесь, постороннее вещество
  flavoring ~ вкусовое вещество, пищевой ароматизатор
  natural coloring ~ природный краситель

non-toxic ~ нетоксичное вещество
olfactive ~ душистое вещество
synthetic coloring ~ синтетический краситель
toxic ~ токсичное вещество
volatile ~ летучее вещество
maturation вызревание; выстаивание
  emulsion ~ вызревание эмульсии
  essential oil ~ выстаивание эфирного масла
  perfume ~ созревание духов *(при выстаивании)*
meal мука грубого помола
  almond ~ миндальная мука
  avocado ~ мука из плодов авокадо
  cargo ~ рисовая мука
  oat ~ овсяная мука, толокно
  rice ~ рисовая мука
  seaweed ~ мука из морских водорослей
  soya(bean) ~ соевая мука
  wood ~ древесная мука
measurement измерение
  electrical conductance ~ измерение электропроводности кожи *(для определения уровня влажности)*
  ozone ~ измерение содержания озона *(в атмосфере)*
  skin hydration ~ измерение уровня влажности кожи
  TEWL ~ измерение трансэпидермальной потери влаги
measuring 1. измерение; определение 2. дозировка
medicine медицина
  aesthetic ~ врачебная косметика
  folk ~ народная медицина
  herbal ~ медицина на основе лекарственных трав
  traditional ~ традиционная медицина
medium 1. среда 2. средний, промежуточный
  absorbing ~ абсорбирующая среда
  acid ~ кислая среда
  alkaline ~ щелочная среда
  cooling ~ охлаждающая среда
  neutral ~ нейтральная среда
melissa 1. мелисса, мята лимонная 2. запах *или* нота мелиссы
melon 1. дыня 2. запах *или* нота дыни
membrane:
  cellular ~ клеточная мембрана
  mucous ~ слизистая оболочка

123

memory

memory:
   odor [olfactory] ~ обонятельная память
   mender средство, улучшающее физическое состояние
      hair ~ средство, улучшающее состояние волос
      scalp ~ средство, благотворное для кожи головы
   menthol ментол *(запах мяты с холодящим эффектом)*
      crystalline ~ кристаллический ментол
      l-~ l-ментол
      natural ~ натуральный ментол
      racemic ~ рацемический ментол
      synthetic ~ синтетический ментол
   menthone ментон *(мятный запах с древесным оттенком)*
      racemic ~ рацемический ментон
   menthyl acetate ментилацетат *(запах мяты с травянистым оттенком)*
   mercaptan меркаптан
   metabolism метаболизм, обмен веществ
      cell(ular) ~ клеточный метаболизм
      dermal ~ кожный метаболизм
      plant ~ метаболизм растения
      skin ~ кожный метаболизм
   methanol метанол, метиловый спирт
   method метод, способ
      ~ of classification метод классификации
      ~ of preparation способ приготовления
      analytical ~ аналитический метод
      application ~ способ применения
      distillation ~ дистилляционный метод
      industrial ~ промышленный метод
      organoleptic ~ органолептический метод
      rapid ~ экспресс-метод
      scientific ~ научный метод
      testing ~ метод тестирования
      vacuum emulsification ~ метод эмульгирования в вакууме
   methyl abietate метилабиетат *(древесно-ароматический запах)*
   methyl anthranilate метилантранилат *(фруктовый запах с нотой апельсина)*
   methyl benzoate метилбензоат *(цветочно-фруктовый запах с нотами иланг-иланга, туберозы и фенольным оттенком)*
   methyl cellulose метилцеллюлоза *(косметическое сырьё)*
   methyl chavicol метилхавикол *(травянисто-анисовый запах)*
   methyl cinnamate метилциннамат *(фруктово-бальзамический запах с нотой клубники)*
   methyl eugenol метиловый эфир эвгенола *(пряный гвоздичный запах)*
   methyl geranate метилгераниат *(цветочно-травянистый запах с нотами герани, цитрусов)*
   methyl heptenol метилгептенол *(запах зелени с нотами цитрусов и кориандра)*
   methyl heptenone метилгептенон *(маслянистый запах свежей зелени с цитрусовым оттенком)*
   methyl jasmonate метилжасмонат *(запах жасмина)*
   methyl laurate метиллаурат *(косметическое сырьё)*
   methyl myristate метилмиристат *(косметическое сырьё)*
   methyl palmitate метилпальмитат *(косметическое сырьё)*
   methyl paraben метилпарабен *(косметическое сырьё)*
   methyl phenyl carbinol метилфенилкарбинол *(косметическое сырьё)*
   methyl ricinoleate метилрицинолеат *(косметическое сырьё)*
   mica слюда
      bismuth oxychloride coated ~ слюда, покрытая оксихлоридом висмута
      coated ~ покрытая слюда
      non-pearlescent ~ неперламутровая слюда
      pearlescent ~ перламутровая слюда
      surface-treated ~ слюда с обработанной поверхностью
      titanium dioxide coated ~ титанированная слюда
   micelle мицелла
   microcapsule микрокапсула
      gelatin ~ желатиновая микрокапсула
   microelement микроэлемент
   microemulsion микроэмульсия
   microencapsulation микрокапсулирование
   microgel микрогель

mixer

micronized состоящий из микрочастиц (*о пудре или порошкообразном продукте*)
microorganisms микроорганизмы
  anaerobic ~ анаэробные микроорганизмы
  fermentation ~ микроорганизмы, вызывающие ферментацию
  pathogenic ~ патогенные микроорганизмы
  putrefactive ~ гнилостные микроорганизмы
  skin ~ кожная микрофлора
microparticles микрочастицы
micropigment тонкодисперсный пигмент
milfoil тысячелистник
milk (*косметическое*) молочко
  aftershave ~ молочко после бритья
  aftersun ~ молочко после загара
  almond ~ миндальное молочко
  beauty ~ косметическое молочко
  body ~ молочко для тела
  bronzing ~ молочко для загара
  cleansing ~ очищающее молочко
  facial ~ молочко для лица
  instant cleansing ~ быстродействующее очищающее молочко
  make-up remover ~ молочко для удаления макияжа
  massage ~ массажное молочко
  moisturizing ~ увлажняющее молочко
  placental ~ молочко с экстрактом плаценты
  skin ~ молочко для кожи
  sun-protection ~ солнцезащитное [фотозащитное] молочко
  tonic ~ тонизирующее молочко
mill мельница
  ball ~ шаровая мельница
  colloid ~ коллоидная мельница
  cone ~ конусная мельница
  corundum stone ~ корундовая мельница
  fine grinding ~ мельница тонкого измельчения
  hammer ~ молотковая мельница
  impact ~ ударная мельница
  laboratory ~ лабораторная мельница
  pin-disk ~ штифтовая дисковая мельница
  rotary ~ мельница роторного типа
  triple-roller ~ трёхвальцовая мельница
  two-roller ~ двухвальцовая мельница
  vibrating ~ вибрационная мельница
milling 1. измельчение, дробление 2. вальцевание
  dry ~ сухой способ измельчения
  repeating ~ вторичный [повторный] помол
  roller ~ вальцевание
  soap ~ пилирование мыла
mimosa 1. мимоза 2. запах *или* нота мимозы
mint 1. мята 2. запах *или* нота мяты
  Brazilian ~ мята бразильская
  Japanese ~ мята японская
miscibility способность к смешиванию
mist:
  glossing ~ блестящая дымка, блеск
  hair shine ~ блеск для волос
  humectant ~ влажный блеск
  spray ~ блеск для волос в аэрозольной упаковке
mistletoe 1. омела 2. запах *или* нота омелы
mix смесь (*см. тж* **mixture**) ‖ смешивать
mixer смеситель; мешалка (*см. тж* **agitator, stirrer**)
  contrarotating ~ роторная мешалка с обратным ходом
  double-planetary ~ планетарная мешалка двойного действия
  dry-processes ~ мешалка для сухих продуктов
  helical-screw ~ шнековая мешалка
  high-intensity ~ высокоэффективная мешалка
  laboratory plow ~ лабораторная лемешная мешалка
  liquid-processes ~ мешалка для жидких продуктов
  mechanical ~ механическая мешалка
  powder ~ мешалка для сыпучих продуктов
  propeller ~ пропеллерная мешалка
  ribbon-blade ~ ленточная мешалка
  slow-speed ~ малоскоростной смеситель
  spiral-blade ~ мешалка спирального типа
  tumbling ~ барабанный смеситель

mixer

vacuum ~ вакуум-смеситель
vertical ~ смеситель вертикального типа
mixing смешивание, перемешивание
automatic ~ автоматическое смешивание
continuous ~ непрерывное перемешивание
hand ~ смешивание вручную
mechanical ~ механическое смешивание
slow ~ медленное перемешивание
ultrasonic ~ перемешивание ультразвуком
uniform ~ равномерное перемешивание
mixture смесь; состав; композиция
~ of pigments смесь [комплекс] пигментов
complex ~ сложный состав
dry ~ сухая смесь
fatty ~ жировая смесь
fatty acids ~ смесь [комплекс] жирных кислот
fatty alcohols ~ смесь [комплекс] жирных спиртов
geraniol-nerol ~ смесь гераниола и нерола
homogeneous ~ однородная смесь
homogenized ~ гомогенизированная смесь
hydroalcoholic ~ водно-спиртовой состав
isomeric ~ смесь изомеров
multicomponent ~ многокомпонентная смесь
powder ~ сухая смесь
propellant ~ смесь пропеллентов
racemic ~ рацемическая смесь
sphingolipid ~ смесь [комплекс] сфинголипидов
translucent ~ прозрачная смесь
water-alcohol ~ водно-спиртовой состав
wax ~ смесь восков
model 1. модель 2. модельная рецептура
perfume ~ модельная рецептура духов
shampoo ~ модельная рецептура шампуня
toothpaste ~ модельная рецептура зубной пасты

modifier модификатор
color ~ модификатор тона
effective ~ эффективный модификатор
foam ~ модификатор пены
odor ~ модификатор запаха
rheology ~ модификатор реологии
top ~ модификатор головной ноты запаха
viscosity ~ модификатор вязкости
Modulan *фирм.* модулан (*косметическое сырьё*)
moist влажный
moisture влажность; влага
excessive ~ избыточная влажность
insufficient ~ недостаточная влажность
skin's natural ~ естественная влажность кожи
moistureproof влагостойкий, влагонепроницаемый
moisture-repellent влагоотталкивающий
moisture-resistant влагостойкий, влагонепроницаемый
moisture-sensitive влагочувствительный
moisturizer 1. увлажняющее средство 2. увлажняющий компонент, увлажнитель
additional ~ дополнительный увлажняющий компонент
aftershave ~ увлажняющее средство после бритья
aloe ~ увлажняющее средство с алоэ
body ~ увлажняющее средство для тела
day-long protective ~ увлажняющее средство длительного действия
deep ~ средство для глубокого увлажнения кожи
effective ~ эффективное увлажняющее средство
elastin ~ увлажняющее средство с эластином
face [facial] ~ увлажняющее средство для лица
light ~ средство для лёгкого увлажнения кожи
lip ~ увлажняющее средство для губ
natural ~ естественный увлажнитель
oil-free ~ увлажняющее средство, не содержащее жиров

protein-based ~ увлажняющее средство с протеином
quickly penetrating ~ быстровпитывающееся увлажняющее средство
seaweed ~ увлажняющее средство с экстрактом из морских водорослей
tinted ~ тональное увлажняющее средство
moisturizing увлажнение, увлажняющее действие
   active ~ активное увлажнение
   effective ~ эффективное увлажнение
mold форма
   cylindrical ~ цилиндрическая форма
   lipstick ~ форма для губной помады
   soap ~ матрица для штампования мыла
monoalkyl phosphate моноалкилфосфат *(косметическое сырьё)*
monoethanolamine моноэтаноламин *(косметическое сырьё)*
monoethanolamine lauryl sulfate моноэтаноламинлаурилсульфат *(косметическое сырьё)*
monoglycerides моноглицериды *(косметическое сырьё)*
monolaureth sulfosuccinate этерифицированный монолаурилсульфосукцинат *(косметическое сырьё)*
monostearates моностеараты *(косметическое сырьё)*
moss мох
   carrageen [Irish] ~ карраген, ирландский мох
   tree ~ древесный мох
mossy с запахом мха
mother-of-pearl перламутр || перламутровый
mother-of-thyme 1. тимьян 2. запах или нота тимьяна
mother's-heart пастушья сумка
motherwort 1. пустырник 2. полынь обыкновенная
mottle мозаика; мозаичность
mousse *фр.* 1. мусс 2. пена, пенный состав
   aerosol ~ мусс в аэрозольной упаковке
   bath ~ пена для ванн
   cleansing ~ очищающий мусс
   cologne ~ одеколон-мусс
   coloring ~ мусс для окрашивания волос
   conditioning ~ кондиционирующий мусс *(для волос)*
   curling ~ мусс для завивки волос
   exfoliating ~ мусс с отшелушивающим действием
   extrahold styling ~ мусс для сверхжёсткой укладки волос
   facial ~ мусс для лица
   glittering ~ мусс для укладки, придающий волосам блеск
   grooming ~ мусс для ухода за волосами
   hair booster ~ мусс для укрепления волос
   hair removal ~ мусс для удаления волос
   highlighting ~ *см.* glittering mousse
   moisturizing ~ увлажняющий мусс
   permanent wave ~ мусс для завивки волос
   sculpting [setting, shaping] ~ мусс для укладки волос
   shaving ~ пена для бритья
   shower ~ пена для душа
   silk ~ 1. мусс с экстрактом шёлка 2. шелковистая пена
   skin care ~ мусс для ухода за кожей
   styling ~ мусс для укладки волос
   sunscreen ~ мусс для загара
   touch'in ~ оттеночный мусс для подкрашивания волос
   volumizing ~ мусс для укладки, увеличивающий объёмность волос
mouthwash зубной эликсир
   anticaries ~ противокариозный зубной эликсир
   antimicrobial ~ бактерицидный зубной эликсир
   antiplaque ~ эликсир от зубного налёта
   antiseptic ~ антисептический зубной эликсир
   cinnamon ~ коричный зубной эликсир
   cosmetic ~ зубной эликсир косметического назначения
   fluoride ~ фтористый зубной эликсир
   liquid ~ жидкий зубной эликсир
   medicated ~ эликсир лечебного назначения
   peppermint ~ зубной эликсир с мятой перечной

mouthwash

spray ~ зубной эликсир в аэрозольной упаковке
therapeutic ~ лечебно-оздоровительный зубной эликсир
mucilage 1. растительная слизь 2. растительный клей
  aloe ~ растительная слизь алоэ
  gum ~ раствор камеди
  quince seed ~ слизь семян айвы
  tragacanth ~ раствор трагакантовой камеди
  vegetable ~ растительный клей
mucilaginous слизеобразный
mucopolysaccharides мукополисахариды
mucosa слизистая оболочка
mucous слизистый
muguet *фр.* 1. ландыш 2. запах *или* нота ландыша
mugwort 1. полынь обыкновенная 2. запах *или* нота полыни
multiactive с широким спектром активности
multicolor многоцветный; пёстрый
multifunctional многофункциональный
multilamellar многослойный
multipurpose многоцелевой, с широким спектром действия
musk мускус
  ambery ~ мускус амбровый
  artificial ~ синтетическое вещество с мускусным запахом
  macrocyclic ~ макроциклический мускус
  natural ~ натуральный мускус
  polycyclic ~ полициклический мускус
  synthetic ~ *см.* artificial musc
musk ketone мускус-кетон *(мускусный запах)*
musk Moskene *фирм.* мускус-москен *(мускусный сладковатый запах)*
Muskone *фирм.* мускон *(мускусный запах)*
musk T *фирм.* мускус Т, этиленбрассилат *(мускусный запах с маслянистым оттенком)*
musk tetralin тетралиновый мускус *(мускусный запах)*
musk Tibetene *фирм.* мускус-тибетен *(мускусный запах с пудровым и цветочным оттенками)*

musk TM *фирм.* мускус ТМ, циклогексадеценон *(мускусный запах)*
musk xylol мускус-ксилол *(мускусный запах)*
musky мускусный *(о запахе)*
myrcene мирцен *(бальзамический запах со свежей цитрусовой нотой)*
myrcenyl acetate мирценилацетат, бергамилацетат *(цветочно-травянистый запах с нотой бергамота)*
myristyl betain миристилбетаин *(косметическое сырьё)*
myristyl glycoside миристилгликозид *(косметическое сырьё)*
myristyl isostearate миристилизостеарат *(косметическое сырьё)*
myristyl lactate миристиллактат *(косметическое сырьё)*
myristyl myristate миристилмиристат *(косметическое сырьё)*
myristyl propionate миристилпропионат *(косметическое сырьё)*
myrrh мирра
myrtle 1. мирт 2. запах *или* нота мирта

N

nails ногти
  brittle ~ ломкие ногти
  corrugated ~ ногти с неровной поверхностью
  damaged ~ повреждённые ногти
  dull ~ тусклые ногти
  false ~ накладные ногти
  fortified ~ ногти, укреплённые с помощью косметических средств
  fragile ~ ломкие ногти
  ridged ~ ногти с неровной поверхностью
  sensitive ~ чувствительные ногти
  soft ~ мягкие ногти
  splitted ~ расслоившиеся ногти
  undernourished ~ истощённые ногти
name название, наименование
  brand ~ наименование изделия
  chemical ~ химическое название
  company ~ название фирмы

CTFA ~ название, присвоенное Ассоциацией по парфюмерно-косметическим товарам и душистым веществам
fragrance ~ наименование духов
label ~ название по этикетке
luxury brand ~ наименование изделия категории «люкс»
prestigious ~ престижная марка
trade ~ торговая марка
nanopart(icle) наночастица
nanosome наносома
nanosphere наночастица
β-naphthol бета-нафтол (цветочный запах)
narcissus 1. нарцисс 2. запах или нота нарцисса
nasturtium 1. настурция 2. запах или нота настурции
neck 1. шея 2. горло, горловина (напр. флакона, стеклянной баночки)
bottle ~ горловина флакона
crimp ~ горловина под обжимной колпачок
narrow ~ узкая горловина
screw thread ~ горловина под винтовой колпачок
needles:
balsam fir ~ хвоя пихты бальзамической
pine ~ сосновая хвоя
nerol нерол (запах розы с оттенками зелени и цитрусов)
nerol-cœur фр. нерол-кёр (купаж лучших по запаху срединных фракций нерола при вакуум-разгонке)
neroli 1. нероли 2. запах или нота нероли
nerolidol неролидол (цветочный запах с нотами розы, лилии, зелени)
nerolidyl acetate неролидилацетат (древесно-фруктовый запах с оттенком зелени)
nerol oxide неролоксид (цветочный запах с нотами нероли, свежей зелени)
neryl acetate нерилацетат (цитрусовый запах с нотой флёрдоранжа и оттенком розы)
nettle крапива
white ~ белая крапива
neutral нейтральный
neutralization нейтрализация

free radicals ~ нейтрализация свободных радикалов
odor ~ нейтрализация запаха
neutralizer нейтрализатор
free radicals ~ нейтрализатор свободных радикалов
hair ~ нейтрализатор для волос (для нейтрализации щелочных остатков после химической завивки волос)
odor ~ нейтрализатор (неприятного) запаха
newcomer новинка, новое изделие
Nipagin фирм. нипагин (косметическое сырьё)
Nipasol фирм. нипазол (косметическое сырьё)
nitrocellulose нитроцеллюлоза
nitromusks нитромускусы
nitrosamines нитрозамины
nonadienol нонадиенол (сильный запах с нотами трав, зелени, листьев)
non-aerosol в неаэрозольной упаковке
non-allergenic неаллергенный, не вызывающий аллергической реакции
nonanal нониловый альдегид
nonanol нониловый спирт
non-available отсутствующий (напр. на рынке)
non-comedogenic не вызывающий появления угрей
non-compatible несовместимый
non-conditioning без кондиционирующих свойств
non-crumbling неосыпающийся, некрошащийся (о туши или пудре)
non-damaging безвредный
non-drying не вызывающий сухости (кожи, волос)
non-fatty нежирный
non-flaking см. non-crumbling
non-foaming беспенный
non-fragrancing неотдушенный, не содержащий отдушки; неароматизированный
non-greasy нежирный
non-homogeneous неоднородный
non-hydrolyzed негидролизованный
non-ionogenic неионогенный
non-irritating нераздражающий
non-occlusive неокклюзивный
non-odorous без запаха, не имеющий запаха
non-oily немасляный, нежирный

non-self-emulsifying

non-self-emulsifying несамоэмульгирующийся
non-sensitizing несенсибилизирующий
non-staining не оставляющий пятен
non-sticky нелипкий
non-stinging не вызывающий жжения
non-tacky нелипкий
non-toxic нетоксичный
non-viscous невязкий
non-volatile нелетучий
nonyl acetate нонилацетат *(фруктово-цветочный запах с оттенком свежести)*
nonyl lactone ноналактон *(фруктовый запах с оттенком кокоса)*
nootkatone нуткатон *(цитрусовый запах с фруктовым оттенком)*
normalization нормализация
normalizer:
  skin ~ косметическое средство, способствующее нормализации обменных процессов в коже
nose нос
  electronic ~ «электронный нос» *(анализатор запахов)*
note 1. нота *(элемент запаха)* 2. оттенок *(запаха)*
  acid ~ кислая нота
  additive ~ дополняющая нота
  aldehydic ~ альдегидная нота
  almond ~ нота миндаля
  ambery ~ амбровая нота
  angelica ~ нота ангелики
  animal ~ животная нота
  anisic ~ анисовая нота
  apple ~ нота яблока
  apricot ~ нота абрикоса
  aromatic ~ ароматическая нота
  background ~ конечная [завершающая] нота
  balsamic ~ бальзамическая нота
  banana ~ нота банана
  base [basic] ~ базовая нота
  basil ~ нота базилика
  bay leaf ~ нота лавровых листьев
  benzoin ~ бензойная нота
  bergamot ~ нота бергамота
  bitter almond ~ нота миндаля горького
  blackcurrant ~ нота чёрной смородины
  body ~ срединная нота
  bottom ~ конечная [завершающая] нота
  buttery ~ жирная нота
  camphor(aceous) ~ камфорная нота
  cardamon ~ нота кардамона
  carnation ~ нота (цветов) гвоздики
  cassia ~ нота акации
  cedarwood ~ кедровая нота
  celery ~ нота сельдерея
  chemical ~ химическая нота
  chocolate ~ нота шоколада
  chypre ~ шипровая нота
  cistus ~ нота ладанника
  citrus ~ цитрусовая нота
  clary sage ~ нота шалфея мускатного
  classic ~ классическая нота
  clean ~ чистая нота, нота без оттенков
  clove ~ нота гвоздики
  contrast ~ контрастирующая нота
  coriander ~ нота кориандра
  costus ~ нота костуса
  crisp ~ свежая бодрящая нота
  cucumber ~ нота огурца
  cut herbs ~ нота скошенной травы
  cyclamen ~ нота цикламена
  cypress ~ нота кипариса
  delicate floral ~ лёгкая цветочная нота
  diffusive ~ летучая нота
  disharmonious ~ дисгармонирующая нота
  distinctive ~ отличительная нота
  dominant ~ доминирующая нота
  dry ~ сухая нота
  dry herbs ~ нота сухой травы
  dryout ~ конечная [завершающая] нота
  earthy ~ землистая нота
  end ~ конечная [завершающая] нота
  estragon ~ нота эстрагона
  eucalyptus ~ нота эвкалипта
  exotic ~ экзотическая нота
  exquisite ~ изысканная [утончённая] нота
  feminine ~ нота, свойственная женской парфюмерии
  fern ~ нота «фужер»
  fir needle ~ пихтовая нота
  floral ~ цветочная нота
  floral-fruity ~ цветочно-фруктовая нота
  flowery ~ цветочная нота

note

forest ~ нота леса
fougère ~ *фр.* нота «фужер»
fresh ~ нота свежести
fruity ~ фруктовая нота
fruity-sweet ~ фруктово-сладковатая нота
galbanum ~ нота гальбанума
gardenia ~ нота гардении
geranium ~ нота герани
ginger ~ нота имбиря
grape ~ нота винограда
grapefruit ~ нота грейпфрута
greasy ~ жирная нота
green ~ нота зелени
green apple ~ нота зелёного яблока
green leaves ~ нота зелёных листьев
head ~ головная [начальная] нота
heart ~ срединная нота
heliotrope ~ нота гелиотропа
herbaceous ~ травянистая нота
hesperidic ~ цитрусовая нота
honey ~ нота мёда
honeysuckle ~ нота жимолости
indole ~ индольная нота
initial ~ начальная нота
intermediate ~ промежуточная нота
intoxicating ~ дурманящая нота
iris ~ нота ириса
jasmine ~ нота жасмина
juniper ~ нота можжевельника
lavender ~ нота лаванды
leathery ~ нота кожи
lemon ~ нота лимона
lilac ~ нота сирени
lily-of-the-valley ~ нота ландыша
liqueur-like ~ ликёрная нота
long-lasting ~ стойкая нота
luxury ~ богатая оттенками нота
magnolia ~ нота магнолии
mandarin ~ нота мандарина
mango ~ нота манго
masculine ~ нота, свойственная мужской парфюмерии
melon ~ нота дыни
mentholated ~ ментоловая нота
metallic(-like) ~ металлическая нота
middle ~ срединная нота
mild ~ мягкая нота
mint ~ мятная нота
modified ~ модифицированная нота
modifying ~ модифицирующая нота
moldy ~ нота плесени
mossy ~ нота мха

mown hay ~ нота скошенного сена
muguet ~ *фр.* нота ландыша
musky ~ мускусная нота
myrrh ~ нота мирры
myrtle ~ нота мирта
nasturtium ~ нота настурции
neroli ~ нота нероли
nutmeg ~ нота мускатного ореха
oakmossy ~ нота дубового мха
olfactive ~ ольфакторная нота
opoponax ~ нота опопонакса
orange ~ нота апельсина
orange blossom [orange flowers] ~ нота флёрдоранжа
orchid ~ нота орхидеи
oriental ~ восточная нота
origanum ~ нота душицы
osmanthus ~ нота османтуса
papaya ~ нота папайи
patchouli ~ пачулевая нота
peach(y) ~ нота персика
peony ~ нота пиона
peppermint ~ нота мяты перечной
peppery ~ перечная нота
phlox ~ нота флокса
pine ~ хвойная нота
pineapple ~ нота ананаса
pine-forest ~ нота лесной хвои
plum ~ нота сливы
powdery ~ пудровая нота
powerful ~ сильная нота
predominant ~ доминирующая нота
prominent ~ резко выделяющаяся нота
pronounced ~ резко выраженная нота
raspberry ~ нота малины
refined ~ утончённая нота
reseda ~ нота резеды
resineous ~ смолистая нота
rose ~ нота розы
rose-powdery ~ нота розы с пудровым оттенком
rosy ~ нота розы
sandal(wood) ~ санталовая нота
sea breeze ~ нота морского бриза
semioriental ~ полувосточная нота
sensual [sensuous] ~ чувственная нота
sophistical ~ усложнённая [изысканная] нота
spearmint ~ нота мяты кудрявой
strawberry ~ нота земляники

note

styrax ~ нота стиракса
sulfur ~ нота серы
sweet ~ сладковатая нота
sweet-floral ~ цветочно-сладковатая нота
sweet pea ~ нота душистого горошка
sweet-spicy ~ сладковато-пряная нота
synthetic ~ синтетическая нота
tagète ~ *фр.* нота бархатцев
tangerine ~ нота мандарина
tenacious ~ стойкая нота
terpenic ~ терпеновая нота
thyme ~ нота тимьяна
thymol ~ нота тимола
tobacco [tobaceous] ~ нота табака
top ~ начальная [головная] нота
trefle ~ нота клевера
vanilla ~ нота ванили
verbena ~ нота вербены
vetiver ~ нота ветивера
vibrating ~ вибрирующая нота
violent ~ сильная нота
violet ~ нота фиалки
violet leaf ~ нота листьев фиалки
viridity ~ нота свежей зелени
virile ~ сильная нота
warm ~ тёплая нота
warm sensual base ~ тёплая чувственная базовая нота
woody ~ древесная нота
ylang-ylang ~ нота иланг-иланга
nourisher питательное средство для кожи *(напр. крем, лосьон)*
nourishment питание
hair ~ питание волос
nail ~ питание ногтей
night-time ~ питание *(кожи)* в ночное время
skin ~ питание кожи
novelty новинка; новый вид продукции
nozzle клапан; головка; сопло
atomizing ~ распылительный клапан
discharge ~ выходной [выпускной] клапан
filling ~ наполнительный клапан, наполнительный патрон
spray ~ распылительный клапан
nuance нюанс, оттенок
additive ~ дополнительный оттенок
aldehydic ~ альдегидный оттенок
ambery ~ амбровый оттенок
balsamic ~ бальзамический оттенок

bitter ~ горьковатый оттенок
buttery ~ жирный оттенок
citrus ~ цитрусовый оттенок
delicate ~ лёгкий оттенок
dry ~ сухой оттенок
earthy ~ землистый оттенок
fresh ~ оттенок свежести
fruity ~ фруктовый оттенок
green ~ оттенок зелени
green apple ~ оттенок зелёного яблока
herbaceous ~ травянистый оттенок
jasmine-like ~ оттенок жасмина
leathery ~ оттенок кожи
mossy ~ оттенок мха
musky ~ мускусный оттенок
powdery ~ пудровый оттенок
spicy ~ пряный оттенок
subtle ~ нежный [тонкий] оттенок
sweet ~ сладковатый оттенок
tobacco [tobaceous] ~ оттенок табака
woody ~ древесный оттенок
number число; показатель
acid ~ кислотное число
base ~ щелочное число, число основности
cloud ~ показатель мутности *(раствора)*
code ~ нумерация кода *(на готовой продукции)*
ester ~ эфирное число
iodine ~ йодное число
saponification ~ число омыления
solubility ~ показатель растворимости
SPF ~ показатель фотозащитного фактора
spreading ~ 90 показатель растекания *(на коже жира или масла)* за 90 минут
nut орех
almond ~ миндальный орех
babassu ~ орех бабассу
cedar ~ кедровый орех
macadamia ~ *см.* Queensland nut
palm ~ копра, ядро кокосового ореха
pine ~ кедровый орех
Queensland ~ австралийский орех, киндаль
shea ~ орех ши
nutmeg 1. мускатный орех 2. запах *или* нота мускатного ореха

nutrient 1. питательное вещество 2. питательный
  hair ~s питательные вещества для волос
  precious ~s ценные питательные вещества
  skin ~s питательные вещества для кожи
  vital ~s жизненно важные питательные вещества
nutrition питание
  hair ~ питание волос
  skin ~ питание кожи
nutritive *см.* **nutrient**

O

oakmoss 1. дубовый мох 2. запах *или* нота дубового мха
oat овёс
oatmeal овсяная мука, толокно
obscure тёмный; приглушённый *(о цвете)*
observation 1. наблюдение 2. исследование
  macrophotographic ~ исследование с помощью увеличительной фотографии
  microscopic ~ исследование под микроскопом
  visual ~ визуальное наблюдение
occlusion окклюзия; закупорка
  uneven ~ неравномерная окклюзия
occlusivity окклюзивность
ocimene оцимен *(цветочно-травянистый запах с неролиевым оттенком)*
ocotea cymbarum *лат.* бразильская пальмароза *(эфирномасличное сырьё)*
octanol октанол, октиловый спирт
octyl hydroxystearate октил(гидр)оксистеарат *(косметическое сырьё)*
octyl palmitate октилпальмитат *(косметическое сырьё)*
octyl sulfosuccinate октилсульфосукцинат *(косметическое сырьё)*
odor запах, аромат *(см. тж* **fragrance, scent**)

odor

  accentuated ~ усиленный [подчёркнутый] запах
  acid ~ кислый запах
  aggressive ~ резкий запах
  aldehydic ~ альдегидный запах
  aldehydic-floral ~ альдегидно-цветочный запах
  alliaceous ~ чесночный запах
  almond ~ миндальный запах
  Alpine ~ запах цветущих альпийских лугов
  amber(y) ~ амбровый запах
  amine ~ аминный запах
  ammonia ~ аммиачный запах
  animal ~ животный запах
  anisic ~ анисовый запах
  aromatic ~ ароматический запах
  attractive ~ приятный [привлекательный] запах
  balanced ~ (хорошо) сбалансированный запах
  balsamic ~ бальзамический запах
  base ~ базовый [основной] запах
  basilic ~ базиликовый запах
  benzoin ~ бензойный запах
  bergamot ~ бергамотный запах
  black currant ~ запах чёрной смородины
  camphoraceous ~ камфорный запах
  camphoraceous-minty ~ камфорно-мятный запах
  caramely ~ карамельный запах
  cardamon ~ запах кардамона
  cedarwood ~ кедровый запах
  celery ~ запах сельдерея
  characteristic ~ характерный запах
  chemical ~ химический запах
  chicory ~ запах цикория
  chypre ~ шипровый запах
  cinnamon ~ коричный запах
  citronella ~ цитронелловый запах
  citrus ~ цитрусовый запах
  clove ~ гвоздичный запах
  coarse ~ грубый запах
  complex ~ сложный запах
  costus ~ запах костуса
  cucumber ~ запах огурца
  decomposed ~ гнилостный запах
  delightful ~ восхитительный запах
  diffusive ~ нестойкий запах
  discreet ~ лёгкий [ненавязчивый] запах

odor

earthy ~ землистый запах
elementary ~ простейший запах
eucalyptus ~ эвкалиптовый запах
exhilarating ~ бодрящий запах
fantasy ~ фантазийный запах
fecal ~ фекальный запах
floral ~ цветочный запах
food ~ пищевой запах
foreign ~ посторонний запах
fragrance ~ 1. запах композиции 2. запах духов
fresh ~ свежий запах
freshly cut grass ~ запах свежескошенной травы
fruity ~ фруктовый запах
garlic ~ чесночный запах
grassy ~ травянистый запах
green ~ запах зелени
green apple ~ запах зелёного яблока
green leaves ~ запах зелёных листьев
harsh ~ терпкий запах
hay-like ~ запах сена
heavy ~ тяжёлый запах
herbaceous [herbal] ~ травянистый запах
hesperidic ~ цитрусовый запах
homogeneous ~ ровный запах
incense ~ запах ладана
intensive ~ интенсивный запах
intriguing ~ интригующий запах
jasmine ~ запах жасмина
lavender ~ лавандовый запах
leathery ~ запах кожи
lichenous ~ запах лишайника
long-lasting ~ стойкий запах
marine [maritime] ~ запах морского бриза
medicinal ~ аптечный запах
mercaptan ~ запах меркаптана
minty ~ мятный запах
modified ~ модифицированный запах
moldy ~ запах плесени
mown hay ~ запах скошенного сена
mushroom ~ грибной запах
musk ~ мускусный запах
natural ~ естественный запах
neutral ~ нейтральный запах
non-descriptive ~ запах, трудный для описания
nutty ~ запах ореха
oscillating ~ вибрирующий запах
ozone ~ запах озона

peculiar ~ специфический [своеобразный] запах
penetrating ~ резкий запах
peppery ~ перечный запах
perm(anent) wave ~ запах, остающийся после перманентной завивки
persistent ~ стойкий запах
perspiration ~ запах пота
pervasive ~ быстрораспространяющийся запах
pine ~ хвойный запах
pinene-like ~ запах пинена
piquant ~ пикантный запах
pleasant ~ приятный запах
powdery ~ пудровый запах
powerful ~ сильный запах
pronounced ~ выразительный запах
provocative ~ вызывающий запах
pungent ~ острый [едкий] запах
rancid ~ прогорклый запах
recognizable ~ (легко) узнаваемый запах
redolent ~ приятный запах
residual ~ остаточный запах
resinous ~ смолистый запах
rosaceous [rose] ~ запах розы
rounding ~ округлённый запах
rustic ~ грубый запах
seaweed ~ запах морских водорослей
seductive ~ обольстительный запах
sensual ~ чувственный запах
sharp ~ острый запах
smoky ~ запах дыма
sophisticated ~ усложнённый запах
sour ~ кислый запах
spicy ~ пряный запах
strong ~ сильный запах
sustainable ~ стойкий запах
sweet ~ сладковатый запах
tenacious ~ стойкий запах
turpentine ~ скипидарный запах
unacceptable ~ неприятный запах
underarm ~ подмышечный запах
unpleasant ~ неприятный запах
vanilla ~ ванильный запах
vibrant ~ вибрирующий запах
warm ~ тёплый запах
winy ~ винный запах
woody ~ древесный запах
odorant душистое вещество ‖ душистый, пахучий, благоухающий
accessory ~ вспомогательное [дополнительное] душистое вещество

oil

aromatic ~ душистое вещество
camphored ~ душистое вещество с камфорным запахом
crystalline ~ кристаллическое душистое вещество
floral ~ душистое вещество с цветочным запахом
individual ~ индивидуальное душистое вещество
long-lasting ~ душистое вещество со стойким запахом
natural ~ натуральное душистое вещество
non-volatile ~ нелетучее душистое вещество
sandalaceous ~ душистое вещество с санталовым запахом
synthetic ~ синтетическое душистое вещество
volatile ~ летучее душистое вещество
odorimeter одориметр
odorimetry одориметрия
odorization ароматизация; отдушивание
odorless не имеющий запаха
odorous душистый, пахучий, благоухающий
odor-resistant не пропускающий запаха *(об упаковке)*; непроницаемый для душистых веществ
odour *см.* odor
off-color нестандартный [не соответствующий эталону] цвет; неудачный цветовой оттенок
off-grade некачественный; низкосортный; не соответствующий стандарту
off-odor отталкивающий [неприятный] запах
oil 1. эфирное масло 2. (жидкое) масло, жир 3. масло *(косметическое изделие)*
absinthe ~ (эфирное) масло полыни
adulterated ~ фальсифицированное масло
almond ~ миндальное масло
ambrette (seed) ~ (эфирное) амбретовое масло
amyris ~ (эфирное) амирисовое масло
angelica ~ (эфирное) ангеликовое масло

animal ~ животный жир
aniseed ~ (эфирное) анисовое масло
arachis ~ арахисовое масло
armoise ~ *фр.* (эфирное) масло полыни
aromatic ~s ароматические [душистые] масла
artificial ~ искусственное (эфирное) масло
avocado ~ масло авокадо
babassu ~ масло бабассу
baby ~ детское масло
base ~s основные масла *(в косметическом производстве)*
basil ~ (эфирное) базиликовое масло
bath ~ масло для ванн
bay ~ (эфирное) лавровое масло
bergamot ~ (эфирное) бергамотное масло
bigarade ~ (эфирное) померанцевое масло
birch bud ~ (эфирное) масло из берёзовых почек
birch tar ~ берёзовый дёготь
bitter orange ~ (эфирное) масло горького апельсина
black currant bud ~ (эфирное) масло из почек чёрной смородины
body ~ масло для ухода за телом
borage ~ масло бурачника
botanical oil ~ масло растительного происхождения
buckthorn ~ масло облепихи
burdock ~ репейное масло
cajeput ~ (эфирное) каепутовое масло
calamus ~ (эфирное) аирное масло
calophyllum ~ масло калофилла [пантениума]
camomile ~ (эфирное) ромашковое масло
camphor ~ камфорное масло
cananga ~ (эфирное) кананговое масло
caraway ~ (эфирное) тминное масло
cardamon ~ (эфирное) кардамоновое масло
carrot seed ~ масло из семян моркови
cascarilla ~ (эфирное) масло из коры кротонового дерева
cashewnut ~ масло ореха кешью

135

oil

cassia ~ (эфирное) масло акации
castor ~ касторовое масло
cedarwood ~ (эфирное) кедровое масло
celery (seed) ~ (эфирное) масло из семян сельдерея
châssis ~ *фр.* (эфирное) масло, полученное вторичной перегонкой сырья, оставшегося после мацерации
chinchilla ~ жир шиншиллы
cinnamon bark ~ (эфирное) масло из коры коричного дерева
cinnamon leaf ~ (эфирное) масло из листьев коричного дерева
ciste labdanum ~ (эфирное) масло лабданума
citronella ~ (эфирное) цитронелловое масло
clarified ~ осветлённое масло
clary sage ~ (эфирное) масло шалфея мускатного
cleansing ~ очищающее масло
clove ~ (эфирное) гвоздичное масло
clove bud ~ (эфирное) масло из цветов гвоздичного дерева
clove leaf ~ (эфирное) масло из листьев гвоздичного дерева
coconut ~ кокосовое масло
cod ~ тресковый жир
cod liver ~ жир печени трески
cold-pressed ~ масло, полученное прессованием на холоде
Comores' ~s эфирные масла с Коморских островов
conifer ~s хвойные масла
copaiba ~ копайский бальзам
copra ~ кокосовое масло
coriander ~ (эфирное) кориандровое масло
corn ~ кукурузное масло
cosmetic ~ 1. косметическое масло 2. *pl* масла для косметического производства
costmary ~ (эфирное) масло пижмы
costus ~ (эфирное) масло костуса
cottonseed ~ хлопковое масло
crude ~ сырое [неочищенное] масло
cubeba ~ (эфирное) масло кубебы
cucumber ~ огуречное масло
cumin seed ~ (эфирное) тминное масло

curcuma ~ (эфирное) куркумовое масло
cuticle ~ масло для смягчения кутикул
cypress ~ (эфирное) масло кипариса
dementholated ~ (эфирное) низкоментольное масло
deodorized ~ дезодорированное масло
deterpenated ~ (эфирное) масло, не содержащее терпенов
dill ~ (эфирное) укропное масло
distilled ~ перегнанное масло
edible ~ пищевое масло
egg ~ яичное масло
elderflower ~ масло из цветов бузины
elemi ~ масло элеми
emollient ~ смягчающее (кожу) масло
emu ~ жир эму
essential ~ эфирное масло
estragon ~ (эфирное) эстрагоновое масло
ethereal ~ эфирное масло
eucalyptus ~ (эфирное) эвкалиптовое масло
eucalyptus citriodora ~ (эфирное) масло лимонника эвкалиптового
evening primrose ~ масло энотеры
expressed ~ масло, полученное прессованием
extraction [extractive] ~ экстракционное масло
eyelash ~ масло для ухода за ресницами
eyewrinkle ~ масло от морщин вокруг глаз
face and throat ~ масло для ухода за лицом и шеей
fatty ~ жирное [нелетучее] масло
fenugreek ~ (эфирное) пажитниковое масло
fir needle ~ (эфирное) пихтовое масло
fish ~ рыбий жир
flaxseed ~ льняное масло
floral [flower] ~s цветочные масла, масла из цветочного сырья
frankincense ~ ладан
French ~s эфирные масла французского производства
freshly distilled ~ (эфирное) свежеотогнанное масло

oil

galbanum ~ эссенция гальбанума
garlic ~ (эфирное) чесночное масло
geranium ~ (эфирное) гераниевое масло
ginger(grass) ~ (эфирное) имбирное масло
grapefruit ~ (эфирное) грейпфрутовое масло
grape seed ~ масло из семян винограда
groundnut ~ арахисовое масло
guaiacwood ~ (эфирное) гваяковое масло
hair ~ масло для волос
hand-pressed ~ масло, полученное ручным прессованием
hazelnut ~ масло лесного ореха
hempseed ~ конопляное масло
herb ~s масла из травянистого сырья
ho leaf ~ (эфирное) масло из листьев дерева хо
hop ~ (эфирное) хмелевое масло
hydrogenated ~ гидрогенизированное масло
hyssop ~ (эфирное) масло иссопа
immortelle ~ (эфирное) масло бессмертника
infused ~ экстракционное масло
iris ~ (эфирное) ирисовое масло
jamrosa ~ (эфирное) пальмарозовое масло
jojoba ~ масло хохобы
jojoba bath ~ масло для ванн с добавлением масла хохобы
juniper berry ~ (эфирное) можжевеловое масло
kelp ~ масло из водорослей
kukuinut ~ масло из плодов лакового [свечного] дерева
labdanum ~ (эфирное) масло лабданума
lanolin ~ жидкий ланолин
laurel ~ (эфирное) лавровое масло
lavandin ~ (эфирное) лавандиновое масло
lavandin abrial ~ (эфирное) масло из лавандина сорта «абриаль»
lavender ~ (эфирное) лавандовое масло
lemon ~ (эфирное) лимонное масло
lemongrass ~ (эфирное) лемонграссовое масло
lime ~ (эфирное) лаймовое масло
linaloewood ~ (эфирное) масло розового дерева
linseed ~ льняное масло
litsea cubeba ~ *см.* cubeba oil
lovage root ~ (эфирное) любистоковое масло
low-viscous ~ низковязкое масло
macadamia ~ масло австралийского ореха
maize ~ кукурузное масло
make-up remover ~ масло для удаления макияжа
mandarin ~ (эфирное) мандариновое масло
manicure oil ~ *см.* cuticle oil
manoi (Tahitian) ~ таитянское масло маной
marine ~s масла из продуктов моря
marjoram ~ (эфирное) масло майорана
massage ~ массажное масло
melissa ~ (эфирное) масло мелиссы
mink ~ норковый жир
mint ~s мятные масла
mugwort ~ (эфирное) масло полыни
musk ~ мускусное масло *(мускусная композиция, растворённая в масляной основе)*
mustard ~ горчичное масло
myrrh ~ (эфирное) масло мирры
myrtle ~ (эфирное) миртовое масло
natural ~ натуральное масло
neroli ~ (эфирное) неролиевое масло
non-foaming bath ~ масло для ванн, не дающее пены
nourishing ~ питательное масло *(для кожи или волос)*
nutmeg ~ (эфирное) масло мускатного ореха
olibanum ~ (эфирное) масло олибанума
olive ~ оливковое масло
opoponax ~ опопонакс
orange ~ (эфирное) апельсиновое масло
orange bitter ~ (эфирное) масло горького апельсина
orange sweet ~ (эфирное) масло сладкого апельсина
origanum ~ (эфирное) масло душицы
orris ~ (эфирное) масло фиалкового корня

oil

palm ~ пальмовое масло
palmarosa ~ (эфирное) пальмарозовое масло
palm kernel ~ пальмоядровое масло
paraffin ~ жидкий парафин
parsley (seed) ~ (эфирное) масло петрушки
patchouli ~ (эфирное) пачулевое масло
peanut ~ арахисовое масло
pennyroyal ~ (эфирное) масло мяты болотной
pepper ~ (эфирное) перечное масло
peppermint ~ (эфирное) масло мяты перечной
perfume ~s масла для парфюмерного производства
petitgrain ~ (эфирное) петигреновое масло
pimento berry ~ (эфирное) масло душистого перца
pine ~ (эфирное) хвойное [сосновое] масло
pressed ~ масло, полученное прессованием
rape ~ рапсовое масло
raw ~ сырое [неочищенное] масло
reconstituted ~ искусственное (эфирное) масло
rectified ~ ректифицированное масло
refined ~ рафинированное масло
reseda ~ (эфирное) масло резеды
resin ~ смоляное масло
rose ~ (эфирное) розовое масло
rose geranium ~ (эфирное) масло розовой герани
rosemary ~ (эфирное) розмариновое масло
rosewood ~ (эфирное) масло розового дерева
rue ~ (эфирное) рутовое масло
safflower ~ (эфирное) сафлоровое масло
sage ~ (эфирное) шалфейное масло
sandalwood ~ (эфирное) санталовое масло
sassafras ~ (эфирное) сассафрасовое масло
savin ~ (эфирное) можжевеловое масло
scalp ~ масло для ухода за кожей головы *(на базе вазелина и минерального масла)*

sesquiterpeneless ~ (эфирное) масло, не содержащее сесквитерпенов
shark liver ~ жир печени акулы
shiu ~ (эфирное) масло дерева сиу
silicone ~ силиконовое масло
single-pressed ~ масло однократного прессования
skin ~ масло для ухода за кожей
soyabean ~ соевое масло
spearmint ~ (эфирное) масло мяты кудрявой
spike lavender ~ (эфирное) лавандовое масло
spruce ~ (эфирное) еловое масло
star aniseed ~ (эфирное) масло аниса звёздчатого, (эфирное) бадьяновое масло
steam-volatile ~ (эфирное) масло, полученное перегонкой с водяным паром
styrax ~ стиракс
sun ~ масло для загара
sunflower ~ подсолнечное масло
sunscreen [suntan] ~ масло для загара
sweet fennel ~ (эфирное) масло фенхеля итальянского
synthetic ~ синтетическое масло
tagète ~ *фр.* (эфирное) масло бархатцев
tallow ~ талловое масло
tangerine ~ (эфирное) мандариновое масло
tea tree ~ (эфирное) масло чайного дерева
terpeneless ~ (эфирное) масло, не содержащее терпенов
thyme ~ (эфирное) тимьяновое масло
thyme red ~ (эфирное) красное тимьяновое масло
thyme white ~ (эфирное) белое тимьяновое масло
triple-pressed ~ масло тройного прессования
tuberose ~ (эфирное) масло туберозы
tung ~ (эфирное) тунговое масло
turpentine ~ терпентинное масло, скипидар
turtle ~ жир черепахи
unadulterated ~ нефальсифицированное масло

unrefined ~ нерафинированное масло
valerian ~ (эфирное) масло валерианы
valerian root ~ (эфирное) масло валерианового корня
vaseline ~ вазелиновое масло
vegetable ~ растительное масло
verbena [vervain] ~ (эфирное) масло вербены
vetiver ~ (эфирное) ветиверовое масло
volatile ~ летучее масло
well spreading ~ масло, обладающее хорошей растекаемостью *(на коже)*
wheat germ ~ масло пшеничных зародышей
white ~ белое вазелиновое масло
wild rose ~ масло шиповника
wintergreen ~ винтергреневое масло
wormseed ~ цитварное масло
wormwood ~ (эфирное) полынное масло
yarrow ~ (эфирное) масло тысячелистника
ylang-ylang ~ (эфирное) иланг-иланговое масло
yucca ~ масло юкки
zdravetz ~ (эфирное) масло здравеца
oil-free не содержащий масла; нежирный
oiliness жирность, маслянистость
  excessive ~ избыточная жирность
  skin ~ жирность кожи
oilseed масличное семя
oil-soluble жирорастворимый
oily маслянистый, жирный
oleaginous 1. масличный 2. маслянистый
oleiferous масличный
oleogel:
  versatile ~ неустойчивый олеогель
oleoresin 1. олеосмола, живица 2. экстракционное эфирное масло
oleyl betaine олеилбетаин *(косметическое сырьё)*
olfaction обоняние
olfactive обонятельный, относящийся к запаху
olfactometer ольфактометр
olfactometry ольфактометрия
olfacty ольфакта *(единица измерения запаха)*

oligomer олигомер
oligopeptides олигопептиды
opacification помутнение; замутнение
opacifier замутнитель *(вещество, делающее состав непрозрачным)*
  shampoo ~ замутнитель для шампуня
opacity мутность, непрозрачность
opalescence опалесценция
  brilliant ~ опалесценция, придающая блеск
  white ~ опалесценция без блеска
opalescent опалесцирующий
opaque непрозрачный; мутный
opening:
  valve ~ отверстие клапана *(аэрозольной упаковки)*
opoponax 1. опопонакс 2. запах или нота опопонакса
orchid 1. орхидея 2. запах или нота орхидеи
orellineореллин *(красный краситель в декоративной косметике)*
organoleptic органолептический
organopolysiloxanes органополисилоксаны
organosilicones органосиликоны
orientation ориентация; потребительское назначение *(изделия)*
  ecological ~ экологическая ориентация
  evening ~ вечернее предназначение *(напр. духов)*
  feminine ~ предназначение *(изделий)* женщинам
  masculine ~ предназначение *(изделий)* мужчинам
  sport ~ предназначение *(изделий)* спортсменам
  teenagers' ~ предназначение *(изделий)* молодёжи
  unisex ~ ориентация «унисекс» *(предназначение изделий в равной степени для женщин и мужчин)*
  young women's ~ предназначение *(изделий)* молодым женщинам
origanum душица
origin 1. начало, источник 2. происхождение
  animal ~ животное происхождение
  artificial ~ искусственное происхождение
  mineral ~ минеральное происхождение

origin

natural ~ натуральное происхождение
synthetic ~ синтетическое происхождение
vegetable ~ растительное происхождение
originality оригинальность
~ of formulation оригинальность рецептуры
~ of fragrance оригинальность запаха
orris 1. фиалковый корень 2. запах *или* нота фиалкового корня
osmanthus 1. османтус 2. запах *или* нота омантуса
osmesis обоняние
osmetic обонятельный
osmology осмология *(изучение механизма восприятия запахов)*
ounce унция *(28,35 г)*
outlet 1. рынок сбыта 2. выпуск, выход 3. выпускное отверстие
mass market ~ рынок сбыта продукции массового ассортимента
perfumery ~ парфюмерный рынок сбыта
professional ~ профессионально организованный рынок сбыта *(торговля через специализированные или фирменные магазины)*
retail ~ розничная торговля
specialized ~ специализированный рынок сбыта
output 1. производительность, мощность 2. выработка, произведённая продукция
total ~ общая [суммарная] выработка
overabrasion повышенная абразивность *(зубных паст или отшелушивающих кремов)*
overcap накладной колпачок
aerosol ~ накладной колпачок аэрозольной упаковки
tube ~ накладной колпачок тубы
overemulsification сверхэнергичное эмульгирование
overheating перегрев
overmoisturizing переувлажнение, избыточное увлажнение
overpackaging фабричная упаковка
oversaturation перенасыщение
overtone чрезмерный [излишний] оттенок

camphoraceous ~ чрезмерный камфорный оттенок
sweet ~ чрезмерный сладковатый оттенок
overuse чрезмерное употребление
oxadiazol оксадиазол *(косметическое сырьё)*
oxathiozinones оксатиозиноны *(косметическое сырьё)*
oxazoline оксазолин *(синтетический воск)*
oxidation окисление
oz *см.* ounce
ozokerite озокерит
purified ~ очищенный озокерит, церезин

P

pack 1. (косметическая) маска *(см. тж mask)* 2. упаковка; тара *(см. тж package, packs)*
almond ~ миндальная маска
clarifying [cleansing] ~ очищающая маска
cold ~ маска без нагрева, кольд-маска
face [facial] ~ маска для лица
honey and oatmeal face ~ медово-овсяная маска для лица
hot ~ тепловая маска
milk ~ молочная маска
package 1. упаковка; тара *(см. тж packs)* 2. *см.* packaging
aerosol ~ аэрозольная упаковка
attractive ~ привлекательная *(для потребителя)* упаковка
biodegradable ~ биологически разлагаемая тара
child-resistant ~ упаковка, безопасная для детей
creative ~ художественно выполненная упаковка
custom ~ упаковка по индивидуальному заказу
decorative ~ декоративная упаковка
distinctive ~ *см.* imaginative package
environmentally friendly ~ экологически безвредная упаковка

family-size ~ тара большой ёмкости для семейного пользования
gift ~ подарочная упаковка
imaginative ~ оригинальная [нестандартная] упаковка
luxurious ~ высокохудожественная упаковка, упаковка категории «люкс»
multicolor ~ упаковка с многоцветной печатью
outer ~ наружная упаковка
paperboard ~ картонная тара
plastic ~ пластмассовая упаковка
presentation ~ упаковка для презентации
prestige ~ упаковка для изделий престижной категории
primary ~ внутренняя упаковка
promotional ~ упаковка для рекламных образцов
pump ~ упаковка пульверизаторного типа
quality ~ качественная упаковка
rigid ~ жёсткая [твёрдая] тара
skin ~ плёночная упаковка
small ~ тара малой ёмкости
soft ~ мягкая упаковка
standard ~ стандартная тара
stock ~ складская упаковка
stylish ~ стилизованная упаковка
transparent ~ упаковка из прозрачных материалов
travel ~ дорожная упаковка
tropical ~ упаковка для тропических регионов
packaged 1. упакованный 2. расфасованный
packaging 1. упаковка, упаковывание 2. фасовка; затаривание
  aerosol ~ наполнение аэрозольных баллонов
  avant-garde ~ упаковка в авангардном стиле
  carton ~ укладка в картонную тару, затаривание в картон
  contract ~ фасовка по контракту
  cosmetic ~ фасовка косметических изделий
  custom ~ упаковка по индивидуальному заказу
  fluid ~ фасовка жидких препаратов
  pressure ~ упаковка под давлением
  toiletry ~ фасовка гигиено-косметических изделий
  transparent ~ упаковка в прозрачную плёнку
packing см. packaging
packs 1. упаковка; тара (см. тж package) 2. тароупаковочные средства; тароупаковочные материалы
  blister ~ блистерная упаковка, плёночная тара
  cosmetic ~ тароупаковочные средства для косметической продукции
  large size ~ тара большой ёмкости
  low-cost ~ недорогие тароупаковочные материалы
  metal(lic) ~ металлическая тара
  pottery ~ керамические баночки
  refill ~ упаковка с запасным блоком [с перезарядкой]
  roll-on ~ шариковая упаковка
  salon ~ упаковочная тара для парикмахерских салонов
  single-use ~ одноразовая упаковка
  squeezable ~ мягкая [эластичная] упаковка; легкосжимаемая пластмассовая упаковка
  trial size ~ упаковка для пробных изделий; упаковка для образцов
pads (косметические) подушечки, аппликаторы
  cotton ~ ватные подушечки
  remover ~ подушечки для удаления макияжа
painting:
  body ~ раскрашивание тела (*косметическими карандашами*)
palette:
  color ~ цветовая палитра, цветовая гамма
  fragrance ~ палитра запахов
  perfumer's ~ палитра (запахов) парфюмера
palm I пальма
  carnauba ~ карнауба, восконосная пальма
  coconut ~ кокосовая пальма
  oil ~ масличная пальма
palm II ладонь
palmarose 1. пальмароза 2. запах *или* нота пальмарозы
palmityl glycoside пальмитилгликозид (*косметическое сырьё*)
palpebral пальпебральный

pan

pan 1. (варочный) котёл; чан 2. выпарной аппарат
  settling ~ отстойник
  soap ~ мыловаренный котёл
  stirring ~ котёл с механической мешалкой
  vacuum ~ вакуум-аппарат
panel:
  dry skin ~ группа испытуемых с сухой кожей
  expert ~ группа экспертов
  perfumery ~ парфюмерная комиссия, парфюмерный совет
  test ~ группа испытуемых для тестирования препарата
panellist член комиссии по оценке *или* дегустации *(изделий)*
pansy:
  wild ~ фиалка трёхцветная, анютины глазки
panthenol пантенол *(косметическое сырьё)*
papaya 1. папайя 2. запах *или* нота папайи
paper бумага
  art ~ мелованная бумага с высоким глянцем
  cloth-backed ~ армированная тканью бумага
  coated ~ бумага с (нанесённым) покрытием
  corrugated ~ гофрированная бумага
  embossed ~ тиснёная бумага
  extra-strong ~ крафт-бумага
  foil ~ фольга
  glassine ~ пергамин
  glossy ~ глянцевая бумага
  goffered ~ гофрированная бумага
  gold ~ 1. бумага, металлизированная бронзой 2. «золотая» фольга
  gummed ~ гуммированная бумага
  imitation parchment ~ подпергамент
  kraft ~ крафт-бумага
  label ~ этикеточная бумага
  lacquered ~ лакированная бумага
  laminated ~ ламинированная бумага
  leather ~ бумага «под кожу»
  marble ~ мраморная бумага
  metallized ~ металлизированная бумага, фольга
  mica ~ слюдяная бумага
  nacreous ~ перламутровая бумага
  name ~ бумага с фирменным водяным знаком
  offset ~ бумага для офсетной печати
  paraffined ~ парафинированная бумага
  parchment ~ пергамент
  polyethylene coated ~ бумага с полиэтиленовым покрытием
  silver ~ «серебряная» бумага; станиоль
  splash ~ пёстрая цветная бумага
  tinfoil ~ *см.* silver paper
  velour ~ бархатная бумага
  waxed ~ вощёная бумага
  wrapping ~ обёрточная бумага
paperboard картон *(см. тж* board)
  film laminated ~ ламинированный плёнкой картон
  metal foil ~ металлизированный фольгой картон
papilla волосяной сосочек
parabens эфиры пара-оксибензойной кислоты *(косметическое сырьё)*
paraffin парафин
  hard ~ твёрдый парафин
  liquid ~ жидкий парафин
  soft ~ полутвёрдый парафин
  solid ~ твёрдый парафин
  white ~ белый парафин
parfum de toilette *фр.* туалетные духи
parosmia паросмия *(нарушение восприятия запаха)*
parsley петрушка
particles частицы
  air ~ частицы воздуха
  crystalline ~ кристаллические частицы
  dispersed ~ диспергированные частицы
  double-milled ~ частицы двойного размола
  foreign ~ инородные частицы
  gel-like ~ желеобразные частицы
  hard ~ твёрдые частицы
  insoluble ~ нерастворимые частицы
  mica ~ слюдяные частицы
  microfine ~ микрочастицы
  pigment ~ частицы пигментного красителя
  polyethylene ~ частицы полиэтилена
  ultrafine ~ тончайшие [мельчайшие] частицы
  water ~ частицы воды

passiflora пассифлора, страстоцвет
paste паста, пастообразная масса
  air-free ~ деаэрированная паста, паста, не содержащая частиц воздуха
  bentonite ~ бентонитовая паста *(косметическое сырьё)*
  carotene-chlorophylline ~ каротинохлорофиллиновая паста *(косметическое сырьё)*
  dental ~ зубная паста
  depilatory ~ паста-депиляторий
  hand cleansing ~ очищающая паста для рук
  nail polishing ~ паста для полирования ногтей
  nitrocellulose ~ нитроцеллюлозная паста
  pearlescent ~ перламутровая паста, паста перламутрового красителя
  pigment ~ пигментная паста, паста пигментного красителя
patch пятно
  red ~es красные пятна *(на лице)*
patchouli 1. пачули 2. запах *или* нота пачули
pattern 1. рисунок, узор 2. образец; модель; схема
  decorative ~ декоративный рисунок
  evaporation ~ кривая испарения *(напр. духов)*
peach 1. персик 2. запах *или* нота персика
peanut арахис, земляной орех
pear 1. груша 2. запах *или* нота груши
pearliness перламутровость *(интенсивность перламутрового оттенка)*
pearlized перламутровый
pectin пектин
peculiarit/y специфичность, особенность
  structural ~ies структурные особенности
pedicure педикюр
  salon ~ педикюр в парикмахерском салоне
peeling 1. пилинг, отшелушивание *(омертвевших клеток кожи)* 2. средство для отшелушивания, отшелушивающее средство *(см. тж* **scrub(bing))**
  biobasic ~ биологически активное средство для эффективного отшелушивания

  skin ~ средство для отшелушивания омертвевших клеток кожи
peeling-off отшелушивание *(омертвевших клеток кожи)*
pellicle оболочка; плёнка
  tooth ~ зубной налёт
pells:
  skin ~ (слущенные) чешуйки кожи
pen:
  fragrance ~ твёрдые духи
  lip ~ (контурный) карандаш для губ
  perfume ~ твёрдые духи
  polishing ~ полирующий карандаш для ногтей
pencil косметический карандаш
  brow liner ~ карандаш для бровей
  color ~ цветной косметический карандаш
  correcting ~ карандаш, маскирующий тёмные круги под глазами
  double-ended eye ~ двусторонний карандаш для подводки век
  double-purpose ~ косметический карандаш двойного назначения *(для подводки век и нанесения теней)*
  eye ~ карандаш для подводки век
  eyebrow ~ карандаш для бровей
  eyeliner ~ карандаш для подводки век
  eye-lip ~ контурный карандаш для век и губ
  eye-shadow ~ тени для век в виде карандаша
  fine eyeliner ~ карандаш для подводки век, оставляющий очень тонкую линию
  kohl ~ карандаш для бровей
  latex ~ резиновый карандаш-аппликатор для подводки век
  lip [lip liner, lip shaping] ~ контурный карандаш для губ
  nail repair ~ карандаш для полировки и укрепления ногтей
  self-sharpening ~ самозатачивающийся косметический карандаш
  silk kohl ~ карандаш для бровей с экстрактом шёлка
  skin repair ~ маскирующий карандаш для кожи
  sleek ~ маскирующий карандаш, придающий гладкость коже
penetrated:
  odor ~ проницаемый для душистых

penetration

веществ *(об упаковочных материалах)*
penetration проникновение
  cutaneous ~ проникновение через кожу
  epidermal ~ проникновение через эпидерму
  intercellulary ~ проникновение внутрь клеток кожи, внутриклеточная пенетрация
  paracellulary ~ проникновение между клетками кожи, межклеточная пенетрация
  skin ~ проникновение через кожу
  transcellulary ~ проникновение через клетки кожи
  transdermal ~ проникновение через кожу
pennyroyal мята болотная
pentadecanolide пентадеканолид *(мускусный запах)*
pentaerythrite пентаэритрин *(косметическое сырьё)*
peppermint 1. мята перечная 2. запах или нота мяты перечной
peptide пептид
  serum ~s сывороточные пептиды
  silk ~ пептид шёлка
  thymus ~s пептиды тимуса
percentage процентное содержание
  color ~ процентное содержание красителя
  perfume ~ 1. концентрация композиции в духах 2. процентное содержание отдушки
perception восприятие, ощущение
  odor ~ восприятие запаха
  olfactory ~ ольфакторное восприятие
percolation перколяция *(метод получения эфирных масел)*
percutaneous проникающий через кожу
perfection совершенство, безупречность
performance характеристика; свойства; качества
  application ~ потребительские свойства
  product ~ качества препарата
perfume 1. запах, аромат 2. духи 3. отдушка *(см. тж* **fragrance**)
  aerosol ~ 1. духи в аэрозольной упаковке 2. отдушка для аэрозольной упаковки
  aldehyde-type [**aldehydic**] ~ 1. альдегидный запах 2. духи с альдегидным запахом
  bath salt ~ отдушка в соли для ванн
  brilliantine ~ отдушка для бриллиантина
  chypre ~ 1. шипровый запах 2. духи с шипровым запахом 3. отдушка с шипровым запахом
  classical ~ 1. запах классического стиля 2. духи классического стиля
  clear gel ~ духи-гель
  concentrated ~ концентрированные духи
  cosmetic ~ косметическая отдушка
  cream ~ 1. духи-крем 2. отдушка для крема
  day ~ дневные духи
  detergent ~ отдушка для синтетических моющих средств
  duplication ~ духи, имитирующие *(какой-л.)* запах
  encapsulated ~ инкапсулированная отдушка
  evening ~ вечерние духи
  exotic ~ 1. экзотический запах 2. духи с экзотическим запахом
  fantasy ~ 1. фантазийный запах 2. духи с фантазийным запахом
  fine ~ 1. тонкий запах 2. духи с тонким запахом 3. отдушка с тонким запахом
  finished ~ 1. готовые духи 2. товарная отдушка
  gift ~ подарочные духи
  handkerchief ~ отдушка для носовых платков
  high-class ~ высокосортные духи
  industrial ~ отдушка для промышленных [технических] изделий
  innovative ~ 1. новый запах 2. новые духи, духи-новинка
  lipstick ~ отдушка для губной помады
  luxury ~ духи категории «люкс»
  masking ~ 1. маскирующий запах 2. маскирующая отдушка
  non-alcoholic ~ бесспиртовые духи
  oil ~ масляные духи
  oriental ~ 1. восточный запах 2. духи с восточным запахом 3. отдушка с восточным запахом
  prestigious ~ престижные духи

permanent

rich ~ 1. богатый [многогранный] запах 2. духи с богатым запахом
semioriental ~ духи с полувосточным запахом
soap ~ отдушка для мыла
solid ~ твёрдые духи
sophisticated ~ 1. усложнённый запах 2. духи с усложнённым запахом 3. отдушка с усложнённым запахом
strong ~ 1. сильный запах 2. духи с сильным запахом 3. отдушка с сильным запахом
textile ~ отдушка для текстильных изделий
top ~ 1. начальный запах 2. лидирующие духи
unisex ~ духи «унисекс» (*предназначенные в равной степени для женщин и мужчин*)
white flowers ~ 1. запах белых цветов 2. духи с запахом белых цветов 3. отдушка с запахом белых цветов
women's ~ духи для женщин
perfumed отдушенный, содержащий отдушку
highly ~ сильно отдушенный, с высоким содержанием отдушки
lightly ~ слегка отдушенный, с невысоким содержанием отдушки
perfumer парфюмер
chief ~ главный парфюмер (*фирмы*)
creative ~ парфюмер-разработчик композиций
expert ~ парфюмер-дегустатор, парфюмер по экспертной оценке
leading ~ ведущий парфюмер
manufacturing ~ парфюмер, работающий на производстве, парфюмер-производственник
master ~ высококвалифицированный парфюмер
practising ~ парфюмер-практикант
professional ~ квалифицированный парфюмер
senior ~ *см.* chief perfumer
perfumery парфюмерия
alcoholic ~ спиртовая парфюмерия
classic ~ классическая парфюмерия
creative ~ творческая парфюмерия
feminine ~ парфюмерия для женщин
high [high-class, high-quality] ~ парфюмерия высших сортов
industrial ~ парфюмерная промышленность
masculine ~ парфюмерия для мужчин
modern ~ современная парфюмерия
prestige ~ престижная парфюмерия
soap ~ разработка отдушек для мыла
world-wide ~ парфюмерия мирового рынка
perfuming отдушивание, введение отдушки, ароматизация
~ of bath products отдушивание средств для ванн
~ of cosmetic products отдушивание косметических средств
~ of cream отдушивание крема
~ of household products отдушивание изделий бытовой химии
~ of lipstick отдушивание губной помады
~ of powder отдушивание пудры
~ of shampoo отдушивание шампуня
~ of soap отдушивание мыла
~ of toiletries отдушивание гигиено-косметических средств
~ of toothpaste отдушивание зубной пасты
masking ~ маскирующая ароматизация
tenacious ~ стойкая ароматизация, отдушивание с продолжительным эффектом
perfumini духи в мини-упаковке
perfumy парфюмерный
perhydrosqualene пергидросквален (*косметическое сырьё*)
animal ~ пергидросквален животного происхождения
natural ~ натуральный пергидросквален
synthetic ~ синтетический пергидросквален
vegetable ~ пергидросквален растительного происхождения
period период, продолжительность; цикл
cooling ~ период [продолжительность] охлаждения
storage ~ период хранения
perm *см.* permanent
permanent 1. перманент, перманентная

permanent

завивка волос 2. средство для перманента
cold (wave) ~ холодный перманент
home ~ средство для домашнего перманента
hot (wave) ~ горячий перманент
lasting ~ устойчивый [жёсткий] перманент
light ~ лёгкий перманент
performance ~ перманент, изменяющий физическое состояние волос
permeability проницаемость, проникающая способность; просачиваемость
~ of pack проницаемость упаковки *(напр. для душистых веществ)*
active ~ активная проницаемость
air ~ воздухопроницаемость
alcohol ~ проницаемость для спирта
aroma ~ проницаемость для душистых веществ, арома(то)проницаемость
cell membrane ~ проницаемость стенок клеток кожи
cutaneous ~ проницаемость через кожу
fat ~ жиропроницаемость
gas ~ газопроницаемость
ionic ~ проникающая способность ионов, ионопроницаемость
liposome ~ проницаемость липосом
microbial ~ проницаемость для микроорганизмов
moisture ~ влагопроницаемость
odor ~ проницаемость запаха
skin ~ проницаемость через кожу
UV ~ проницаемость для ультрафиолетовых лучей
water ~ водопроницаемость
water vapor ~ проницаемость для водяных паров
permeation проникновение
fat ~ проникновение жировых веществ
fragrance ~ проникновение запаха
perfume ~ проникновение душистых веществ
perming:
hair ~ завивка волос
permitted разрешённый, допущенный *(напр. к применению)*
definitively ~ разрешённый к применению без ограничений

provisionally ~ временно разрешённый к применению *(об отдельных видах сырья и материалов)*
peroxidation:
lipid ~ перокисление липидов
persistence стойкость, устойчивость
aroma ~ стойкость запаха
fragrance ~ 1. стойкость запаха 2. стойкость духов
low ~ слабая стойкость *(запаха)*
odor ~ стойкость запаха
relative ~ относительная стойкость *(запаха)*
persistent стойкий, устойчивый
personalizing индивидуализация; отделка *(напр. флакона)* по индивидуальному заказу
~ of packaging оформление упаковки по индивидуальному заказу
label ~ индивидуализация этикетки
perspiration 1. пот 2. потоотделение; отпотевание
petals лепестки *(эфирномасличное сырьё)*
dried ~ подсушенные лепестки
flower ~ цветочные лепестки
rose ~ лепестки розы
petitgrain 1. петигрен *(листья и ветки цитрусовых деревьев, используемые для получения эфирного масла)* 2. запах *или* нота петигрена
bergamot ~ петигрен бергамотного дерева
bigarade ~ петигрен дерева горького апельсина
Paraguay ~ парагвайский петигрен
petrolatum вазелин, петролатум
pH показатель [значение] степени кислотности среды
adjusted ~ отрегулированный показатель pH
alkaline ~ щелочной показатель pH
balanced ~ сбалансированный показатель pH
low ~ низкий показатель pH
natural ~ естественный показатель pH
neutral ~ нейтральный показатель pH
skin ~ показатель pH кожи
varying ~ переменный показатель pH
Phantolid *фирм.* фантолид *(мускусный запах с животным оттенком)*

phase фаза; стадия
  alcoholic ~ спиртовая фаза
  anhydrous ~ безводная фаза
  aqueous ~ водная фаза
  basic ~ базовая фаза
  colloidal ~ коллоидная фаза
  continuous ~ непрерывная фаза
  discontinuous [dispersed] ~ дисперсная фаза
  dryout ~ завершающая фаза *(при испарении духов)*
  external ~ непрерывная фаза
  foam ~ пенная фаза
  gel ~ гелевая фаза
  greasy ~ жирная фаза
  heart ~ срединная фаза, «сердце» *(купаж лучших по запаху срединных фракций при вакуум-разгонке)*
  hydrophilic ~ гидрофильная фаза
  immiscible ~ 1. раздельная фаза 2. *pl* несмешивающиеся фазы
  internal ~ дисперсная фаза
  liquid ~ жидкая фаза
  oil ~ масляная фаза
  organic ~ органическая фаза
  powder ~ твёрдая фаза *(сыпучих компонентов)*
  solid ~ твёрдая фаза
  top ~ головная [начальная] фаза
  vapor ~ паровая фаза
  water ~ водная фаза
  wax(y) ~ восковая фаза
phellandrene фелландрен *(травянистый запах с лёгким оттенком мяты)*
phenyl acetaldehyde фенилацетальдегид *(запах зелени и гиацинта)*
phenylethyl acetate фенилэтилацетат *(сладковато-цветочный запах с нотой розы и персика)*
phenylethyl benzoate фенилэтилбензоат *(цветочно-бальзамический запах с нотой розы)*
phenylethyl butyrate фенилэтилбутират *(фруктовый запах с оттенком розы)*
phenylethyl cinnamate фенилэтилциннамат *(сладковато-бальзамический запах с нотами мёда, смородины)*
phenylethyl formate фенилэтилформиат *(цветочно-травянистый запах с нотами розы, хризантемы, гиацинта)*
phenylethyl propionate фенилэтилпропионат *(фруктово-цветочный запах с нотами розы, стиракса)*
phenylethyl salicylate фенилэтилсалицилат *(сладковато-бальзамический запах с цветочным оттенком)*
phenylpropyl acetate фенилпропилацетат *(свежий бальзамический запах, напоминающий стиракс)*
pheromones феромоны
phosphatidylcholine фосфатидилхолин *(косметическое сырьё)*
phosphatidylglycerol фосфатидилглицерин *(косметическое сырьё)*
phosphobetaines фосфобетаины *(косметическое сырьё)*
phospholipids фосфолипиды
  animal ~ фосфолипиды животного происхождения
  natural ~ натуральные фосфолипиды
  soya ~ соевые фосфолипиды
  vegetable ~ фосфолипиды растительного происхождения
photoag(e)ing старение кожи от воздействия ультрафиолетовых лучей
photoallergy аллергическая реакция на ультрафиолетовые лучи
photoprotection фотозащитное [солнцезащитное] действие
photosensibility фоточувствительность, чувствительность к ультрафиолетовому излучению
  skin ~ фоточувствительность кожи
photosensitive фоточувствительный
phototoxic фототоксичный
phototoxicity фототоксичность
physiology:
  skin ~ физиология кожи
phytoconcentrate фитоконцентрат
phytocosmetics фитокосметика
phytogenous имеющий растительное происхождение
phytohormones фитогормоны
phytol фитол *(цветочно-бальзамический запах)*
phytosome фитосома *(липосома с растительными экстрактами)*
phytosterin, phytosterol фитостерол
phytostimulant фитостимулятор
phytyl acetate фитилацетат *(запах жасмина с лёгкой фруктовой нотой)*

МОСКОВСКИЙ ЦЕНТР МЕДИЦИНСКОЙ КОСМЕТОЛОГИИ
ЛАНТАН

Лантан - крупнейшая косметологическая клиника Москвы, оказывающая косметические услуги и осуществляющая продажу профессионального оборудования для клиник, салонов красоты и парикмахерских итальянских, французских и английских фирм. Свидетельством высоконго уровня клиники являются предоставленное ей право обучения как начинающих косметологов, так и врачей-профессионалов. В Лантане Вам окажут радикальную хирургическую помощь, проведут серию процедур, позволяющих устранить морщины, избавиться от целлюлита и жира, омолодить кожу лица и тела, укрепить волосы.

«ЛАНТАН» ПРЕДЛАГАЕТ:

- лечение выпадения волос
- лечебные элитные маски
- вакуумная чистка лица
- миолифтинг (разглаживание морщин)
- пилинг (мягкая шлифовка кожи лица)
- коллагеноскульптура (увеличение объема губ)
- микрошлифовка (выравнивание кожи лица и тела)
- парафинотерапия лица и рук
- моделирование формы бюста (увеличение)
- антицеллюлитная программа (удаление жира без хирургии)
- устранение облысения
- прижатие торчащих ушей
- полное разглаживание морщин верхних и нижних век
- коррекция формы носа
- подтяжка лица и шеи,
- устранение морщин лба
- ликвидация излишнего жира подбородка, рук и области лопаток
- увеличение/уменьшение бюста, подтяжка молочных желез
- моделирование формы живота,
- устранение жира с талии и поясницы
- электронное липомоделирование (аспирация жира бедер, ягодиц, голени и колен)

**«Клиника красоты «ЛАНТАН» : Москва, 121069, Столовый пер., 5; филиал: Москва, 125047, Тверская-Ямская ул.,19 («Палас Отель»),
тел.: 137-60-63, 203-19-25.
Бесплатное обучение для приобретающих аппаратуру: тел. 205-70-79**

Вам необходимо читать бюллетень *«Красота»* потому, что:

Информация подобрана по всем видам товаров, легко читается и содержит полные данные о товаре и продавце.

Информация достоверна, т.к. поступает непосредственно от самих фирм.

В нем больше, чем где-либо (сейчас около 7 000 предложений) достоверной информации по рынку косметики и парфюмерии. Она самая оперативная и из первых рук.

Это самый полный справочник по ценам на текущей неделе и если Вы директор магазина, Вы всегда сможете быстро и правильно определить- дорого то, что Вам предлагают или нет. Если Вы директор фирмы, Вы всегда примете правильное решение- какую цену ставить на свой товар.

Все новости рынка на страницах бюллетеня: выставки, презентации, встречи, новинки рынка и т.д. Вас нельзя застать врасплох, Вы всегда в курсе!

Вам необходимо подписаться на бюллетень *«Красота»* потому, что:

За ним не надо куда-то ездить, в день выхода наши курьеры доставят его к Вам в офис.

Вы сами можете без дополнительной оплаты разместить сведения о своих товарах на его страницах и причем не мало - 100 строк в каждый номер.

В конце концов, если его выписывают и читают такие фирмы, как : Chantal, L'Oreal, Lornamead, Oriflame, Pliva, Pollena, Revlon, Starion, Tana, Курс, Линда, Лэнс, Новая Заря, Низар, Радтех, РСК, Триал, Форт инфо и многие другие, то почему и Вы не можете себе это позволить.

**Достаточно только послать факс в редакцию
(095) 192-99-07, 943-76-80**

Звоните 192-99-07 и 943-76-80 и наш курьер приедет к Вам в офис и оформит подписку.
Старый номер бюллетеня можно получить бесплатно в редакции
по адресу: ст.м. «Октябрьское поле», ул. Расплетина д.5, здание СНИИП, мест. тел. 43-60

pigment

pigment пигмент
- **aluminum silicate** ~ алюмосиликатный пигмент
- **animal** ~ пигмент животного происхождения
- **bismuth-based pearl** ~ перламутровый пигмент на основе висмута
- **black** ~ чёрный пигмент
- **certified** ~ сертифицированный [разрешённый к применению] пигмент
- **coated** ~ пигмент с нанесённым покрытием
- **coating** ~ пигмент с высокой кроющей способностью
- **colored** ~ цветной пигмент
- **coloring** ~ краситель, красящий пигмент
- **dispersed** ~ диспергируемый пигмент
- **golden** ~ пигмент с золотистым блеском
- **inorganic** ~ неорганический пигмент
- **interference** ~ интерферированный пигмент *(перламутровый пигмент, создающий нужный оттенок)*
- **iridescent** ~ радужный пигмент
- **light diffusing** ~ светорассеивающий пигмент
- **lustrous** ~ яркий пигмент
- **metallic** ~ металлический пигмент
- **mica-based** ~ слюдяной пигмент
- **micropulverized** ~ микронизированный пигмент
- **milled** ~ размолотый пигмент
- **mineral** ~ минеральный пигмент
- **nacreous** ~ перламутровый пигмент
- **natural** ~ природный пигмент
- **non-pearlescent** ~ неперламутровый пигмент
- **opalescent** ~ матовый пигмент
- **organic** ~ органический пигмент
- **pearlescent** ~ перламутровый пигмент
- **purified** ~ очищенный пигмент
- **red** ~ красный пигмент
- **reflecting** ~ светоотражающий пигмент
- **semiopaque** ~ полуматовый пигмент
- **silver** ~ пигмент с серебристым блеском
- **skin** ~ пигмент кожи
- **tanning** ~ пигмент загара
- **treated** ~ обработанный пигмент, пигмент с нанесённым покрытием
- **untreated** ~ необработанный пигмент
- **vegetable** ~ растительный пигмент
- **white** ~ белый пигмент
- **zinc oxide** ~ пигмент на базе окиси цинка

pigmentation пигментация
- **excessive** ~ чрезмерная [повышенная] пигментация
- **senile** ~ старческая [возрастная] пигментация
- **skin** ~ пигментация кожи
- **UV-induced** ~ пигментация, вызванная ультрафиолетовым облучением

pimento 1. душистый перец 2. запах или нота душистого перца

pimples прыщи; угревая сыпь

pine 1. сосна 2. запах или нота хвои

pineapple 1. ананас 2. запах или нота ананаса

pinene пинен *(сырьё для синтеза душистых веществ)*

piperonal пиперональ, гелиотропин *(запах, напоминающий запах цветов гелиотропа)*

Piroctol *фирм.* пироктол *(косметическое сырьё)*

piroctone olamine пироктоноламин *(косметическое сырьё)*

placebo плацебо *(индифферентное вещество, используемое для сравнительного анализа)*

plant I растение
- **aromatic** ~ ароматическое растение
- **medicinal** ~s лекарственные растения
- **odoriferous** ~ *см.* perfumery plant
- **oil [oleiferous]** ~ масличное растение
- **oriental** ~s растения восточных регионов
- **perfumery** ~ душистое [эфирномасличное] растение
- **spice** ~ пряное растение

plant II 1. завод; фабрика; предприятие *(см. тж* factory) 2. установка, агрегат *(см. тж* machine)
- **distilling** ~ перегонная [дистилляционная] установка
- **essential oil** ~ эфирномасличное предприятие
- **extraction** ~ экстракционная установка
- **mixing** ~ смесительная установка
- **pilot** ~ пилотная установка

polymer

rectifying ~ ректификационная установка
soap ~ мыловаренный завод
plaque:
  dental ~ зубной налёт
plasticity пластичность; гибкость; эластичность
  ~ of nail lacquer пластичность маникюрного лака
  skin ~ эластичность кожи
plasticizer пластификатор
  nail lacquer ~ пластификатор для маникюрного лака
  organic ~ органический пластификатор
  polymeric ~ полимерный пластификатор
  resin ~ пластификатор смол
  soap ~ пластификатор мыла
plasticizing, plastifying пластификация
plate:
  nail ~ ногтевая пластина
platform основание для установки флакона *или* баночки *(в футляре)*
plodder шнек-машина для мыла
plodding:
  soap ~ формирование мыльной штанги *(спрессовывание мыльной массы в шнек-машине)*
plug укупорочное средство; пробка
  plastic ~ пластмассовая пробка; пластмассовый пыж
plum 1. слива 2. запах *или* нота сливы
point точка, температура
  boiling ~ температура кипения
  break ~ температура расслоения *(эмульсии)*
  cloud(ing) ~ точка помутнения
  congealing ~ температура застывания
  crystallizing ~ температура кристаллизации
  emulsification ~ температура эмульгирования
  evaporation ~ температура испарения
  fire [flammability] ~ температура воспламенения
  flow ~ температура текучести
  freezing [frost] ~ температура замерзания
  fusion ~ температура плавления
  gelatinization ~ температура гелеобразования
  melting ~ температура размягчения
  saturation ~ температура насыщения
  setting ~ температура застывания
  solidification ~ температура отвердения
  turbidity ~ точка помутнения
polish 1. блеск, глянец 2. полировка ‖ полировать, шлифовать
  flame ~ оплавление
  nail ~ 1. лак для ногтей 2. средство для полировки ногтей
  pearl nail ~ перламутровый лак для ногтей
  translucent nail ~ прозрачный лак для ногтей
polisher:
  tooth ~ 1. полирующий компонент для зубных паст 2. полирующий состав для ухода за зубами
polishing:
  ~ of glass bottles полирование [шлифование] стеклянных флаконов
pollen пыльца
polyacrylates полиакрилаты
polyethoxylated полиэтоксилированный
polyethylene полиэтилен
  high-density ~ полиэтилен повышенной плотности
  low-density ~ полиэтилен пониженной плотности
  metallized ~ металлизированный полиэтилен
  pigmented ~ пигментированный [непрозрачный] полиэтилен
polyethylene glycol cetyi ether оксиэтилированный цетиловый спирт
polyethylene glycol monostearate моностеарат полиэтиленгликоля *(косметическое сырьё)*
polyethylene glycol stearate стеарат полиэтиленгликоля *(косметическое сырьё)*
polyfoil полифойл *(полиэтилен, кашированный фольгой)*
polyfunctional многофункциональный
polyglycerol полиглицерин
polymer полимер
  acrylic ~ акриловый полимер, полиакрилат
  anionic ~ анионный полимер
  cationic ~ катионный полимер

polymer

cellulosic ~s полимеры на основе целлюлозы
conditioning ~s полимеры с кондиционирующим действием
cosmetic ~s полимеры для косметического производства
film-forming ~ плёнкообразующий полимер
hair fixative ~s полимеры, используемые в фиксирующих средствах для волос
hair product ~s полимеры, используемые в средствах для ухода за волосами
hair spray ~s полимеры, используемые в лаках для волос
high-performance ~s высококачественные полимеры с широким спектром применения
natural ~ природный полимер
oil-soluble ~ жирорастворимый полимер
quaternary ~ четвертичный полимер
silicone ~ силиконовый полимер
siloxane ~ силоксановый полимер
stabilizing ~ полимер со стабилизирующими свойствами
synthetic organic ~ синтетический органический полимер
thermoplastic ~ термопластичный полимер
vinyl pyrrolidone ~ поливинилпирролидоновый полимер
water-dispersible ~ водoдиспергируемый полимер
water-soluble ~ водорастворимый полимер

polymerization полимеризация
polypeptide полипептид
  silk ~s полипептиды шёлка
polypropylene полипропилен (упаковочный материал)
polysaccharides полисахариды
  marine ~ полисахариды из морепродуктов
Polysorbate *фирм.* полисорбат (косметическое сырьё)
polystyrene полистирол (упаковочный материал)
polyvinyl acetate поливинилацетат (косметическое сырьё)
polyvinyl pyrrolidone поливинилпирролидон (косметическое сырьё)

pomade помада
  colored ~ цветная помада (для волос)
  conditioning ~ кондиционирующая помада (для волос)
  creamy lip ~ крем-помада для губ
  enfleurage ~ *фр.* жировая масса, используемая при получении эфирного масла методом анфлёраж
  floral [flower] ~ жировая масса с цветочным запахом, получаемая методом анфлёраж
  hair ~ помада для волос
  lip ~ губная помада
  perfumed ~ ароматизированная помада
  stick ~ 1. карандаш губной помады 2. помада для волос в виде карандаша
  white ~ бесцветная помада (для волос)
pores поры (кожи)
  blocked [clogged] ~ закупоренные поры
  cutaneous ~ поры кожи
  enlarged ~ расширенные поры
  fine ~ мелкие поры
  open ~ раскрытые поры
  sebaceous ~ сальные поры
  unplugged ~ раскрытые поры
  visible ~ видимые поры
porosity пористость
porous пористый
pot баночка
  eye-shadow ~ баночка с тенями для век
potpourri ароматическая смесь
  bath ~ ароматизирующее средство для ванн
powder 1. пудра 2. тальк; присыпка 3. порошок
  abrasive ~ абразивный порошок
  absorbent foot ~ абсорбирующий тальк для ног
  aftershave ~ тальк после бритья
  algae ~ порошок из морских водорослей (косметическое сырьё)
  aluminum ~ алюминиевый порошок
  anticaking ~ пудра, стойкая к слёживанию
  antiseptic ~ антисептическая присыпка
  baby ~ детская присыпка

power

bath ~ тальк для тела после принятия ванны
beauty ~ косметическая пудра
beetroot ~ порошкообразный свекольный краситель *(косметическое сырьё)*
blushing ~ рассыпные румяна
body ~ (гигиеническая) пудра для тела
bronzing ~ пудра цвета загара
ceramic ~ керамический порошок *(косметическое сырьё)*
cinchona bark ~ порошок из коры хинного дерева
compact ~ компактная пудра
cream ~ крем-пудра
dental ~ зубной порошок
depilatory ~ порошок для удаления волос
dusting ~ душистый тальк
egg ~ яичный порошок
eyelid ~ рассыпные тени для век
face ~ пудра для лица
face contour ~ тональная пудра, позволяющая моделировать контур лица
facial ~ пудра для лица
fine ~ тонкодисперсная пудра
foot care ~ гигиенический тальк для ног
high-recovering ~ *см.* masking powder
hygienic ~ гигиенический тальк
invisible ~ прозрачная пудра
irradiant ~ пудра с блёстками
light ~ лёгкая пудра светлых тонов
liquid ~ жидкая пудра
loose ~ рассыпная пудра
luxurious ~ пудра категории «люкс»
masking ~ маскирующая пудра, пудра с высокой укрывистостью
mica ~ слюдяной порошок
micronized [microsphere] ~ тонкодисперсная пудра
nail polishing ~ порошок для полирования ногтей
peach ~ порошок из персиковых косточек *(косметическое сырьё)*
pearlized ~ пудра с перламутровым блеском
pressed ~ компактная пудра
pumice ~ порошок пемзы
rice ~ рисовая пудра
semitransparent ~ полупрозрачная пудра
shaving soap ~ мыльный порошок для бритья
silk(y) ~ 1. шёлковый порошок, порошок шёлка 2. шелковистая пудра
smokers' tooth ~ зубной порошок для курящих *(с высоким абразивным действием)*
soap ~ мыльный порошок
soft textured ~ пудра мягкой консистенции
stay-matte sheer ~ пудра, придающая матовость коже
sunbronze [suntan] ~ пудра цвета загара
superfine ~ тонкодисперсная пудра
synthetic detergent ~ синтетический стиральный порошок
talc-free ~ пудра, не содержащая талька
talcum ~ гигиенический тальк
theatrical ~ театральная пудра *(для грима)*
tooth ~ зубной порошок
translucent ~ прозрачная пудра
ultrafine ~ тонкодисперсная пудра
washing ~ стиральный порошок
powdery пудровый *(о запахе)*
power 1. сила, мощность 2. способность *(см. тж* capacity*)*
abrasive ~ абразивность, абразивная способность
aromatic ~ ароматичность, ароматизирующая способность, сила запаха
bactericidal ~ бактерицидная способность
binding ~ связующая способность
bioactive ~ биологическая активность
coloring ~ окрашивающая способность
covering ~ укрывистость, кроющая способность
diffusive ~ диффузионная способность
dispersing ~ диспергирующая способность
emollient ~ смягчающая способность
emulsifying ~ эмульгируемость, эмульгирующая способность
fermentative ~ способность к сбраживанию
fixing ~ фиксирующая способность

power

    foaming ~ пенообразующая способность
    gelling ~ желирующая способность
    healing ~ оздоравливающая способность
    lubricity ~ смазывающая способность
    moisture retaining ~ влагоудерживающая способность
    polishing ~ полирующая способность
    solvency ~ растворяющая способность
    staying ~ стойкость, устойчивость
    suspending ~ суспендирующая способность
    swelling ~ набухаемость, способность к набуханию
    viscosity reducing ~ способность к снижению вязкости
    water-retaining ~ влагоудерживающая способность
    wetting ~ смачивающая [увлажняющая] способность

precipitate осадок
    fine-crystalline ~ мелкокристаллический осадок
    gelatinous ~ студенистый осадок

precipitated осаждённый

precipitation выпадение в осадок, осаждение, образование осадка

precipitator осадочный чан, отстойник

preconditioner кондиционирующее средство для волос, применяемое перед мытьём шампунем

precursor предшественник
    metabolic ~ вещество-предшественник в процессе обмена веществ
    vitamin ~ провитамин

predispersion предварительная [грубая] дисперсия

predistillation отгонка лёгких фракций

predrying предварительная сушка, подсушивание (*напр. эфирномасличного сырья*)

preemulsification предварительное эмульгирование

preemulsion первичная эмульсия

prefiltration предварительная фильтрация

prefractionation предварительное фракционирование, отгонка лёгких фракций

preheating предварительное нагревание

prelipstick основа под губную помаду

premature преждевременный

premix(ing) 1. предварительное смешивание 2. предварительное смешивание парфюмерной композиции с равным количеством спирта

premixture первичная [предварительно приготовленная] смесь

prenol пренол (*свежий травянистый запах с лёгким фруктовым оттенком, напоминающий запах лаванды*)

prenyl acetate пренилацетат (*фруктовый запах с нотами банана, бергамота и оттенком свежести*)

prepackaging 1. расфасовка 2. первичная упаковка

preparation 1. препарат, (косметическое) средство (*см. тж* product) 2. приготовление, изготовление
    acne ~ средство от угревой сыпи
    aftersun ~ средство, применяемое после загара
    anhydrous ~ безводный препарат
    anti-ag(e)ing ~ средство от старения кожи
    anticaries ~ средство от кариеса
    antifreckles ~ средство от веснушек
    anti-wrinkle ~ средство от морщин
    bath ~ средство для ванн
    beauty ~ косметическое средство
    cleansing ~ очищающее средство
    clinically tested ~ препарат, прошедший клиническое тестирование
    coloring ~ окрашивающее средство
    creamy ~ препарат в виде крема
    curl retention ~ средство для завивки волос и фиксации
    cuticle ~ средство от заусенцев
    dental [denture] ~ средство для ухода за зубами
    emulsified ~ эмульсия, эмульсионный препарат
    eye make-up ~ средство для макияжа век
    face ~ средство для ухода за лицом
    face make-up ~ средство для макияжа лица
    foam bath ~ пенное средство для ванн
    foot care ~ средство для ухода за ногами
    fragrance ~ парфюмерное изделие
    hair ~ средство для волос

hair care ~ средство для ухода за волосами
hair coloring ~ средство для окраски волос
hair curling ~ средство для завивки волос
hair dressing ~ средство для ухода за волосами
hair growth ~ средство для роста волос
hair removal ~ средство для удаления волос
hand care ~ средство для ухода за руками
hypoallergenic ~ гипоаллергическое средство
intime hygiene ~ средство интимной гигиены
jelly ~ средство в виде геля, желеобразное средство
light-perm ~ препарат для лёгкого перманента
lip care ~ средство для ухода за губами
liposomal ~ липосом(аль)ный препарат
liquid ~ жидкое средство
make-up ~ средство макияжа
manicuring ~ средство маникюра
model ~ модельный препарат
non-foaming bath ~ непенное средство для ванн
oral hygiene ~ средство для гигиены полости рта
permanent ~ препарат для перманента
powder ~ порошкообразный препарат
sample ~ 1. образец 2. изготовление образцов
self-foaming ~ самовспенивающийся препарат
shampoo ~ приготовление шампуней
shaving ~ средство для бритья
shower ~ средство для душа
skin care ~ средство для ухода за кожей
skin coloring ~ 1. тональное средство для кожи 2. средство для искусственного загара
skin whitening ~ отбеливающее средство для кожи
spray ~ препарат в аэрозольной упаковке
stick ~ косметическое изделие в виде карандаша
sunburn [sun-protection] ~ фотозащитное средство
suntan ~ средство для загара
three-in-one [3-in-1] ~ препарат тройного назначения, «три в одном» (напр. шампунь, бальзам и кондиционер в одном флаконе)
topical ~ средство местного применения
two-in-one [2-in-1] ~ препарат двойного назначения, «два в одном» (напр. шампунь и кондиционер в одном флаконе)
wax-based ~ средство на основе воска
presentation показ, презентация, демонстрация
new products ~ презентация новых изделий
preservation консервирование, введение консерванта
~ of cream введение консерванта в крем
~ of shampoo введение консерванта в шампунь
preservative консервант, консервирующее средство
allowed ~ разрешённый к применению консервант
antimicrobial ~ противомикробный консервант
banned ~ запрещённый к применению консервант
cosmetic-grade ~ консервант для косметических изделий
effective ~ эффективный консервант
natural ~ натуральный консервант
permanently allowed ~ разрешённый к постоянному применению консервант
provisionally allowed ~ временно разрешённый к применению консервант
safe ~ безвредный консервант
soap ~ консервант для мыла
universal ~ универсальный консервант
preshave перед бритьём, до бритья
press пресс
automatic hydraulic cosmetic powder ~ гидравлический пресс-автомат для компактирования пудры

press

automatic soap ~ пресс-автомат для штамповки мыла
embossing ~ пресс для выдавливания рельефных рисунков *(напр. на мыле)*
cake ~ пресс для брусковых изделий
cosmetic powder ~ пресс для компактирования пудры
pneumatic soap ~ пневмопресс для штамповки мыла
soap ~ пресс для штамповки мыла
pressure 1. прессование; давление 2. отжим *(напр. эфирного масла)*
  simple ~ простое прессование
pretreatment предварительная обработка
prevention предупреждение, предотвращение
  static charge ~ предотвращение возникновения статического электричества
  wrinkle forming ~ предупреждение появления морщин
price цена
  contractual ~ договорная цена
  foreign trade ~ внешнеторговая цена
  introductory ~ первоначальная цена
  list ~ прейскурант
  manufacturer's ~ цена изготовителя; фабричная стоимость
  market ~ рыночная цена
  retail ~ розничная цена
  seasonal ~ сезонная цена
  seller ~ цена продавца
  selling ~ рыночная цена; цена продажи
  world market ~ цена мирового рынка
primer 1. основа под грим 2. грунтовка; первый слой
  lip ~ основа под губную помаду
  moisturizing lip ~ увлажняющая основа под губную помаду
principle составная часть, компонент
  active ~ активный компонент
  structural ~ структурообразующий компонент
printer печатающее устройство, устройство для нанесения печати *(на упаковочный материал)*
  hand operator ~ ручное печатающее устройство

hot-foil ~ устройство для нанесения печати по фольге горячим способом
label ~ устройство для печатания этикеток
two-color ~ устройство для нанесения двухцветной печати
printing 1. печать 2. печатание, нанесение рисунка
  color ~ цветная печать
  container ~ нанесение печати на упаковочную тару
  decorative ~ художественная печать
  double ~ комбинированная печать
  flat ~ плоская печать
  flexographic ~ флексография, флексографическая печать
  gravure ~ глубокая печать
  half-tone ~ печать в полутонах
  heliographic ~ печать с гелиогравюр
  hot-stamping ~ горячее штампование рисунка
  label ~ печатание этикеток
  letterpress ~ высокая печать
  lithographic ~ литография, литографическая печать
  metal decorating ~ декоративная печать на жести
  multicolors ~ многоцветная печать
  offset ~ офсетная печать
  relief ~ высокая печать
  rotary ~ ротационная печать
  rotogravure ~ ротационная глубокая печать
  screen ~ трафаретная печать
  silk-screen ~ шелкография, шелкотрафаретная печать
  six-color ~ шестицветная печать
  tampographic ~ набивная печать
  thermographic ~ термопечать, термографская печать
  transfer ~ декалькомания *(переводная печать)*
  web ~ рулонная печать
prior: ◇ ~ **to bleaching** перед обесцвечиванием *(волос)*; ~ **to make-up** перед макияжем; ~ **to perming** перед перманентом
problem задача, проблема
  allergic skin ~**s** проблемы кожи, склонной к аллергической реакции
  corrosion ~ проблема коррозии

odor ~ проблема постороннего запаха *(напр. у сырьевых веществ)*
permeability ~ проблема проницаемости *(напр. у упаковочных материалов)*
safety ~ проблема безопасности [безвредности]
skin ~s проблемы (нездоровой) кожи
split-end ~s проблемы раздвоенных [посечённых] концов волос
stability ~ проблема стабильности
procedure метод, способ; технологический приём
 cold/cold ~ холодный способ *(приготовления эмульсии)*
 experimental ~ экспериментальный метод
 hot/cold ~ смешанный способ *(приготовления эмульсии)*
 hot/hot ~ горячий способ *(приготовления эмульсии)*
 quality control ~ способ контроля качества
 sampling ~ способ забора образцов
 test ~ метод тестирования
process процесс
 ~ of rectification ректификационный процесс
 ag(e)ing ~ 1. процесс старения *(напр. кожи)* 2. процесс вызревания *(напр. эфирного масла, крема)*
 application ~ процесс применения
 biological ~ биологический процесс
 biotechnological ~ биотехнологический процесс
 cell(ular) renewal [cellular repair] ~ процесс обновления клеток кожи
 centrifugal ~ центрифуговый процесс
 cold ~ низкотемпературный процесс
 corrosion ~ процесс коррозии
 desquamation ~ процесс слущивания клеток кожи
 diffusion ~ процесс диффузии
 distillation ~ дистилляционный процесс
 dry compression ~ процесс сухого компактирования *(напр. пудры)*
 enfleurage ~ *фр.* метод анфлёраж *(для получения эфирного масла)*
 enzymatic ~ ферментативный процесс
 extrusion ~ экструзионный процесс
 filtration ~ процесс фильтрации
 freezing ~ процесс вымораживания
 inverse ~ процесс инверсии *(напр. эмульсии)*
 kneading ~ процесс перемешивания
 manufacturing ~ процесс изготовления, производственный процесс
 maturation ~ процесс вызревания
 multistage ~ многостадийный процесс
 natural ag(e)ing ~ процесс естественного старения кожи
 packaging ~ процесс упаковки
 production ~ производственный процесс
 regenerative ~ процесс регенерации *(напр. клеток кожи)*
 skin ag(e)ing ~ процесс старения кожи
processing обработка
 cold ~ обработка на холоде
 dry ~ сухая обработка
 rapid ~ быстрая обработка
product продукт; (косметическое) изделие; средство *(см. тж* preparation*)*
 acne treatment ~ средство от угревой сыпи
 aerosol ~ изделие в аэрозольной упаковке
 after shampoo ~ изделие, применяемое после мытья шампунем, ополаскиватель
 aged ~ изделие с просроченным сроком годности
 all-family ~ изделие семейного пользования *(напр. шампунь, зубная паста)*
 all-natural ~ изделие из натурального сырья
 ancillary ~ вспомогательное изделие
 anti-ag(e)ing ~ средство от старения кожи
 anti-dry skin ~ средство от сухости кожи
 anti-wrinkle ~ средство от морщин
 baby ~s детские изделия
 bath ~ средство для ванн
 beauty ~ косметическое изделие
 body care ~ средство для ухода за телом
 cellulose ~ продукт целлюлозы
 commercial ~ коммерческое изделие
 company's ~ фирменное изделие

product

competitive ~s конкурентоспособные изделия
cost-effective ~ экономически эффективное изделие
curl retention ~ средство для завивки волос и фиксации
decorative ~ декоративное (косметическое) изделие
end ~ конечный [готовый] продукт
environmentally friendly ~ изделие, безвредное для окружающей среды
ethnic ~s изделия для этнических групп населения
expensive ~ дорогостоящее изделие
eye make-up ~ средство для макияжа век
facial ~ средство для ухода за лицом
finished ~ готовое изделие
foot ~ средства для ухода за ногами
foreign-made ~ зарубежное изделие
«green» ~s натуральные продукты
hair care ~ средство для ухода за волосами
hair coloring ~ средство для окраски волос
hair dressing ~ средство для ухода за волосами
hair fixing ~ средство для фиксации волос
hair grooming ~ средство для ухода за волосами
hair growth ~ средство для роста волос
hair straightening ~ средство для выпрямления волос
hair styling ~ средство для укладки волос
hand (care) ~ средство для ухода за руками
heavy perfumed ~ сильно отдушенное изделие, изделие с высоким содержанием отдушки
high-performance ~ высококачественное изделие
high-price ~ дорогостоящее изделие
household ~s товары бытовой химии
hypoallergenic ~ гипоаллергическое средство
imported ~ импортное изделие
innovative ~ новое изделие
launched ~ вновь выпущенное изделие
lip (care) ~ средство для ухода за губами
locally manufactured ~ изделие местного производства
low-perfumed ~ слабоотдушенное изделие, изделие с низким содержанием отдушки
low-price ~ дешёвое изделие
luxury ~ изделие категории «люкс»
make-up ~ средство макияжа
male-orientated ~s (косметические) изделия для мужчин
marine(-based) ~ изделие с использованием продуктов моря
mass market ~s изделия массового ассортимента [массового спроса]
medicated ~ лечебно-профилактическое средство
medium-price ~ изделие средней стоимости
men's fragrance ~ изделие мужской парфюмерии
men's hair coloring ~ средство для окраски мужских волос
men's skin care ~ средство для ухода за кожей мужчин
middle market ~ изделие средней категории
multifunctional ~ изделие многофункционального назначения
nail ~ изделие для ухода за ногтями
natural ~s натуральные продукты
non-perfumed ~ изделие без отдушки
oral ~ изделие для гигиены полости рта
perfumed ~ изделие с отдушкой, отдушенное изделие
perfumery ~ парфюмерное изделие
permanent wave ~ средство для перманентной завивки волос
personal hygiene ~ средство личной гигиены
plant-extracted ~ растительный экстракт
preshave ~ средство до бритья
pressurized ~ изделие в упаковке под давлением
prestige ~ престижное изделие
private label ~ фирменное изделие
professional ~s изделия для парикмахерских салонов
purifying ~ очищенный продукт
related ~s сопутствующие изделия

relaunched ~ переработанное изделие
salon ~s изделия для парикмахерских салонов
self-tanning ~ средство для искусственного загара
semifinished ~ полупродукт; полуфабрикат
setting ~ средство для укладки волос
shaving ~ средство для бритья
shower ~ средство для душа
skin care ~ средство для ухода за кожей
skin peeling ~ отшелушивающее средство
skin protection ~ защитное средство для кожи
skin whitening ~ отбеливающее средство для кожи
softening ~ смягчающее средство
sophisticated ~ изделие усложнённого состава
stick ~ косметическое изделие в виде карандаша
sunbathing [suntan] ~ средство для загара
synthetic ~ синтетический продукт
tanning ~ средство для загара
teenagers' ~s средства для молодёжи
tested ~ протестированное средство
treatment ~ средство лечебно-профилактического назначения
underarm ~ средство от пота
unisex ~s изделия «унисекс» (*предназначенные в равной степени для женщин и мужчин*)
unscented ~ изделие без отдушки
waving ~ средство для завивки волос
waxy stick ~ изделие в виде воскового карандаша
well marketable ~ успешно реализуемое изделие
wig ~ изделие для ухода за париком
women's fragrance ~ изделие женской парфюмерии
wrapped ~ изделие в обёртке
production производство ◇ ~ in bulk массовое производство
aroma chemical ~ производство синтетических душистых веществ
commercial ~ коммерческое производство

essential oil ~ производство душистых веществ
glass (bottle) ~ производство стекольной продукции
industrial ~ промышленное производство
large-scale ~ крупномасштабное производство
perfume ~ производство душистых веществ
small-scale ~ мелкомасштабное производство
profile:
fragrance ~ профиль испарения душистого вещества
gas chromatography ~ газохроматографическая характеристика
odor ~ обонятельный профиль
toxicological ~ токсикологический профиль
volatile ~ летучий профиль
promotion рекламные мероприятия
Christmas ~ рождественские рекламные мероприятия
sales ~ рекламные мероприятия в связи с выпуском новых изделий
propellant пропеллент
aerosol ~ аэрозольный пропеллент
alternative ~ альтернативный пропеллент
butane ~ бутановый пропеллент
chlorofluorocarbon ~ хлорфторуглеродный пропеллент
gas ~ газ-пропеллент
hydrocarbon ~ углеводородный пропеллент
liquefied ~ сжиженный пропеллент
non-CFC ~ нехлорфторуглеродный пропеллент
ozone friendly ~ пропеллент, безвредный для озонового слоя
P_{11} ~ пропеллент P_{11}, трихлорфторметан
P_{12} ~ пропеллент P_{12}, дихлордифторметан
P_{114} ~ пропеллент P_{114}, дихлортетрафторметан
P_{115} ~ пропеллент P_{115}, трихлортрифторэтан
pollution-free ~ пропеллент, не загрязняющий окружающую среду
propane ~ пропановый пропеллент

propellant

propane-butane ~ пропан-бутановый пропеллент
traditional ~ традиционный пропеллент
propellent *см.* propellant
propert/y свойство; способность; характеристика
abrasive ~ies абразивные свойства
absorption ~ абсорбционное свойство
adhesion ~ адгезивное свойство
aesthetic ~ies эстетические свойства
anti-inflammatory [anti-irritant, antioxidant, antiphlogistic] ~ противовоспалительное свойство
antiseptic ~ антисептическое свойство
antistatic ~ антистатическое свойство
application ~ies потребительские свойства *(препарата)*
astringent ~ вяжущее свойство
bactericidal ~ бактерицидное свойство
binding ~ связующая способность
bioactive ~ биологически активное свойство
biomechanical skin ~ биомеханическое свойство кожи
biophysical ~ биофизическое свойство
calming ~ успокаивающее свойство
cell renewal ~ свойство обновления клеток
chemical ~ies химические свойства
cleansing ~ очищающее свойство
combined ~ies комбинированные свойства
conditioning ~ кондиционирующее свойство
cosmetic ~ies косметические свойства
decorative ~ies декоративные свойства
deodorant ~ дезодорирующее свойство
detergent ~ моющее свойство
detoxifying ~ обеззараживающее свойство
diffusive ~ диффузионное свойство
drying ~ способность к высыханию
emulsifying ~ эмульгирующая способность
esthetic ~ies эстетические свойства
film-forming ~ плёнкообразующая способность

fixative ~ фиксирующее свойство
foam boosting ~ пеноусиливающее свойство
foaming [foam-producing] ~ пенообразующее свойство
foam-stabilizing ~ пеностабилизирующее свойство
free-radical fighting ~ способность улавливать свободные радикалы
functional ~ функциональное свойство
gelling ~ желирующая способность
healing [healthy] ~ оздоравливающее свойство
humectant ~ увлажняющая способность
hydrophilic ~ гидрофильное свойство
hydrophobic ~ гидрофобное свойство
hyperemic ~ гиперемическое свойство
inert ~ инертное свойство
ion-exchange ~ies ионообменные свойства
lathering ~ пенообразующее свойство
lubricating ~ смазывающая [смягчающая] способность
medicinal ~ лечебное свойство
micellar ~s мицеллярные свойства
microbiological ~ микробиологическая характеристика
moisture-retention ~ влагоудерживающее свойство
moisturizing ~ увлажняющая способность
normalizing ~ нормализующая способность
nourishing ~ питательное свойство
olfactory ~ies ольфакторные свойства
optical ~ies оптические свойства
organoleptic ~ies органолептические свойства
osmotic ~ies осмотические свойства
photoprotecting ~ies фотозащитные свойства
physicochemical ~ies физико-химические свойства
polishing ~ полирующая способность
protective ~ies защитные свойства
refatting ~ пережиривающая способность
regenerative ~ регенерирующая способность

rheological ~ies реологические свойства
rounding-off ~ способность к округлению запаха
skin ~ies свойства кожи
skin protecting ~ защитное свойство кожи
skin regenerating ~ регенерирующее свойство кожи
skin stimulation ~ стимулирующее свойство кожи
solubilizing [solvent] ~ солюбилизирующее свойство
special ~ies специфические свойства
spreading ~ способность к растеканию
stabilizing ~ стабилизирующее свойство
stimulant ~ стимулирующая способность
storage ~ способность к длительному хранению
structural ~ies структурообразующие свойства
surface-active ~ поверхностно-активное свойство
suspending ~ суспендирующее свойство
swelling ~ способность к набуханию
tactual ~ тактильное [осязательное] свойство
technical ~ies технические свойства
textural ~ структурообразующее свойство
thermal ~ies термические свойства
thickening ~ загущающая способность
tonic [toning] ~ тонизирующее свойство
toxicological ~ies токсикологические свойства
viscosity building ~ загущающая способность
viscosity reducing ~ способность к снижению вязкости
undesirable ~ ненужное свойство
use ~ies потребительские свойства
water-holding ~ водоудерживающее свойство
waterproof [water-repellent] ~ водоотталкивающее свойство
water-retaining ~ водоудерживающее свойство

protein

wear ~ способность к устойчивости (напр. макияжа)
well-balanced ~ способность к сбалансированию
wetting ~ смачивающая способность
propolis прополис
propyl acetate пропилацетат (свежий эфирно-фруктовый запах с нотой груши)
propylene glycol пропиленгликоль (косметическое сырьё)
Codex ~ фармакопейный пропиленгликоль
rectifying ~ ректифицированный пропиленгликоль
propyl gallate пропилгаллат (косметическое сырьё)
propyl paraben пропилпарабен (косметическое сырьё)
protection защита
all-day ~ защита в дневное время
anticorrosion ~ антикоррозийная защита
face ~ (косметическая) защита лица
free-radical ~ защита от свободных радикалов
lip ~ (косметическая) защита губ
long-lasting skin ~ защита кожи на длительное время
maximal sun ~ максимальная защита от солнца
natural ~ естественная защита
skin ~ (косметическая) защита кожи
sun ~ защита от солнца
protein протеин, белок
alcohol-soluble ~ спирторастворимый протеин
algae ~ протеин водорослей
animal(-derivated) ~ животный протеин
blood serum ~ протеин из сыворотки крови
carrot ~ морковный протеин
corn ~ протеин из кукурузных початков
crude ~ нативный [неизменённый] протеин
egg white ~ протеин из яичного белка
hydrolyzed ~ гидролизованный протеин
insoluble ~ нерастворимый протеин

protein

keratinized ~ кератинизированный протеин
marine ~ протеин из морских продуктов
milk ~ молочный протеин
native ~ *см.* crude protein
natural ~ натуральный протеин
placental ~ плацентарный протеин
plant ~ растительный протеин
quaternized ~ четвертичный протеин
sea kelp ~ протеин из морских водорослей
serum ~ сывороточный протеин
silk ~ протеин шёлка
soya ~ соевый протеин
texturized ~ структурированный [текстурированный] протеин
vegetable ~ растительный протеин
wheat ~ протеин из пшеницы

provitamin провитамин
pseudocollagen псевдоколлаген *(коллаген растительного происхождения, аналогичный животному)*
pseudoionones псевдоиононы *(бальзамический запах с нотой жасмина)*
publicity реклама
puff пуховка
  cotton-wool ~ хлопкошерстяная пуховка
  powder ~ пуховка для пудры
  velour powder ~ велюровая пуховка для пудры
  velvety ~ бархатная пуховка
puffiness отёчность, одутловатость
  eye contour ~ отёчность вокруг глаз
  skin ~ отёчность кожи
  under eye ~ отёчность под глазами
pulverization 1. пульверизация, распыление 2. измельчение в порошок
punching:
  automatic ~ автоматическая штамповка
Purcellin *фирм.* пурцеллиновое масло
purification ректификация, очистка
purifying очищение
  deep ~ глубокое очищение *(напр. кожи)*
purity чистота
  ~ of dyes чистота красителей
  USP ~ чистота *(продукта)* согласно требованиям фармакопеи США
purpose назначение; цель

  commercial ~ коммерческая цель
  cosmetic ~ косметическое назначение
  functional ~ функциональное назначение
  medicinal ~ лечебное назначение
pyrithione disulfide пиритиондисульфид *(косметическое сырьё)*
pyrocatechol пирокатехин

Q

quads:
  eye-shadow ~ набор из четырёх теней для век
qualitative качественный
qualit/y 1. качество 2. свойство
  certified ~ качество, подтверждённое сертификатом
  Codex ~ фармакопейное качество
  fine ~ высокое качество
  fragrance ~ качество душистых веществ
  highest ~ наилучшее качество
  labeling ~ качество этикетки
  microbiological ~ микробиологическое качество
  mixing ~ качество смешивания
  odor ~ качество запаха
  olfactory ~ ольфакторное качество
  organoleptic ~ies органолептические свойства
  packaging ~ качество упаковки
  poor ~ низкое качество
  product ~ качество продукции
  standard ~ стандартное качество
  tactile ~ тактильное [осязательное] свойство
  top ~ высшее качество
  uniform ~ одинаковое качество
  upgrade ~ высшее качество
quantitative количественный
quantity количество
  bulk ~ массовое количество
  formulation ~ рецептурное количество
  permissible ~ допустимое количество
  trace ~ микроколичество

quaternaries четвертичные соли
quats *см.* quaternaries
quince айва

R

racemic рацемический
radiation излучение
   UV ~ ультрафиолетовое излучение
radicals:
   free ~ свободные радикалы
rancidity прогорклость
range:
   baby ~ (косметические) изделия для детей
   fragrance ~ парфюмерные изделия
   gift ~ подарочные изделия
   hair care ~ средства для волос
   home perm ~ изделия для перманента в домашних условиях
   hypoallergenic ~ гипоаллергические изделия
   luxury ~ изделия категории «люкс»
   make-up ~ средства макияжа, декоративные средства
   marine therapy ~ изделия с полезными добавками из продуктов моря
   masculine ~ (косметические) изделия для мужчин
   salon ~ изделия для парикмахерских салонов
   skin care ~ средства для кожи
   studio ~ *см.* salon range
   sun care ~ средства для загара
   teenagers' ~ изделия для молодёжи
   therapeutic [treatment] ~ лечебно-оздоровительные средства
   wide pH ~ изделие с широким спектром pH
   women's fragrance ~ парфюмерные изделия для женщин
raspberry 1. малина 2. запах *или* нота малины
rate скорость; темп
   cooling ~ скорость охлаждения
   diffusion ~ скорость диффузии
   evaporation ~ скорость испарения
   flow [spreading] ~ скорость растекания
   swelling ~ скорость набухания
ratio соотношение, пропорция
   mixture ~ соотношение компонентов в смеси
   phase ~ соотношение фаз
rays 1. лучи 2. излучение
   harmful sun ~ вредные солнечные лучи
   infrared ~ инфракрасные лучи
   sun ~ солнечные лучи
   ultraviolet ~ ультрафиолетовые лучи
reaction реакция
   allergic [hypersensitive] ~ аллергическая реакция
   irritant ~ раздражительная реакция
   photosensitive ~ фоточувствительная реакция
   skin ~ кожная реакция
reapplication повторное нанесение, повторное применение
recommendations:
   IFRA ~ рекомендации ИФРА
   RIFM ~ рекомендации РИФМ
reconstitution восстановление, воссоздание
   synthetic ~ воссоздание синтетическим путём
reconstruction:
   hair ~ восстановление волос
recovery восстановление, регенерация, воссоздание
   essential oil ~ искусственное воссоздание эфирных масел
rectification ректификация
recyclable пригодный для повторного использования *(напр. о флаконе)*
recyclization рециклизация
redesigned переоформленный
redistillation повторная перегонка
redness:
   facial ~ краснота лица; красные пятна на лице
reduction 1. уменьшение, сокращение 2. уменьшение, ослабление
   inflammation ~ уменьшение воспаления
   line ~ сокращение количества мелких морщин
   wrinkle ~ сокращение количества морщин
refill запасной блок, перезарядка
   mascara ~ запасной блок туши для ресниц
   spray ~ запасной блок аэрозольной упаковки

refillable

refillable с перезарядкой
refiltration повторное фильтрование
refinement 1. *см.* refining 2. усовершенствование
refining очистка, рафинирование
   super ~ особая очистка *(напр. эфирного масла)*
reformulation переработка рецептуры
refresher освежающее средство, освежитель
   after bath ~ освежающее средство после принятия ванн
   cleansing ~ очищающее средство
   cooling ~ освежающее средство с холодящим эффектом
   morning ~ средство для утреннего умывания
refreshment *см.* refresher
regenerating регенерация, восстановление
   cell(ular) ~ регенерация клеток
regulations:
   cosmetic ~ технические условия косметического производства
   International colors' ~ технические условия Международной классификации по красителям
regulator регулятор
   consistency ~ регулятор консистенции
   metabolic ~ регулятор обмена веществ
   stability ~ регулятор стабильности
   temperature ~ температурный регулятор
   viscosity ~ регулятор вязкости
rehydration восстановление водного баланса
   skin ~ восстановление водного баланса кожи
   stratum corneum ~ восстановление водного баланса рогового слоя
rejuvenation омолаживание
rejuvenator:
   moisture ~ увлажняющее средство для омолаживания кожи
relaunch выпуск обновлённого изделия
relaxation релаксация, расслабление, снятие напряжения
   bath ~ релаксация кожи при использовании средства для ванн
   skin ~ релаксация кожи
relaxer распрямитель для волос

   chemical ~ химический распрямитель для волос
   cream ~ распрямитель для волос в виде крема
   curl ~ распрямитель для сильно вьющихся волос
   hair ~ распрямитель для волос
   lye-based ~ распрямитель для волос на щелочной основе
   texturizing ~ распрямитель, изменяющий структуру волос
remineralization реминерализация
reminescence:
   conceptual ~ концептуальное сходство *(напр. парфюмерных изделий)*
   olfactive ~ ольфакторное сходство
remoisturizing восстановление влажности *(напр. кожи)*
removable удаляемый
   shampoo ~ удаляемый при мытье шампунем *(напр. о лаке, краске)*
removal удаление
   grease ~ удаление избыточного салоотделения *(на коже)*
   make-up ~ удаление макияжа
remover средство [препарат] для удаления *(чего-л.)*; смывка
   conditioning polish ~ кондиционирующая смывка для маникюрного лака
   cuticle ~ средство для удаления кутикул
   eye make-up ~ средство для удаления макияжа вокруг глаз
   gentle make-up ~ средство мягкого действия для удаления макияжа
   hair ~ средство для удаления волос
   hair dye ~ средство для удаления краски для волос *(с кожи при окраске)*
   make-up ~ средство для удаления макияжа
   mascara ~ средство для удаления туши для ресниц
   nail polish ~ смывка для маникюрного лака
   oily polish ~ масляная смывка для маникюрного лака
   protein polish ~ смывка с протеином для маникюрного лака
   temporary wrinkle ~ средство для временной маскировки морщин
renewal обновление

cell [cutaneous, skin] ~ обновление клеток кожи
repackaging переоформление упаковки
repair восстановление, регенерация
  biological shield ~ см. skin repair cell
  ~ восстановление клеток
  hair ~ восстановление волос
  skin ~ восстановление биологических функций кожи
replacement замена
  formulation ~ замена в рецептуре
replenisher:
  night ~ средство для питания кожи в ночное время
replenishment питание, пополнение питательными веществами
  moisture ~ питание и увлажнение кожи
requirements требования; необходимые условия
  commercial ~ коммерческие требования
  consumer ~ потребительские требования
  cosmetic legislation ~ косметические законодательные требования
  custom ~ потребительские требования
  environmental ~ требования по охране окружающей среды
  general ~ общие требования
  IFRA ~ требования ИФРА
  individual ~ индивидуальные требования
  labeling ~ требования к этикеткам
  legal [legislative] ~ законодательные требования
  marketing ~ требования рынка
  quality ~ требования по качеству
  quality control ~ требования по контролю качества
  regulatory ~ регулирующие условия
  safety ~ требования по безвредности (изделия)
  sanitary ~ санитарные требования
  storage ~ требования по хранению
  technical ~ технические требования
rerounding:
  tube ~ перефальцовка туб
reseda 1. резеда 2. запах или нота резеды
Resedyl acetal фирм. резедилацеталь (запах зелени, цитрусов с нотой воска)

resistance

residual остаточный
residue 1. остаток 2. осадок, отстой
  ammonia ~s остатки соединений аммония (после химической завивки)
  chlorine ~ остатки хлора (от хлорированной воды)
  distillation ~ кубовый остаток, остаток при перегонке
  dried ~ сухой остаток
  solvent ~ растворимый остаток
  still ~ см. distillation residue
  undissolved ~ нерастворимый остаток
resilience упругость, эластичность
  skin ~ эластичность кожи
resin смола
  benzoin ~ бензойная смола
  casein ~ казеиновая смола
  cellulosic ~ целлюлозная смола
  easy-to-disperse ~ легкодиспергируемая смола
  elemi ~ элеми (смола)
  fixative ~ фиксирующая смола
  fossil ~ минеральная смола
  hair care ~ смола, добавляемая в средства для волос
  hair spray ~ смола, добавляемая в лаки для волос
  ion-exchange ~ ионообменная смола
  natural ~ природная смола
  synthetic ~ синтетическая смола
resinification 1. смолообразование 2. осмоление
resinoid резиноид
  benzoin ~ бензойный резиноид
  castoreum ~ резиноид кастореума
  galbanum ~ резиноид гальбанума
  labdanum ~ резиноид лабданума
  myrrh ~ резиноид мирры
  oakmoss ~ резиноид дубового мха
  olibanum ~ резиноид олибанума
  orris ~ резиноид фиалкового корня
  Peru balsam ~ резиноид перуанского бальзама
  purified ~ очищенный резиноид
  styrax ~ резиноид стиракса
  Tolu balsam ~ резиноид толуанского бальзама
  tree moss ~ резиноид древесного мха
resistance стойкость, устойчивость, сопротивляемость
  abrasion ~ абразивная стойкость
  acid ~ кислотостойкость

resistance

ag(e)ing ~ стойкость к старению
air-oxidation ~ стойкость к окислению на воздухе
alkali ~ щёлочестойкость
anticorrosion ~ стойкость к образованию коррозии, антикоррозийная стойкость
chemical ~ химическая стойкость
cutaneous ~ стойкость кожи *(напр. к действию неблагоприятных факторов)*
film ~ устойчивость плёнки
heat ~ термостойкость
humidity ~ влагостойкость
natural ~ естественная устойчивость *(напр. масел к прогорканию)*
odor ~ стойкость запаха
rub-off ~ стойкость *(напр. губной помады)* к стиранию
shock ~ ударопрочность
skin ~ см. cutaneous resistance
UV ~ устойчивость к действию ультрафиолетовых лучей
vapor ~ паронепроницаемость
water ~ водостойкость
wear ~ см. rub-off resistance
weather ~ устойчивость *(напр. декоративной косметики)* к атмосферным воздействиям

resistant стойкий, устойчивый ◇ ~ to **atmospheric oxidation** стойкий к окислению на воздухе; ~ to **breakage** стойкий к разлому; ~ to **corrosion** стойкий к коррозии; ~ to **creasing** стойкий к слёживанию [к сминаемости] *(о пудре, тенях)*; ~ to **microbial attack** стойкий к микробному заражению; ~ to **oxidation** стойкий к окислению; ~ to **rancidity** стойкий к прогорканию

resorcin(ol) резорцин
respiration дыхание
  skin ~ кожное дыхание
restharrow стальник
restorer:
  hair ~ восстановитель для волос
restriction ограничение
retention сохранение, удержание
  aroma ~ сохранение ароматических свойств
  color ~ сохранение цвета
  curl ~ фиксация завивки

  flavor ~ сохранение вкусоароматических свойств
  foam ~ пеностойкость
  moisture [water] ~ влагоудержание
retesting повторное тестирование
reticulin ретикулин *(косметическое сырьё)*
retinoid ретиноид *(косметическое сырьё)*
retinol ретинол, витамин А
retinyl palmitate ретинилпальмитат *(косметическое сырьё)*
Réunion *фр.* остров Реюньон *(центр производства эфирных масел)*
reversibility обратимость *(напр. процесса)*
  thermal ~ обратимость при нагреве
revitalizer оздоровительное средство
  concentrate ~ концентрированное оздоровительное средство
  night-time ~ оздоровительное средство, наносимое на ночь
revitalizing оздоровление, восстановление жизненно важных функций кожи
  intense ~ интенсивное оздоровление *(напр. кожи или волос)*
rheology реология
rhodamine родамин *(краситель)*
rhodinol родинол *(цветочный запах с нотой розы)*
  ~ **cœur** *фр.* родинол-кёр *(купаж лучших по запаху срединных фракций родинола при вакуум-разгонке)*
rhodinyl acetate родинилацетат *(цветочно-фруктовый запах с нотой розы)*
rhubarb ревень
  bog ~ белокопытник
  medicinal ~ ревень лекарственный
ribbon ленточка, тесьма *(элемент декоративного оформления)*
  lace ~ кружевная тесьма
  polypropylene ~ пластмассовая ленточка из полипропилена
  satin ~ атласная тесьма
rigidity 1. жёсткость *(напр. волос)* 2. прочность *(напр. упаковки)*
rimmed с ободком *(напр. о флаконе)*
rinsability смываемость *(водой)*
rinsable:
  water ~ смываемый водой *(напр. о краске для волос)*

rinse ополаскиватель ‖ ополаскивать
  after shampooing ~ ополаскиватель после мытья шампунем
  antidandruff ~ ополаскиватель от перхоти
  antistatic ~ ополаскиватель с антистатическим эффектом
  coloring ~ оттеночный ополаскиватель для волос
  concentrate ~ концентрированный ополаскиватель
  conditioning ~ ополаскиватель-кондиционер
  cream ~ крем-ополаскиватель
  daily ~ ополаскиватель ежедневного пользования
  dandruff ~ ополаскиватель от перхоти
  dental ~ зубной эликсир
  dental anticaries ~ эликсир от кариеса
  finishing ~ ополаскиватель для волос
  hair ~ ополаскиватель для волос
  hair color ~ см. coloring rinse
  medicated ~ лечебный зубной эликсир
  mouth ~ зубной эликсир
  perming ~ ополаскиватель для волос с перманентом
  plaque removing ~ эликсир от зубного налёта
  prebrush ~ эликсир для полости рта, применяемый перед чисткой зубов
  setting ~ ополаскиватель, облегчающий укладку волос
  toning ~ см. coloring rinse
  volume hair ~ ополаскиватель, придающий объёмность волосам
rinsing ополаскивание
roller бигуди
roll-on шариковая упаковка
room 1. камера 2. цех
  lipstick manufacturing ~ камера для производства губной помады
  mixing ~ цех смешивания сырьевых компонентов
  powder manufacturing ~ цех для приготовления пудры
root корень
  alth(a)ea ~ корень алтея
  angelica ~ корень ангелики
  costus ~ корень костуса
  dried ~s подсушенные корни
  ginger ~ корень имбиря
  hair ~s корни волос
  orris ~ фиалковый корень
  valerian ~ корень валерианы
  vetiver ~ ветиверовый корень
rose 1. роза 2. запах или нота розы ◊
  ~ centifolia роза «сантифолиа»; ~ damascena роза «дамасцена»; ~ de Mai фр. роза майская
  artificial ~ искусственная композиция с запахом розы
  Bulgarian ~ роза болгарская
  Kazanlik ~ роза казанлыкская
  tea ~ роза чайная
  Turkish ~ роза турецкая
  white ~ роза белая
rosebay кипрей, иван-чай
rosemary 1. розмарин 2. запах или нота розмарина
rose oxide розеноксид (запах розы с оттенком свежей зелени)
rosewood розовое дерево
rotation:
  optical ~ оптическое вращение
rotting порча (напр. препарата)
rouge румяна
  cake ~ румяна в виде бруска
  compact ~ компактные румяна
  cream(y) ~ крем-румяна
  dry ~ сухие румяна
  grease ~ жирные румяна
  lip ~ губная помада
  liquid ~ жидкие румяна
  paste ~ румяна в виде пасты
  powder ~ пудра-румяна
  theatrical ~ театральные румяна
roughness:
  skin ~ шероховатость кожи
rounding:
  tube ~ фальцовка туб
rub-in втирание; растирание
rub-off стирание, удаление

S

saccharin сахарин
sachet саше
  bath ~ саше для ванн
  cream ~ крем-саше

sachet

   drawer ~ саше (с сухими духами) для бельевого шкафа
   foil ~ саше из фольги
   fragrance ~ духи-саше
   laminate ~ саше из многослойного материала
   lily-of-the-valley ~ саше с запахом ландыша
   old-style ~ саше старинного стиля
   perfumed ~ духи-саше
   plastic ~ пластмассовое саше
   powder ~ пудра-саше
   simmering ~ саше для кипячения белья
   solid ~ твёрдое саше
   travel ~ дорожное саше
safe безвредный, безопасный
   dermatologically ~ дерматологически безвредный
   environmentally ~ безвредный для окружающей среды
   microbiologically ~ микробиологически безвредный
safety безвредность, безопасность
   ~ of abrasives безвредность абразивных материалов
   product ~ безвредность изделия
saffron 1. шафран 2. запах *или* нота шафрана
Safranal *фирм.* сафраналь *(характерный запах шафрана)*
safranin сафранин *(косметический краситель)*
sage 1. шалфей 2. запах *или* нота шалфея
   clary ~ 1. шалфей мускатный 2. запах *или* нота шалфея мускатного
sale продажа, торговля; сбыт
   annual ~ ежегодная продажа
   catalog ~ торговля по каталогу
   direct ~ торговля без посредников
   domestic retail ~ внутренняя розничная торговля
   door-to-door ~ торговля вразнос
   foreign ~ экспортная торговля
   home retail ~ внутренняя розничная торговля
   mail-order ~ торговля по почте
   manufacturer's ~ заводская продажа
   retail ~ розничная торговля
   value ~ торговля по стоимостному объёму

   volume ~ торговля по количеству единиц продукции
saliva слюна
salon салон
   beauty ~ косметический салон
   hairdressing [professional] ~ парикмахерский салон
salt соль
   aromatic bath ~ ароматическая соль для ванн
   bath ~ соль для ванн
   effervescent bath ~ шипучая соль для ванн
   herbal bath ~ соль для ванн с экстрактами трав
   non-effervescent bath ~ нешипучая соль для ванн
salviol салвиол *(компонент шалфейного масла)*
sample образец; проба
   assay ~ образец для анализа
   commercial ~ товарный образец
   control ~ контрольный образец; контрольная проба
   cosmetic ~ косметический образец
   fragrance ~ образец душистого вещества
   hair ~s образцы волос
   market ~ рыночный образец
   perfumery ~ парфюмерный образец
   production ~ производственный образец
   reference ~ эталонный образец
   standard ~ типовой образец
   test ~ образец для тестирования
   trade ~ торговый образец
   trial ~ пробный образец
sampling забор проб
   bottle ~ выбраковка флаконов
sandalwood 1. санталовое дерево 2. запах *или* нота санталового дерева
sandal санталовый *(о запахе)*
Sandela *фирм.* сандела *(санталовый запах)*
santal *см.* sandal
Santalex *фирм.* санталекс *(санталовый запах)*
santalol санталол *(санталовый запах)*
santalyl acetate санталилацетат *(санталовый запах с мускусным оттенком)*
Santolite *фирм.* санталит *(санталовый запах)*

saponifiable омыляемый
saponin сапонин (*косметическое сырьё*)
  powdered ~s порошкообразные сапонины
sassafras 1. сассафрас 2. запах *или* нота сассафраса
savin можжевельник
scales чешуйки
scaliness чешуйчатость; шероховатость
  skin ~ шероховатость кожи
scaling:
  scalp ~ образование чешуек на коже головы
scalp кожа (волосистой части) головы
  dry ~ сухая кожа головы
  flaky ~ чешуйчатая кожа головы
  irritated ~ раздражённая кожа головы
  itchy ~ зудящая кожа головы
scar шрам; рубец
scarf декоративная ленточка (*вокруг горловины флакона*)
scarring рубцевание, образование рубца
scatol скатол (*резкий животный запах*)
scavenger:
  free radical ~ «ловушка» свободных радикалов
scent запах (*см. тж* fragrance, odor)
  aromatic ~ ароматический запах
  classic ~ классический запах
  fresh ~ свежий запах
  herbaceous ~ травянистый запах
  musk ~ мускусный запах
  rich ~ богатый запах
  sensual ~ чувственный запах
  «sister» ~ «родственный» запах
  sophisticated ~ усложнённый запах
  spice ~ пряный запах
  woody ~ древесный запах
scented отдушенный; ароматизированный
  flower ~ с цветочным запахом
  jasmine ~ с запахом жасмина
  pine ~ с хвойным запахом
  strongly ~ сильно отдушенный
scientist научный работник
  cosmetic ~ научный работник в области косметики
  essential oil ~ научный работник в области эфирных масел
  perfumery ~ научный работник в области парфюмерии
screen 1. экран; фильтр 2. защита 3. фотозащитное средство
  lip ~ фотозащитное средство для губ
  sun ~ фотозащитное средство
scrub(bing) 1. пилинг, отшелушивание (*омертвевших клеток кожи*) 2. средство для отшелушивания, отшелушивающее средство (*см. тж* peeling)
  acne ~ средство для отшелушивания кожи при угревой сыпи
  almond facial ~ отшелушивающее средство для лица с миндальным порошком
  apricot and oatmeal ~ отшелушивающее средство с абрикосовым порошком и толокном
  body ~ отшелушивающее средство для тела
  cleansing ~ очищающее и отшелушивающее средство
  cream ~ отшелушивающий крем
  facial ~ отшелушивающее средство для лица
  fine grain ~ тонкозернистое отшелушивающее средство
  foot ~ отшелушивающее средство для ног
  honey facial ~ отшелушивающее средство для лица с мёдом
  treatment ~ оздоровительное отшелушивающее средство
  washing ~ отшелушивающий жидкий состав
scurf перхоть
sealer укупорочная машина
  glass jar ~ укупорочная машина для стеклянных баночек
sealing 1. укупоривание 2. закатывание 3. запечатывание
  tube ~ фальцовка туб
seaweeds морские водоросли
seborrhea себорея
  dry ~ сухая себорея
  oily ~ жирная себорея
seborrheic себорейный
sebum кожное сало
  excessive ~ избыточное кожное сало
secretion секреция, выделение
  excessive oil ~ избыточное салоотделение

secretion

oily [sebaceous, sebum] ~ салоотделение
sweat ~ потоотделение
sediment осадок; отстой
  crystal ~ кристаллический осадок
  filter ~ фильтрационный осадок
  light ~ лёгкий осадок
sedimentation осаждение, седиментация
  centrifugal ~ осаждение при центрифугировании
  gravity ~ гравитационное осаждение
  pigment ~ осаждение пигмента [красителя]
  suspension ~ осаждение взвеси
seeds семена; зёрна *(эфирномасличное сырьё)*
  ambrette ~ грены амбретта
  angelica ~ семена ангелики
  anis ~ семена аниса
  caraway ~ семена тмина
  carrot ~ семена моркови
  coriander ~ семена кориандра
  cumin ~ семена тмина [кумина тминового]
  dill ~ семена укропа
  fennel ~ семена фенхеля
  flax ~ льняное семя
  parsley ~ семена петрушки
segmentation:
  market ~ сегментация рынка *(по уровню цен на товары)*
selenium sulfide сульфид селения
self-circulation самоциркуляция
self-cooling остывание, самоохлаждение
self-emulsifying самоэмульгирование
self-evaporation самопроизвольное испарение
self-foaming самовспенивание
self-oxidation самоокисление
self-tanning искусственный загар
semicoverage полупрозрачный, полуукрывистый *(напр. о пудре)*
semifluid полужидкий
semigreasy полужирный
semioriental полувосточный *(о запахе)*
semipermanent полуперманент
sensation ощущение, чувство
  ~ of smell обонятельное ощущение
  after application ~ ощущение после нанесения *(крема или макияжа)*
  astringent ~ вяжущее ощущение
  cooling ~ холодящее ощущение
  olfactory ~ обонятельное ощущение
  taste ~ вкусовое ощущение
  tight ~ стягивающее ощущение
  tingling ~ покалывающее ощущение
sense *см.* sensation
sensibility чувствительность, восприимчивость
  eye membrane ~ чувствительность слизистой оболочки глаз
  skin ~ чувствительность кожи
sensitive чувствительный, восприимчивый
sensitivity чувствительность
  age ~ возрастная чувствительность
  allerg(en)ic ~ аллергическая чувствительность
  gingival ~ чувствительность дёсен
  olfactive ~ ольфакторная [обонятельная] чувствительность
  skin ~ чувствительность кожи
  threshold ~ пороговая чувствительность
  tooth ~ чувствительность зубов
sensual чувственный *(о запахе)*
separating:
  emulsion ~ расслоение эмульсии
separation разделение, сепарация
  centrifugal ~ разделение центрифугированием
  chemical ~ химическое разделение
  chromatographic ~ хроматографическое разделение
  extraction ~ экстракционное разделение
  phase ~ разделение фаз
  water ~ отделение воды
sequestrant отшелушивающее вещество
sericeous шелковистый
serum сыворотка
  age management ~ сыворотка от старения кожи
  anti-wrinkling ~ сыворотка от морщин
  biotreatment ~ биологически активная сыворотка
  bovine albumine ~ сыворотка с бычьим альбумином
  eye ~ сыворотка для ухода за кожей вокруг глаз

shade

facial ~ сыворотка для лица
firming facial ~ укрепляющая сыворотка для лица
intensified ~ сыворотка для интенсивного ухода за кожей
intensive firming ~ высокоинтенсивная укрепляющая сыворотка
lift(ing) ~ сыворотка, создающая лифтинг-эффект, сыворотка с подтягивающим действием на кожу
moisture ~ увлажняющая сыворотка
multiactive ~ высокоактивная сыворотка
oligomajor ~ тонизирующая сыворотка, применяемая при сниженной функции кожи
silk ~ сыворотка, придающая шелковистость коже
time-fighting ~ сыворотка от преждевременного старения кожи
vitalizing ~ сыворотка с оздоравливающим действием
sesame кунжут
sesquiterpenic сесквитерпеновый
set набор, комплект (см. тж kit)
  Christmas gift ~ рождественский подарочный набор
  cosmetic gift ~ косметический подарочный набор
  exhilarating ~ сюрпризный набор
  female gift ~ подарочный набор для женщин
  gift ~ подарочный набор
  male gift ~ подарочный набор для мужчин
  miniature ~ миниатюрный набор
  soap ~ набор мыла
  skin care ~ набор средств для ухода за кожей
  three-color lip palette ~ набор губной помады трёх оттенков
  travel ~ дорожный набор
settability:
  ~ of hair послушность волос
setting 1. застывание, затвердевание 2. укладка, фиксация
  firm ~ сильная фиксация (волос)
  hair ~ укладка [фиксация] волос
  strong ~ сильная фиксация (волос)
settling 1. оседание, осаждение 2. отстой, осадок
  pearl ~ осадок перламутрового красителя (в маникюрном лаке)

pigment ~ осаждение пигмента
shade 1. тень 2. оттенок, нюанс; тон
  bamboo ~ оттенок бамбука
  beige ~ бежевый оттенок
  beige pearl ~ бежево-перламутровый оттенок
  beige rose ~ бежево-розовый оттенок
  black blue ~ тёмно-синий тон
  black brown ~ тёмно-коричневый тон
  blond ~ светло-русый тон
  blue ~ голубой тон
  brighter ~ блестящий оттенок
  brown ~ коричневый тон
  cameo ~ тон камеи
  chamois rose ~ желтовато-красный оттенок
  chestnut ~ каштановый тон
  copper red ~ медно-красный оттенок
  coral ~ коралловый тон
  correct ~ скорректированный тон
  creamy ~ кремовый тон
  dark brown ~ тёмно-коричневый тон
  earth ~ землистый оттенок
  emerald ~ изумрудный оттенок
  fashionable ~ модный тон
  full ~ насыщенный тон
  ginger ~ имбирный оттенок
  golden beige ~ золотисто-бежевый оттенок
  golden copper ~ золотисто-медный оттенок
  hair coloring ~ тон краски для волос
  honey beige ~ медово-бежевый оттенок
  hot pink ~ тёмно-розовый тон
  ivory ~ тон слоновой кости
  light beige ~ лёгкий бежевый оттенок
  lip and nail ~ скорректированный тон губной помады и лака для ногтей
  lipstick ~ тон губной помады
  matte ~ матовый тон
  mauve-pink ~ сиренево-розовый тон
  medium ~ полунасыщенный тон
  night blue ~ тёмно-синий тон
  orange ~ оранжевый тон
  orange copper ~ оранжево-медный оттенок
  orange gold ~ оранжево-золотистый оттенок
  orange pearl ~ оранжево-перламутровый оттенок

shade

pastel ~ пастельный тон
peach-like ~ персиковый тон
pearl ~ перламутровый оттенок
pink ~ розовый тон
pinky ~ розоватый оттенок
platinum blond ~ светло-русый тон с платиновым оттенком
powder ~ тон пудры
purple ~ ярко-красный тон
rachel ~ тон «рашель»
reddish blond ~ светло-русый тон с оттенком красного дерева
red pearl ~ перламутрово-красный оттенок
reduced ~ полутон
rose ~ розовый тон
rose pearl ~ перламутрово-розовый оттенок
salmon ~ тон «сомон», оранжево-розоватый тон
sand ~ песочный тон
skin-toned ~ телесный тон
warm beige ~ насыщенный бежевый тон
warm red ~ насыщенный красный тон

shading оттенок
oriental ~ восточный оттенок (композиции)
subtle ~ лёгкий оттенок (при окраске волос или при макияже)

shaft:
hair ~ стержень волоса

shampoo шампунь ◊ ~ and conditioner in one шампунь и кондиционер в одном флаконе
all-body ~ шампунь для тела и волос
all-hair type ~ шампунь для любых волос
all-over ~ шампунь для тела и волос
all-purpose ~ универсальный шампунь
almond milk ~ миндальный шампунь
aloe vera ~ шампунь с алоэ
antidandruff ~ шампунь от перхоти
antigrease ~ шампунь для жирных волос
antiseborrheic ~ противосеборейный шампунь
arnica ~ шампунь с арникой
baby ~ детский шампунь
balsam ~ шампунь-бальзам
beauty ~ косметический шампунь
beer ~ пивной шампунь
beneficial ~ целебный шампунь
camomile ~ ромашковый шампунь
chestnut-honey ~ каштаново-медовый шампунь
children ~ детский шампунь
citrus ~ лимонный шампунь
clarifying ~ осветляющий шампунь
clean-scalp ~ шампунь, очищающий кожу головы (от перхоти, корочек и т.д.)
clover ~ шампунь с экстрактом клевера
coconut ~ кокосовый шампунь
coloring ~ оттеночный шампунь
coltsfoot ~ шампунь с экстрактом мать-и-мачехи
comfrey ~ шампунь с экстрактом окопника
concentrated ~ концентрированный шампунь
conditioning ~ шампунь-кондиционер
cream(y) ~ шампунь в виде крема
daily (wash) ~ шампунь для ежедневного мытья волос
deep cleansing ~ шампунь, глубоко очищающий кожу головы
delicate ~ шампунь мягкого действия
detangling ~ шампунь, облегчающий расчёсывание волос
dry ~ сухой шампунь
dry hair ~ шампунь для сухих волос
dual-purpose ~ шампунь двойного назначения
egg ~ яичный шампунь
egg lecithin ~ шампунь с яичным лецитином
ethnic ~ шампунь для этнических групп населения
everyday ~ шампунь для ежедневного мытья волос
extramild ~ очень мягкий шампунь
family ~ шампунь для семейного пользования
fine ~ шампунь мягкого действия
frequent use [frequent wash] ~ шампунь для частого мытья волос
gel ~ шампунь-гель
gentle ~ шампунь мягкого действия
ginseng ~ шампунь с женьшенем
hair and body ~ шампунь для тела и волос

shampoo

hair therapy ~ лечебно-оздоровительный шампунь для волос
henna extract ~ шампунь с экстрактом хны
herbal ~ травяной шампунь
high-surfactant ~ шампунь с высоким содержанием поверхностно-активных веществ
honey ~ медовый шампунь
honeysuckle ~ шампунь с экстрактом жимолости
horsetail ~ шампунь с экстрактом хвоща
instant lathering ~ легковспенивающийся шампунь
jojoba oil ~ шампунь с маслом хохобы
kids' ~ шампунь для детей
lanolin ~ ланолиновый шампунь
lecithin ~ лецитиновый шампунь
lemon ~ лимонный шампунь
lime(-tree) ~ липовый шампунь
liquid ~ жидкий шампунь
luster-producing ~ шампунь, придающий блеск волосам
lychee ~ шампунь с экстрактом личи китайского
marigold ~ шампунь с экстрактом календулы
marshmallow ~ шампунь с экстрактом алтея
medicated ~ лечебный шампунь
mild ~ шампунь мягкого действия
milfoil ~ шампунь с экстрактом тысячелистника
milk amino acids ~ шампунь с молочными аминокислотами
mink oil ~ шампунь с жиром норки
moisturizing ~ увлажняющий шампунь *(снижающий сухость волос)*
multifunctional ~ многофункциональный шампунь
natural silk ~ шампунь с экстрактом натурального шёлка
nettle ~ крапивный шампунь
neutralizing ~ нейтрализующий шампунь
non-aggressive ~ шампунь мягкого действия
non-irritant ~ нераздражающий шампунь
normal hair ~ шампунь для нормальных волос
normalizing ~ шампунь нормализующего действия
oatmeal ~ толокняный шампунь
oil hair [oily version] ~ шампунь для жирных волос
olive ~ оливковый шампунь
opaque ~ непрозрачный шампунь
peach ~ персиковый шампунь
pearlescent [pearlized] ~ перламутровый шампунь
pectin ~ шампунь с пектином
perfumed ~ отдушенный шампунь, шампунь с отдушкой
pine tar ~ дегтярный шампунь
plant-based ~ шампунь с растительными экстрактами
powder ~ сухой шампунь
professional ~ шампунь для парикмахерских салонов
protective ~ защитный шампунь
protein ~ шампунь с протеином
regenerating ~ регенерирующий шампунь
rosemary ~ розмариновый шампунь
rum ~ ромовый шампунь
sachet ~ шампунь в саше, одноразовый шампунь
sage ~ шалфейный шампунь
salon ~ шампунь для парикмахерских салонов
shine-enhancing ~ шампунь, придающий шелковистость волосам
shower ~ шампунь для душа
soapless ~ безмыльный шампунь
soft silkness ~ мягкий шелковистый шампунь
solid ~ пастообразный шампунь
sunflower oil ~ шампунь на основе подсолнечного масла *(для очень сухих волос)*
tear-free [tearless] ~ шампунь «без слёз»
therapeutic ~ лечебно-оздоровительный шампунь
treatment ~ лечебно-профилактический шампунь
UV ~ шампунь, защищающий от ультрафиолетовых лучей
vegetable ~ шампунь с растительными экстрактами
vitamin E ~ шампунь с витамином E
volume [volumizing] ~ шампунь, придающий объёмность волосам

shampoo

wet ~ увлажняющий шампунь
wheat bran ~ шампунь с экстрактом пшеничных зародышей
white nettle ~ крапивный шампунь
willow-herb ~ шампунь с экстрактом иван-чая
yeast ~ дрожжевой шампунь
shampooing мытьё шампунем
  biweekly ~ мытьё шампунем дважды в неделю
  daily ~ ежедневное мытьё шампунем
  frequent ~ частое мытьё шампунем
shape форма *(тары)*
  asymmetrical ~ асимметричная форма
  bottle ~ форма флакона
  half-moon ~ форма в виде полумесяца
  oval ~ овальная форма
  fancy ~ фантазийная форма
  plain ~ простая [упрощённая] форма
  round ~ круглая форма
  spherical ~ сферическая форма
  square ~ квадратная форма
  standard ~ типовая форма
sharpener:
  pencil ~ точилка для косметического карандаша
shavegrass хвощ
shaving бритьё
sheen блеск ‖ блестящий
  oily ~ жирный блеск
  pearlescent ~ перламутровый блеск
  silky ~ шелковистый блеск
shell скорлупа; кожура
  finely ground walnut ~ тонкоизмельчённая ореховая скорлупа
  ground almond ~ измельчённая миндальная скорлупа
shellac шеллак
  bleached ~ отбелённый шеллак
  dewaxed ~ шеллак, не содержащий воска
  solubilized ~ солюбилизированный шеллак
shimmer мерцание
shine блеск; лоск; глянец
  hair ~ блеск волос
shipment отгрузка, отправка *(товара)*
  finished goods ~ отгрузка готовой продукции
  material ~ отгрузка сырья [материалов]

shoulders плечики *(флакона)*
  rounded ~ округлённые плечики
  sloping ~ скошенные плечики
  tube ~ заплечики тубы
shrinkage:
  ~ of lipstick растрескивание губной помады
sign 1. знак, обозначение 2. признак; симптом
  ~ of premature ag(e)ing признак преждевременного старения
  ~ of skin ag(e)ing признак старения кожи
  ~ of skin dryness признак сухости кожи
signature надпись *(на этикетке или флаконе)*
silica диоксид кремния
  amorphous ~ аморфный диоксид кремния
  hydrated ~ диоксид кремния, содержащий воду
  powdered ~ порошкообразный диоксид кремния
  precipitated ~ осаждённый диоксид кремния
silicone силикон
  liquid ~ жидкий силикон
  non-volatile ~ нелетучий силикон
  organic ~ органосиликон
  organomodified ~ модифицированный органосиликон
  self-emulsified ~ самоэмульгирующийся силикон
  volatile ~ летучий силикон
silk 1. шёлк *(косметическое сырьё)* 2. шелковистость
  body ~ шелковистость кожи
  hair ~ шелковистость волос
  hydrolized ~ гидролизованный шёлк
  natural ~ натуральный шёлк
  powdered ~ шёлковый порошок
siloxane силоксан
similarity:
  ~ of odors сходство запахов
simplified упрощённый *(напр. о запахе, об упаковке)*
size размер, типоразмер; величина
  family ~ типоразмер *(напр. тубы)* для семейного пользования
  guest ~ типоразмер изделий для гостиниц
  large ~ большой размер

skin

market ~ объём рынка
medium ~ средний размер
$1/4$ oz ~ размер, равный $1/4$ унции
2 oz ~ размер, равный двум унциям
particle ~ размер частиц
pore ~ величина пор
promotional ~ рекламный типоразмер
purse ~ типоразмер флакона для (дамской) сумочки
salon (use) ~ типоразмер *(упаковки)* для парикмахерских салонов
small ~ малый [небольшой] размер
travel ~ типоразмер дорожной продукции
trial ~ размер пробных изделий
skatole скатол *(фекальный запах)*
skin кожа
  abraded ~ стёртая кожа
  acne ~ кожа с угревой сыпью
  aged ~ старая кожа
  ag(e)ing ~ стареющая кожа
  allergic ~ кожа, склонная к аллергической реакции
  anemic ~ анемичная кожа, кожа, утратившая упругость
  auxillary ~ кожа подмышечной области
  average ~ кожа промежуточного типа
  baby ~ кожа ребёнка
  blackheads' ~ кожа с угревой сыпью
  blemished ~ кожа с пятнами
  bronzing ~ загорелая кожа
  chaffed ~ кожа с порезами *(от бритья)*
  chapped ~ растрескавшаяся кожа
  cleansed ~ очищенная кожа
  combination ~ комбинированная кожа
  comedogenous ~ кожа с угревой сыпью
  cracked ~ растрескавшаяся кожа
  damaged ~ повреждённая кожа
  dead ~ омертвевшая кожа
  dehydrated ~ обезвоженная кожа
  delicate ~ тонкая кожа
  diseased ~ болезненная кожа
  dry ~ сухая кожа
  dry stressed ~ сухая «угнетённая» кожа
  elastic ~ эластичная кожа
  elderly ~ дряблая [старческая] кожа
  extreme dry ~ чрезмерно сухая кожа
  facial ~ кожа лица
  fading ~ увядающая кожа
  fair ~ чистая [здоровая] кожа
  firm ~ упругая кожа
  flaky ~ шершавая кожа
  fragile ~ слабая кожа
  hard ~ уплотнённая кожа
  healthy ~ здоровая кожа
  hydrated ~ увлажнённая кожа
  hypersensitive ~ сверхчувствительная кожа, кожа, склонная к аллергической реакции
  impure ~ нечистая кожа
  inflamed ~ воспалённая кожа
  irritated ~ раздражённая кожа
  itchy ~ зудящая кожа, кожа с раздражением
  large-pored ~ кожа с расширенными порами
  mature ~ зрелая кожа
  moisturized ~ увлажнённая кожа
  non-greasy ~ нежирная кожа
  normal ~ нормальная кожа
  normal/dry ~ нормальная сухая кожа
  normal/oily ~ нормальная жирная кожа
  older ~ состарившаяся [увядшая] кожа
  orange-peel ~ кожа типа апельсиновой корки, пористая кожа
  overdry ~ чрезмерно сухая кожа
  pimples ~ прыщавая кожа
  premature ag(e)ing ~ преждевременно состарившаяся кожа
  problem ~ проблемная кожа
  puffy ~ отёчная кожа
  reddened ~ покрасневшая кожа
  revitalized ~ кожа, восстановившая жизненно важные функции
  rough ~ огрубевшая кожа
  scaly ~ чешуйчатая кожа
  scarred ~ зарубцевавшаяся кожа
  senile ~ старческая кожа
  sensitive ~ чувствительная кожа
  shiny ~ лоснящаяся [блестящая] кожа
  silky ~ шелковистая кожа
  slack ~ дряблая [слабая] кожа
  smooth ~ гладкая кожа
  soft ~ мягкая кожа

skin

spongy ~ пористая кожа
spots ~ прыщавая кожа
stressed ~ «угнетённая» кожа, кожа с пониженным тонусом
sunburned [sunstressed] ~ кожа с солнечными ожогами
supersoft ~ очень мягкая кожа
supple ~ мягкая кожа
tender ~ нежная кожа
thick ~ утолщённая кожа
thirsty ~ высушенная [обезвоженная] кожа
tired ~ «уставшая» кожа, кожа с пониженным тонусом
troubled ~ нездоровая кожа
unbroken ~ здоровая кожа
velvety ~ бархатистая кожа
weakened ~ ослабленная кожа
well-nourished ~ кожа, получающая необходимые питательные вещества
wrinkle ~ морщинистая кожа
young looking ~ моложавая кожа
skinfeel ощущение на коже, кожное ощущение
sloughing отшелушивание
smarting:
skin ~ болезненность кожи
smear 1. пятно || пачкать 2. вязкое вещество
smell 1. запах 2. обоняние
accentuated ~ усиленный [подчёркнутый] запах
characteristic ~ характерный запах
earthy ~ землистый запах
evil ~ отвратительный запах
honey-like ~ медовый запах
individual ~ индивидуальный запах
moldy ~ запах плесени
nice ~ приятный запах
putrid ~ запах гнили, гнилостный запах
rancid ~ прогорклый запах
rich ~ богатый запах
smoky ~ запах копчёности
stale ~ затхлый запах
unpleasant ~ неприятный запах
smelling оценка запаха, пронюхивание
smelling-slips бумажные полоски для оценки запаха
smoothing гладкость (напр. кожи)
smudge грязное пятно || пачкать, размазываться
smudgeproof неразмазывающийся (о губной помаде); нерастекающийся (о туши)
soak:
foot ~ тампон, пропитанный специальным составом, для ухода за ногами
soap мыло
antiseptic ~ антисептическое мыло
baby ~ детское мыло
bactericide ~ бактерицидное мыло
bar ~ кусковое мыло
bath ~ банное мыло
borax ~ борное мыло
Castile ~ кастильское мыло (высокосортное туалетное мыло на оливковом масле)
cellophane wrapped ~ мыло в целлофановой обёртке
chip ~ мыльная стружка
cleansing cream ~ очищающее крем-мыло
clear ~ прозрачное мыло
coconut ~ кокосовое мыло
cosmetic ~ косметическое мыло
dental ~ мыло для ухода за зубными протезами
deodorant ~ дезодорирующее мыло
dermatological ~ лечебно-косметическое мыло
dry ~ стиральный порошок
extramild ~ мыло мягкого действия (для чувствительной кожи)
facial ~ мыло для лица
fine toilet ~ высококачественное туалетное мыло
gift-boxed ~ мыло в подарочной упаковке
glycerin ~ глицериновое мыло
grained ~ ядровое мыло
green ~ зелёное мыло
guest ~ мыло для гостиниц
hard ~ твёрдое мыло
hard-water ~ мыло для жёсткой воды
herbal ~ мыло с экстрактами трав
household ~ хозяйственное мыло
hypoallergenic ~ гипоаллергическое мыло (для чувствительной кожи)
industrial ~ техническое мыло
laundry ~ хозяйственное мыло (для стирки)
liquid ~ жидкое мыло
liquid hand ~ жидкое мыло для рук
luxury ~ мыло категории «люкс»

marble ~ мраморное мыло
marine ~ мыло для морской воды
medicated ~ медицинское мыло
mineral salt ~ мыло с минеральными солями
mud ~ грязевое мыло
oatmeal ~ косметическое мыло с толокном
paper-wrapped ~ мыло в бумажной обёртке
paste ~ пастообразное мыло
perfumed ~ душистое мыло
pine ~ хвойное мыло
pine-tar ~ дегтярное мыло
powdered ~ мыльный порошок
pre-make-up ~ косметическое мыло для умывания лица перед макияжем
round-shaped ~ мыло круглой формы
scented ~ душистое мыло
scrubbing ~ мыло с отшелушивающим действием
shaving ~ мыло для бритья
soft ~ мягкое мыло
superfatted ~ пережиренное мыло, мыло с пережиривающими добавками
toilet ~ туалетное мыло
translucent [transparent] ~ прозрачное мыло
trial-size ~ мыло пробного образца
unwrapped ~ мыло без обёртки
washing ~ банное мыло
soap-boiling мыловарение
soaper мыловар
soapery мыловаренный завод
soapiness мылкость
soap-maker мыловар
soap-making мыловарение
soapy мыльный
soda:
  baking ~ двууглекислый натрий, гидрокарбонат натрия
sodium alginate альгинат натрия (косметическое сырьё)
sodium benzoate бензоат натрия (косметическое сырьё)
sodium carboxymethyl cellulose карбоксиметилцеллюлоза натрия (косметическое сырьё)
sodium chloride хлорид натрия (косметическое сырьё)

solubility

sodium citrate цитрат натрия (косметическое сырьё)
sodium cocoyl sarcosinate саркозинат натрия и жирных кислот кокосового масла (косметическое сырьё)
sodium cyclomate цикломат натрия (косметическое сырьё)
sodium fluoride фтористый натрий (косметическое сырьё)
sodium glutamate глутамат натрия (косметическое сырьё)
sodium hyaluronate гиалуронат натрия (косметическое сырьё)
sodium lactate лактат натрия (косметическое сырьё)
sodium lauryl sarcosinate лаурилсаркозинат натрия (косметическое сырьё)
sodium lauryl sulfate лаурилсульфат натрия (косметическое сырьё)
sodium metaphosphate метафосфат натрия (косметическое сырьё)
sodium monofluorophosphate монофторфосфат натрия (косметическое сырьё)
sodium olefin sulfate олефинсульфат натрия (косметическое сырьё)
sodium perborate перборат натрия (косметическое сырьё)
sodium pyrophosphate пирофосфат натрия (косметическое сырьё)
sodium saccharinate сахаринат натрия (косметическое сырьё)
sodium sesquicarbonate сесквикарбонат натрия (косметическое сырьё)
sodium stearate стеарат натрия (косметическое сырьё)
sodium sulfonate сульфонат натрия (косметическое сырьё)
sodium toluate толуат натрия (косметическое сырьё)
softener смягчитель, умягчитель
softness мягкость
  natural ~ естественная мягкость (напр. волос)
  skin ~ мягкость кожи
  velvety ~ бархатистая мягкость (кожи)
solidification затвердевание; загустевание
solidity твёрдость
solubility растворимость
  fat ~ жирорастворимость

solubility

limited ~ ограниченная растворимость
low ~ низкая растворимость
water ~ водорастворимость
solubilization солюбилизация, растворение
  cold ~ солюбилизация на холоде
solubilizer солюбилизатор, растворитель
  fragrance ~ солюбилизатор душистых веществ
  highly effective ~ высокоэффективный солюбилизатор
  lipid ~ солюбилизатор липидов
  perfume ~ солюбилизатор отдушки
  silicone ~ солюбилизатор силикона
  vitamin ~ солюбилизатор витаминов
soluble растворимый
  lipid ~ жирорастворимый
  oil ~ маслорастворимый
  water ~ водорастворимый
Solulan фирм. солюлан
solution 1. раствор 2. растворение
  alcoholic ~ спиртовой раствор
  alcoholic perfume ~ спиртовой раствор душистых веществ
  aqua-alcoholic ~ водно-спиртовой раствор
  aqueous ~ водный раствор
  clear ~ прозрачный раствор
  cloudy ~ непрозрачный [мутный] раствор
  colloidal ~ коллоидный раствор
  color ~ окрашенный раствор
  concentrated ~ концентрированный раствор
  ethanol-aqueous ~ водно-спиртовой раствор
  milky ~ непрозрачный раствор
  oily ~ масляный раствор
  surfactant ~ раствор поверхностно-активных веществ
  thioglycollate ~ тиогликолевый раствор
  viscous ~ вязкий раствор
solvent растворитель || растворяющий
  clean ~ прозрачный растворитель
  grease ~ растворитель жировых веществ
  nail enamel ~ растворитель для маникюрного лака
  non-polar ~ неполярный растворитель
  non-volatile ~ нелетучий растворитель
  organic ~ органический растворитель
  polar ~ полярный растворитель
  slow ~ слабый растворитель
  strong ~ сильный [активный] растворитель
  volatile ~ летучий растворитель
sophisticated сложный; изысканный, утончённый; отвечающий изощрённому вкусу
sorbitan сорбитан
sorbitan monolaurate сорбитанмонолаурат (косметическое сырьё)
sorbitan monopalmitate сорбитанмонопальмитат (косметическое сырьё)
sorbitan monostearate сорбитанмоностеарат (косметическое сырьё)
sorbitan sesquioleate сорбитансесквиолеат (косметическое сырьё)
sorbitan stearate сорбитанстеарат (косметическое сырьё)
sorbitan tristearate сорбитантристеарат (косметическое сырьё)
sorbitol сорбит
sort сорт; тип; разновидность
sorter 1. сортировочная машина 2. сортировщик; браковщик
  bottle ~ сортировочная машина для флаконов
sorting сортировка; выбраковка, бракераж
  hand ~ ручная выбраковка
  photoelectronic lever ~ фотоэлектронная сортировка по уровню наполнения (напр. флаконов)
spa 1. минеральный источник 2. минеральная добавка
  lip ~ губная помада с минеральными добавками
sparkles блёстки
  shine ~ светящиеся блёстки
sparkling придающий блеск, сверкающий, блестящий; с блёстками
spearmint 1. мята кудрявая 2. запах или нота мяты кудрявой
specialist специалист
  beauty [cosmetic] ~ специалист по косметике
  marketing ~ специалист по маркетингу
  perfumery ~ специалист по парфюмерии

speciality фирменный препарат, «специалите»
  aromatic ~ фирменное душистое вещество
  cosmetic ~ фирменный косметический полупродукт
  firm ~ фирменный препарат
  fragrance ~ фирменное душистое вещество
  lilac ~ фирменное душистое вещество с запахом сирени
  perfume ~ фирменное парфюмерное изделие
specification 1. спецификация 2. *pl* технические условия
  color ~s технические условия на красители
  cosmetic ingredients ~ спецификация на косметические вещества
  product ~ спецификация на (отдельный) продукт
  provisional ~s предварительные технические условия
  quality ~ спецификация качества
  technical ~s технические условия
spermaceti спермацет
  synthetic ~ синтетический спермацет
sphingolipid сфинголипид
sphingosome сфингосома
spice пряный *(о запахе)*
spiceness пряный характер, пряность *(запаха)*
  patchouli ~ пряность пачулевого запаха
splattered переливчатый *(о цвете)*
split-ends раздвоенные [посечённые] концы волос
splitting появление трещин, растрескивание *(напр. ногтей)*
sponge губка
  abrasive ~ абразивная губка *(для отшелушивания кожи)*
  facial ~ губка-аппликатор для макияжа лица
  foundation ~ губка-аппликатор для нанесения крема-основы
  make-up ~ губка-аппликатор для макияжа
sponginess:
  ~ **of skin** ~ пористость кожи
spots пятна
  age ~ старческие пятна *(на коже)*
  white ~ белые пятна *(на ногтях)*

spray

  spotter средство, маскирующее пятна *(на коже)*
  problem ~ средство для проблемной кожи, маскирующее пятна
spray 1. пульверизатор; распылитель; спрей 2. препарат в аэрозольной упаковке
  air ~ ароматизатор воздуха в аэрозольной упаковке
  all-overbody ~ *см.* **body spray**
  antiperspirant ~ антиперспирант в аэрозольной упаковке
  body ~ дезодорант для тела в аэрозольной упаковке
  bronzing ~ средство для загара в аэрозольной упаковке
  cologne ~ одеколон в аэрозольной упаковке
  conditioning ~ кондиционер в аэрозольной упаковке
  deo(dorant) ~ дезодорант в аэрозольной упаковке
  dry styling ~ средство для укладки сухих волос в аэрозольной упаковке
  feminine hygiene ~ *см.* **intime hygiene spray**
  fixing ~ средство для фиксации волос в аэрозольной упаковке
  foot care ~ средство для ухода за ногами в аэрозольной упаковке
  glossy ~ блеск для волос в аэрозольной упаковке
  hair ~ лак для волос в аэрозольной упаковке
  hair removal ~ средство для удаления волос в аэрозольной упаковке
  hair shine ~ *см.* **glossy spray**
  harder-holding ~ средство для жёсткой фиксации волос в аэрозольной упаковке
  intime hygiene ~ средство для интимной гигиены в аэрозольной упаковке
  male hair ~ мужской лак для волос в аэрозольной упаковке
  mouth ~ средство для ароматизации полости рта в аэрозольной упаковке
  nail polish ~ лак для ногтей в аэрозольной упаковке
  non-CFC ~ распылитель, не содержащий хлорфторуглеродного пропеллента
  oily sheen ~ блеск для волос в аэрозольной упаковке

179

spray

perfume ~ духи в аэрозольной упаковке
pump ~ пульверизатор
purse ~ пульверизатор для (дамской) сумочки
room ~ ароматизатор для помещений в аэрозольной упаковке
structuring ~ средство для моделирования причёски в аэрозольной упаковке
styling ~ средство для укладки волос в аэрозольной упаковке
ultrafixing ~ лак для волос сверхжёсткой фиксации в аэрозольной упаковке
vitalizer ~ оздоравливающее средство для волос в аэрозольной упаковке
volume up ~ средство в аэрозольной упаковке, придающее объёмность волосам
wet styling ~ средство для укладки влажных волос в аэрозольной упаковке
spraying 1. распыление 2. напыление
  ceramic ~ напыление керамикой *(на стекле)*
  enamel ~ напыление эмалью
  gold ~ напыление «под золото»
  silver mist ~ распыление тонкого слоя серебристого лака *(на волосы)*
spreadability способность *(напр. кремов)* к растеканию
spreading 1. растекание 2. распространение 3. расширение
  high ~ высокая степень растекания
  low ~ низкая степень растекания
  medium ~ средняя степень растекания
spritzer распылитель, пульверизатор
  finishing ~ лак для окончательной отделки причёски
  shaping freeze ~ распылитель *(неаэрозольного типа)* с составом для жёсткой укладки волос
  thickening ~ распылитель с составом для увеличения объёма волос
spruce ель
squalane сквалан *(косметическое сырьё)*
squalene сквален *(косметическое сырьё)*
squamae слущенные чешуйки кожи

squeezable поддающийся сжатию, сжимаемый
squeezing сжатие, сдавливание
stability устойчивость, стабильность; стойкость; прочность
  ~ **of dyes** стойкость красителей
  acid ~ кислотостойкость
  ag(e)ing ~ устойчивость при хранении
  alkali ~ устойчивость к щёлочи
  chemical ~ химическая стойкость
  cold ~ устойчивость к холоду
  color ~ стабильность цветности, цветостойкость
  corrosion ~ коррозионная стойкость
  dimensional ~ стабильность параметров
  emulsion ~ стабильность эмульсии
  foam ~ стабильность пены
  heat [hot] ~ термостойкость
  improve ~ улучшенная [усовершенствованная] стабильность
  liposome ~ липосом(аль)ная стабильность
  odor ~ стабильность запаха
  optimal ~ оптимальная стабильность
  oxidation ~ стойкость к окислению
  storage ~ устойчивость при хранении
  temperature [thermal] ~ термостойкость
  UV ~ стойкость к ультрафиолетовому облучению
  viscosity ~ стабильность вязкости
  water ~ водостойкость
stabilizer стабилизатор, стабилизирующее вещество
  colloid ~ стабилизатор коллоидных систем
  color ~ стабилизатор красителя
  cosmetic ~ стабилизатор косметических препаратов
  dispersion ~ стабилизатор дисперсных систем
  emulsion ~ стабилизатор эмульсии
  foam ~ стабилизатор пены
  natural ~ натуральный стабилизатор
  suspension ~ стабилизатор суспензии
  synthetic ~ синтетический стабилизатор
  viscosity ~ стабилизатор вязкости
stable стабильный, устойчивый
  chemically ~ химически устойчивый

cold ~ холодоустойчивый
heat [hot] ~ термостойкий
highly ~ высокоустойчивый
microbiologically ~ микробиологически устойчивый
stage стадия; фаза
aqueous ~ водная фаза
cooling ~ стадия охлаждения
final ~ заключительная [конечная] стадия
heating ~ стадия нагрева
homogenization ~ стадия гомогенизации
initial ~ начальная стадия
milling ~ стадия размола [измельчения]
solidification ~ стадия отвердевания
stain 1. пятно 2. краситель, красящее вещество
bromoacid ~ бромистый краситель
dental ~s пятна на зубах
skin ~s пятна на коже
stamp 1. штамп 2. маркировка
code ~ кодовая маркировка
date ~ маркировка по датам
stamper штамповочная машина, штамп-машина
cap ~ штамповочная машина для колпачков
soap ~ штамповочная машина для мыла
stamping 1. штамповка 2. тиснение
hot foil ~ горячая штамповка на фольге
soap ~ штамповка мыла
standard 1. стандарт, норма 2. эталон, образец
appearance ~s стандарты на внешнее оформление
color ~ цветовой эталон
CTFA ~s стандарты Ассоциации по парфюмерно-косметическим товарам и душистым веществам
essential oil ~s стандарты на эфирные масла
European ~s европейские стандарты
exacting ~s стандарты, отвечающие высоким требованиям
FDA ~s стандарты Управления по надзору за пищевыми продуктами и медикаментами
industry ~s промышленные стандарты

international ~s международные стандарты
ISO ~s нормы Международной организации по стандартам
national ~s государственные стандарты
practical ~ техническая норма
quality ~s стандарты качества
reference ~ эталон, образец
sanitary ~s санитарные нормы
USP ~s стандарты фармакопеи США
stannic oxide оксид олова
starch крахмал
amphoteric ~ амфотерный крахмал
baby corn ~ крахмал из молодых початков кукурузы
cereal ~ зерновой крахмал
corn ~ кукурузный крахмал
edible ~ пищевой крахмал
maize ~ кукурузный крахмал
native ~ нативный крахмал
potato ~ картофельный крахмал
purified ~ рафинированный крахмал
rice ~ рисовый крахмал
treated ~ модифицированный крахмал
wheat ~ пшеничный крахмал
state состояние
active ~ активное состояние
amorphous ~ аморфное состояние
balanced ~ состояние равновесия, сбалансированность
colloidal ~ коллоидное состояние
crystalline ~ кристаллическое состояние
foamed ~ вспененное состояние
gaseous ~ газообразное состояние
gel ~ гелеобразное состояние
intermediate ~ промежуточное состояние
liquid ~ жидкое состояние
molten ~ расплавленное состояние
semisolid ~ полужидкое состояние
solid ~ твёрдое состояние
stable ~ стабильное [устойчивое] состояние
suspension ~ взвешенное состояние
unstable ~ неустойчивое состояние
vaporous ~ парообразное состояние
steam (водяной) пар
direct ~ острый пар
dry ~ сухой пар

steam

high-pressure ~ пар высокого давления
superheated ~ перегретый пар
steam-distilled перегнанный с водяным паром
steamer аппарат для перегонки с паром
stearates стеараты
stearin стеарин
  cotton ~ хлопковый стеарин
  tallow ~ технический стеарин
  vegetable ~ растительный стеарин
stearyl glycoside стеарилгликозид (косметическое сырьё)
stearyl heptanoate стеарилгептаноат (косметическое сырьё)
sterols стеролы
  lanolin ~ стеролы ланолина
  soya ~ соевые стеролы
stick (косметический) карандаш, (косметическая) палочка
  alcoholic ~ спиртосодержащий (косметический) карандаш
  all-in-one ~ многоцелевой (косметический) карандаш
  antiacneic ~ маскирующий карандаш от угрей
  antichap ~ карандаш от трещин на губах
  beauty ~ косметический карандаш
  castor oil-based ~ карандаш губной помады на основе касторового масла
  clear ~ прозрачный [бесцветный] косметический карандаш
  coating ~ маскирующий карандаш
  cologne ~ твёрдый одеколон, одеколон в виде карандаша
  concealing ~ маскирующий карандаш
  cosmetic ~ косметический карандаш
  cover ~ маскирующий карандаш
  decorative ~ декоративный карандаш
  deo ~ дезодорирующий карандаш, карандаш от пота
  eyelid [eye-shadow] ~ тени для век в виде карандаша
  gel ~ карандаш-гель
  gloss ~ блеск для губ
  lip care ~ губная помада
  make-up ~ карандаш для макияжа
  nail polishing ~ карандаш для полировки ногтей
  pearlized ~ перламутровый карандаш (для макияжа)
  propylene glycol-based ~ (косметический) карандаш на основе пропиленгликоля
  shaving ~ карандаш для бритья
  sodium stearate-based ~ (косметический) карандаш на основе стеарата натрия
  sunblock [sun-protection, sunscreen] ~ солнцезащитный карандаш
  touch ~ маскирующий карандаш
  translucent wrinkle ~ прозрачный маскирующий карандаш от морщин
  transparent ~ прозрачный [бесцветный] карандаш
  wax-based ~ (косметический) карандаш на основе воска
  wrinkle ~ маскирующий карандаш от морщин
stickiness липкость, клейкость
sticky липкий, клейкий
still перегонный аппарат, перегонный куб, дистиллятор
  column ~ перегонный куб с ректификационной колонной
  distillation ~ перегонный куб
  rectifying ~ перегонный куб ректификационной колонны
  simple ~ простой кубовый аппарат
  single-column rectifying ~ одноколонный ректификационный аппарат
  steam ~ куб для перегонки с водяным паром
  steam-heated ~ перегонный куб с паровым обогревом
  stirred-pot ~ перегонный куб с мешалкой
  stripping ~ перегонный аппарат для отгонки лёгких фракций
  vacuum ~ вакуумный перегонный аппарат
stimulant препарат стимулирующего действия
  conditioning scalp ~ стимулирующий препарат для ухода за кожей головы
  epithelial ~ препарат, стимулирующий эпителизацию клеток кожи
  hair growth ~ стимулятор роста волос
stimulator см. stimulant
stirrer мешалка; смеситель (см. тж agitator, mixer)
  anchor ~ якорная мешалка

structure

arm ~ лопастная мешалка
helical ~ винтовая мешалка
mechanical ~ механическая мешалка
paddle ~ лопастная мешалка
planetary ~ планетарная мешалка
propeller ~ пропеллерная мешалка
rake [scraper] ~ скребковая мешалка
variable speed ~ мешалка с регулируемой скоростью
stirring перемешивание; смешивание
  continual ~ непрерывное перемешивание
  gentle ~ лёгкое перемешивание
  two-stage ~ двухстадийное перемешивание
  vigorous ~ энергичное перемешивание
stock 1. запас(ы) 2. сырьё
  finished goods ~ запасы готовой продукции
  product ~ сырьевые запасы
stopper пробка
  colored glass ~ пробка из цветного стекла
  crystal ~ хрустальная пробка
  decorated ~ декоративная пробка
  emery ~ притёртая пробка
  flower ~ пробка в виде цветка
  frosted ~ пробка из стекла «под изморозь»
  galvanoplastic ~ пробка из гальванопластика
  glass ~ стеклянная пробка
  gold-rimmed ~ пробка с золочёным ободком
  ground-in-glass ~ притёртая стеклянная пробка
storage 1. хранение 2. выстаивание *(парфюмерной жидкости)*
  bulk ~ бестарное хранение
  control ~ контрольное хранение
  cool ~ хранение на холоде
  dry ~ хранение в сухом состоянии
  finished products ~ хранение готовой продукции
  long-term ~ длительное хранение
  low-temperature ~ низкотемпературное выстаивание
  prolonged ~ длительное хранение
  short-term ~ краткосрочное хранение
straightening выпрямление
  chemical ~ выпрямление волос химическим путём
  extremely curly hair ~ выпрямление сильно вьющихся волос
  permanent ~ выпрямление волос с помощью перманента
stratum слой ◊ ~ corneum роговой слой *(кожи)*
  upper ~ верхний [поверхностный] слой
strawberry 1. земляника 2. запах *или* нота земляники
strength 1. сила; прочность 2. интенсивность
  alcohol ~ крепость спирта
  aroma ~ интенсивность запаха
  color ~ интенсивность цвета
  gel ~ прочность геля
  hair ~ прочность волос
  impact ~ ударопрочность *(тары)*
  nail ~ прочность ногтей
  odor ~ интенсивность запаха
stringiness тягучесть, вязкость, загущаемость
strips:
  lipstick ~ полоски с образцами губной помады
  scent ~ полоски с образцами запахов
strontium chloride хлорид стронция
strontium dioxide диоксид стронция
strontium sulfide сульфид стронция
structure структура; строение
  amorphous ~ аморфная структура
  branched ~ разветвлённая структура
  chemical ~ химическое строение
  colloidal ~ коллоидная структура
  creamy ~ кремообразная структура
  crystalline ~ кристаллическая структура
  emulsion ~ эмульсионная структура
  epidermal ~ структура эпидермиса
  fibrous ~ волокнистая структура
  foamy ~ структура в виде пены
  gel ~ гелеобразная структура
  granular ~ зернистая структура
  hair ~ структура волос
  lamellar ~ чешуйчатая структура
  layered ~ слоистая структура
  loose ~ рыхлая структура
  metastable ~ метастабильная структура
  microgel ~ структура микрогеля
  natural ~ естественная структура

structure

pore [porous] ~ пористая структура
skin ~ структура кожи
thixotropic ~ тиксотропная структура
unilamellar ~ однослойная структура
vesicular ~ везикулярная структура
studio:
  hair ~ салон-парикмахерская
stud/y исследование; анализ
  animal ~ies испытания на животных
  clinical ~ies клинические исследования
  comparative ~ сравнительное исследование
  instrumental ~ инструментальный анализ
  in vitro ~ies исследования в пробирке [в лабораторных условиях]
  in vivo ~ies исследования на живых организмах [в клинике]
  microbiological ~ микробиологическое исследование
  organoleptical ~ органолептический анализ
  panel ~ исследование на группе испытуемых
  pilot ~ исследование в полузаводских условиях
  toxicological ~ токсикологическое исследование
  visual ~ визуальный анализ
style стиль; (модное) направление
  artificial ~ искусственный стиль
  free-form ~ свободный стиль
  hair ~ стиль укладки волос
  life ~ образ жизни
  make-up ~ стиль макияжа
  natural hair ~ естественный стиль укладки волос
  structured ~ структурированный стиль (укладки волос)
styling (стилизованная) укладка волос
  cool ~ холодная укладка волос
  glaze ~ укладка волос с помощью специального состава для придания глянцевости
  heat [hot, thermal] ~ горячая укладка волос
  volume ~ укладка, придающая объёмность волосам
  wet look ~ укладка, придающая волосам влажный вид
styralyl acetate стиралилацетат (запах зелени с фруктовой нотой абрикоса)
styralyl propionate стиралилпропионат (фруктово-цветочный запах с нотами гардении, жасмина)
styrax стиракс (душистая смола)
styrene стирол
subcutaneous подкожный
substance вещество (см. тж matter)
  accessory ~ вспомогательное [дополнительное] вещество
  active ~ активное вещество
  allowed ~ разрешённое (к применению) вещество
  aromatic ~ душистое [ароматическое] вещество
  banned ~ запрещённое (к применению) вещество
  bioactive ~ биологически активное вещество
  coloring ~ красящее вещество, краситель
  consistence promoting ~ структурообразующее вещество
  dry ~ сухое вещество
  fat-free ~ обезжиренное вещество
  fatty ~ жировое вещество, жир
  flavoring ~ вкусовое вещество, пищевой ароматизатор
  foreign ~ постороннее вещество, примесь
  gelatinous ~ студенистое [гелеобразное] вещество
  lipophilic ~ липофильное вещество
  mineral ~ минеральное вещество
  natural ~ натуральное вещество
  nutrient ~ питательное вещество
  permanently-allowed ~ постоянно разрешённое (к применению) вещество
  provisionally-allowed ~ временно разрешённое (к применению) вещество
  pure ~ (химически) чистое вещество
  soluble ~ растворимое вещество
  sunscreen ~ фотозащитное вещество
  toxic ~ токсичное вещество
  volatile ~ летучее вещество
substantive субстантивный
substantivity субстантивность
  color ~ субстантивность красителя
substituent см. substitute
substitute заменитель

surfactant

~ of castor oil заменитель касторового масла
~ of lanolin заменитель ланолина
~ of squalane заменитель сквалана
artificial ~ искусственный заменитель
beewax ~ заменитель пчелиного воска
spermaceti ~ заменитель спермацета
synthetic ~ синтетический заменитель
substitution замещение, замена
part ~ частичная замена
suitable пригодный, предназначенный
◊ ~ for all skin types пригодный для любого типа кожи; ~ for use пригодный для использования
sulfates:
fatty alcohol ~ сульфаты жирных спиртов *(косметическое сырьё)*
sulfobetaines сульфобетаины *(косметическое сырьё)*
sulfosuccinate сульфосукцинат *(косметическое сырьё)*
sunbathing солнечная ванна; загар
sunburn 1. загар 2. солнечный ожог
sunscreen солнцезащитный [фотозащитный] фильтр
UVA/UVB ~ солнцезащитный фильтр УФА/УФВ
sunscreener солнцезащитное [фотозащитное] средство
sunscreening защита от солнечных лучей, защита от загара
suntan загар
superfatted пережиренный, с высоким содержанием жировых веществ *(напр. о креме, шампуне)*
superficial поверхностный
supple мягкий; гибкий
supplement добавка *(см. тж* additive*)*
moisturizing ~ увлажняющая добавка
nutritive ~ питательная добавка
superfatting ~ пережиривающая добавка
vitamin ~ витаминная добавка
suppleness:
skin ~ мягкость кожи
supplier поставщик
aroma chemical ~ поставщик синтетических душистых веществ
essential oil ~ поставщик эфирных масел

flavor and fragrance ~ поставщик душистых веществ и пищевых ароматизаторов
international ~ международный поставщик
leading ~ основной поставщик
packaging ~ поставщик упаковочных материалов
raw material ~ поставщик сырья
surface поверхность
body ~ поверхность тела
contact ~ поверхность соприкосновения
cutaneous [skin] ~ поверхность кожи
uneven ~ неровная поверхность
surfactant поверхностно-активное вещество, ПАВ ‖ поверхностно-активный
amphoteric ~ амфотерное поверхностно-активное вещество
anionic ~ анионное поверхностно-активное вещество
cationic ~ катионное поверхностно-активное вещество
coco-based ~ поверхностно-активное вещество на основе жирных кислот кокосового масла
emollient ~ поверхностно-активное вещество мягкого действия
environmentally safe ~ поверхностно-активное вещество, безвредное для окружающей среды
ethoxylated ~ этоксилированное поверхностно-активное вещество
foam stabilizing ~ пеностабилизирующее поверхностно-активное вещество
high-foaming ~ поверхностно-активное вещество с обильным пенообразованием
liquid ~ жидкое поверхностно-активное вещество
low-foaming ~ поверхностно-активное вещество с низким пенообразованием
mild ~ поверхностно-активное вещество мягкого действия
non-ionic ~ неионогенное поверхностно-активное вещество
pure ~ очищенное поверхностно-активное вещество
quaternary ammonium ~ поверхност-

surfactant

но-активное вещество на основе четвертичного аммония
secondary ~ вспомогательное поверхностно-активное вещество
silicone ~ поверхностно-активное вещество на основе силикона
skin care [skin friendly] ~ поверхностно-активное вещество, благоприятное для кожи
strong ~ поверхностно-активное вещество сильного действия

suspended суспендированный, находящийся во взвешенном состоянии

suspension суспензия, взвесь
  aqueous ~ водная суспензия
  colloidal ~ коллоидная суспензия
  color ~ суспензия красителя
  fine ~ тонкодисперсная суспензия
  liposome ~ липосом(аль)ная суспензия
  pearl ~ суспензия перламутровых красителей
  pigment ~ пигментная суспензия, суспензия красителей
  refined ~ рафинированная суспензия
  thickened ~ загущённая суспензия

swabs:
  cotton ~ ватные аппликаторы *(для макияжа)*

sweat пот; выпот

sweating выпотевание
  lipstick ~ выпотевание губной помады
  surface ~ поверхностное выпотевание *(губной помады)*

sweetener подслащивающее вещество
  artificial ~ *см.* synthetic sweetener
  natural ~ натуральное подслащивающее вещество
  permitted ~ разрешённое к применению подслащивающее вещество
  synthetic ~ синтетическое подслащивающее вещество

sweetness сладковатость *(запаха или вкуса)*
  ambery ~ сладковатость запаха амбры
  extreme ~ чрезмерная сладковатость
  vanilla ~ сладковатость запаха ванили

swelling:
  hair ~ набухание волос
  skin ~ набухание кожи

synthesis синтез
  acetylene-acetone ~ ацетилен-ацетоновый синтез
  aroma chemical ~ синтез душистых веществ
  experimental ~ экспериментальный синтез
  high-cost ~ дорогостоящий синтез
  industrial ~ промышленный синтез
  isoprene ~ синтез на основе изопрена
  laboratory ~ лабораторный синтез
  large-scale ~ крупномасштабный [многотоннажный] синтез
  l-menthol ~ синтез l-ментола
  multistage ~ многостадийный синтез
  vitamin ~ синтез витаминов

synthetic синтетический

syringa 1. чубушник, сиринга 2. запах или нота чубушника

system 1. система 2. метод, способ
  abrasive ~ абразивная система
  aerosol ~ аэрозольная система
  alcohol-free ~ бесспиртовая система
  anhydrous ~ безводная система
  anionic ~ анионная система
  aqueous ~ водная система
  barrier ~ защитная система
  bilayer ~ двухслойная система
  buffer ~ буферная система
  carrier ~ система переноса
  cationic ~ катионная система
  distribution ~ система распределения
  door-to-door selling ~ система торговли вразнос
  emulsifier ~ смесь эмульгаторов
  emulsion ~ эмульсионная система
  equilibrium ~ уравновешенная система
  gel ~ гелеобразная система
  high-viscosity ~ высоковязкая система
  HLB ~ система гидрофильно-липофильного баланса
  homogenized ~ гомогенизированная система
  humectant ~ увлажняющая система
  hydroalcoholic ~ водно-спиртовая система
  lipid ~ липидная система
  liposomal ~ липосом(аль)ная система

liquid crystal ~ система жидких кристаллов
moisturizing ~ увлажняющая система
moisturizing balancing ~ сбалансированная увлажняющая система *(напр. кожи)*
multiphase ~ многофазная система
natural antibacterial ~ естественная противомикробная система *(напр. кожи)*
non-emulsion ~ неэмульсионная система
non-ionic ~ неионогенная система
non-suspension ~ несуспендированная система
olfactory ~ обонятельная система
preservative ~ смесь консервантов
pump ~ насосная система, система пульверизатора
quality assurance ~ система контроля качества
selling ~ система торговли
silicone ~ система на основе силикона
solvent ~ смесь растворителей
spray ~ система аэрозольной упаковки
surfactant ~ смесь поверхностно-активных веществ
two-phase ~ двухфазная система
water-based ~ водная система
water-emulsion ~ водно-эмульсионная система
water-free ~ безводная система
water-in-silicone ~ водно-силиконовая система
water-soluble ~ водорастворимая система

T

Tabanon *фирм.* табанон *(сладковатый запах табака)*
table стол
  chill ~ стол для охлаждения губной помады, охлаждающий стол
  flaming ~ стол для оплавления губной помады

tablets:
  bath ~ ароматизирующие таблетки для ванн
  dental cleansing ~ растворимые таблетки для полости рта
tackiness липкость
tagète *фр.* 1. бархатцы 2. запах *или* нота бархатцев
talc(um) тальк; присыпка
  antiperspirant ~ тальк от пота
  baby ~ детская присыпка
  beauty ~ душистый тальк
  body ~ присыпка для тела
  female ~ присыпка для женщин
  male ~ тальк для мужчин *(применяемый после бритья)*
  micronized ~ тонкодисперсная присыпка
  silk coated ~ тальк с шёлковым покрытием
tallow твёрдый животный жир, талловый жир
  acetylated ~ ацетилированный талловый жир
  bleached ~ отбелённый [осветлённый] талловый жир
  soap ~ талловый жир для варки мыла
  vegetable ~ твёрдый растительный жир
tangerine 1. мандарин 2. запах *или* нота мандарина
tangles:
  hair ~ спутанные волосы
tank чан; бак
  aluminum ~ алюминиевый чан
  holding ~ чан для хранения
  mixing ~ смесительный чан
  settling ~ отстойный чан
  stainless steel ~ чан из нержавеющей стали
  storage ~ чан для хранения
  water jacket ~ чан с паровой рубашкой
tanner:
  skin ~ средство для искусственного загара
tanning загар ◇ ~ without sun искусственный загар
  artificial ~ искусственный загар
  natural ~ естественный загар
  self-action [sunless] ~ искусственный загар

tanning

uniform ~ ровный загар
tar смола; дёготь
  birch ~ берёзовый дёготь
  coal ~ каменноугольный дёготь
  pine ~ сосновый [хвойный] дёготь
  plant ~ растительный дёготь
tarragon полынь эстрагон
tartar зубной камень
tartrazine тартразин *(жёлтый краситель)*
taste вкус; привкус
  bitter ~ горький привкус
  long-lasting ~ долго сохраняющийся привкус
  peppermint ~ привкус мяты перечной
  sweet ~ сладковатый привкус
tasteless безвкусный; без привкуса
tea-tree чайный куст
technician:
  professional nail ~ маникюрша в салоне
technique 1. техника, технический приём 2. способ, метод
  biochemical ~ биохимический метод
  emulsification ~ способ эмульгирования
  formulating ~ рецептурная техника, метод составления рецептур
  hair-setting ~ способ укладки волос
  in vitro ~ метод исследования в пробирке [в лабораторных условиях]
  laboratory ~ лабораторный метод
  NMR ~ метод ядерного магнитного резонанса
  printing ~ способ художественной печати
  sampling ~ метод отбора проб
  storage ~ способ хранения
  wrinkle measurement ~ метод измерения морщин
technology технология
  advanced ~ передовая технология
  aerosol ~ технология аэрозольного производства
  biochemical ~ биохимическая технология
  extracting ~ экстракционная технология
  fermentation ~ ферментативная технология
  fragrance ~ технология душистых веществ и композиций
  liposomal ~ липосом(аль)ная технология
  manufacturing ~ технология производства
  microencapsulating ~ технология микрокапсулирования
  packaging ~ тароупаковочная технология
  patented ~ запатентованная технология
  perfumery ~ технология парфюмерии
  semisynthesis ~ полусинтетическая технология
  stick processing ~ технология производства косметических карандашных изделий
temperature температура
  ambient ~ температура окружающей среды
  congealing ~ температура замерзания
  control ~ контрольная температура
  cooling ~ температура охлаждения
  crystallizing ~ температура кристаллизации
  filling ~ температура розлива
  low ~ низкая температура
  operating ~ производственная температура
  phase transition ~ температура фазового превращения [фазового перехода]
  pouring ~ температура розлива (в формы)
  process ~ температура технологического процесса
  room ~ комнатная температура
  solidification ~ температура затвердевания
  storage ~ температура хранения
tenacity стойкость, устойчивость *(запаха)*
  fragrance ~ стойкость запаха душистого вещества
  high ~ высокая стойкость
  intermediate ~ средняя стойкость
  lacking ~ недостаточная стойкость
  low ~ низкая стойкость
  specific ~ удельная стойкость
tension натяжение
  interfacial ~ натяжение на границе раздела фаз, межфазное натяжение
  surface ~ поверхностное натяжение

tested

terpenes терпены
 acyclic ~ ациклические терпены
 monocyclic ~ моноциклические терпены
 wood ~ терпены из древесного скипидара
terpenic терпеновый
terpenoids терпеноиды
terpinenol терпиненол *(пряный землистый запах с плеснево-древесным оттенком)*
terpineol терпинеол *(запах сирени со сладковатым и лёгким хвойным оттенками)*
test 1. тест; проба; анализ **2.** испытание; исследование; тестирование *(см. тж testing)*
 acidity ~ определение кислотного числа
 ag(e)ing ~ тест на выстаивание
 alkali ~ щелочная проба
 allergenicity ~ тест на аллергенность
 animal ~ тест на животных
 ash ~ определение зольности
 bacteriological ~ бактериологическое исследование
 biodegradability ~ тест на биоразлагаемость
 clinical ~ клиническое исследование
 comparative ~ сравнительный анализ
 compatibility ~ тест на совместимость
 consumer preference ~ потребительское тестирование, оценка потребительских свойств
 cutaneous ~ кожная проба
 dermatological ~ дерматологическое исследование
 drop ~ анализ каплепадения
 emulsifiability ~ определение эмульсионной способности
 feel ~ проба на ощупь
 fire ~ определение температуры воспламенения
 granulation ~ гранулометрический анализ
 gustative ~ вкусовая проба
 half face ~ тест на эффективность средства для лица путём нанесения его на одну половину лица
 heat stability ~ тест на теплостойкость
 identity ~ тест на подлинность
 in vitro ~ тест в пробирке [в лабораторных условиях]
 in vivo ~ тест на живых организмах
 Kreis ~ проба Крейса *(на прогоркание масла или жира)*
 lab(oratory) ~ лабораторный анализ
 manufacturer's ~ производственный анализ
 market ~ рыночное исследование, маркетинг
 mutagenicity ~ тест на мутагенность
 olfactive ~ оценка запаха
 oral ~ пероральный тест
 organoleptic ~ органолептическая проба
 patch ~ аппликационная кожная проба
 presence/absence ~ определение присутствия *или* отсутствия *(микроорганизмов, примесей и т.д.)*
 rancidity ~ проба на прогоркание
 reproduction ~ тест на возможные нарушения репродуктивной функции
 rheological ~ испытание реологических свойств
 safety ~ тест на безвредность
 select ~ выборочный тест; избирательная проба
 sensitization ~ тест на аллергическую реакцию
 skin compatibility ~ тест на кожную совместимость
 skin contact sensitization ~ тест на кожную контактную аллергенность
 spread ~ определение степени растекания *(напр. крема на коже)*
 stability ~ тест на стабильность
 taste ~ проба на вкус
 teratological ~ тератологический тест
 threshold ~ определение пороговой величины *(напр. вкуса, запаха)*
 tolerance ~ проба на переносимость
 topical ~ тест на местное нанесение *(напр. крема на кожу)*
 toxicity ~ тест на токсичность
 vibration ~ тест на виброустойчивость *(тары)*
 visual ~ визуальная оценка
tested тестированный, прошедший тестирование
 allergy ~ тестированный на аллергическую способность

tested

animal ~ тестированный на животных
clinically ~ тестированный в клиниках, прошедший клинические испытания
dermatologically ~ дерматологически тестированный
irritancy ~ тестированный на раздражение
sensitivity ~ тестированный на сенсибилизирующую способность
tester контрольно-измерительный прибор, тестер
testing испытание; исследование; тестирование *(см. тж test)*
acute dermal toxicity ~ испытание на острую кожную токсичность
acute oral toxicity ~ испытание на острую пероральную токсичность
animal ~ испытание на животных
blind ~ закрытая дегустация
chronic toxicity ~ испытание на хроническую токсичность
clinical ~ клиническое исследование
consumer ~ потребительское тестирование *(изучение потребительского спроса)*
eye irritation ~ испытание на раздражение слизистой оболочки глаз
laboratory ~ лабораторное тестирование
olfactory ~ оценка запаха
panel ~ тестирование, проводимое на группе испытуемых
photoallergenicity ~ фотоаллергенное тестирование
photosensitization ~ фотосенсибилизирующее тестирование
phototoxicity ~ испытание на фототоксичность
primary irritation ~ испытание на первичное раздражение
rapid ~ экспресс-метод
safety ~ испытание на безвредность
sale ~ *см.* consumer testing
skin irritation ~ испытание на кожное раздражение
technical ~ техническое испытание
toxicological ~ токсикологическое тестирование
tetracalcium pyrophosphate тетракальций пирофосфат *(косметическое сырьё)*
Texapon *фирм.* тексапон *(поверхностно-активное вещество)*
texture текстура, структура; консистенция
coarse ~ грубая текстура
covery ~ укрывистая текстура
emulsion ~ эмульсионная консистенция
fibrous ~ волокнистая текстура
fine ~ тонкая [тонкодисперсная] текстура
flexible ~ эластичная структура
fluid ~ жидкая консистенция
gel ~ гелеобразная консистенция
glide-on ~ гладкоскользящая текстура
gritty ~ крупнозернистая текстура
homogenic ~ однородная [гомогенная] текстура
light(weight) ~ лёгкая [негустая] консистенция
milky ~ молочная консистенция
non-greasy ~ нежирная текстура
oily ~ маслянистая консистенция
silky ~ шелковистая текстура
skin ~ текстура кожи
smooth ~ гладкая [ровная] текстура
soft ~ мягкая структура
stiff ~ жёсткая структура
ultrafine ~ сверхтонкая текстура
uniform ~ однородная текстура
velvety ~ бархатистая текстура
texturizer структурообразователь
therapeutic лечебно-оздоровительный; лечебно-профилактический
therapy:
beauty ~ косметология
cellulite ~ терапия целлюлита
skin renewal ~ терапия, способствующая обновлению клеток кожи
Thibetolide *фирм.* тибетолид *(мускусный запах)*
thickener загуститель
cellulosic ~ загуститель на основе целлюлозы
cosmetic ~ загуститель для косметического производства
hydrocolloidal ~ гидроколлоидный загуститель
inorganic ~ неорганический загуститель

natural gum ~ загуститель на основе натуральной смолы
organic ~ органический загуститель
wax-like ~ воскообразный загуститель
thickening 1. загустевание 2. утолщение *(напр. ресниц)*
thioglycolates тиогликоляты
thixotropy тиксотропия
three-in-one препарат тройного назначения, «три в одном» *(напр. шампунь, бальзам и кондиционер в одном флаконе)*
thyme 1. тимьян; чабрец 2. запах или нота тимьяна
thymol тимол *(травянистый запах с фенольным оттенком)*
 Codex ~ фармакопейный тимол
 crystalline ~ кристаллический тимол
tightness:
 skin ~ плотность кожи
Timberol *фирм.* тимберол *(древесный запах с оттенками амбры и сантала)*
time:
 application ~ время нанесения *(напр. косметической маски)*
 drying ~ продолжительность высыхания *(напр. лака для ногтей)*
 emulsification ~ продолжительность эмульгирования
 procedure ~ время изготовления
 stirring ~ продолжительность перемешивания
tincture настой
 alcoholic ~ спиртовой настой
 ambergris ~ настой серой амбры
 ambrette ~ настой семян амбретта
 benzoin ~ настой бензойной смолы
 capsicum ~ настой перца
 castoreum ~ настой кастореума
 civet ~ настой цибета
 cochineal ~ настой кошенили
 colophony ~ настой канифоли
 concentrate ~ концентрированный настой
 myrrh ~ настой мирры
 oakmoss ~ настой дубового мха
 opoponax ~ настой опопонакса
 vanilla ~ настой ванили
tint 1. тон; оттенок; полутон 2. окрашивающее [тональное] средство
 eye-shadow ~ оттенок теней для век

tolerance

 hair ~ оттеночное средство для волос
 powder ~ оттенок пудры
tintometer колориметр
tip:
 corrector ~ палочка-аппликатор для корректировки макияжа
 porous ~ палочка-аппликатор с губчатым наконечником
 special ~ специальный наконечник-насадка на аппликатор
tipped:
 double ~ имеющий два наконечника *(об аппликаторе или косметическом карандаше)*
tissue ткань
 adipose ~ жировая ткань
 connective ~ соединительная ткань
 cutaneous ~ кожная ткань
 deep skin ~ ткань глубинного слоя кожи
 embryonic ~ эмбриональная ткань
 facial ~ ткань кожи лица
 healthy ~ здоровая ткань
 skin ~ кожная ткань
titanium dioxide диоксид титана *(косметическое сырьё)*
 fine-particle ~ тонкоразмолотый [тонкодисперсный] диоксид титана
 micronized ~ микронизированный диоксид титана
 silk coated ~ титанированные частицы шёлка
tobacco 1. табак 2. запах или нота табака
tocopherol токоферол, витамин E
toenails ногти на пальцах ног
toiletries гигиено-косметические средства
 children's ~ детские гигиено-косметические средства
 men's ~ гигиено-косметические средства для мужчин
tolerance переносимость, толерантность
 eye mucosa ~ толерантность слизистой оболочки глаз
 poor ~ слабая переносимость
 proved ~ подтверждённая толерантность
 skin ~ толерантность кожи
 testing ~ апробированная [проверенная] переносимость

Tonalide

Tonalide *фирм.* тоналид *(мускусный запах с пудровым оттенком)*
tonality характер, тональность *(запаха)*
   aromatic ~ ароматический характер
   fantasy ~ фантазийный характер
   floriental ~ цветочно-восточный характер *(сочетание цветочных нот с пряными сладковатыми восточными нотами)*
   fresh ~ свежий характер
   green odor ~ характер запаха на основе нот зелени
   musky ~ мускусный характер
   non-floral ~ нецветочный характер
   odor ~ характер [тональность] запаха
   rich ~ богатый характер
   rose-muguet ~ *фр.* характер запаха на основе нот розы и ландыша
   sultry ~ сладковатый характер
   violet ~ характер запаха на основе нот фиалки
   woody ~ древесный характер
tone 1. тон *(в цветовой гамме)* 2. оттенок *(запаха)*
   brownish-bronze ~ коричневато-бронзовый тон
   citric [citrus] ~ цитрусовый оттенок
   deep suntan ~ тон тёмного загара
   light suntan ~ тон светлого загара
   lipstick ~ тон губной помады
   musky ~ мускусный оттенок
   natural ~ естественный тон *(пудры)*
   natural skin ~ естественный цвет кожи
   pale-pink ~ бледно-розовый тон
   peach ~ персиковый тон
   powder ~ тон пудры
   Rachel ~ тон «рашель»
   refreshing ~ свежий оттенок *(запаха)*
   skin ~ цвет кожи
   spicy ~ пряный оттенок
toner 1. *см.* tonic 2. тонер
tonic тонизирующий препарат, тоник
   alcohol-free ~ бесспиртовой тоник
   aloe ~ тоник с алоэ
   astringent ~ вяжущий тоник
   balm-gel ~ тонизирующий гель-бальзам
   body ~ тоник для тела
   clarifying ~ очищающий тоник
   cucumber ~ огуречный тоник
   elderflower ~ тоник с экстрактом бузины
   facial ~ тоник для лица
   freshening ~ освежающий тоник
   full strength ~ укрепляющий тоник
   hair ~ тоник для волос
   hair color ~ тоник для окрашенных волос
   herbal ~ тоник с экстрактами трав
   honey ~ медовый тоник
   mild action ~ тоник мягкого действия
   milky ~ тоник-молочко
   non-alcoholic ~ бесспиртовой тоник
   protection ~ защитный тоник
   purifying ~ очищающий тоник
   refreshing ~ освежающий тоник
   revitalizing ~ оздоравливающий тоник
   shower ~ тоник для душа
   soothing ~ смягчающий тоник
   spray ~ тоник в аэрозольной упаковке
   strawberry and lemon ~ тоник с экстрактами клубники и лимона
   witch hazel ~ тоник с экстрактом гамамелиса
tonicity тонус
   skin ~ тонус кожи
toothbrush зубная щётка
toothcream *см.* toothpaste
toothpaste зубная паста *(см. тж* dentifrice*)*
   anticaries [anticavity] ~ противокариозная зубная паста
   antiplaque ~ зубная паста от зубного налёта
   antistain ~ зубная паста, удаляющая пятна *(табака, чая, кофе)* с зубов
   baking-soda ~ зубная паста с бикарбонатом натрия
   bifluor ~ зубная паста с удвоенным содержанием фтора
   chalk-free ~ зубная паста, не содержащая мела
   children's ~ детская зубная паста
   chlorophyllin-containing ~ зубная паста с хлорофиллином
   cleansing ~ очищающая зубная паста
   colored ~ цветная зубная паста
   cosmetic ~ косметическая зубная паста
   floristan ~ зубная паста с флористаном

toxicity

fluor [fluoridated, fluoride] ~ фтористая [фторсодержащая] зубная паста
gel ~ гелеобразная зубная паста, зубная паста-гель
green ~ зелёная зубная паста *(с хлорофиллином)*
gum protection ~ зубная паста для ухода за дёснами
high-abrasive ~ высокоабразивная зубная паста
homeopathic ~ гомеопатическая зубная паста
less-abrasive [low-abrasive] ~ низкоабразивная зубная паста
milk teeth ~ зубная паста для молочных зубов
mint-flavored ~ мятная зубная паста
moderately abrasive ~ среднеабразивная зубная паста
non-abrasive ~ зубная паста, не содержащая абразивных веществ
oxygenated ~ оксигенированная зубная паста
peppermint ~ зубная паста с мятой перечной
plant extract ~ зубная паста с растительным экстрактом
pump ~ зубная паста в упаковке с дозатором
salty ~ зубная паста с добавкой минеральных солей
smoker's ~ зубная паста для курящих
stain-removal ~ *см.* antistain toothpaste
striped ~ зубная паста с цветными полосками
tartar-fighting ~ паста, удаляющая зубной камень
tartar inhibition [tartar prevention] ~ паста, предупреждающая появление зубного камня
tartar removal ~ паста, удаляющая зубной камень
therapeutic ~ лечебно-профилактическая зубная паста
transparent ~ прозрачная зубная паста
uncolored ~ белая зубная паста
vitamins ~ зубная паста с витаминами
white ~ белая зубная паста
whitening ~ отбеливающая зубная паста

toothpowder зубной порошок
smoker's ~ зубной порошок для курящих
top 1. верхняя часть 2. колпачок 3. горловина
bottle ~ горловина флакона
color ~ цветной колпачок
flat ~ плоский колпачок
hook ~ колпачок с крючком *(для подвешивания)*
metallic ~ металлический колпачок
ruffle ~ рифлёный колпачок
screw-on ~ винтовой колпачок
tall ~ высокий колпачок
topnote головная [начальная] нота *(запаха)*
citrus ~ цитрусовая головная нота
diffusive ~ летучая головная нота
floral-hesperidic ~ цветочно-цитрусовая головная нота
floral-rosy-orange blossom ~ цветочная головная нота с запахом флёрдоранжа и розы
fresh ~ головная нота свежести
fresh-floral ~ свежая цветочная головная нота
fresh-hesperidic ~ свежая цитрусовая головная нота
green ~ головная нота зелени
green-aldehydic ~ альдегидная головная нота с оттенком зелени
green-floral ~ головная нота с запахом зелени и цветов
green-fruity ~ головная нота с запахом зелени и фруктов
hesperidic ~ цитрусовая головная нота
intense ~ интенсивная головная нота
tormentil лапчатка
topography:
skin ~ топография кожи
touch 1. штрих 2. слабый оттенок *(в запахе)*
~ of green слабый оттенок зелени
~ of musk слабый оттенок мускуса
~ of rose слабый оттенок розы
colored ~ цветной оттенок
finishing ~ завершающий штрих *(напр. в макияже)*
toughness стойкость, прочность *(напр. лака для ногтей)*
toxicity токсичность
acute ~ острая токсичность

toxicity

acute dermal ~ острая кожная токсичность
acute oral ~ острая пероральная токсичность
chronic ~ хроническая токсичность
low ~ низкая токсичность
short-term oral ~ кратковременная пероральная токсичность
skin ~ кожная токсичность
toxin токсин, яд
animal ~ зоотоксин
bacterial ~ бактериальный токсин
plant ~ фитотоксин
traces следы
impurity ~ следы примесей
make-up ~ следы макияжа
training:
olfactory ~ ольфакторный тренинг
perfumers' ~ обучение парфюмеров
transepidermal трансэпидермальный
translucent полупрозрачный
transparency прозрачность
transparent прозрачный
transpiration:
cutaneous ~ потоотделение
treatment 1. уход 2. обработка
acne ~ уход за угристой кожей
active day ~ активный уход за кожей в дневное время
active eye ~ активный уход за кожей вокруг глаз
active night ~ активный уход за кожей в ночное время
after sun ~ уход за кожей после загара
anti-ag(e)ing ~ лечебно-профилактический уход, предотвращающий старение кожи
beauty ~ косметический уход
beneficial ~ уход, оказывающий благотворное действие
cellulite ~ противоцеллюлитный уход
chemical ~ химическая обработка
cleansing ~ очищающий кожу уход
conditioning ~ кондиционирующий уход, уход, нормализующий физическое состояние *(волос, кожи)*
dental ~ лечебно-профилактический уход за зубами
dry hand ~ уход за сухой кожей рук
eye contour ~ уход за кожей вокруг глаз
facial ~ уход за кожей лица
facial sun ~ уход за кожей лица при загаре
freckles ~ уход за веснушками
heat ~ тепловая обработка
hot oil ~ горячая обработка *(волос)* масляным препаратом
hydrating ~ увлажняющий кожу уход
lift restructuring ~ уход, восстанавливающий структуру и тургор кожи, уход за кожей, создающий лифтинг-эффект
nail ~ уход за ногтями
night beauty ~ косметический уход за кожей в ночное время
perm ~ обработка волос перманентом
pore ~ уход за пористой кожей
preventive [prophylactic] ~ профилактический уход
restructuring ~ уход, восстанавливающий структуру кожи
revitalizing face ~ оздоровительный уход, восстанавливающий жизненно важные функции кожи лица
scalp ~ уход за кожей головы
shock ~ быстродействующий [«шоковый»] уход за кожей *(при помощи высокоэффективных косметических препаратов)*
skin ~ уход за кожей
sun body ~ уход за кожей тела при загаре
therapeutic ~ лечебно-оздоровительный уход
topical ~ местный уход
wrinkle ~ уход за кожей, предотвращающий появление морщин
trends тенденции
consumer's ~ потребительские тенденции
current ~ современные тенденции
fashion ~ модные тенденции
international ~ международные тенденции
market ~ рыночные тенденции
modern ~ современные тенденции
perfumery ~ тенденции в парфюмерии
predicted ~ прогнозируемые тенденции
recent ~ современные тенденции
tresses:
hair ~ пряди волос *(для подбора кра-*

ски для волос при экспериментальных исследованиях)
trial опыт; эксперимент ‖ пробный; экспериментальный
  clinical ~s клинические эксперименты
tricalcium phosphate трикальцийфосфат *(косметическое сырьё)*
triethanolamine триэтаноламин *(косметическое сырьё)*
triethanolamine lauryl sulfate триэтаноламинлаурилсульфат *(косметическое сырьё)*
triglycerides триглицериды
  ethylene oxide modified ~ триглицериды, модифицированные этиленоксидом
  plant [vegetable] ~ растительные триглицериды
trio набор из трёх изделий
  eye-shadow ~ набор из трёх теней для век
trituration растирание в порошок
  color ~ растирание красителей
tube туба
  aluminum ~ алюминиевая туба
  bottom filling ~ туба, наполняемая с хвостовой части
  clear plastic ~ прозрачная пластмассовая туба
  collapsible ~ *см.* flexible tube
  conical ~ коническая туба
  cylindrical ~ цилиндрическая туба
  dead-fold ~ жёсткозафальцованная туба
  family-size ~ туба большого типоразмера для семейного пользования
  filled ~ наполненная туба
  flexible ~ мягкая [легкосжимаемая] туба
  flip-cap ~ туба с накладываемым колпачком
  foundation ~ туба для тонального крема
  laminated ~ ламинированная туба
  lead ~ свинцовая туба
  mascara ~ туба туши для век
  metal ~ металлическая туба
  non-corrosive ~ коррозиестойкая туба
  one-half-ounce ~ туба в $1/2$ унции (≈ 14 *г*)
  plastic ~ пластмассовая туба

  polyethylene ~ полиэтиленовая туба
  pump-dispenser ~ туба с дозатором
  rigid ~ жёсткая туба
  roll-on ~ туба с шариковой пробкой
  squeeze ~ *см.* flexible tube
  stand-up ~ вертикально стоящая туба
  tear-top ~ туба с (герметичной) мембраной
  tin ~ оловянная туба
  top filling ~ туба, наполняемая с носика
  translucent ~ полупрозрачная (пластмассовая) туба
  trial ~ туба для пробных образцов
  two-ounce ~ двухунцевая туба (≈ 56 *г*)
tuberose 1. тубероза 2. запах *или* нота туберозы
  artificial [synthetic] ~ искусственная композиция с запахом туберозы
tulip тюльпан
tunnel:
  cooling ~ туннельный охладитель
  flaming ~ туннельный оплавитель
turbomixer турбомешалка
turgor тургор
  altered ~ изменённый тургор
  decreased ~ сниженный тургор
turmeric куркума *(природный краситель)*
turpentine скипидар
  American ~ американский скипидар
  European ~ европейский скипидар
  gum ~ живичный скипидар
  β-rich ~ скипидар, богатый β-пиненом
  sulfate ~ сульфатный скипидар
Tween *фирм.* твин *(эмульгатор)*
tweezer:
  eyebrow ~ пинцет для выщипывания бровей
two-in-one препарат двойного назначения, «два в одном» *(напр. шампунь и кондиционер в одном флаконе)*
type 1. тип 2. группа, класс
  aldehydic ~ альдегидный тип *(запаха)*
  all ~s любой тип *(напр. кожи)*
  Anais-Anais ~ тип *(парфюмерного изделия)* «Анаис-Анаис»
  anionic ~ анионная группа
  cationic ~ катионная группа

type
  Chanel № 5 ~ *фр.* тип *(парфюмерного изделия)* «Шанель № 5»
  chypre ~ шипровый тип *(запаха)*
  cream ~ тип крема
  emulsion ~ тип эмульсии
  fougere ~ тип запаха «фужер»
  fragrance ~ тип парфюмерного изделия
  hair ~ тип волос
  leather ~ тип кожи
  non-emulsion ~ неэмульсионный тип *(напр. крема)*
  non-ionic ~ неионогенный тип *(поверхностно активных веществ)*
  odor ~ тип запаха
  oil-repellent ~ жироустойчивый тип *(полезных добавок)*
  perfume ~ тип парфюмерного изделия
  product ~ тип продукции
  propel-repel ~ выдвижной тип упаковки
  reverse ~ обратимый тип *(эмульсии)*
  skin ~ тип кожи
  viscous ~ тип вязкости
  woody ~ древесный тип *(запаха)*
tyrosine тирозин *(краситель)*

U

ultrasonication обработка ультразвуком
uncartoned без футляра
unctuous маслянистый, жирный
unctuousness маслянистость, жирность
undecalactone ундекалактон *(запах персика)*
undecatriene ундекатриен *(сильный запах гальбанума)*
underarm подмышечная область
undercharge недогрузка
underconcentration концентрация ниже установленного уровня
underdose недостаточная дозировка
undernourished истощённый, не получающий достаточного количества питательных веществ
undertone полутон; лёгкий оттенок *(запаха)*
  ambery ~ лёгкий амбровый оттенок
  animalic ~ лёгкий животный оттенок
  camphoraceous ~ лёгкий камфорный оттенок
  chypre ~ лёгкий шипровый оттенок
  green ~ лёгкий оттенок зелени
  leather ~ лёгкий оттенок кожи
  moss-like [mossy] ~ лёгкий оттенок мха
  musky ~ лёгкий мускусный оттенок
  oriental ~ лёгкий восточный оттенок
  sweet powdery ~ лёгкий сладковато-пудровый оттенок
  tobacco ~ лёгкий оттенок табака
  woody ~ лёгкий древесный оттенок
unfavorable неблагоприятный
uniform однородный
uniformity однородность
  color(ing) ~ однородность окрашивания
  size ~ однородность размера *(частиц в смеси)*
  skin ~ однородность (типа) кожи
unilamellar однослойный
unisex «унисекс» *(предназначенный в равной степени для женщин и мужчин)*
unit I единица (измерения)
  International ~ международная единица
  toxic ~ единица измерения токсичности
unit II агрегат, установка
  bottle washing ~ моечный агрегат для флаконов
  distillation ~ дистилляционная установка
  dosing-filling-capping ~ установка для дозирования, розлива и укупорки *(флаконов)*
  drying ~ сушильный агрегат
  essence recovery and vacuum concentration ~ вакуумная установка для выделения и концентрации эфирного масла
  extraction ~ экстракционная установка
  industrial ~ промышленная установка
  laboratory ~ лабораторная установка
  mixing ~ смесительная установка
  pilot ~ опытная [пилотная] установка

rectification ~ ректификационная установка
unperfumed неотдушенный, без отдушки
unrefined нерафинированный, неочищенный
unsaponifiable неомыляемый
unscented не имеющий запаха
urea мочевина *(косметическое сырьё)*
usage *см.* use
use употребление, использование; применение *(см. тж* application) ◊ ~ under make-up применение под макияж
after shampooing ~ применение после мытья шампунем
all-overbody ~ применение для всего тела
all-purpose ~ универсальное применение
at-home ~ *см.* home use
cosmetic ~ использование в косметике
daily ~ ежедневное применение
dermal ~ кожное применение
drug ~ использование в лекарственных препаратах
elevated ~ использование в повышенных дозах
everyday ~ ежедневное применение
external ~ наружное применение
family ~ использование всей семьёй, семейное использование
feminine ~ использование женщинами
flavor ~ использование в качестве пищевого ароматизатора
food ~ использование в пищевых продуктах
frequent ~ частое применение
home ~ домашнее применение, применение в домашних условиях
masculine ~ использование мужчинами
multiple ~ многоцелевое применение
night ~ применение на ночь
occasional ~ редкое применение
perfumery ~ использование в парфюмерном производстве
pharmaceutical ~ использование в фармацевтическом производстве
practical ~ практическое применение
professional ~ профессиональное применение
repeated ~ повторное применение
safety ~ безвредное применение
salon ~ применение в парикмахерских салонах
shampoo ~ использование в производстве шампуня
soap ~ использование в производстве мыла
universal ~ универсальное применение
wide(spread) ~ широкое применение
utilization использование, утилизация
industrial ~ промышленное использование
large-scale ~ широкомасштабное использование
restricted ~ ограниченное использование

V

value 1. ценность; стоимость 2. величина; значение; число; показатель
acid ~ кислотное число
cosmetic ~ косметическая ценность
export ~ экспортная стоимость
germicidal ~ бактерицидный показатель
HLB ~ показатель гидрофильно-липофильного баланса
import ~ импортная стоимость
iodine ~ йодное число
limit ~ ограниченное значение
peroxide ~ пероксидное число
pH ~ значение pH
saponification ~ число омыления
spreading ~ величина растекания
therapeutic ~ лечебно-профилактическое значение
threshold ~ пороговая величина
valve клапан
aerosol ~ клапан аэрозольной упаковки
control ~ регулирующий клапан
discharge ~ выпускной клапан
vanilla ваниль
crystalline ~ кристаллическая ваниль

vanillin

(стручки, покрытые кристалликами ванили)
vanillin ванилин
  clove oil ~ ванилин из эвгенола гвоздичного масла
  crystalline ~ кристаллический ванилин
  guaiacol ~ ванилин из гваякола
  powdered ~ порошкообразный ванилин
  synthetic ~ синтетический ванилин
vapor пар(ы)
  fragrance ~ пары душистого вещества
  water ~ пары воды
vaporability испаряемость
vaporable испаряющийся
vaporation 1. испарение 2. выпаривание
variation:
  pigment strength ~ изменение насыщенности цвета
variety 1. разнообразие 2. вид, разновидность 3. сорт
  ~ of colors разнообразие цвета
  ~ of notes разнообразие нот (в запахе)
  ~ of odors разнообразие запахов
  ~ of products разнообразие изделий
  commercial ~ товарный сорт
  sizes and shapes ~ разнообразие типоразмеров (упаковочной тары)
varnish:
  nail ~ лак для ногтей
Veegum фирм. вигум (косметическое сырьё)
vehicle 1. носитель 2. растворитель, разбавитель
  alcoholic ~ спиртовой растворитель
  liposome ~ носитель липосом
Veloutone фирм. велютон (цветочно-фруктовый запах с нотами жасмина, персика, абрикоса)
velvetiness бархатистость
verbena 1. вербена 2. запах или нота вербены
Versalide фирм. версалид (мускусный запах)
versatility многосторонность; разнообразие
  maximum ~ максимальное разнообразие

product ~ разнообразие продукции [ассортимента]
version версия, вариант
  lilac ~ версия сирени (в запахе)
  Opium ~ версия «Опиум» (духи по типу «Опиум»)
vessel 1. резервуар; чан; баллон 2. варочный котёл
  collecting ~ сборный чан, сборник
  distillatory ~ перегонный куб
  evaporator ~ выпарной аппарат
  extraction ~ экстрактор
  phase ~ чан для отдельной фазы (эмульсии)
  reaction ~ реакционный чан
  steam pressure ~ автоклав
vetiver 1. ветивер 2. запах или нота ветивера
vetiverol ветиверол (сладковато-бальзамический запах)
viability жизнеспособность
  cell ~ жизнеспособность клетки
viable жизнеспособный
viburnum калина
violet 1. фиалка 2. запах или нота фиалки 3. фиолетовый (синтетический) краситель
  artificial ~ см. synthetic violet
  blue ~ голубовато-фиолетовый краситель
  Burgundy ~ красно-фиолетовый краситель
  manganese ~ тёмно-фиолетовый краситель
  synthetic ~ искусственная композиция с запахом фиалки
  ultramarine ~ зеленовато-фиолетовый краситель
viscoelasticity:
  skin ~ упругоэластичные свойства кожи
visco(si)meter вискозиметр
viscosity вязкость
  emulsion ~ вязкость эмульсии
  high ~ высокая вязкость
  lotion ~ вязкость лосьона
  low ~ низкая вязкость
  maximum ~ максимальная вязкость
  medium ~ средняя вязкость
  plastic ~ пластическая вязкость
vital жизнеспособный
vitality жизнеспособность
  cell ~ жизнеспособность клетки

water

hair ~ жизнеспособность волос
skin ~ жизнеспособность кожи
vitalizer средство для оздоровления *(волос или кожи)*
  daily ~ средство для оздоровления ежедневного пользования
vitamin витамин
  antidermatic ~ противодерматический витамин
  fat-soluble ~ жирорастворимый витамин
  food ~ пищевой витамин
  natural ~ натуральный витамин
  oil-soluble ~ жирорастворимый витамин
  primary ~ провитамин
  synthetic ~ синтетический витамин
  water-soluble ~ водорастворимый витамин
vitamin A витамин A, ретинол
vitamin B_1 витамин B_1, тиамин
vitamin B_2 витамин B_2, рибофлавин
vitamin B_4 витамин B_4, холин
vitamin B_6 витамин B_6, пиридоксин
vitamin B_{12} витамин B_{12}, цианокобаламин
vitamin B_{13} витамин B_{13}, оротовая кислота
vitamin B_{15} витамин B_{15}, пангамовая кислота
vitamin B complex витамины группы B
vitamin C витамин C, аскорбиновая кислота
vitamin D_2 витамин D_2, эргокальциферол
vitamin D_3 витамин D_3, холекальциферол
vitamin D complex витамины группы D
vitamin E витамин E, токоферол
vitamin F витамин F, незаменимая жирная кислота
vitamin H витамин H, биотин
vitamin K витамин K, филлохинон
vitamin P витамин P, биофлавоноид
vitamin PP витамин PP, никотиновая кислота
vitaminization витаминизация
voids пустоты, воздушные карманы
  excessive ~ избыточное количество пустот
volatility летучесть, испаряемость
  comparative ~ сравнительная летучесть

  intermediate ~ средняя летучесть
  low ~ низкая летучесть
  relative ~ относительная летучесть
volatilization улетучивание, испарение
volume 1. объём; объёмность 2. вместимость, ёмкость
  bottle ~ ёмкость флакона
  hair ~ объёмность волос
  odor ~ объёмность запаха

W

wallet футляр; коробочка
  cardboard ~ картонный футляр
walnut орех, грецкий орех
warming нагревание
warmth теплота
  odor ~ теплота запаха
  subtle ~ лёгкая теплота *(запаха)*
wart бородавка
warty покрытый бородавками
wash 1. мойка; промывание 2. мытьё; умывание 3. состав для мытья
  body ~ состав для мытья тела
  facial ~ состав для умывания лица
  hot ~ горячая мойка *(флаконов)*, мойка *(флаконов)* горячими растворами
washer моечная машина
  automatic ~ моечный автомат
  bottle ~ флакономоечная машина
washer-drier моечно-сушильная машина
washing 1. мытьё; умывание 2. мойка; промывание
  frequent ~ частое мытьё
  hair ~ мытьё волос
  repeated ~ повторное мытьё
water вода
  aromatic ~ душистая вода
  bound ~ связанная вода
  cellular ~ внутриклеточная вода
  chlorinated ~ хлорированная вода
  concentrated toilet ~ концентрированная туалетная вода
  deionized ~ деионизированная вода
  distilled ~ дистиллированная вода
  hard ~ жёсткая вода
  lavender ~ лавандовая вода

water

   orange flowers ~ флёрдоранжевая вода
   perfume ~ душистая вода
   relative toilet ~ туалетная вода, одноимённая с духами
   rose ~ розовая вода
   salt ~ морская [солёная] вода
   soft ~ мягкая вода
   toilet ~ туалетная вода
   treated ~ очищенная вода
   washing ~ промывочная вода
   waste ~ сточные воды
water-based на водной основе
water-free безводный, обезвоженный
water-insoluble нерастворимый в воде
waterless безводный
watermelon 1. арбуз. 2. запах *или* нота арбуза
waterproof водостойкий, водонепроницаемый
water-repellent водоотталкивающий, гидрофобный
water-resistant водостойкий
water-soluble водорастворимый, растворимый в воде
water-swellable набухаемый в воде
water-wet увлажнённый, влажный, смоченный водой
wave завивка
   cold (permanent) ~ холодная завивка
   electric ~ электрозавивка
   hair ~ завивка волос
   permanent ~ перманентная завивка, перманент
   semipermanent ~ полуперманентная завивка
   thermal ~ горячая завивка
waving *см.* wave
wax 1. воск 2. воскообразный препарат
   animal ~ животный воск, воск животного происхождения
   artificial ~ искусственный воск
   bleached ~ отбелённый воск
   candelilla ~ канделильский воск
   carnauba ~ карнаубский воск
   ceresine ~ церезиновый воск
   coco ~ кокосовый воск
   crude ~ неочищенный воск
   depilatory ~ воскообразный препарат для удаления волос
   deresinified ~ обессмоленный воск
   earth ~ минеральный [горный] воск, озокерит
   hair removing ~ *см.* depilatory wax
   hard ~ твёрдый воск
   jojoba ~ полутвёрдая [восковая] фракция масла хохобы
   lanolin ~ воск ланолина
   microcrystalline ~ микрокристаллический воск
   mineral ~ *см.* earth wax
   Montana ~ монтан-воск
   natural ~ натуральный воск
   orange peel ~ воск из кожуры апельсина
   paraffin ~ парафиновый воск
   self-emulsifying ~ самоэмульгирующийся воск
   spermaceti ~ спермацетовый воск
   strip ~ восковой карандаш для удаления волос
   sugar cane ~ воск сахарного тростника
   synthetic ~ синтетический воск
   vegetable ~ растительный воск
   white ~ белый воск
   wool ~ шерстяной воск
waxy воскообразный
weak слабый; ослабленный; нездоровый
weakness слабость; ослабленность
   nail ~ слабость ногтей
weight вес; масса ◇ by ~ по массе
   molecular ~ молекулярная масса
weighting отвеска (*сырьевых компонентов*)
well-tolerated хорошо переносимый
wet влажный; сырой
wettability смачиваемость, способность к увлажнению
wetting смачивание, увлажнение
   hair ~ увлажнение волос
   pigment ~ увлажнение пигмента
whitener:
   nail ~ средство для отбеливания ногтей
whiteness белизна
whitening отбеливание; осветление
   freckles ~ отбеливание веснушек
   hair ~ осветление волос
   skin ~ отбеливание кожи
wig парик
willow ива

window:
   transparent plastic ~ прозрачное окно из пластмассовой плёнки *(в упаковке)*
winterbloom гамамелис
wintergreen винтергрен *(запах метилсалицилата)*
witch ha... гамамелис
woods:
   aromatic [fragrance] ~ душистое древесное сырьё
woody древесный *(о запахе)*
wrap обёртка
   cellophane ~ целлофановая обёртка
   paper ~ бумажная обёртка
wrapper обёрточный материал
wrapping обёртывание
   cellophane ~ обёртывание целлофаном, оцеллофанивание
   shrink ~ обёртывание термоусадочной плёнкой
wrinkleness морщинистость
wrinkles морщины
   age-related ~ возрастные морщины
   deep ~ глубокие морщины
   eye-around ~ морщины вокруг глаз
   facial ~ морщины лица
   premature ~ преждевременные морщины
wrinkling появление морщин
   natural ~ естественное появление морщин
   premature ~ преждевременное появление морщин

X

xanthene ксантен *(краситель)*
xanthophyll ксантофилл *(косметическое сырьё)*
xerogel ксерогель *(косметическое сырьё)*
   amorphous ~ аморфный ксерогель
   silica ~ ксерогель на основе диоксида кремния

xylitol ксилит

Y

yara-yara яра-яра *(цветочно-фруктовый запах с нотами черёмухи, акации, апельсина)*
yarrow тысячелистник
yeast дрожжи
   dandruff causing ~ дрожжевые грибки, вызывающие перхоть
yellowing появление желтизны *(напр. на зубах)*
yield 1. урожай 2. выход продукта
   ~ of absolute выход абсолю
   ~ of concrete выход конкрета
   ~ of oil выход (эфирного) масла
   high ~ высокий выход продукта
ylang-ylang 1. иланг-иланг 2. запах или нота иланг-иланга

Z

zdravetz здравец *(болгарская герань)*
zest цедра
zinc omadine омадин цинка *(косметическое сырьё)*
zinc oxide оксид цинка *(косметическое сырьё)*
   micronized ~ микронизированный оксид цинка
   silk coated ~ оксид цинка, обработанный шёлком
zinc pyridinethione пиридинтионат цинка *(косметическое сырьё)*
zinc pyrithione цинк-пиритион *(косметическое сырьё)*
zinc stearate стеарат цинка *(косметическое сырьё)*
zone зона
   T ~ зона Т *(область носа, лба, подбородка)*

СОКРАЩЕНИЯ

AHA [alpha-hydroxy acids] альфа-оксикислоты
BACS [British Association for Chemical Specialities] Британская ассоциация специалистов-химиков
BHA [butyl hydroxyanisol] бутилоксианизол
BHT [butyl hydroxytoluene] бутилокситолуол
BP [British Pharmacopoeia] фармакопея Великобритании
C [cosmetic] косметический
c. a. [capacity about] примерное количество
C-Ext [cosmetic external] косметический для наружного применения
CFC [chlorofluorocarbon] хлорфторуглерод
CMC [carboxymethyl cellulose] карбоксиметилцеллюлоза, кмц
COLIPA [Comité de liaison des associations européennes de l'industrie de la parfumerie, des produits cosmétiques et de toilette] фр. Объединённый комитет Европейских ассоциаций по парфюмерно-косметическому производству
CTFA [Cosmetics, Toiletries and Fragrance Association] Ассоциация по парфюмерно-косметическим товарам и душистым веществам
C-WR [cosmetic water-resolved] косметический водорастворимый
DHA [dihydroxyacetone] диоксиацетон
DHIJ [dihydroisojasmonate] дигидроизожасмонат
DNA [desoxynucleic acid] дезоксинуклеиновая кислота
edc [eau de Cologne] фр. одеколон
edt [eau de toilette] фр. туалетная вода
EC [European Community] Европейское сообщество
EOQC [European Organisation for Quality Control] Европейская организация по контролю качества
EPA [Environmental Protection Agency] Агентство по защите окружающей среды
FDA [Food and Drug Administration] Управление по санитарному надзору за пищевыми продуктами и медикаментами, ФДА *(США)*
fl. oz [fluid ounce] жидкостная унция
GC [gas chromatography] газовая хроматография
GLA [gamma-linolenic acid] гамма-линоленовая кислота
GRAS [generally recognized as safe] признанный полностью безвредным
HDPE [high density polyethylene] полиэтилен повышенной плотности
HLB [hydrophilic-lipophilic balance] гидрофильно-липофильный баланс
HPLC [high performance liquid chromatography] высокоэффективная жидкостная хроматография
IFRA [International Fragrance Association] Международная ассоциация по душистым веществам, ИФРА
IFSCC [International Federation of Societies of Cosmetic Chemists] Международная федерация обществ химиков-косметологов
IPP [isopropyl palmitate] изопропилпальмитат
IR [infrared] инфракрасный
ISO [International Standard Organisation] Международная организация по стандартам
IU [International units] международные единицы
JP [Japan Pharmacopoeia] фармакопея Японии
JSCI [Japan Standards of Cosmetic Ingredients] Стандарты Японии по косметическим ингредиентам
lb [pound] фунт ($\approx 0,453$ *г*)
LDPE [low density polyethylene] полиэтилен пониженной плотности
MCA [Medicine Control Agency] Агентство по медицинскому контролю

MEA [monoethanolamine] моноэтаноламин
MED [minimal erythema dose] минимальная эритемная доза
MIPA [monoisopropanolamine] моноизопропаноламин
MNA [methyl nonyl acetaldehyde] метилнонилацетальдегид
MS [mass spectrometry] масс-спектрометрия
NDELA [nitrosodiethanolamine] нитрозодиэтаноламин
NMF [natural moisture factor] натуральный увлажняющий фактор
NMR [nuclear magnetic resonance] ядерный магнитный резонанс
n. s. e. [non-self-emulsifying] несамоэмульгирующийся
o/w [oil/water] масло/вода
PABA [para-aminobenzoic acid] парааминобензойная кислота
PARA [para-phenylenediamine] парафенилендиамин
PE [polyethylene] полиэтилен
PEG [polyethylene glycol] полиэтиленгликоль
PET [polyethylene terephthalate] полиэтилентерефталат
PP [polypropylene] полипропилен
PS [polystyrene] полистирол
PVC [polyvinyl chloride] поливинилхлорид
PVP [polyvinyl pyrrolidone] поливинилпирролидон
R&D [research and development] научные исследования и развитие
RIFM [Research Institute for Fragrance Materials] Научно-исследовательский институт душистых веществ, РИФМ
oz [ounce] унция
rsp [retail sale price] розничная цена
SAN [styrene acrylonitrile] стиролакрилонитрил
s. e. [self-emulsifying] самоэмульгирующийся
SPF [sun protection factor] солнцезащитный [фотозащитный] фактор
TEA [triethanolamine] триэтаноламин
TEWL [transepidermal water loss] трансэпидермальная потеря влаги
TLC [thin layer chromatography] тонкослойная хроматография
USP [United States Pharmacopoeia] фармакопея США
UV [ultraviolet] ультрафиолетовые лучи
UVA [ultraviolet A] ультрафиолетовые лучи спектра А, УФА
UVB [ultraviolet B] ультрафиолетовые лучи спектра В, УФВ
UVC [ultraviolet C] ультрафиолетовые лучи спектра С, УФС
UV vis [ultraviolet visible] ультрафиолетовая и видимая область спектра
VA [vinyl acetate] винилацетат
vit [vitamin] витамин
VP [vinylpyrrolidone] винилпирролидон
WHO [World Health Organisation] Всемирная организация здравоохранения, ВОЗ
w/o [water/oil] вода/масло

ДЛЯ ЗАМЕТОК

УКАЗАТЕЛЬ РУССКИХ ТЕРМИНОВ

УКАЗАТЕЛЬ РУССКИХ ТЕРМИНОВ

аберрация 11
абиетиловый спирт 20
абразив 11
абразив мягкого действия 11
абразив на основе диоксида кремния 11
абразив на основе мела 11
абразив на основе овсяной муки 11
абразивная губка 179
абразивная зубная паста 65
абразивная система 186
абразивная способность 11, 153
абразивная стойкость 165
абразивная функция 92
абразивное действие 14
абразивно-полирующая способность 11
абразивно-полирующие свойства 43
абразивно-полирующий материал 11
абразивность 11, 153
абразивные вещества 122
абразивные свойства 160
абразивный 11
абразивный ингредиент 103
абразивный компонент 54
абразивный материал 11
абразивный материал для зубных паст 11
абразивный порошок 152
абрикос 25
абсолю 11
абсолю азалии 11
абсолю бессмертника 12
абсолю гардении 12
абсолю гиацинта 12
абсолю древесного мха 12
абсолю дрока 11
абсолю дубового мха 12
абсолю жасмина 12
абсолю из листьев фиалки 12
абсолю из листьев фигового дерева 12
абсолю из цветочного сырья 12
абсолю иланг-иланга 12
абсолю инжира 12
абсолю ириса 12
абсолю кассии 11
абсолю кастореума 11
абсолю лабданума 12

абсолю лаванды 12
абсолю ландыша 12
абсолю мимозы 12
абсолю нероли 12
абсолю, полученное бензольной экстракцией 12
абсолю, полученное методом мацерации 11
абсолю розы 12
абсолю розы майской 12
абсолю сивета 11
абсолю сирени 12
абсолю сиринги 12
абсолю стиракса 12
абсолю с устойчивым запахом 12
абсолю туберозы 12
абсолю фиалкового корня 12
абсолю флёрдоранжа 12
абсолю цветов гвоздики 11
абсолю цибета 11
абсолю чубушника 12
абсолю шалфея мускатного 11
абсолютное масло 11
абсолютный спирт 20
абсорбент 12
абсорбер 12
абсорбер с мешалкой 12
абсорбирующая среда 123
абсорбирующий тальк для ног 152
абсорбционная база 27
абсорбционная колонна 49
абсорбционная способность 12
абсорбционная способность кожи 12
абсорбционная хроматография 44
абсорбционное свойство 160
абсорбционный аппарат 12
абсорбция 12
авокадо 26
австралийский орех 132
автоклав 107, 198
автомат для зажима туб 118
автомат для складывания и склеивания картонных коробок 117
автомат для складывания картонных футляров 117
автомат для склеивания картонных футляров 96

автомат для укупоривания винтовыми колпачками 117
автомат для укупоривания колпачками 37, 117
автомат для фальцовки туб 118
автоматическая штамповка 162
автоматический контроль 55
автоматический тубоукладчик 115
автоматическое оборудование 76
автоматическое смешивание 126
агар 18
агар-агар 18
агент 18
агломерация 19
агрегат 117, 150, 196
агрессивная среда 26
агрессивный 19
адаптируемость 16
адгезивная плёнка 84
адгезивное покрытие 46
адгезивное свойство 160
адгезивный 17
адгезивный слой 84
адгезионная способность 17
адгезия 17
адгезия с кожей 17
адгезия с поверхностью ногтя 17
адипиновая кислота 13
азалия 26
азалия древовидная 26
азелаиновая кислота 13
азокраситель 71
азопигмент 26
азулен 26
азуленовый крем 58
айва 163
акажу 12
акация 12
акация аравийская 12
акация Фарнеси 12
аккорд 13
аккорд амбры и табака 13
аккорд древесной, кипарисовой и амбровой нот 13
аккорд жасмина, дубового мха, тмина и мяты 13
аккорд мха и шипра 13
аккорд розы, жасмина, ириса и амбры 13
аккорд розы и фиалки 13
аккорд тёплых запахов 13
аккорд травянистой зелени 13
акрилат 14
акриловый полимер 151
аксессуары 13
аксессуары макияжа 13

активатор 12, 16
активатор завивки волос 16
активатор обновления клеток 16
активатор роста клеток 16
активизирующий комплекс 50
активная проницаемость 146
активная смесь 50
активная ферментация 84
активная форма 88
активнодействующая краска 48
активнодействующий 16
активнодействующий компонент 18
активное вещество 184
активное впитывание 12
активное начало 18
активное поглощение 12
активное предупреждение появления морщин 55
активное состояние 181
активное увлажнение 127
активность 16
активность длительного действия 16
активность по обновлению ассортимента 16
активность сальных желёз 16
активность широкого спектра 16
активноувлажняющая маска 121
активный 16
активный ингредиент 103
активный ингредиент растительного происхождения 103
активный компонент 50, 54, 156
активный растворитель 178
активный уход за кожей в дневное время 194
активный уход за кожей в ночное время 194
активный уход за кожей вокруг глаз 194
активный фермент 76
акцент 12
акцептор 13
акцептор кислорода 13
акцептор свободных радикалов 13
ализарин 21
ализариновый лак 109
алканет 21
алкиларилсульфонаты 21
алкилирование 21
алкилированный 21
алкилированный дифенилоксид 21
алкилсульфат натрия 21
алкилсульфаты 21
аллантоин 21
аллерген 21
аллергенность 21

аллергенный 21
аллергическая реакция 102, 103, 163
аллергическая реакция на ультрафиолетовые лучи 147
аллергическая чувствительность 170
аллергический дерматит 67
аллергический контактный дерматит на губах, связанный с употреблением жевательной резинки 67
аллигаторова груша 26
аллилгептаноат 22
аллилионон 22
аллилкапронат 22
аллооцимен 22
алопеция 22, 27
алоэ 22
алоэ барбадосское 22
алоэ древовидное 22
алоэ ферокс 22
алтей 22
алтей лекарственный 120
алтей розовый 22
альбумин 19
альбумин из бычьей сыворотки 19
альгинат натрия 177
альгинаты 21
альгиновая кислота 13
альдегид 21
альдегид ландыша 21
альдегид листьев 21, 100
альдегид листьев фиалки 21
альдегид огурца 21
альдегид пиона 21
альдегид, полученный из некоторых видов морских водорослей 21
альдегид сиринги 21
альдегидная головная нота с оттенком зелени 193
альдегидная нота 130
альдегидная фракция 90
альдегидно-цветочный запах 133
альдегидный 21
альдегидный запах 133, 144
альдегидный оттенок 132
альдегидный тип 195
альдегидный характер 42
альпийский лишайник 111
альтернативный пропеллент 159
альфа-дамаскон 63
альфа-ионон 105
альфа-оксикислоты 14
алюминиевая туба 195
алюминиевая фольга 84, 87
алюминиевый баллон 27, 31
алюминиевый лак 109
алюминиевый порошок 152

алюминиевый чан 187
алюминохлоргидратный комплекс 50
алюминоциркониевый комплекс 50
алюмоаммониевые квасцы 22
алюмонатриевые квасцы 22
алюмосиликат магния 119
алюмосиликатный пигмент 150
амальгамирование 22
амарант 22
амбра 22
амбраром 22
амбретон 22
амбреттолид 22
амбриаль 22
амбринол 22
амбровая конечная нота 26
амбровая нота 130
амброво-пряный аккорд 13
амбровый 22
амбровый запах 133
амбровый оттенок 12, 100, 132
амбровый характер 42
амброксид 22
амброфор 22
американский скипидар 195
амерхол 22
амид жирной кислоты кокосового масла 47
амидобетаин жирных кислот кокосового масла 29
амидопропилбетаин жирных кислот кокосового масла 29, 47
амилбензоат 22
амилбутират 22
амилвинилкарбинол 23
амилкоричный альдегид 21
амилкоричный спирт 20
амиловый спирт 20
амилопектин 23
амилпропионат 23
амилсалицилат 23
амилфенол 23
амилциннамат 23
амилциннамилацетат 23
аминный запах 133
аминокислотный баланс 26
аминокислоты 13
аминокислоты, полученные методом биотехнологии 13
амиодаран 22
аммиачный запах 133
амниотическая жидкость 87
аморфная структура 183
аморфное состояние 181
аморфный гелиотропин 100
аморфный диоксид кремния 174

аморфный ксерогель 201
аморфный мел 42
ампула с косметическим средством 22
ампула со средством от морщин 22
амфотерное поверхностно-активное вещество 185
амфотерное свойство 42
амфотерный 22
амфотерный крахмал 181
амфотерный эмульгатор 75
анализ 23, 184, 189
анализ готовой продукции 23
анализ каплепадения 189
анализ сырьевых материалов 23
аналитическая лаборатория 109
аналитические данные 63
аналитический метод 124
аналог 23
аналогия 23
аналогия запахов 23
ананас 150
анаэробные бактерии 26
анаэробные микроорганизмы 125
анаэробный 23
ангелика 23
ангеликалактон 109
ангеликовая кислота 13
«английская кожа» 110
анемичная кожа 175
анемон 23
анетол 23
анетол из древесного скипидара 23
анизилацетат 23
анизилацетон 23
анизилформиат 23
анизол 23
анилиновый краситель 71
анионная группа 195
анионная система 186
анионное поверхностно-активное вещество 185
анионное свойство 42
анионный 23
анионный полимер 151
анионный эмульгатор 75
анионоактивный 23
анис 23
анис звёздчатый 23, 26
анис китайский 23
анис тонкинский 23
анисовая кислота 13
анисовая нота 130
анисовое семя 23
анисовый 23
анисовый альдегид 21, 26
анисовый запах 133

анисовый спирт 20
аннатто 23
анормальный 11
аносмия 23
антибактериальная активность 16
антибактериальное действие 14
антибактериальный 23
антикариозная активность 16
антикариозная эффективность 74
антикариозный компонент 18
антикоррозийная защита 161
антикоррозийная стойкость 166
антикоррозионное покрытие 46
антимикробная активность 16
антимикробная эффективность 74
антиоксидант 24
антиоксидант растительного происхождения 24
антиоксидантная активность 16
антиоксидантное действие 72
антиперспирант 24
антиперспирант без отдушки 24
антиперспирант в аэрозольной упаковке 24, 179
антиперспирант в шариковой упаковке 24
антиперспирант с пульверизатором 24
антиседиментационный лак для ногтей 109
антисептик 24
антисептическая добавка 18
антисептическая присыпка 152
антисептический 24
антисептический зубной эликсир 127
антисептический крем 58
антисептический лосьон 115
антисептическое действие 14
антисептическое мыло 176
антисептическое свойство 160
антистатик 24
антистатическая добавка 17
антистатический контроль 55
антистатическое действие 14, 72
антистатическое покрытие 46
антистатическое свойство 160
антитоксичное действие 15
антитоксичный компонент 18
антицеллюлитный крем 58
антрахинон 24
анфлёраж 76
анютины глазки 142
аппарат для перегонки с паром 182
аппарат для эмульгирования 75
аппликатор 25
аппликатор в виде волосяной кисточки 25

аппликатор в виде кисточки из синтетических волокон 25
аппликатор с губчатым наконечником 25
аппликатор теней для век 25
аппликаторы 141
аппликационная кожная проба 189
аппликация 24
апробация 25
апробация до выпуска на рынок сбыта 25
апробация нового изделия 25
апробированная переносимость 191
апробированная эффективность 74
апробированный ингредиент 104
аптечный запах 134
аравийская камедь 97
арахидоновая кислота 13
арахис 97, 143
арахисовое масло 135, 137, 138
арбуз 200
армированная тканью бумага 142
арника 25
аромакология 25
аромат 25, 133, 144
ароматизатор 86
ароматизатор в виде порошка 86
ароматизатор воздуха в аэрозольной упаковке 179
ароматизатор для ванн 28
ароматизатор для губной помады 86
ароматизатор для полости рта 92
ароматизатор для помещений в аэрозольной упаковке 180
ароматизатор для табачных изделий 86
ароматизатор, идентичный натуральному 86
ароматизатор с привкусом мяты кудрявой 86
ароматизатор с привкусом мяты перечной 86
ароматизатор с сильным мятным привкусом 86
ароматизатор с холодящим эффектом 86
ароматизация 25, 86, 135, 145
ароматизированная основа 28
ароматизированная помада 152
ароматизированная эмульсия 75
ароматизированная этикетка 108
ароматизированный 25, 91, 169
ароматизирующая добавка 17, 19
ароматизирующая добавка для зубных паст 86

ароматизирующая пищевая эссенция 77
ароматизирующая способность 153
ароматизирующая эссенция 77
ароматизирующее действие 14
ароматизирующее средство для ванн 90, 152
ароматизирующие пищевые вещества 122
ароматизирующие таблетки для ванн 187
ароматизирующий компонент 51, 54
ароматизирующий эликсир 74
ароматизирующий эффект 72
ароматическая композиция 52
ароматическая нота 130
ароматическая смесь 152
ароматическая соль для ванн 168
ароматические масла 135
ароматический 25
ароматический запах 133, 169
ароматический запах с нотой «фужер» 91
ароматический характер 192
ароматическое вещество 25, 184
ароматическое растение 150
ароматичность 153
ароматопроницаемость 146
ароматотерапия 25
арония 44
артемизия 25
асимметричная форма 174
аскорбат аллантоина 21
аскорбилпальмитат 25
аскорбиновая кислота 13, 199
аспарагиновая кислота 13
аспект 25
ассигнования на рекламу 34
ассортимент 25
атласная губная помада 114
атласная тесьма 166
атласность 24
атласный блеск 117
атмосфера 26
атмосферный 26
атония 26
ацетат 13
ацетат листьев 110
ацетат целлюлозы 42
ацетилен-ацетоновый синтез 186
ацетилирование 13
ацетилированный 13
ацетилированный ланолин 109
ацетилированный талловый жир 187
ацетилкарен 13
ацетилцеллюлоза 42

ацетон 13
ацетофенон 13
ацетулан 13
ациклические терпены 189
аэрация 17
аэробные бактерии 26
аэрогель 17
аэрозоль 17
аэрозольная система 186
аэрозольная упаковка 140
аэрозольная форма 88
аэрозольно-наполнительное оборудование 118
аэрозольный баллон 27, 31, 54
аэрозольный дезодорант 66
аэрозольный дезодорант, не содержащий хлорфторуглеродного пропеллента 66
аэрозольный пропеллент 159
аэрозольный распылитель 26
аэросил 17

багрянки 21
бадьян 23, 26
база 27
базилекс 28
базилик 28
базилик камфорный 28
базилик низкорослый 28
базиликовый запах 133
базовая нота 130
базовая рецептура 88
базовая фаза 147
базовые вещества 122
базовый аккорд 13
базовый запах 133
базовый компонент 51, 54
базовый слой 110
бак 187
баккартол 26
бактериальная инфекция 103
бактериальная микрофлора 87
бактериальная ферментация 84
бактериальное заражение 55
бактериальное разложение 64
бактериальный 26
бактериальный токсин 194
бактерии 26
бактериологическое исследование 189
бактериостатическая способность 11
бактериостатический 26
бактериостатическое действие 14, 72
бактерицид 94
бактерицидная активность 16

бактерицидная способность 153
бактерицидная эффективность 74
бактерицидное действие 14, 15
бактерицидное мыло 176
бактерицидное свойство 160
бактерицидное средство 26, 94
бактерицидный 26, 94
бактерицидный зубной эликсир 127
бактерицидный компонент 18
бактерицидный показатель 197
баланс 26, 76
баланс здоровой кожи 26
баллон 27, 31, 198
баллонный газ 93
баллончик 27
бальзам 27, 28
бальзам для век 27
бальзам для волос 27
бальзам для губ 27
бальзам для загара 27
бальзам для кожи 27
бальзам после бритья 27
бальзам с защитным действием 27
бальзам с экстрактом ромашки 27
бальзамическая конечная нота 71
бальзамическая конечная нота с мускусным оттенком 71
бальзамическая нота 130
бальзамический 27
бальзамический запах 133
бальзамический оттенок 132
бамбук 27
банка 36, 106
банка с литографической печатью 36
банное мыло 27, 176, 177
баночка 36, 106, 152
баночка, декорированная шелкографией 107
баночка для косметических изделий 106
баночка для пробных образцов продукции 107
баночка из непрозрачного материала 106
баночка с винтовой крышкой 107
баночка с двойными стенками 106
баночка с крышкой 106
баночка с офсетным рисунком 106
баночка с тенями для век 152
баночка с уплотнёнными стенками 106
баночка с широкой горловиной 106, 107
бант 33
бантик 33

барабанный смеситель 125
барбарис 27
бархатистая кожа 176
бархатистая мягкость 177
бархатистая текстура 190
бархатистость 198
бархатная бумага 142
бархатная пуховка 162
бархатцы 187
барьер 27
барьер проницаемости 27
басма 28
бежево-перламутровый оттенок 171
бежево-розовый оттенок 171
бежевый оттенок 171
без запаха 105, 129
без кондиционирующих свойств 129
без отдушки 91, 197
без привкуса 188
без тары 34
без футляра 196
безвкусный 188
безводная основа 27
безводная система 186, 187
безводная фаза 147
безводные тени для век 81
безводный 23, 200
безводный гель 93
безводный глицерин 96
безводный ланолин 109
безводный препарат 154
безводный состав 88, 89
безводный хлорид кальция 35
безвосковой ланолин 109
безвредное применение 197
безвредность 168
безвредность абразивных материалов 168
безвредность изделия 168
безвредный 92, 99, 104, 129, 168
безвредный для окружающей среды 92, 168
безвредный ингредиент 104
безвредный консервант 155
безвредный краситель 49
безжизненные волосы 98
безжировой 83
безжировой бриллиантин 34
безмыльный шампунь 173
безопасность 168
безопасный 168
безосколочное стекло 95
безупречность 144
белая глина 45
белая зубная паста 193
белая крапива 129

белая сирень 111
белёный картон 31
белизна 34, 200
белое вазелиновое масло 139
белок 161
белокопытник 86, 166
белокурые волосы 97
белые пятна 179
белый вазелин 107
белый воск 200
белый жасмин 107
белый мучнистый налёт 83
белый парафин 142
белый пигмент 150
бензальдегид 29
бензилацетат 29
бензилацетон 29
бензилбензоат 29
бензилбутират 29
бензиловый спирт 20
бензилпарабен 29
бензилпропионат 29
бензилсалицилат 29
бензилформиат 29
бензилциннамат 29
бензоат натрия 177
бензоин 29
бензой 29
бензойная кислота 13
бензойная нота 130
бензойная смола 27, 29, 97, 165
бензойный запах 133
бензойный резиноид 165
бензофенон 29
бензофуран 29
бентонит 29
бентонитовая паста 143
бергамилацетат 29, 128
бергамот 29
бергамотный запах 133
бергаптен 29
берёза 30
берёзовая кора 27
берёзовые листья 110
берёзовые почки 34
берёзовый дёготь 135, 188
берёзовый экстракт 79
беспенный 129
бессмертник 102
бесспиртовая рецептура 88
бесспиртовая система 186
бесспиртовой 21
бесспиртовой лак для волос 98
бесспиртовой лосьон 115
бесспиртовой тоник 192
бесспиртовые духи 144

бестарное хранение 183
бесцветная губная помада 114
бесцветная жидкость 114
бесцветная кондиционирующая тушь 120
бесцветная основа 27, 28
бесцветная основа под маникюрный лак 46
бесцветная помада 152
бесцветный 46, 49
бесцветный карандаш 182
бесцветный косметический карандаш 182
бесшовный баллон 36
бета-дамаскон 63
бетаин 29
бетаин на основе жирных кислот кокосового масла 47
бета-ионон 105
бета-нафтилметиловый эфир 77
бета-нафтол 129
бетуленол 29
бигуди 167
бизнес 35
биоактиватор 29
биоактивный 29
биоактивный ингредиент 104
биоактивный комплекс 50
биоактивный косметический препарат для кожи 67
биоактивный крем 58
биоактивный крем-основа 90
биоактивный стимулятор для волос 76
биокомплекс 29
биоконцентрат 29
биокрем 58
биологическая активность 16, 29, 153
биологическая несовместимость 103
биологическая проба 25
биологическая функция 92
биологически активная сыворотка 170
биологически активное вещество 184
биологически активное вещество со стимулирующим действием 29
биологически активное действие 14
биологически активное свойство 160
биологически активное средство для эффективного отшелушивания 143
биологически активный 29
биологически активный ингредиент 104
биологически активный компонент 18
биологически активный препарат для ухода за волосами 37
биологически разлагаемая тара 140

биологически совместимые вещества 122
биологические изменения 42
биологический контроль 55
биологический процесс 157
биологический распад 29, 64
биологический сопутствующий фактор 47
биологический тест 29
биологический фактор 82
биологический экстракт 79
биологическое действие 72
биологическое равновесие 76
биологическое разложение 29
биомеханическое свойство кожи 160
биополимер 29
биопроба 29
биоразлагаемый 29
биоразлагаемый детергент 68
биорастительный комплекс 50
биосинтез 29
биосовместимость 29
биостимулирующая способность 36
биостимулирующее действие 14, 72
биостимулятор 29
биотехнологический процесс 157
биотин 29, 199
биофактор 29
биофизическое свойство 160
биофлавоноид 199
биофлавоноиды 29
биохимическая технология 188
биохимические данные 85
биохимический 29
биохимический метод 188
биохимическое нарушение 70
биохимия 29
биохимия кожи 29
биоцид 29
бисабол 30
бисаболен 30
бисаболол 30
бифункциональный 29
бифункциональный маскирующий карандаш 57
благоприятное воздействие 28
благоприятное воздействие, замедляющее старение 28
благоприятное действие 14, 15, 72
благоприятное увлажняющее воздействие 28
благоприятные условия 53
благоприятный 28, 92
благоприятный для кожи 92
благотворный 28
благотворный ингредиент 104

благоухающий 134, 135
бледно-розовый тон 192
блёклый цвет 48
блеск 34, 95, 117, 125, 151, 174
блеск волос 95, 117, 174
блеск для волос 95, 125
блеск для волос в аэрозольной упаковке 125, 179
блеск для губ 95, 113, 182
блеск для ногтей 76
блёстки 178
блестящая губная помада 114
блестящая дымка 125
блестящая кожа 175
блестящая плёнка 84
блестящие волосы 98
блестящий 117, 174, 178
блестящий внешний вид 115
блестящий завершающий штрих 85
блестящий оттенок 171
блистерная упаковка 141
блок 30
блокада 30
блокирование 30
бобровая струя 39
бобы 28
бобы ванили 28
бобы Тонка 28
богатая оттенками нота 131
богатый букет запахов 99
богатый запах 145, 169, 176
богатый цветочный букет 32
богатый цветочный запах 91
бодрящий запах 134
бой стеклотары 34
боковой 110
бокс 33
болезненная кожа 175
болезненность кожи 176
большое количество 34
большой размер 174
борная кислота 13
борнеол 31
борнилацетат 31
борнилсалицилат 31
борнилформиат 31
борное мыло 176
бородавка 199
борозда 86
ботанический 31
боярышник 99
бразильская пальмароза 133
бразинилформиат 33
бракераж 105, 178
бракераж флаконов 105

браковщик 178
брахманол 33
брикет 34, 35
бриллиантин 34
бриллиантин для волос 34
бриллиантин на спиртовой основе 34
бритвенное лезвие 30
бритвенные принадлежности 13
бритьё 174
брови 81
бродильный аппарат 84
бродильный чан 84
брожение 84
бромгидрат дигидроксииндола 69
бромистый краситель 181
бромстирол 34
бронопол 34
брусковая основа 90
брусковая подводка 81
брусковая тушь 120
брусковая тушь для ресниц 34, 35
брусковое средство макияжа 119
брусковые тени для век 81
брусника 46, 57, 90
брусок 34, 35
бугорок 54
бузина 63, 74
бузина кистистая 31
букет 32
букет восточных запахов 32
букет классического стиля 32
букет лёгких цветочных запахов 32
букет полувосточного стиля 33
букет с базовой нотой розы 32
букет свежих цветочных запахов 32
букет с волнующим запахом 33
букет с запахом белых цветов 33
букет с запахом розы 32
букет с запахом фиалки 33
букет с округлённым запахом 32
букет с чувственным запахом 33
букет фруктовых запахов 32
буккоксим 34
бум 33
бумага 142
бумага для офсетной печати 142
бумага, металлизированная бронзой 142
бумага «под кожу» 142
бумага с нанесённым покрытием 142
бумага с полиэтиленовым покрытием 142
бумага с фирменным водяным знаком 142
бумажная обёртка 201
бумажная этикетка 108

бумажные полоски для оценки запаха 176
бумажный фильтр 85
бура 31
бурые водоросли 21, 107
бутановый пропеллент 159
бутилацетат 35
бутилбутират 35
бутилгликолят 35
бутиленгликоль 35
бутилмиристат 35
бутилоксианизол 35
бутилпальмитат 35
бутилпарабен 35
бутилпропионат 35
бутилсалицилат 35
бутилциннамат 35
бутоны 34
бутоны гвоздичного дерева 34
бутылочка 31
буферная система 186
быстрая обработка 157
быстровпитывающееся увлажняющее средство 127
быстровпитывающийся крем 62
быстродействующая в течение 4 минут маска с подтягивающим эффектом 122
быстродействующая очищающая маска 122
быстродействующая успокаивающая маска 122
быстродействующее очищающее молочко 125
быстродействующий гель, улучшающий упругость кожи 93
быстродействующий уход за кожей 194
быстрое благоприятное воздействие 28
быстрое замораживание 92
быстрое охлаждение 56
быстрое ощущение свежести 92
быстрораспространяющийся запах 134
быстрый эффект 73
бытовой дезодорант 66

в виде крема 62
в начальной стадии 28
в неаэрозольной упаковке 129
важный компонент 51
важный критерий 62
вазелин 107, 146
вазелиновое масло 139
вазелиновый крем 60

вакуум-аппарат 142
вакуум-наполнительная машина 118
вакуумная дезодорация 66
вакуумная камера 33
вакуумная установка для выделения и концентрации эфирного масла 196
вакуумное оборудование 77
вакуумный выпарной аппарат 108
вакуумный перегонный аппарат 182
вакуум-перегонная колонна 49
вакуум-розлив 84
вакуум-смеситель 126
валковый измельчитель 34
вальцевание 125
вальцовый помол 97
вальцы для мыльной стружки 118
ванилин 198
ванилин из гваякола 198
ванилин из эвгенола гвоздичного масла 198
ваниль 197
ванильный запах 134
варка 31
варка мыла 31
варочный котёл 107, 142, 198
василёк 30, 42, 56
ватные аппликаторы 186
ватные подушечки 141
введение консерванта 155
введение консерванта в крем 155
введение консерванта в шампунь 155
введение отдушки 145
ввод 16
ввод масляной фазы 16
ввод отдушки 17
ввоз 102
вдохновение 105
вдыхание 105
ведущая косметическая фирма 101
ведущая марка 33
ведущий парфюмер 145
везикулярная структура 184
веко 81, 111
величина 34, 174, 197
величина пор 175
величина растекания 197
велюровая пуховка для пудры 162
велютон 198
вентилирование 17
вербена 29, 198
вербена лекарственная 29
вероника 94
версалид 198
версия 198
версия «Опиум» 198
версия сирени 198

215

вертикально стоящая туба 195
верхний предел 112
верхний слой 46, 183
верхний слой лака 85
верхняя часть 193
верхушечные листья 110
вес 200
весенняя коллекция 48
веснушки 92
веснушчатый 86
ветивер 198
ветивер-кетон 107
ветиверовый корень 167
ветиверол 198
ветреница 23
вечернее предназначение 139
вечерние духи 91, 144
вечнозелёный 19, 78
вещества 122
вещества животного происхождения 122
вещества, полученные экстракцией из растительного сырья 123
вещества растительного происхождения 123
вещество 52, 123, 184
вещество с цветочным запахом 52
вещество-предшественник в процессе обмена веществ 154
взаимодействие 105
взаимодействие абразивного компонента и фтористой добавки 105
взбитые волосы 98
взвесь 186
взвешенное состояние 181
вибрационная мельница 125
вибрирующая нота 132
вибрирующий запах 134
вигум 198
вид 88, 108, 115, 198
видимое изменение 42
видимые поры 152
видимый 24
видимый дефект 64
видимый эффект 73
визажист 68
визуальная оценка 77, 189
визуальное наблюдение 133
визуальное определение 68
визуальный анализ 23, 184
вилочковая железа 95
винная кислота 14
винный запах 134
виноград 97
винтергрен 201
винтергреновое масло 139

винтовая крышка для банки 36
винтовая мешалка 19, 183
винтовой колпачок 36, 193
вирусная инфекция 103
вискозиметр 198
витамин 199
витамин A 166, 199
витамин B_1 199
витамин B_2 199
витамин B_4 199
витамин B_6 199
витамин B_{12} 199
витамин B_{13} 199
витамин B_{15} 199
витамин C 199
витамин D_2 199
витамин D_3 199
витамин E 191, 199
витамин F 199
витамин H 29, 199
витамин K 199
витамин P 199
витамин PP 199
витаминизация 199
витаминная добавка 17, 185
витаминный концентрат 52
витаминный крем 62
витаминный крем для кожи вокруг глаз 62
витамины группы B 199
витамины группы D 199
витрина 69
вишнёвый ароматизатор 86
вишнёвый привкус 86
вишня 44
вкладыш 105, 113
включение 103
вкрапление 103
вкус 86, 188
вкусовая добавка 17, 18
вкусовая добавка для губной помады 86
вкусовая проба 189
вкусовое ароматизирующее вещество 86
вкусовое вещество 123, 184
вкусовое ощущение 102, 170
вкусовые ароматизаторы 123
влага 126
влагонепроницаемый 126
влагоотталкивающий 126
влагопоглотитель 13
влагопоглотительная способность 11, 37
влагопроницаемость 146
влагосодержание 55

влагостойкая плёнка 84
влагостойкая способность 11
влагостойкий 126
влагостойкость 166
влагоудержание 166
влагоудерживающая плёнка 85
влагоудерживающая способность 11, 37, 101, 154
влагоудерживающее вещество 101
влагоудерживающее свойство 160
влагоудерживающий 101
влагочувствительный 126
влажная среда 26
влажность 63, 101, 126
влажные волосы 98
влажный 63, 101, 126, 200
влажный блеск 125
влажный вид 115
влияние 14, 72, 102, 105
вместимость 34, 36, 55, 199
вместимость склада 37
вмешательство 105
внешнеторговая цена 156
внешний 79
внешний блеск 95
внешний вид 24, 25
внешний вид кожи 24
внешний вид молодой кожи 24
внешний облик 115
внешний слой 110
внешний фактор 82
внешний эффект 73
внешность 24
вновь выпущенное изделие 158
внутреннее защитное покрытие 47
внутренний 104, 105
внутренний корковый слой 56
внутренний рынок 120
внутренний фактор 82
внутренняя крышечка в косметической баночке 69
внутренняя прокладка в коробке 113
внутренняя прокладка в футляре 113
внутренняя розничная торговля 168
внутренняя сторона 105
внутренняя упаковка 141
внутриклеточная вода 199
внутриклеточная пенетрация 144
внутрикожный 76
вода 199
водная дисперсия 69
водная основа 28
водная система 186, 187
водная суспензия 186
водная фаза 147, 181
водная эмульсия 75

водно-гликолевый экстракт 80, 81
водно-глицериновый экстракт 80
водно-липидное содержание 55
водно-липидный баланс 27
водно-силиконовая система 187
водно-спиртовая основа 27
водно-спиртовая система 186
водно-спиртовой 25, 101
водно-спиртовой лосьон 116
водно-спиртовой настой 103
водно-спиртовой погон 69
водно-спиртовой раствор 178
водно-спиртовой состав 126
водно-спиртовой экстракт 80
водно-эмульсионная система 187
водный 25
водный баланс 26, 27
водный гель 93, 94
водный обмен 78
водный погон 69
водный раствор 178
водный слой 110
водный экстракт 79
вододиспергируемый полимер 152
водонепроницаемый 200
водоотталкивающая плёнка 84, 85
водоотталкивающая способность 11
водоотталкивающее действие 16, 73
водоотталкивающее свойство 161
водоотталкивающий 200
водоотталкивающий гель 94
водоотталкивающий компонент 19
водопроницаемость 146
водорастворимая добавка 17
водорастворимая система 187
водорастворимое смягчающее вещество 74
водорастворимость 178
водорастворимый 178, 200
водорастворимый антиоксидант 24
водорастворимый витамин 199
водорастворимый ингредиент 104
водорастворимый компонент 54
водорастворимый краситель 49, 71
водорастворимый полимер 152
водорастворимый эмульгатор 75
водоросли 21
водосодержащий состав 89
водостойкая подводка 81
водостойкая тушь 121
водостойкие тени для век 82
водостойкий 200
водостойкий гель 94
водостойкий лак 109
водостойкий целлофан 39
водостойкое действие 16

водостойкое покрытие 47
водостойкое средство макияжа 119
водостойкость 166, 180
водоудерживающее свойство 161
водянистая консистенция 54
водянка 72
водяной пар 181
возвратно-поступательный пенал 39, 55
возвратный цикл 44
воздействие 14, 102
воздухопроницаемость 146
воздушные карманы 199
воздушный 26
воздушный карман 103
воздушный пузырёк 34
возникновение 88
возраст 18
возрастающая потребность 65
возрастная группа 18
возрастная категория 18
возрастная пигментация 150
возрастная чувствительность 170
возрастное ограничение 112
возрастное старение 19
возрастной фактор 82
возрастные морщины 201
волнистые волосы 98
волокнистая структура 183
волокнистая текстура 190
волокнистый 84
волокнистый слой 110
волокно 84
волосатый 99
волосы 44, 97
волосы взрослого человека 97
волосы, имеющие влажный вид 98
волосы, обработанные химическим составом 98
волосы с естественной пигментацией 98
волосы с перманентной завивкой 98
волосы с посечёнными концами 98
волосы с раздвоенными концами 98
волосы человека 98
волосяная луковица 34
волосяная фолликула 88
волосяной покров 97
волосяной сосочек 63, 142
воодушевление 105
воск 52, 200
воск животного происхождения 200
воск из кожуры апельсина 200
воск ланолина 200
воск сахарного тростника 200
воски 123

восковая фаза 147
восковая фракция масла хохобы 200
восковница 28
восковое вещество 52
восковой 42
восковой карандаш для удаления волос 200
восковой компонент 51
воскожировая рецептура 89
восконосная пальма 141
воскообразная консистенция 54
воскообразная масса 122
воскообразные вещества 123
воскообразный 200
воскообразный депиляторий 67
воскообразный загуститель 191
воскообразный препарат 200
воскообразный препарат для удаления волос 200
восковоподобный 42
воспаление 103
воспаление слизистой оболочки 103
воспалённая кожа 175
воспалительное раздражение 105
воспалительный 103
воспалительный отёк 72
воспламенение 103
воспламеняемый 103
восприимчивость 170
восприимчивый 170
восприятие 102, 144
восприятие запаха 144
воссоздание 163
воссоздание синтетическим путём 163
восстановитель для волос 166
восстановление 163, 164, 165
восстановление биологических функций кожи 165
восстановление влажности 164
восстановление водного баланса 164
восстановление водного баланса кожи 164
восстановление водного баланса рогового слоя 164
восстановление волос 163, 165
восстановление жизненно важных функций кожи 166
восстановление клеток 165
восточная конечная нота 26
восточная нота 131
восточный запах 91, 144
восточный оттенок 172
восхитительный запах 133
вощёная бумага 142
вощёный картон 31
впечатление 102

впечатление лёгкости 102
впечатление от запаха 102
впитываемость 12
впитывание 12
впитывание жировых веществ 12
впитывание питательных веществ 12
впитывание через кожу 12
впитывающийся 12
врачебная косметика 123
вред 63
вред от солнечных лучей 63
вредная примесь 17
вредное действие 15, 72, 73
вредные солнечные лучи 163
вредный 17, 99, 104
временно разрешённое к применению вещество 184
временно разрешённый к применению 146
временно разрешённый к применению консервант 155
временно разрешённый УФ-фильтр 85
временный 13
временный эффект 73
время 64
время изготовления 191
время нанесения 191
«всё в одном» 22
всесторонний косметический уход 38
вспененное состояние 181
вспенивание 87
вспениватель 76
вспенивающая способность 11
вспомогательное вещество 184
вспомогательное душистое вещество 134
вспомогательное изделие 157
вспомогательное поверхностно-активное вещество 57, 186
вспомогательные принадлежности 13
вспомогательные средства 19
вспомогательный 26
вспомогательный загуститель 57
вспомогательный ингредиент 104
вспомогательный компонент 51
вспомогательный растворитель 57
вспомогательный смягчающий компонент 47
вспомогательный фактор 47, 82
вспомогательный эмульгатор 47, 75
вставка 105
втирание 167
вторичный помол 125
второстепенный признак 43
выборочный сбыт 70

выборочный тест 189
выбраковка 178
выбраковка флаконов 168
выверенное сочетание запахов 13
выдавливание 81
выдвижной пенал 39, 55
выдвижной тип упаковки 196
выделение 12, 169
выделение пузырьков газа 74
выделенное из состава вещество 52
выдержка 62
выдержка на холоде 44
вызревание 19, 62, 123
вызревание крема 62
вызревание эмульсии 19, 123
вызывающий 19
вызывающий запах 134
вызывающий экзему 72
вымораживание 92
вымытые шампунем волосы 98
выпадение волос 82
выпадение в осадок 154
выпаривание 198
выпарной аппарат 142, 198
выпарной котёл 107
выпот 81, 186
выпотевание 186
выпотевание губной помады 186
выпрямление 183
выпрямление волос с помощью перманента 183
выпрямление волос химическим путём 183
выпрямление сильно вьющихся волос 183
выпрямленные волосы 98
выпуск 110, 140
выпуск изделия 105
выпуск нового наименования 110
выпуск новых духов 105
выпуск обновлённого изделия 164
выпуск парфюмерного изделия 110
выпускное отверстие 140
выпускной клапан 132, 197
выработка 140
выраженный эффект 73
выразительный запах 134
выращивание 62
вырождение 64
высокая активность 16
высокая вязкость 198
высокая концентрация 52
«высокая» мода 83
высокая печать 156
высокая степень обезжиривания 65
высокая степень растекания 180

высокая стойкость 188
высокая увлажнённость 101
высокая укрывистость 57
высокий выход продукта 201
высокий колпачок 193
высокоабразивная зубная паста 66, 193
высокоактивная сыворотка 171
высокоактивный крем 60
высоковязкая система 186
высоковязкая эмульсия 75
высокоградусный спирт 20
высокое качество 162
высокое содержание жиров 55
высокое содержание масел 55
высокоинтенсивная укрепляющая сыворотка 171
высококачественное изделие 158
высококачественное туалетное мыло 176
высококачественные душистые вещества 122
высококачественные полимеры с широким спектром применения 152
высококачественный 85
высококачественный картон 31
высококвалифицированный дизайн 68
высококвалифицированный парфюмер 145
высокопрочность 71
высокоскоростная гомогенизация 101
высокоскоростная этикетировочная машина 108
высокосортные духи 144
высокоустойчивый 181
высокохудожественная упаковка 141
высокохудожественный флакон 31
высокоэффективная активность 16
высокоэффективная зубная паста 66
высокоэффективная мешалка 125
высокоэффективный компонент 18
высокоэффективный крем от загара 61
высокоэффективный питательный крем 59
высокоэффективный солюбилизатор 178
высокоэффективный состав от морщин 74
выстаивание 123, 183
выстаивание эфирного масла 123
высушенная кожа 176
высушивающее действие 15, 72
высшее качество 162
высший сорт 96
высыпание 77

высыхание 71
вытягивать 79
вытяжка 79, 103
выход 140
выход абсолю 201
выход конкрета 201
выход продукта 201
выход эфирного масла 201
выходной клапан 132
выцветание 82
выцветать 82
вьющиеся волосы 62, 98
вяжущая способность 26
вяжущее вещество 26
вяжущее действие 14, 72
вяжущее ощущение 170
вяжущее свойство 160
вяжущее средство 26
вяжущее средство мягкого действия 26
вяжущий 26
вяжущий компонент 18
вяжущий крем 58
вяжущий лосьон 115
вяжущий тоник 192
вязкая жидкость 87
вязкая консистенция 54
вязкий раствор 178
вязкое вещество 176
вязкость 183, 198
вязкость лосьона 198
вязкость эмульсии 198
вязкоупругие изменения 42

газ 93
газ-пропеллент 93, 159
газ-пропеллент для аэрозольной упаковки 93
газоадсорбционная хроматография 44
газовая хроматография 44
газожидкостная хроматография 44
газообразное состояние 181
газопроницаемость 146
газохроматографическая характеристика 159
галаксолид 93
галловая кислота 13
галлон 93
гамамелис 99, 201
гамма-додекалактон 70
гамма-линоленовая кислота 14
гарантия 26
гарантия безвредности 26
гарантия качества 26
гармоничная композиция 30

гармоничная по запаху композиция 51
гармоничное сочетание 99
гармоничное сочетание альдегидных запахов с нотой зелени 99
гармоничное сочетание альдегидных и фруктовых запахов 99
гармоничное сочетание альдегидных и цветочных запахов 99
гармоничное сочетание амбровых и древесных запахов 99
гармоничное сочетание древесных и травянистых запахов 99
гармоничное сочетание древесных и цветочных запахов 99
гармоничное сочетание запаха зелени с фруктовыми и цветочными нотами 99
гармоничное сочетание запаха зелени с цветочными нотами 99
гармоничное сочетание запахов амбры, лабданума, ванили 99
гармоничное сочетание запахов белых цветов 99
гармоничное сочетание запахов дубового мха, лабданума, стиракса и пачули 99
гармоничное сочетание запахов свежести и цитрусовых нот 99
гармоничное сочетание лавандовых и пряных запахов с нотой дубового мха 99
гармоничное сочетание мускусных и бальзамических запахов 99
гармоничное сочетание пряных и ароматических запахов 99
гармоничное сочетание пряных и цветочных запахов 99
гармоничное сочетание фруктовых и цветочных запахов 99
гармоничное сочетание цветочных и фруктовых запахов с запахом кожи 99
гармоничное сочетание шипровых и древесных запахов 99
гармония 99
гашение пены 34
гваяковая смола 97
гваяковое дерево 97
гваякол 97
гвоздика 38, 46
гвоздичный запах 133
гедион 100
гексадеканолид 100
гексан 100
гексахлорофен 100
гексилбензоат 100

гексилбутират 100
гексилсалицилат 100
гелевая фаза 147
гелеобразная зубная паста 66, 193
гелеобразная консистенция 190
гелеобразная система 186
гелеобразная структура 183
гелеобразная форма 88
гелеобразное вещество 184
гелеобразное состояние 181
гелеобразные косметические изделия 56
гелеобразование 88
гелеобразующий ингредиент 104
гелиопан 100
гелиотроп 100
гелиотропин 100, 150
гель 93, 107
гель для бритья 94
гель для бритья, не дающий пены 93
гель для ванн и душа 93
гель для волос для парикмахерских салонов 94
гель для волос, придающий глянцевый блеск 94
гель для душа 94
гель для душа, придающий атласность коже 94
гель для душа с минеральными добавками 94
гель для душа с оздоравливающим действием на кожу 94
гель для душа со стимулирующим действием 93
гель для жёсткой укладки волос 93
гель для завивки волос 93, 94
гель для загара 93, 94
гель для массажа 93
гель для массажа, улучшающий стройность фигуры 93
гель для мытья 94
гель для мытья волос и тела 93
гель для оздоровления 94
гель для оздоровления кожи 94
гель для похудения 93
гель для рук 93, 107
гель для удаления волос 93
гель для удаления макияжа 93
гель для удаления макияжа вокруг глаз 93
гель для укладки волос 93, 94
гель для усиления завитости волос 93
гель для ухода за губами 107
гель для ухода за кожей вокруг глаз 93
гель для фиксации волос 93
гель на жидких кристаллах 93

гель от пота 24
гель от прыщей и пятен на лице 93
гель от старения кожи вокруг глаз 93
гель от угревой сыпи 93
гель после бритья 93
гель, придающий волосам влажный вид 94
гель, разглаживающий кожу вокруг глаз 94
гель с алоэ 93
гель с блёстками 94
гель, снимающий усталость 94
гель с растительными экстрактами 94
гель с экстрактами трав 93
гель-антиперспирант 24
гель-бальзам для кожи 93
гель-дезодорант 93
гель-депиляторий 93
гель-ополаскиватель для волос 94
гель-хроматография 44
ген 94
генеалогия парфюмерии 94
генетический 94
гептанон 100
геранилбензоат 94
геранилбутират 94
геранилизобутират 94
гераниоксиацетальдегид 21
геранилпропионат 94
геранилформиат 94
гераниол 94
гераниол из пальмарозового масла 94
гераниол из цитронеллового масла 94
гераниол-кёр 94
герань 94
герань «бурбон» 94
гербицид 94
гермаль 94
гетерогенный 100
гетероциклический 100
гиалуронат натрия 177
гиалуроновая кислота 14
гиалуроновая кислота, полученная методом биотехнологии 13
гиацинт 101, 106
гибискус 100
гибкий 87, 185
гибкость 87, 151
гигиена 37, 102
гигиена дёсен 102
гигиена зубов 102
гигиена кожи 102
гигиена полости рта 102
гигиена тела 102
гигиеническая губная помада 113
гигиеническая пудра 71

гигиеническая пудра для тела 153
гигиенический тальк 153
гигиенический тальк для ног 153
гигиенический уход 37
гигиено-косметическая серия 113
гигиено-косметические изделия 96
гигиено-косметические средства 191
гигиено-косметические средства для мужчин 191
гигиено-косметическое изделие в аэрозольной упаковке 17
гигроскопический компонент 54
гидравлический пресс-автомат для компактирования пудры 155
гидрат алюминия 22
гидрирование 101
гидрированные липиды 113
гидрированный ланолин 109
гидрогель 101
гидрогенизатор 101
гидрогенизационная установка 101
гидрогенизация 101
гидрогенизация жирных кислот 101
гидрогенизированное масло 137
гидрогенизированный 101
гидрогенизированный глицерин 96
гидрогенизированный жир 83
гидрогенизированный ланолин 109
гидрогенизированный лецитин 110
гидродистилляция 70, 101
гидрокарбонат натрия 177
гидроколлоидный 101
гидроколлоидный загуститель 190
гидроксид бария 27
гидроксид калия 102
гидроксид лития 102
гидроксид натрия 102
гидроксипролин 102
гидроксипропилцеллюлоза 102
гидроксицитронеллаль 102
гидроксицитронеллол 102
гидроксиэтилцеллюлоза 102
гидролиз 64, 101
гидролизат 101
гидролизат кератина 101, 107
гидролизат целлюлозы 101
гидролизат шёлка 101
гидролизат эластина 101
гидролизат яичного белка 101
гидролизованный 101
гидролизованный желатин 101
гидролизованный коллаген 47, 101
гидролизованный крахмал 101
гидролизованный протеин 161
гидролизованный шёлк 174
гидролизованный экстракт 80

гидролизованный эластин 74
гидролитический 101
гидролитическое расщепление 64
гидротропный альдегид 21
гидротропный спирт 20
гидрофильная фаза 147
гидрофильное свойство 43, 160
гидрофильно-липофильный баланс 26
гидрофильные свойства 43
гидрофильный 101
гидрофобное свойство 43, 160
гидрофобные свойства 43
гидрофобный 101, 200
гидрохинон 101
гиперактивные сальные железы 95
гипергидратация 102
гиперемический 102
гиперемическое действие 15, 73
гиперемическое свойство 160
гиперпигментация 102
гипоаллергические изделия 163
гипоаллергические косметические изделия 57
гипоаллергический 102
гипоаллергический дезодорант 66
гипоаллергический крем 60
гипоаллергическое мыло 176
гипоаллергическое средство 155, 158
гипоаллергическое средство макияжа 119
главный компонент 51
главный парфюмер 145
гладкая кожа 175
гладкая текстура 190
гладкие волосы 98
гладкий картон 38
гладкоскользящая текстура 190
гладкость 176
глаз 81
гликоген 96
гликозиды 96
гликозилцерамид 42
гликолевая кислота 14
гликолизат 96
гликолипиды 96
гликопротеин 96
гликосфинголипиды 96
гликоцерамидный комплекс 50
глина 45, 72
глинозём 22
глицериды 96
глицериды жирных кислот 96
глицериды жирных кислот кокосового масла 96
глицериды кокосового масла 47
глицериды пальмового масла 96

глицерилизостеарат 96
глицерилкаприлат 96
глицерилланолат 96
глицерилмиристат 96
глицерилмоностеарат 96
глицерилстеарат 96
глицерин 96
глицериновая кислота 14
глицериновое желе 107
глицериновое мыло 176
глицериновый крем для рук 59
глицирретиновая кислота 14
глобула 95
глобулы протеина 95
глубина 67
глубина запаха 67
глубина морщин 67
глубинный клеточный слой 110
глубокая морщина 92
глубокая печать 156
глубокие морщины 201
глубокое охлаждение 56
глубокое очищающее действие 15
глубокое очищение 46, 162
глутамат натрия 177
глутаминовая кислота 14
глюкоза 96
глюкозаминогликаны 96
глюкозоглютаматный комплекс 50
глянец 95, 117, 151, 174
глянцевание губной помады 95
глянцевая бумага 142
глянцевый 117
глянцевый картон 38
гниение 64
гнилостные микроорганизмы 125
гнилостный запах 133, 176
годовой сбор 62
голова 99
головка 36, 132
головная нота 99, 131, 132, 193
головная нота зелени 193
головная нота свежести 193
головная нота с запахом зелени и фруктов 193
головная нота с запахом зелени и цветов 193
головная фаза 147
головная фракция 90
головной погон 69
голография 101
голубика 30
голубовато-фиолетовый краситель 198
голубой тон 171
гомеопатическая зубная паста 193
гомогенизатор 101

гомогенизатор высокого давления 101
гомогенизация 101
гомогенизация ультразвуком 101
гомогенизированная система 186
гомогенизированная смесь 126
гомогенная дисперсия 69
гомогенная текстура 190
гомогенная эмульсия 75
гомогенный 101
гомолог 101
горечавка 94
горицвет 95
горло 96, 129
горловина 47, 96, 129, 193
горловина аэрозольного баллона 47
горловина под винтовой колпачок 129
горловина под обжимной колпачок 129
горловина флакона 129, 193
горлышко 96
гормон 101
гормональный 101
гормональный крем 59
горный воск 200
гортензия 101
горчичное масло 137
горький привкус 86, 188
горьковатый оттенок 132
горячая завивка 200
горячая завивка волос 63
горячая мойка 199
горячая обработка масляным препаратом 194
горячая укладка волос 184
горячая штамповка на фольге 181
горячее штампование рисунка 156
горячее эмульгирование 75
горячий перманент 146
горячий способ 157
государственные стандарты 181
готовое изделие 158
готовые духи 144
готовые изделия 96
готовый продукт 158
гофрированная бумага 142
гофрированный картон 31, 38
гравитационное осаждение 170
градус 65
грамотрицательные бактерии 26
грамположительные бактерии 26
гранёный 82
гранёный флакон 32
граница 112
гранула 96
гранулированная форма 88
гранулированный 97
гранулометрический анализ 189

гранулометрический индекс 103
гранулы 97
гранулы красителя 97
грань 82
Грас 97
гребень 49
грейпфрут 97
грены амбретта 170
грецкий орех 199
гриб 92
грибковая инфекция 103
грибковая порча 64
грибковый 92
грибной запах 134
грибок 92
грим 97, 119
грубая дисперсия 69, 154
грубая текстура 190
грубый запах 133, 134
грубый помол 97
грунтовка 156
группа 39, 195
группа альдегидных запахов 83
группа древесно-мховых запахов 83
группа запахов белых цветов 83
группа запахов восточного типа 83
группа запахов табака 83
группа изделий для ухода за губами 39
группа изделий для ухода за ногтями 39
группа испытуемых для тестирования препарата 142
группа испытуемых с сухой кожей 142
группа карандашных косметических изделий 39
группа однотипных запахов 83
группа основных цветочных запахов 83
группа пряных запахов 83
группа шипровых запахов 83
группа экспертов 142
груша 143
грязевая маска 122
грязевое мыло 177
грязное пятно 176
гуанидингидроксид 101
гуанин 97
гуаровая камедь 97
губительный 104
губка 179
губка-аппликатор для макияжа 179
губка-аппликатор для макияжа лица 179
губка-аппликатор для нанесения крема-основы 179
губная помада 48, 113, 152, 167, 182

губная помада в виде крема 114
губная помада в мелкой расфасовке 114
губная помада кораллового цвета 114
губная помада лечебно-оздоровительного действия 114
губная помада лечебно-профилактического действия 114
губная помада матового оттенка 114
губная помада, не оставляющая пятен 114
губная помада неяркого тона 114
губная помада, обогащённая полезными добавками 114
губная помада пастельного тона 114
губная помада «под мрамор» 114
губная помада с запасным блоком 114
губная помада с золотистым блеском 114
губная помада, скоординированная по тону с контурным карандашом для губ 114
губная помада, скоординированная по тону с лаком для ногтей 114
губная помада с минеральными добавками 178
губная помада, смягчающая кожу губ 114
губная помада с перезарядкой 114
губная помада с питательными добавками 114
губная помада с полезными добавками 114
губная помада тёмного тона 114
губной 109
губчатый аппликатор 25
губы 113
гуммированная бумага 142
гуммированная этикетка 108
гурьюновая смола 97
гусиный жир 83
густая маслянистая пена 87
густая пена 87
густой 62
густой бриллиантин 34
густой крем 59, 61, 62
густой лосьон 116
густой настой 103
густой слой 110
густой цвет 48
густые волосы 98

давление 156
дамасценон 63

данные 63
данные изучения рынка 63
данные исследований на группе испытуемых 63
данные исследований на живых организмах 63
данные клинических исследований 63
данные лабораторных исследований 63
данные маркетинга 63
дата 64
дата выпуска 64
дата на этикетке 64
«два в одном» 155, 195
двойная баночка 106
двойная перегонка 69
двойной 70
двойной набор 71
двойной набор из пудры и румян 71
двойной набор из пудры и теней для век 71
двойные тени для век 81
двойные тени розового и сиреневого тонов 71
двойные тени тёмно-голубого и зелёного тонов 71
двусторонний 29
двусторонний карандаш для подводки век 143
двусторонняя щёточка 34
двууглекислый натрий 177
двухвальцовая мельница 125
двухколонный ректификационный аппарат 49
двухскоростная наполнительно-разливочная установка 118
двухслойная липосома 113
двухслойная система 186
двухстадийное перемешивание 183
двухсторонний аппликатор 25
двухступенчатая гомогенизация 101
двухунцевая туба 195
двухфазная система 187
двухцветная губная помада 113, 114
двухцветный 29, 71
двухцветный эффект 72
деароматизация 64
деаэрация 64
деаэрированная масса 122
деаэрированная паста 143
девясил 105
дегенерация 64
дегидратировать 65
дёготь 188
дегтярное мыло 177
дегтярный шампунь 173
дегустация 97

дезодорант 66
дезодорант без аэрозольной упаковки 66
дезодорант в аэрозольной упаковке 66, 179
дезодорант в виде воскового карандаша 66
дезодорант в виде карандаша 66
дезодорант в виде крема 59, 66
дезодорант в виде палочки 66
дезодорант в шариковой упаковке 66
дезодорант для женщин 66
дезодорант для интимной гигиены 66
дезодорант для ног 66
дезодорант для подмышечной зоны 66
дезодорант для тела в аэрозольной упаковке 179
дезодорант жидкой консистенции 66
дезодорант, не содержащий спирта 66
дезодорант после бритья 66
дезодорант с бикарбонатом натрия 66
дезодорант, содержащий спирт 66
дезодорант с пульверизатором 66
дезодорация 66
дезодорация озоном 66
дезодорированная глина 45
дезодорированное масло 136
дезодорированный 66
дезодорированный ланолин 109
дезодорирующая эффективность 74
дезодорирующее действие 15
дезодорирующее мыло 176
дезодорирующее свойство 160
дезодорирующий 66
дезодорирующий карандаш 182
дезодорирующий лосьон 116
деионизация 65
деионизированная вода 199
действенность 74
действенный 74
действие 14, 72
действие, восстанавливающее жизненные силы 14
действие, вызывающее жжение кожи 72
действие, вызывающее помутнение 15
действие, защищающее кожу от ультрафиолетовых лучей 73
действие, не вызывающее раздражения 15
действие, облегчающее расчёсывание волос 15, 72
действие, предотвращающее появление морщин 72
действие, предотвращающее старение кожи 72

действие, предупреждающее появление морщин 16, 74
действие, препятствующее закупориванию 72
действие, придающее блеск 73
действие, придающее коже матовый оттенок 73
действие против морщин 14, 16
действие против старения 14
действие, регулирующее салоотделение 15, 73
действие, снижающее воспаление 73
действие, способствующее загару 72
действие, способствующее разглаживанию морщин 74
действие, усиливающее кровообращение 15, 73
декалактон 109
декалькомания 156
деканаль 64
деканол 64
декокт 64
декоративная косметика 56
декоративная ленточка 169
декоративная печать на жести 156
декоративная пробка 183
декоративная упаковка 140
декоративная функция 92
декоративное изделие для век двойного назначения 70
декоративное косметическое изделие 158
декоративное косметическое изделие с перламутровым блеском 92
декоративное средство 119
декоративные свойства 160
декоративные средства 163
декоративный карандаш 182
декоративный рисунок 67, 143
декоративный сглаживающий эффект 72
декоративный эффект 72
декорирование 64
декорирование «под изморозь» 92
декорированный флакон 31
декорировать 64
декстрин 68
дельта-декалактон 64
дельта-3-карен 38
деминерализатор 65
деминерализация 65
деминерализация воды 65
деминерализация зубов 65
демонстрация 155
денатурированный казеин 39
денатурированный спирт 20

дентин 66
депигментация кожи 67
депигментирующее действие 15, 72
депилаторий 67
депилаторий в аэрозольной упаковке 67
депилаторий в виде пены 87
депиляция 67
дерево 35
деревянная коробочка 39
деревянный пенал 39
держатель 101
держатель этикеток 101
дерма 67
дерматит 67
дерматологическая активность 16
дерматологическая переносимость 50
дерматологическая эффективность 74
дерматологически безвредный 104, 168
дерматологически тестированный 190
дерматологические показатели 85
дерматологическое воздействие 15
дерматологическое исследование 189
десенсибилизация 67
десенсибилизирующий 67
десна 95, 97
десневой 95
деталь 74
деталь упаковки 74
детергент 68
детергент амфотерного типа 68
детергент анионного типа 68
детергент катионного типа 68
детергент на основе имидазола 68
детская зубная паста 192
детская косметика 56
детская присыпка 71, 152, 187
детские волосы 98
детские гигиено-косметические средства 191
детские духи 90
детские изделия 157
детский крем 58
детский лосьон 116
детский шампунь 172
детское масло 135
детское мыло 27, 176
детское средство для ванн 28
дефект 64, 83
дефект запаха 64
дефект кожи 64
дефект окраски 64
дефект структуры 64
дефект упаковки 64
дефект цвета 64

дефицит 64
дефлегматор 53
деформация 64
децилацетат 64
дециловый альдегид 21, 64
дециловый спирт 20, 64
децилсукцинат 64
дешёвое изделие 158
дешёвые косметические изделия 57
деэмульгатор 65
деэмульгирование 65
деэмульгировать 65
деэмульгирующее вещество 65
деятельность 16
диалкиламиды 68
дибутилфталат 68
диверсификация 70
дигидрожасмон 68
дигидроизожасмонат 68
дигидрокарвеол 68
дигидрокумарин 68
дигидролиналоол 68
дигидромирценол 68
диглицериды 68
дизайн 67
дизайн ручного исполнения 68
дизайн с помощью компьютера 67
дизайн упаковки 68
дизайн флакона 67
дизайнер 68
диизопропиладипат 69
дикальцийфосфат 68
диметиконы 69
диметилбензилкарбинол 69
диметилгептанол 69
диметилгептеналь 69
диметилгептенол 69
диметилполисилоксаны 69
диоксиацетон 69
диоксид кремния 174
диоксид кремния, содержащий воду 174
диоксид стронция 183
диоксид титана 191
дипропиленгликоль 69
директивы по косметике 69
дисгармонирующая нота 130
диск в косметической баночке 69
дисковый измельчитель 34
диспергированные частицы 95, 142
диспергируемый пигмент 150
диспергирующая способность 11, 153
диспергирующее вещество 69
диспергирующий 69
диспергирующий компонент 18
дисперсия 69

дисперсия перламутрового пигмента 69
дисперсия пигмента 69
дисперсная фаза 147
дисперсная форма 88
дисперсность 69, 85
дисперсный 69
дистиллированная вода 199
дистиллированный экстракт 79
дистиллят 69
дистиллятор 70, 182
дистилляционная колонна 49
дистилляционная установка 70, 150, 196
дистилляционное оборудование 76
дистилляционный метод 124
дистилляционный процесс 157
дистилляция 69
дифенилоксид 69
дифторэтан 92
диффузионная способность 36, 153
диффузионное свойство 160
диффузионный 68
диффузия 68
диффузия запаха 68
дихлордифторметан 159
дихлорофен 68
дихлортетрафторметан 159
дихлортетрафторэтан 92
дихлорфторметан 92
диэтаноламин 68
диэтаноламинлаурилсульфат 68
диэтилфталат 68
длительная эффективность 74
длительно сохраняющаяся краска для волос 48
длительное благоприятное воздействие 28
длительное действие 15
длительное ощущение 83
длительное применение 25
длительное хранение 183
длительный эффект 73
для семейного пользования 22
для ухода за всем телом 22
дневной крем 59
дневной крем для ухода за кожей 61
дневной свет 111
дневные духи 90, 144
дно 32
до бритья 155
добавка 17, 18, 185
добавка для ванн 17
добавка лечебно-оздоровительного назначения 17
добавка, повышающая вязкость 17

добавка, препятствующая вспениванию 17
добавка, улучшающая пенообразование 18
добавка широкого спектра действия 17
добавление 16, 103
добавление антиоксиданта 16
добавление витаминов 17
добавление красителя 16, 115
добавление отдушки 103
добавление пигментного красителя 103
добавочный 17
добавочный компонент 51
довисил 70
договорная цена 156
додеканаль 70
додеканол 70
додецилацетат 70
доза 70
дозатор 69
дозатор-наполнитель 118
дозирование 27, 70
дозировать 70
дозировка 70, 111, 123
дозировка, подтверждённая клиническими испытаниями 111
дозировка фтористой добавки 111
дозировочно-наполнительный автомат 117
дозировочный автомат 117
дозирующий колпачок 36
дозирующий патрон 100
документация 70
долго сохраняющийся привкус 188
долговременная активность 16
долговременная эффективность 74
долговременное благоприятное воздействие 28
долька 115
доля 115
домашнее применение 197
доминирующая нота 130, 131
дополнительное вещество 184
дополнительное душистое вещество 134
дополнительное поверхностно-активное вещество 57
дополнительные данные 63
дополнительные затраты 57
дополнительный 17, 26
дополнительный блеск 95
дополнительный загуститель 57
дополнительный ингредиент 103
дополнительный компонент 51
дополнительный краситель 48, 71
дополнительный мускусный оттенок 54

дополнительный оттенок 54, 132
дополнительный увлажняющий компонент 126
дополнительный фактор 82
дополнительный фруктовый оттенок 54
дополнительный эффект 72
дополняющая нота 54, 130
допороговая концентрация 53
допустимая доза 70
допустимая концентрация 52, 53
допустимое количество 162
допустимые примеси 103
допустимый 22
допущенный 146
дорогостоящее изделие 158
дорогостоящие духи 91
дорогостоящий синтез 186
дорожная упаковка 141
дорожное саше 168
дорожный набор 171
доставка 65
доступный 26
древесная камедь 97
древесная конечная нота с оттенком кумарина 71
древесная мука 123
древесная нота 132
древесная целлюлоза 42
древесно-амбровая конечная нота с оттенком пачули 71
древесно-мускусная конечная нота 71
древесно-пряный запах 91
древесно-травянистая срединная нота 100
древесно-шипровая конечная нота с кедровым оттенком 71
древесный 201
древесный запах 134, 169
древесный мох 127
древесный оттенок 12, 132
древесный спирт 21
древесный тип 196
древесный характер 43, 192
дробилка 34
дробление 34, 90, 97, 125
дробный 90
дрожжевой шампунь 174
дрожжевой экстракт 81
дрожжевые грибки, вызывающие перхоть 201
дрожжи 201
дрок 97
дряблая кожа 175
дубовый мох 133
дубровник 94

дуга 25
дуга губ 25
дуга носа 25
дудник 23
дудник лекарственный 23
дудник лесной 23
дурманящая нота 131
духи 81, 90
духи в аэрозольной упаковке 144, 180
духи в мини-упаковке 145
духи для женщин 91, 145
духи для избранного круга потребителей 91
духи для молодёжи 91
духи, имитирующие запах 144
духи категории «люкс» 144
духи классического стиля 144
духи с альдегидным запахом 144
духи с богатым запахом 145
духи с восточным запахом 144
духи с запахом белых цветов 145
духи с запахом современного типа 91
духи с модным запахом 90
духи, созданные по аналогии с популярной новинкой 91
духи с полувосточным запахом 145
духи с сильным запахом 145
духи с тонким запахом 144
духи с усложнённым запахом 145
духи с фантазийным запахом 144
духи с шипровым запахом 144
духи с экзотическим запахом 144
духи «унисекс» 145
духи-гель 144
духи-дезодорант 66
духи-крем 60, 144
духи-лидер 91
духи-новинка 144
духи-подделка 91
духи-саше 168
духи-эспри 77
душистая вода 72, 199, 200
душистая композиция 52
душистая смола 97
душистая трава 97
душистое вещество 25, 52, 90, 123, 134, 135, 184
душистое вещество, обладающее фиксирующими и усиливающими запах свойствами 86
душистое вещество с альдегидным запахом 90
душистое вещество с камфорным запахом 135
душистое вещество со стойким запахом 135

душистое вещество с санталовым запахом 135
душистое вещество с цветочным запахом 135
душистое древесное сырьё 201
душистое мыло 177
душистое растение 150
душистые вещества 122, 123
душистые масла 135
душистый 25, 134, 135
душистый компонент 54
душистый перец 150
душистый тальк 153, 187
душица 139
дымчатое стекло 95
дыня 123
дыхание 166
дыхательный газообмен 78

европейские стандарты 181
европейский рынок 120
европейский скипидар 195
единица измерения 196
единица измерения токсичности 196
едкий запах 134
ежевика 30, 68
ежегодная продажа 168
ежедневное мытьё шампунем 174
ежедневное применение 24, 197
еловая смола 93
ель 86, 180
ель обыкновенная 86
ёмкость 36, 54, 199
ёмкость в четверть унции 37
ёмкость, заполняемая с днища 54
ёмкость, заполняемая через горловину 55
ёмкость склада 37
ёмкость тары 36
ёмкость флакона 36, 199
ершевание 34
естественная влажность кожи 126
естественная защита 161
естественная красота 28
естественная красота кожи 28
естественная кудрявость волос 62
естественная микрофлора 87
естественная мягкость 177
естественная потеря 115
естественная противомикробная система 187
естественная свежесть кожи 92
естественная структура 183
естественная упругость 74

естественная устойчивость 166
естественная функция кожи 92
естественное появление морщин 201
естественное сродство 17
естественное старение 19
естественность румянца 115
естественный блеск кожи 117
естественный вид 115
естественный водный баланс 26
естественный гидролиз 101
естественный загар 187
естественный запах 134
естественный макияж 119
естественный показатель pH 146
естественный румянец 96
естественный стиль макияжа 115
естественный стиль укладки волос 184
естественный тон 48, 192
естественный увлажнитель 126
естественный цвет кожи 192

жалобы потребителей 50
жасмин 107
жасмин крупноцветковый 107
жасминальдегид 21, 107
жасмин-инвар 107
жасмолактон 107
жасмон 107
желатин 94
желатиновая капсула 37
желатиновая микрокапсула 124
желе 93, 107
желе для рук 107
желе для ухода за губами 107
железа 95
железоокисный краситель 71
желеобразное средство 155
желеобразность 24
желеобразные частицы 142
желеобразный 107
желе-рояль 107
желирование 94
желированный 94
желирующая добавка 17
желирующая способность 154, 160
желирующее действие 15
желирующий компонент 18
желтовато-красный оттенок 171
жёлтое стекло 95
жёлто-коричневый 34
жёлтый железооксидный краситель 105
жёлтый пчелиный воск 28
женская мода 83

женские волосы 98
женский 83
женьшеневый крем 59
женьшень 95
жёсткая вода 199
жёсткая структура 190
жёсткая тара 55, 141
жёсткая туба 195
жёсткая фиксация волос 86, 100
жёсткие волосы 98
жёсткий 99
жёсткий картон 38
жёсткий перманент 146
жёсткий стиль 115
жёсткозавитые волосы 98
жёсткозафальцованная туба 195
жёсткость 99, 166
жёсткость воды 99
жестяная банка 36
жестяная коробка 33
жестяной баллон 36, 55
жжение 86
живица 93, 139
живичный скипидар 195
животная амбровая конечная нота с древесным оттенком 71
животная мускусная конечная нота 71
животная нота 130
животного происхождения 23
животное происхождение 139
животные клетки 39
животный 23
животный воск 200
животный жир 83, 97, 135
животный запах 133
животный кератин 107
животный коллаген 47
животный крахмал 96
животный протеин 161
животный характер 42
животный эластин 74
живые клетки 39
жидкая губная помада 114
жидкая консистенция 54, 190
жидкая маска 122
жидкая подводка 81
жидкая пудра 153
жидкая тушь 120
жидкая тушь в карандашном футляре со спиральной щёточкой-аппликатором 120
жидкая фаза 147
жидкая форма 88
жидкая эмульсия 75
жидкие косметические изделия 57
жидкие румяна 167

жидкие тени для век 82
жидкий 87, 114
жидкий антиперспирант 24
жидкий бриллиантин 34
жидкий депиляторий 67
жидкий зубной эликсир 127
жидкий коллаген 47
жидкий крем 59, 60, 115
жидкий ланолин 109, 137
жидкий лосьон 116
жидкий парафин 138, 142
жидкий силикон 174
жидкий состав для ванн 114
жидкий тональный крем 90
жидкий тональный крем, придающий атласность коже 90
жидкий шампунь 173
жидкий эмульгатор 75
жидкое масло 135
жидкое моющее средство 68
жидкое мыло 176
жидкое мыло для рук 176
жидкое очищающее средство 46
жидкое поверхностно-активное вещество 185
жидкое связующее вещество 29
жидкое состояние 181
жидкое средство 155
жидкое средство макияжа 119
жидкостная хроматография 44
жидкостная хроматография высокого разрешения 44
жидкость 87, 114
жизнедеятельная функция 92
жизнедеятельность 16
жизнедеятельные клетки 39
жизненно важные питательные вещества 133
жизненный цикл 63
жизнеспособность 198
жизнеспособность волос 199
жизнеспособность клетки 198
жизнеспособность кожи 199
жизнеспособный 198
жимолость 101
жимолость душистая 96
жир 35, 83, 97, 135, 184
жир волос 83
жир печени акулы 138
жир печени трески 136
жир с низкой температурой плавления 83
жир черепахи 138
жир шиншиллы 136
жир эму 136
жирная губная помада 114

жирная нота 130, 131
жирная плёнка 85
жирная себорея 169
жирная фаза 147
жирное масло 136
жирное средство макияжа 119
жирность 31, 55, 97, 139, 196
жирность кожи 139
жирные волосы 98
жирные кислоты 13
жирные кислоты кокосового масла 13
жирные румяна 167
жирный 17, 62, 83, 97, 139, 196
жирный блеск 174
жирный внешний вид 24
жирный крем 59, 60
жирный оттенок 132
жирный слой 85, 110
жировая добавка 17
жировая капсула 37
жировая клетка 113
жировая композиция 51
жировая масса, используемая при получении эфирного масла методом анфлёраж 152
жировая масса с цветочным запахом, получаемая методом анфлёраж 152
жировая оболочка 47
жировая основа 27
жировая плёнка 84
жировая смесь 30, 51, 126
жировая смесь для варки мыла 88
жировая ткань 191
жировая фракция 90
жировое вещество 83, 97, 184
жировое свойство 42
жировой 17, 97
жировой компонент 51
жировой обмен 113
жировой слой 84, 110
жировые клетки 39
жировые продукты 122
жировые шарики 95
жирообразная масса 122
жирообразующий 17
жиропоглотительная способность 37
жиропроницаемость 146
жирорастворимая добавка 17
жирорастворимость 177
жирорастворимый 83, 113, 139, 178
жирорастворимый антиоксидант 24
жирорастворимый витамин 113, 199
жирорастворимый компонент 54
жирорастворимый полимер 152
жирорастворимый эмульгатор 75
жиростойкий компонент 54

жироустойчивый тип 196
жостер 34

забавный стиль укладки волос 99
забор проб 168
завершающая нота 71, 130
завершающая нота запаха 26
завершающая стадия 76
завершающая фаза 147
завершающий штрих 85, 193
завершённая рецептура 89
завершённость 85
завивка 200
завивка волос 63, 146, 200
завиток 62
завитые волосы 98
завод 82, 150
заводская продажа 168
завышенная дозировка 70
загар 34, 185, 187
загорелая кожа 175
загорелый вид 115
загорелый цвет лица 50
заготовка для картонного футляра 38
заготовка для картонной коробки 38
загрузка красителя 115
загрузочный дозатор для сырьевых ингредиентов 83
загрязнение 55
загрязняющий компонент 19
загустевание 177, 191
загуститель 190
загуститель для косметического производства 190
загуститель на основе натуральной смолы 191
загуститель на основе целлюлозы 190
загущаемость 183
загущающая способность 37, 161
загущающее действие 16, 73
загущающий ингредиент 104
загущающий компонент 19
загущённая суспензия 186
задача 156
задерживающий фактор 104
задерживающий фактор для ультрафиолетовых лучей 104
заживление мелких ран 100
заживляющее действие 14, 72
заживляющий 44
заказ 63
заказчик 63
закатывание 169
заключённый в капсулу 76

заключительная стадия 181
законодательные акты 111
законодательные акты по косметике 69
законодательные акты Управления по санитарному надзору за пищевыми продуктами и медикаментами 111
законодательные требования 165
законодательство 111
законодательство по косметической промышленности 111
законченность 85
закрепляющий слой 46
закрепляющий слой лака 85
закрытая дегустация 190
закупоренные поры 152
закупоривание клапана 46
закупоривание пор кожи 46
закупоривание пускового клапана аэрозольной упаковки 30
закупоривающее действие 14
закупорка 133
замедление 104
замедление образования зубного налёта 104
замедленная аллергическая реакция 102
замедленное действие 15
замедленный распад 65
замедленный эффект 73
замедлитель 104
замедлитель воспаления 104
замедлитель роста волос 104
замедляющий старение 23
замена 42, 165, 185
замена в рецептуре 165
заменимый 42
заменители стекла 123
заменитель 184
заменитель касторового масла 185
заменитель ланолина 185
заменитель пчелиного воска 185
заменитель сквалана 185
заменитель спермацета 185
заметное благоприятное воздействие 28
замещение 185
замкнутый цикл 44
замораживание 92
замутнение 139
замутнитель 139
замутнитель для шампуня 139
замутняющее действие 73
замутняющий компонент 18
заниженная дозировка 70
запасной блок 163

запасной блок аэрозольной упаковки 163
запасной блок туши для ресниц 163
запасы 183
запасы готовой продукции 183
запатентованная рецептура 89
запатентованная технология 188
запах 25, 35, 90, 133, 144, 169, 176
запах аира 35
запах акажу 12
запах акации 12, 39
запах ананаса 150
запах анемона 23
запах аниса 23
запах арбуза 200
запах бадьяна 26
запах базилика 28
запах бархатцев 187
запах белой сирени 111
запах белых цветов 145
запах бергамота 29
запах вербены 29, 198
запах ветивера 198
запах вишни 44
запах гальбанума 93
запах гардении 93
запах гвоздики 38, 46
запах гелиотропа 100
запах герани 94
запах гиацинта 101, 106
запах гнили 176
запах гортензии 101
запах груши 143
запах дубового мха 133
запах духов 134
запах душистого перца 150
запах дыма 134
запах дыни 123
запах жасмина 107, 134
запах зелени 97, 134
запах зелени с нотой лайма 91
запах зелени с нотой ландыша 91
запах зелёного яблока 134
запах зелёных листьев 134
запах земляники 183
запах иланг-иланга 201
запах имбиря 95
запах ириса 105
запах иссопа 102
запах календулы 120
запах камелии 35
запах камфоры 36
запах кардамона 37, 133
запах классического стиля 90, 144
запах клевера 46
запах кожи 110, 134

233

запах композиции 134
запах копчёности 176
запах кориандра 56
запах корицы 44
запах костуса 133
запах лабданума 108
запах лавандина 110
запах лаванды 110
запах ладана 103, 134
запах ладанника 45
запах лайма 112
запах ландыша 112, 128
запах лемонграсса 111
запах лилии 111
запах лимона 111
запах лишайника 134
запах магнолии 119
запах майорана 120
запах малины 163
запах манго 119
запах мандарина 187
запах мелиссы 123
запах меркаптана 134
запах мимозы 125
запах мирта 128
запах можжевельника 107
запах морских водорослей 134
запах морского бриза 134
запах мускатного ореха 132
запах мяты 125
запах мяты кудрявой 178
запах мяты перечной 144
запах на завершающей стадии 76
запах нарцисса 107, 129
запах настурции 129
запах нероли 129
запах огурца 133
запах озона 134
запах омелы 125
запах опопонакса 139
запах ореха 134
запах орхидеи 139
запах османтуса 140
запах, остающийся после перманентной завивки 134
запах пальмарозы 141
запах папайи 142
запах папоротника 84
запах пачули 143
запах персика 91, 143
запах петигрена 146
запах пинена 134
запах плесени 134, 176
запах полыни 25, 128
запах полыни горькой 11
запах пота 134

запах резеды 165
запах розмарина 167
запах розы 134, 167
запах романтического стиля 91
запах ромашки 35
запах санталового дерева 168
запах сассафраса 169
запах свежескошенной травы 134
запах, свойственный парфюмерии для женщин 91
запах, свойственный парфюмерии для мужчин 91
запах сельдерея 39, 133
запах сена 134
запах сивета 45
запах сирени 111
запах скошенного сена 134
запах сливы 151
запах смородины 63
запах табака 191
запах тимьяна 127, 191
запах тмина 62
запах, трудный для описания 134
запах туберозы 195
запах фиалки 198
запах фиалкового корня 140
запах флёрдоранжа 87
запах «фужер» 90
запах хвои 150
запах хризантемы 44
запах цветущих альпийских лугов 133
запах цибета 45
запах цикламена 63
запах цикория 133
запах цитронеллы 45
запах чёрной смородины 39, 133
запах чубушника 186
запах шалфея 168
запах шалфея мускатного 168
запах шафрана 168
запечатывание 169
заплечики тубы 174
запрещённое к применению вещество 184
запрещённый к применению ингредиент 104
запрещённый к применению консервант 155
запрещённый краситель 48, 49
запрещённый УФ-фильтр 85
заражение 55, 103
зарегистрированная торговая марка 120
зародыш 94
зарубежное изделие 158

зарубежный 88
зарубцевавшаяся кожа 175
застывание 99, 171
затаривание 36, 84, 141
затаривание в картон 141
затвердевание 171, 177
затраты 57
затхлый 92
затхлый запах 176
зашифрованная рецептура 88, 89
защита 161, 169
защита в дневное время 161
защита кожи на длительное время 161
защита от загара 185
защита от свободных радикалов 161
защита от солнечных лучей 185
защита от солнца 161
защитная плёнка 84, 85
защитная система 186
защитная функция 92
защитное действие 14, 15, 73
защитное действие на волосы 15, 73
защитное косметическое средство 30
защитное косметическое средство для губ 30
защитное покрытие 47
защитное свойство кожи 161
защитное средство для кожи 159
защитные косметические изделия 57
защитные липиды 113
защитные свойства 160
защитный бальзам 27
защитный компонент 18
защитный крем 58, 61
защитный крем от неблагоприятных погодных условий 62
защитный слой 84, 85, 110
защитный тоник 192
защитный фактор 82
защитный шампунь 173
защищающее кожу действие 73
заявленные косметические свойства 45
заявленные свойства 45
заявленные свойства гипоаллергического препарата 45
заявленные свойства препарата для ухода за дёснами 45
заявленные свойства препарата от зубного налёта 45
заявленные свойства препарата от старения 45
заявленные фирмой свойства 45
зверобой 102, 107
здоровая кожа 175, 176

здоровая ткань 191
здоровое состояние 100
здоровое состояние волос 100
здоровое состояние дёсен 100
здоровое состояние зубов 100
здоровое состояние кожи 100
здоровое состояние полости рта 100
здоровые волосы 98
здоровый цвет лица 50
здоровье 100
здравец 201
зелёная зубная паста 193
зелёная тушь 120
зеленовато-фиолетовый краситель 198
зелёное мыло 176
зелёные водоросли 21
зелёный 97
зелёный цвет 97
землистая нота 130
землистый запах 134, 176
землистый оттенок 132, 171
земляника 183
земляничный крем 61
земляной орех 97, 143
зёрна 170
зернистая консистенция 54
зернистая структура 183
зернистость 24
зернистый 97
зерно 96
зерновой крахмал 181
зёрнышки 97
зёрнышко 96
змеевиковый конденсатор 53
знак 115, 174
значение 197
значение pH 197
значение степени кислотности среды 146
зола 25
«золотая» фольга 87, 142
золотисто-бежевый оттенок 171
золотисто-медный оттенок 171
золотистые водоросли 21
золочёный колпачок 36
золочёный ободок 96
золочёный пенал 39
зольность 55
зона 25, 84, 201
зона тестирования 25
зона, чувствительная к воздействию солнечных лучей 25
зоотоксин 194
зрелая кожа 175
зубная паста 65, 66, 143, 192

зубная паста без специальных лечебных добавок 65
зубная паста в упаковке с дозатором 193
зубная паста высокой очищающей способности 66
зубная паста-гель 193
зубная паста для курящих 193
зубная паста для молочных зубов 193
зубная паста для ухода за дёснами 193
зубная паста для чувствительных дёсен 65
зубная паста, не содержащая абразивных веществ 66, 193
зубная паста, не содержащая мела 65, 192
зубная паста от зубного камня 65
зубная паста от зубного налёта 65, 192
зубная паста с активированным углем 65
зубная паста с бикарбонатом натрия 192
зубная паста с витаминами 193
зубная паста с добавкой минеральных солей 193
зубная паста с мятой перечной 193
зубная паста с растительным экстрактом 193
зубная паста с удвоенным содержанием фтора 192
зубная паста с флористаном 192
зубная паста с хлорофиллином 192
зубная паста с цветными вкраплениями 66
зубная паста с цветными полосками 66, 193
зубная паста, удаляющая пятна с зубов 192
зубная щётка 34, 192
зубная эмаль 76
зубной 65
зубной камень 35, 188
зубной налёт 143, 151
зубной порошок 153, 193
зубной порошок для курящих 153, 193
зубной эликсир 66, 74, 127, 167
зубной эликсир в аэрозольной упаковке 128
зубной эликсир косметического назначения 127
зубной эликсир с мятой перечной 127
зудящая кожа 175
зудящая кожа головы 169

ива 200
иван-чай 86, 100, 167
идентификация 102
идентификация запаха 102
идентифицированный 102
идентифицированный компонент 51
идентичность 102
идентичность запахов 102
идентичный 102
избирательная проба 189
избирательно действующий ингибитор 104
избирательное действие 15, 73
избыток 78
избыток воды 78
избыток масла 78
избыточная влажность 126
избыточная дозировка 70
избыточная жирность 139
избыточная пигментация кожи 102
избыточная секреция потовых желёз 67
избыточная секреция сальных желёз 67
избыточная увлажнённость 102
избыточное кожное сало 83, 169
избыточное количество пустот 199
избыточное пенообразование 87
избыточное салоотделение 169
избыточное увлажнение 140
избыточный 78
известкование 35
изгиб 87
изготовитель 119
изготовитель гигиено-косметических средств 120
изготовитель душистых веществ 120
изготовитель изделий в аэрозольной упаковке 119
изготовитель косметики 119
изготовитель моющих средств 119
изготовитель мыла 120
изготовитель парфюмерии 120
изготовитель по контракту 119
изготовитель синтетических душистых веществ 119
изготовитель синтетических моющих средств 120
изготовитель тароупаковочных средств 120
изготовитель эфирных масел 120
изготовление 82, 120, 154
изготовление на заказ 63
изготовление образцов 155
изготовленный по индивидуальному заказу 63

изготовлять 82
изделие, безвредное для окружающей среды 158
изделие без отдушки 158, 159
изделие в аэрозольной упаковке 17, 157
изделие в аэрозольной упаковке, не содержащее хлорфторуглеродного пропеллента 17
изделие в виде воскового карандаша 159
изделие в обёртке 159
изделие в упаковке под давлением 158
изделие для гигиены полости рта 158
изделие для ухода за ногтями 158
изделие для ухода за париком 159
изделие женской парфюмерии 159
изделие из натурального сырья 157
изделие категории «люкс» 158
изделие местного производства 158
изделие многофункционального назначения 158
изделие мужской парфюмерии 158
изделие, применяемое после мытья шампунем 157
изделие с высоким содержанием отдушки 158
изделие семейного пользования 157
изделие с использованием продуктов моря 158
изделие с низким содержанием отдушки 158
изделие с отдушкой 158
изделие с просроченным сроком годности 157
изделие средней категории 158
изделие средней стоимости 158
изделие с широким спектром pH 163
изделие усложнённого состава 159
изделия 96
изделия для молодёжи 163
изделия для парикмахерских салонов 158, 159, 163
изделия для перманента в домашних условиях 163
изделия для этнических групп населения 158
изделия категории «люкс» 163
изделия массового ассортимента 158
изделия массового спроса 158
изделия с полезными добавками из продуктов моря 163
изделия «унисекс» 159
излишек 78
излишний оттенок 140
излучающий 105

излучение 105, 163
измельчение 97, 125
измельчение в порошок 162
измельчённая миндальная скорлупа 174
измельчитель 34
изменение 22, 42
изменение в рецептуре 42
изменение запаха 22, 42
изменение значения pH 22
изменение насыщенности цвета 198
изменение цвета 69
изменения вязкоупругости 42
изменённый тургор 195
изменчивый 42
измерение 123
измерение содержания озона 123
измерение трансэпидермальной потери влаги 123
измерение уровня влажности кожи 123
измерение электропроводности кожи 123
изоамилбутират 106
изоамилсалицилат 106
изоборнеол 106
изображение 102
изобутилмиристат 106
изобутилпальмитат 106
изобутилсалицилат 106
изобутилстеарат 106
изобутилциннамат 106
изогальбанат 106
изодамаскон 106
изожасмон 106
изолавандулол 106
изолонгифолен 106
изолонгифоленол 20
изолят 52, 106
изолят с биологически активными свойствами 106
изоляция 106
изомер 106
изомеризация 106
изомерный 106
изопрен 106
изопропилизостеарат 106
изопропилланолат 106
изопропилмиристат 106
изопропиловый сложный эфир 77
изопропиловый спирт 20
изопропилпальмитат 106
изопулегол 106
изосафрол 106
изостеариловый спирт 20
изоэвгенол 106

изумрудный оттенок 171
изучение 78
изысканная нота 130, 131
изысканность 44
изысканный 178
изящный флакон 31
изящный флакон сложной формы 32
иланг-иланг 201
иллюстративная рецептура 88
имбирный оттенок 171
имбирь 95
имеющий два наконечника 191
имеющий одну цветовую гамму 56
имеющий растительное происхождение 147
имеющийся в наличии 26
имидазолидинилмочевина 102
имитация 102
имитация запаха розы 102
имитация запаха сирени 102
имитация стекла 102
иммунитет 102
иммунный 102
импорт 102
импорт душистых веществ 102
импорт зубных паст 102
импорт парфюмерии 102
импорт эфирных масел 102
импортная стоимость 197
импортное изделие 158
импрегнация 102
импульс 102, 103
ингибирование 104
ингибитор 104
ингредиент 103
ингредиент для зубных паст 104
ингредиент животного происхождения 104
ингредиент, зарегистрированный ФДА 104
ингредиент мягкого действия 104
ингредиент оздоравливающего действия 104
ингредиент, полученный в результате новых научных достижений 104
ингредиент, придающий блеск 104
ингредиент, придающий глянец 104
ингредиент против образования зубного налёта 104
ингредиент растительного происхождения 104
ингредиент, уничтожающий зубной камень 104
ингредиент, чувствительный к нагреванию 104
индекс 103

индекс дисперсности 103
индекс пластичности 103
индивидуализация 146
индивидуализация этикетки 146
индивидуальная микрофлора 87
индивидуальное душистое вещество 135
индивидуальные требования 165
индивидуальный 103
индивидуальный запах 176
индивидуальный уход за волосами 97
индиго 103
индол 105
индольная нота 131
инертное свойство 160
инертный газ 93
инкапсулирование 76
инкапсулирование витаминов 76
инкапсулирование отдушки 76
инкапсулированная отдушка 90, 144
инкапсулированный 76
инородные частицы 142
инородный 88
иностранный 88
инструкция к применению 69
инструментальный анализ 184
интенсивная головная нота 193
интенсивная гомогенизация 101
интенсивно увлажняющая маска 122
интенсивное оздоровление 166
интенсивность 183
интенсивность запаха 183
интенсивность цвета 65, 183
интенсивный запах 134
интенсивный косметический уход 37
интенсивный тон 48
интенсивный цвет 48
интенсификатор 76
интенсификатор вкусоароматических свойств 76
интенсификатор вкусовых свойств 76
интенсификатор впитываемости 76
интенсификатор увлажнения кожи 76
интерферированный пигмент 150
интимная косметика 57
интригующий запах 134
инфекционная перхоть 63
инфракрасные лучи 163
инфракрасный свет 111
ионный обмен 78
ионообменная смола 165
ионообменная хроматография 44
ионообменные свойства 160
ионопроницаемость 146
иралия 105
ирисовое масло 35

ирландский мох 38, 127
иррадиация 105
искажение цвета 11
исключение 78
исключительный 78
искусственная композиция 52
искусственная композиция с запахом акации 12
искусственная композиция с запахом бергамота 29
искусственная композиция с запахом гиацинта 106
искусственная композиция с запахом жасмина 107
искусственная композиция с запахом лаванды 110
искусственная композиция с запахом нарцисса 107
искусственная композиция с запахом розы 102, 167
искусственная композиция с запахом сирени 102, 111
искусственная композиция с запахом туберозы 195
искусственная композиция с запахом фиалки 198
искусственная эссенция 77
искусственное анисовое масло 23
искусственное вещество 52
искусственное воссоздание эфирных масел 163
искусственное лавандовое масло 110
искусственное подкрашивание 49
искусственное происхождение 139
искусственное стекло 95
искусственное эфирное масло 135, 138
искусственные ресницы 81
искусственный 25
искусственный ароматизатор 86
искусственный воск 200
искусственный загар 170, 187
искусственный заменитель 185
искусственный ингредиент 104
искусственный свет 111
искусственный стиль 184
искусственный цибет 45
испарение 78, 198, 199
испарение после нанесения 78
испарение растворителя 78
испаряемость 198, 199
испаряющийся 198
использование 197
использование в качестве пищевого ароматизатора 197
использование в косметике 197
использование в лекарственных препаратах 197
использование в парфюмерном производстве 197
использование в пищевых продуктах 197
использование в повышенных дозах 197
использование в производстве мыла 197
использование в производстве шампуня 197
использование всей семьёй 197
использование в фармацевтическом производстве 197
использование женщинами 197
использование мужчинами 197
испытание 25, 189, 190
испытание на безвредность 190
испытание на животных 190
испытание на кожное раздражение 190
испытание на острую кожную токсичность 190
испытание на острую пероральную токсичность 190
испытание на первичное раздражение 190
испытание на раздражение слизистой оболочки глаз 190
испытание на фототоксичность 190
испытание на хроническую токсичность 190
испытание реологических свойств 189
испытания на животных 184
исследование 78, 133, 184, 189, 190
исследование в полузаводских условиях 184
исследование на группе испытуемых 184
исследование под микроскопом 133
исследование с помощью увеличительной фотографии 133
исследования в клинике 184
исследования в лабораторных условиях 184
исследования в пробирке 184
исследования на живых организмах 184
иссоп 102
источённые волосы 98
источник 139
истощённые волосы 98
истощённые ногти 128
истощённый 196
исходная концентрация 53

исходные вещества 123
исходный 104
итальянский бергамот из района Калабрии 29
итог 22

йодное число 132, 197

кадинен 35
каепут 35
казеиновая смола 165
казеиновый клей 96
какао 35
какао-боб 35
календула 35, 120
калина 198
калофилл 35
кальцификация 35
камеденосный 97
камедь 97
камедь из морских водорослей 97
камедь карайи 97
камелия 35
каменноугольный дёготь 188
камера 33, 35, 42, 167
камера для производства губной помады 167
камера охлаждения воздухом 42
кампания 35
камфен 36
камфора 36
камфорная нота 130
камфорное масло 135
камфорно-мятный запах 133
камфорный 36
камфорный запах 133
камфорный лосьон 116
камфорный характер 43
канал массовой торговли 42
канал парфюмерной торговли 42
канал распределения 42
кананга 36
канаговое дерево 36
канделильский воск 200
канифоль 48
каолин 45, 107
капельная конденсация 53
капельный аппликатор 25
капиллярная хроматография 44
капля 70
каприловая кислота 13
каприновая кислота 13

капсула 37
капсула для ванн 37
карамельный запах 133
карамельный краситель 37
карандаш губной помады 34, 152
карандаш губной помады на основе касторового масла 182
карандаш для бритья 182
карандаш для бровей 108, 113, 143
карандаш для бровей с экстрактом шёлка 143
карандаш для макияжа 182
карандаш для подводки век 82, 113, 143
карандаш для подводки век, оставляющий очень тонкую линию 143
карандаш для полировки и укрепления ногтей 143
карандаш для полировки ногтей 182
карандаш, маскирующий пятна и другие недостатки кожи 57
карандаш, маскирующий тёмные круги под глазами 143
карандаш от пота 24, 182
карандаш от трещин на губах 182
карандаш-антиперспирант 24
карандаш-блеск для губ 95
карандаш-гель 182
карандашная косметика 57
карандашные тени для век 58
карандашный дезодорант 66
карбовакс 37
карбоксиметилцеллюлоза 37
карбоксиметилцеллюлоза натрия 177
карбомер 37
карбонат кальция 35
карбонат магния 119
карбоновые кислоты 13
карбопол 37
карвакрол 38
карвон 38
кардамон 37
кариофиллен 38
кармин 38
кармуазин 38
карнауба 141
карнаубский воск 200
каротеноид 38
каротин 38
каротино-хлорофиллиновая паста 143
карраген 38, 127
каррагенан 38, 97
каррагенат 38
картон 34, 37, 38, 142
картон, ламинированный плёнкой 38

240

картон, ламинированный поливинилхлоридной плёнкой 38
картонаж 38
картонажная заготовка 74
картонажное оборудование 76
картонная коробка 38
картонная коробка с декоративной печатью 38
картонная коробка с окном из прозрачной плёнки 38
картонная тара 55, 141
картонный футляр 38, 199
картонный футляр с декоративной печатью 38
картонный футляр с окном из прозрачной плёнки 38
картофельный крахмал 181
кастильское мыло 176
касторeум 39
касторовое масло 136
каталитическая гидрогенизация 101
категория 39, 96
категория веществ, разрешённых к использованию в водорастворимых косметических средствах 39
категория веществ, разрешённых к использованию в косметических средствах наружного применения 39
категория веществ, разрешённых к использованию в косметическом производстве 39
категория «экстра» 96
катехин 39
катионная группа 195
катионная система 186
катионное поверхностно-активное вещество 185
катионное свойство 43
катионный 39
катионный полимер 151
катионный эмульгатор 75
катионоактивный 39
катон 107
качества 144
качества препарата 144
качественная упаковка 141
качественное определение 68
качественные изменения 42
качественный 162
качественный анализ 23
качество 42, 96, 108, 162
качество душистых веществ 162
качество запаха 162
качество, подтверждённое сертификатом 162
качество продукции 162

качество смешивания 162
качество упаковки 162
качество этикетки 162
каштан 44
каштаново-медовый шампунь 172
каштановые волосы 97
каштановый 44
каштановый тон 171
квадратная форма 174
квалифицированный парфюмер 145
квасцы 22
кедр 39
кедр атласский 39
кедр сибирский 39
кедровая нота 130
кедровое дерево 39
кедровый запах 133
кедровый орех 132
керамическая баночка 106
керамические баночки 141
керамический порошок 153
кератин 107
кератин волос 107
кератин кожи 107
кератинизация 107
кератинизация кожи 107
кератинизированный протеин 162
кетон малины 107
кетон сельдерея 107
кефалис 107
киндаль 132
кипрей 86, 100, 167
кислая нота 130
кислая среда 123
кислородный обмен 78
кислота 13
кислотное расщепление 64
кислотное число 132, 197
кислотность 14, 55
кислотность кожи 14
кислотно-щелочной баланс 76
кислотный 13, 14
кислотостойкость 165, 180
кислый 13, 14
кислый запах 133, 134
кисточка-аппликатор 25
клапан 132, 197
клапан аэрозольной упаковки 35, 197
клапан пульверизатора насосного типа 69
класс 195
классификация 45
классификация запахов 45
классификация красителей 45
классификация парфюмерных изделий 45

классификация поверхностно-активных веществ 45
классическая композиция 51
классическая концепция 53
классическая нота 130
классическая парфюмерия 145
классическая рецептура 89
классический 45
классический запах 169
классический одеколон 48
классического стиля 45
клевер 46
клеевая картонная коробка 38
клеевая этикетка 108
клеевой картонный футляр 38
клеевой слой 110
кленамазывающее устройство 96
клей 96
клей для горячего склеивания 96
клей для картонной тары 96
клей для холодного склеивания 96
клейкий 17, 182
клейкое вещество 17
клейкость 17, 182
клетки 39
клетки рогового слоя 39
клеточка 39
клеточная мембрана 123
клеточный 39
клеточный комплекс в средствах для ухода за кожей лица 50
клеточный метаболизм 124
клетчатка 42
клиент 63
климатические условия 53
клинически тестированная зубная паста 65
клинические данные 63
клинические исследования 184
клинические эксперименты 195
клиническое исследование 189, 190
клубные цветовые тона 48
клубный одеколон 48
клюква 58, 84
ключевой ингредиент 104
ключевой компонент 51
ключевой фактор 82
кнопка 35
коалесценция 46
код 47
кодекс 47
кодирующее оборудование 76
кодовая маркировка 181
кожа 110, 175
кожа волосистой части головы 169

кожа, восстановившая жизненно важные функции 175
кожа лица 175
кожа подмышечной области 175
кожа, получающая необходимые питательные вещества 176
кожа промежуточного типа 175
кожа ребёнка 175
кожа, склонная к аллергической реакции 175
кожа с пониженным тонусом 176
кожа с порезами 175
кожа с пятнами 175
кожа с раздражением 175
кожа с расширенными порами 175
кожа с солнечными ожогами 176
кожа с угревой сыпью 175
кожа типа апельсиновой корки 175
кожа, утратившая упругость 175
кожица 63
кожная микрофлора 87, 125
кожная переносимость 50
кожная проба 189
кожная реакция 163
кожная сыпь 77
кожная ткань 191
кожная токсичность 194
кожное воспаление 103
кожное дыхание 166
кожное ощущение 176
кожное применение 197
кожное раздражение 106
кожное сало 83, 97, 169
кожные клетки 39
кожные липиды 113
кожные повреждения 111
кожный 63, 67
кожный барьер 27
кожный зуд 106
кожный метаболизм 124
кожура 174
койевая кислота 14
кокосовая пальма 47, 141
кокосовое масло 35, 136
кокосовое мыло 176
кокосовый воск 200
кокосовый орех 47
кокосовый шампунь 172
кокосовый экстракт 79
колебание 87
колебание температуры 87
колеретка 108
колеретка из усадочного материала 108
количественное ограничение 112
количественное определение 68

количественное содержание 52
количественные изменения 42
количественные показатели 63
количественный 162
количественный анализ 25
количественный состав 89
количество 22, 70, 162
коллаген 47
коллагеновая маска для лица 121
коллагеновый крем 59
коллекция 47
коллекция для макияжа 47
коллекция изделий для ухода за кожей 47
коллекция к Рождеству 47
коллекция парфюмерных изделий для женщин 48
коллекция парфюмерных изделий для мужчин 47
коллекция престижных изделий 47
коллоидная глина 45
коллоидная мельница 125
коллоидная структура 183
коллоидная суспензия 186
коллоидная фаза 147
коллоидное вещество 123
коллоидное состояние 181
коллоидный 48
коллоидный каолин 107
коллоидный раствор 178
колокольчик 28
колонна 49
колоночная хроматография 44
колориметр 191
колориметрическое определение 68
колпачок 36, 46, 111, 193
колпачок аэрозольного баллона 36
колпачок из полистирола 36
колпачок с дозатором 36
колпачок с крючком 193
колпачок флакона 36
колпачок футляра губной помады 111
колпачок шариковой упаковки 36
колпачок-распылитель 36
кольдкрем 58
кольд-маска 140
кольцо 47
кольцо на горловине стеклянного флакона 47
комбинация 49
комбинация красителей 49
комбинация поверхностно-активных веществ 49
комбинированная кожа 175
комбинированная печать 156
комбинированная тара 54

комбинированные свойства 160
комкование 88
комковатость 117
коммерческая активность 16
коммерческая деятельность 35
коммерческая документация 70
коммерческая информация 103
коммерческая цель 162
коммерчески доступный 26
коммерческие требования 165
коммерческий убыток 115
коммерческое изделие 157
коммерческое производство 159
комнатная температура 188
компактирование 49
компактная пудра 153
компактное средство макияжа 119
компактное тональное средство 90
компактные косметические изделия 56
компактные румяна 167
компактные тени для век 82
компактный 49
компания 49
компенсирующий 50
комплекс 50
комплекс аминокислот 50
комплекс биологически активных веществ 29
комплекс, богатый питательными веществами 50
комплекс витаминов 50
комплекс жирных кислот 126
комплекс жирных спиртов 126
комплекс коллагена и витамина С 50
комплекс консервантов 50
комплекс на основе солей алюминия и циркония 50
комплекс натуральных веществ 50
комплекс оксикислот 50
комплекс пигментов 126
комплекс, повышающий жизненный тонус кожи 50
комплекс против свободных радикалов 50
комплекс против старения кожи 50
комплекс растительных экстрактов 50
комплекс смягчающих веществ 50
комплекс сфинголипидов 126
комплекс, улучшающий упругость кожи 50
комплекс церамидов 50
комплексное действие 72
комплексный концентрат 50
комплексный косметический уход 38
комплексный состав 88

243

комплект 47, 108, 171
комплект теней для век 47
композитная плёнка 84
композиция 51, 52, 89, 90, 126
композиция для духов 52
композиция на основе одной цветочной ноты 91
композиция с альдегидно-древесным запахом 51
композиция с альдегидным запахом 90
композиция с ароматическим запахом и нотой «фужер» 91
композиция с богатым цветочным запахом 91
композиция с восточным запахом 91
композиция с древесно-пряным запахом 91
композиция с древесно-цветочным запахом и нотой папоротника 51
композиция с древесным запахом 52
композиция с запахом акации 51
композиция с запахом белых цветов 52
композиция с запахом душистого горошка 52
композиция с запахом жасмина 52
композиция с запахом зелени и нотой лайма 91
композиция с запахом зелени и нотой ландыша 91
композиция с запахом классического стиля 51
композиция с запахом ландыша 52
композиция с запахом романтического стиля 91
композиция с запахом сирени 51, 52
композиция с запахом современного стиля 52
композиция с запахом типа «фужер» 51
композиция с запахом цветов нарцисса 51
композиция с запахом цибета 45
композиция с запахом шипра 44
композиция с контрастными нотами 51
композиция с модным запахом 91
композиция с нежным запахом 91
композиция с нестойким запахом 90
композиция с нотами жасмина и розы 51
композиция современного типа с запахом шипра 44

композиция с оригинальным запахом 91
композиция со свежим запахом цитрусов и зелени 51
композиция со свежим фруктовым запахом 91
композиция со свежим цитрусовым запахом 90
композиция со сладковатым запахом ванили и мускуса 52
композиция со сладковатым цветочным запахом 52
композиция со стойким запахом 91
композиция со полувосточным запахом 91
композиция с популярным запахом 91
композиция с простым цветочным запахом 91
композиция с тонким запахом 91
композиция с усложнённым запахом 91
композиция с утончённым запахом 91
композиция с цветочно-восточным запахом 91
композиция с цветочно-шипровым запахом 91
композиция с цветочным запахом 87, 91
композиция с шипровым запахом 90
композиция с экстравагантным запахом 90
композиция фантазийного запаха 52
композиция-база 27, 51
композиция-база с древесным запахом 28
композиция-база с запахом жасмина 27
композиция-база с запахом мха 28
композиция-база с неролиевым запахом 28
композиция-база со сладковато-амбровым запахом 28
композиция-база с травянисто-пряным запахом 27
композиция-база с цветочным запахом 27
компонент 18, 50, 54, 103, 156
компонент в следовых количествах 51
компонент, вызывающий раздражение 105
компонент жировой фазы 51
компонент краски для волос 51
компонент лечебно-профилактического действия 19

компонент, обеспечивающий биологический баланс кожи 27
компонент, оказывающий подтягивающее действие 18
компонент очищающего действия 18
компонент, препятствующий расслоению эмульсии 18
компонент, придающий блеск 18, 51
компонент, придающий глянцевость 18
компонент с запахом розы 51
компонент с запахом фиалки 51
компонент с кондиционирующим действием 18
компонент с отшелушивающим действием 18
компонент, способствующий выпрямлению волос 19
компонент, способствующий глубине проникновения красителя 18
компонент, способствующий загару 19
компонент, способствующий набуханию 19
компонент, способствующий отшелушиванию омертвевших клеток кожи 51
компонент, способствующий разглаживанию кожи 19
компонент, способствующий регулированию вязкости 19
компонент с цветочным запахом 51, 87
компонент-носитель 18
компьютеризированный контроль 55
компьютерный дизайн 67
комфортное состояние кожи 49
конвейер 56
конвейер для перемещения флаконов 56
конвейер для упаковки в тару 56
конденсат 53
конденсатор 53
конденсатор с воздушным охлаждением 53
конденсация 53
кондиционер 53
кондиционер в аэрозольной упаковке 179
кондиционер в виде пены 54
кондиционер для волос 54
кондиционер для волос, обогащённый полезными добавками 54
кондиционер для волос с экстрактом хны 54
кондиционер для высокоэффективного смягчения кожи 54

кондиционер для высокоэффективного ухода за волосами 54
кондиционер для глубокого смягчения кожи 54
кондиционер для жирных волос 54
кондиционер для защиты от ультрафиолетовых лучей 54
кондиционер для ухода за кожей 54
кондиционер для ухода за кожей головы 54
кондиционер, обогащённый полезными добавками 54
кондиционер, применяемый после шампуня 53
кондиционер с календулой 54
кондиционер с протеином для ухода за ногтями 54
кондиционер с экстрактом ромашки 54
кондиционер, укрепляющий структуру волос 53
кондиционирование 54
кондиционирующая помада 152
кондиционирующая смывка для маникюрного лака 164
кондиционирующая тушь 120
кондиционирующее действие 14, 72
кондиционирующее очищающее средство 46
кондиционирующее свойство 160
кондиционирующее средство для волос, применяемое перед мытьём шампунем 154
кондиционирующие свойства 43
кондиционирующий ингредиент 104
кондиционирующий крем 54, 59
кондиционирующий лосьон для волос 116
кондиционирующий мусс 127
кондиционирующий уход 194
кондиция 53
кондиция сырья 53
конец 76
конечная концентрация 52
конечная нота 71, 76, 130
конечная нота запаха 26
конечная нота ладанника со сладковато-медовым оттенком 71
конечная рецептура 88
конечная стадия 181
конечный запах 76
конечный продукт 158
конечный результат 72
конифериловый спирт 20
коническая туба 195
конкрет 53

конкрет жасмина 53
конкрет из листьев мимозы 53
конкрет из цветочного сырья 53
конкрет иланг-иланга 53
конкрет мимозы 53
конкрет розы 53
конкрет сирени 53
конкрет фиалкового корня 53
конкурентоспособные изделия 158
конкурирующая фирма 50
конопляное масло 137
консервант 19, 155
консервант для косметических изделий 155
консервант для мыла 155
консервирование 155
консервирующее действие 72
консервирующее средство 155
консистенция 54, 190
конский каштан 44
контейнер 54
контраст 55
контрастирующая нота 130
контроль 55
контроль за оборудованием 56
контроль качества 56
контроль кожной микрофлоры 56
контроль микробиологической флоры полости рта 56
контроль процесса биологического старения 55
контроль с помощью компьютера 55
контроль стабильности 56
контрольная проба 168
контрольная температура 188
контрольное хранение 183
контрольно-измерительное оборудование 77
контрольно-измерительный прибор 190
контрольный образец 168
контрольный опыт 78
контурный карандаш для век и губ 143
контурный карандаш для губ 113, 143
конус 54
конусная мельница 125
конусовидная банка 36
конфигурация 54
концевая фракция 90
концентрат 52
концентрат алоэ 52
концентрат красителей 52
концентрат перламутровых красителей 52
концентрат пигментных красителей 52

концентрат-основа для приготовления шампуня 52
концентрация 52
концентрация в практических условиях 53
концентрация композиции в духах 144
концентрация ниже установленного уровня 196
концентрация согласно техническим условиям 53
концентрированная пастообразная форма 88
концентрированная туалетная вода 199
концентрированная форма 88
концентрированное оздоровительное средство 166
концентрированные духи 144
концентрированный гель 93
концентрированный косметический состав для ухода за кожей 52
концентрированный косметический состав для ухода за кожей в дневное время 52
концентрированный косметический состав для ухода за кожей вокруг глаз 52
концентрированный косметический состав-сыворотка 52
концентрированный лосьон 116
концентрированный настой 191
концентрированный ночной крем 59
концентрированный одеколон 48
концентрированный ополаскиватель 167
концентрированный питательный крем 59
концентрированный раствор 178
концентрированный состав 52
концентрированный состав для ухода за кожей лица после загара 52
концентрированный шампунь 172
концентрированный экстракт 79
концептуальное сходство 164
концепция 53
концепция белых цветов 53
концепция пенных препаратов 53
концепция по дизайну 53
концепция «Пуазон» 53
концепция «унисекс» 53
концепция «фужер» 53
концепция «Чарли» 53
концепция «Шипр» 53
координирование цветового тона 56
копайский бальзам 27, 97, 136

копра 132
копытень 95, 99
кора 27, 56
кора коричного дерева 27
кора хинного дерева 27
коралловый оттенок 171
корень 167
корень алтея 167
корень ангелики 167
корень валерианы 167
корень имбиря 167
корень костуса 167
кориандр 56
коричная кислота 13
коричневато-бронзовый тон 192
коричневый железооксидный краситель 105
коричневый тон 171
коричное дерево 44
коричный альдегид 21
коричный запах 133
коричный зубной эликсир 127
коричный спирт 20
корка 56
корковый 56
корковый слой 56
корни волос 167
коробка 38, 47
коробка из гофрированного картона 38
коробка ручной сборки 33
коробка с двойными стенками 33
коробка с художественной печатью 33
коробочка 199
корректирование 56
корректировка 56
корректировка технологического процесса производства 56
корректировка тона 16, 56
корректирующий и маскирующий карандаш 57
корректор тона 27
коррозиестойкая туба 195
коррозионная стойкость 180
коррозия 56
коррозия внутренней поверхности 56
коррозия на воздухе 56
корундовая мельница 125
косая крышка 46
косметика 28, 56
косметика для глаз и век 56
косметика для женщин 56
косметика для лица 56
косметика для ресниц 56
косметика для ухода за кожей 57

косметика для этнических групп населения 56
косметическая ампула 22
косметическая баночка 106
косметическая группа изделий 39
косметическая защита губ 161
косметическая защита кожи 161
косметическая защита лица 161
косметическая зубная паста 65, 192
косметическая категория 39, 96
косметическая краска 48
косметическая лаборатория 109
косметическая маска 121, 140
косметическая маска для мужчин 122
косметическая основа 27
косметическая отдушка 144
косметическая отрасль 84
косметическая палочка 182
косметическая промышленность 103
косметическая пудра 153
косметическая рецептура 88
косметическая фабрика 82
косметическая фирма 49, 101
косметическая функция 92
косметическая ценность 197
косметическая эмульсия 75
косметическая эффективность 74
косметические законодательные требования 165
косметические изделия 56, 96
косметические изделия без отдушки 57
косметические изделия в виде карандашей 57
косметические изделия высокого класса 57
косметические изделия высшей категории 57
косметические изделия для глаз и век 56
косметические изделия для детей 56, 163
косметические изделия для женщин 56
косметические изделия для лица 56
косметические изделия для мужчин 57, 158, 163
косметические изделия для ногтей 57
косметические изделия для подростков 57
косметические изделия для ресниц 56
косметические изделия для ухода за кожей 57
косметические изделия для этнических групп населения 56

247

косметические изделия от старения кожи 56
косметические изделия престижной категории 57
косметические подушечки 141
косметические свойства 160
косметические средства 19, 56
косметический 56
косметический аппликатор 25
косметический аспект 25
косметический бизнес 35
косметический гель 93
косметический ингредиент 104
косметический карандаш 58, 113, 143, 182
косметический карандаш двойного назначения 143
косметический карандаш на основе воска 182
косметический карандаш на основе пропиленгликоля 182
косметический карандаш на основе стеарата натрия 182
косметический краситель 48, 71
косметический крем 58, 59
косметический лак 109
косметический ланолин 109
косметический лецитин 110
косметический набор 108
косметический набор для ванн 108
косметический образец 168
косметический подарочный набор 171
косметический салон 168
косметический уход 37, 194
косметический уход в дневное время 37
косметический уход в ночное время 38
косметический уход в течение дня 37
косметический уход за волосами 37
косметический уход за губами 38
косметический уход за кожей 38
косметический уход за кожей в ночное время 194
косметический уход за лицом 37
косметический уход за младенцем 37
косметический уход за руками 37
косметический уход за телом 37
косметический уход за чувствительной кожей 38
косметический уход при загаре 38
косметический уход при принятии ванн 37
косметический уход с помощью средств, обогащённых полезными добавками 37

косметический шампунь 172
косметический эмульгатор 75
косметический эффект 72
косметическое действие 15
косметическое изделие 157
косметическое изделие в аэрозольной упаковке 17
косметическое изделие в виде карандаша 155, 159
косметическое масло 136
косметическое молочко 125
косметическое мыло 176
косметическое мыло для умывания лица перед макияжем 177
косметическое мыло с толокном 177
косметическое назначение 162
косметическое окрашивающее средство 49
косметическое отделение 70
косметическое очищающее средство 45
косметическое применение 24
косметическое средство 56, 154
косметическое средство от старения 23
косметическое средство, придающее завершённость 85
косметическое средство, способствующее нормализации обменных процессов в коже 130
косметическое сырьё 122
косметичка 28
косметолог 56, 57
косметология 57, 190
косой колпачок 46
косточка 107
косточки абрикоса 107
косточки персика 107
костус 57
котёл 107
котёл закрытого типа 107
котёл на открытом огне 107
котёл с механической мешалкой 142
котёл с паровой рубашкой 108
кофейное дерево 47
кофейное зерно 47
кофейный 47
кофермент 47
кошенилевый лак 109
кошениль 47
коэффициент 47, 82, 103
коэффициент вязкости 82, 103
коэффициент диффузии 47
коэффициент испарения 47
коэффициент поглощения влаги 82
коэффициент проницаемости 47

коэффициент растворимости 47, 82
коэффициент удержания влаги 82
коэффициент экстракции 47, 82
крапива 129
крапива растопыренная 19
крапивный шампунь 173, 174
краплак 48
красивые волосы 97
красители 122
краситель 48, 49, 71, 72, 123, 150, 181, 184
краситель для губной помады 48
краситель для маникюрного лака 48, 71
краситель на базе хны 71
краска 48, 49, 71
краска для бровей 48, 71
краска для волос 48, 71
краска для волос, используемая в домашних условиях 48, 49
краска для волос, не содержащая аммиачных продуктов 48
краска для волос полуперманентного типа 71
краска для волос средней устойчивости 48
краска для мужских волос 48
краска для ресниц 48, 71
красное стекло 95
краснота лица 163
краснота на коже лица 57
красно-фиолетовый краситель 198
красные водоросли 21
красные пятна 143
красные пятна на лице 57, 163
красный железооксидный краситель 105
красный пигмент 150
красота 28
красочный 49
красящая добавка 17, 18
красящая основа 27
красящее вещество 48, 123, 181, 184
красящие вещества 122
красящий концентрат 52
красящий пигмент 150
кратковременная пероральная токсичность 194
кратковременное действие 15, 73
краткосрочное хранение 183
краткосрочный эффект 73
крафт-бумага 142
крахмал 181
крахмал из молодых початков кукурузы 181
крем 58

крем без отдушки 59
крем, восстанавливающий нормальное содержание влаги в коже 60
крем для бритья 61
крем для бритья, восстанавливающий структуру кожи 61
крем для бритья, наносимый без помазка 58
крем для бровей после выщипывания 59
крем для век 59
крем для глубокого очищения кожи 59
крем для глубокого увлажнения кожи 59
крем для губ 60
крем для жирной кожи 60
крем для завивки волос 59
крем для загара 58, 61
крем для интенсивного увлажнения кожи 60
крем для искусственного загара 61
крем для кожи после принятия ванны 28, 58
крем для кожи с расширенными порами 61
крем для кожи шеи 60
крем для кожи шеи и плеч 61
крем для лица 59
крем для любого типа кожи 58
крем для ног 59, 60
крем для ног, снимающий усталость 59
крем для нормальной и жирной кожи 60
крем для нормальной и сухой кожи 60
крем для нормальной кожи 60
крем для похудения 61
крем для проблемной кожи 61
крем для профилактического ухода 58
крем для распрямления волос 59
крем для рук 59
крем для рук, предупреждающий старение кожи 58
крем для рук с экстрактом арники 58
крем для сухой кожи 59
крем для тела 58
крем для тела, применяемый после мытья пенными препаратами 61
крем для тонкой чувствительной кожи 59
крем для удаления волос 59
крем для удаления макияжа 59
крем для укладки волос 61

249

крем для укладки волос и придания им глянцевого блеска 95
крем для укрепления волос 59
крем для улучшения цвета лица 59
крем для ухода за волосами 59
крем для ухода за губами 60
крем для ухода за жирными волосами 60
крем для ухода за кожей вокруг глаз 59
крем для ухода за кожей груди 58
крем для ухода за кожей груди с укрепляющим и подтягивающим действием 58
крем для ухода за кожей шеи и груди 60
крем для ухода за ногтями 60
крем для холодной завивки волос 59
крем заживляющего действия 58
крем, замедляющий возрастные изменения кожи 58
крем лёгкой консистенции 60
крем лёгкой текстуры 60
крем мягкой текстуры 61
крем, наносимый на кожу после ванн для придания холодящего эффекта 59
крем на основе натуральных продуктов 60
крем нежной текстуры 61
крем, не раздражающий кожу лица 60
крем, не содержащий парафина 60
крем новейшей рецептуры 58
крем, нормализующий обменные процессы в коже 60
крем, облегчающий расчёсывание волос 59
крем, обогащённый активными добавками 61
крем оздоравливающего действия 61
крем от веснушек 59
крем от кутикул 59
крем от морщин 58, 62
крем от морщин вокруг глаз 59
крем от морщин с экстрактом шёлка 61
крем от натирания кожи ног 58
крем от пота 24, 58
крем от потливости ног 58
крем от преждевременного старения кожи 59, 61
крем от пятен и прыщей 61
крем от старения кожи 58
крем от угревой сыпи 58
крем от угрей 58

крем очень лёгкой консистенции 61
крем питательного и регенерирующего действия 61
крем плотной текстуры 59
крем, повышающий тургор кожи 61
крем, повышающий упругость кожи 59, 61
крем после бритья 58
крем, предупреждающий появление морщин 62
крем, придающий атласность коже 61
крем, применяемый после душа 61
крем против дряблости кожи 58
крем, разглаживающий морщины 62
крем, регулирующий водно-солевой баланс кожи 58
крем с абразивными добавками 58
крем с абрикосовым маслом 58
крем с алоэ 58
крем с алоэ для кожи вокруг глаз 58
крем с альфа-оксикислотами 58
крем с витамином Е 62
крем с высоким содержанием жировых компонентов 60
крем, сглаживающий морщины 59
крем с гормонами 59
крем с жиром норки 60
крем с жиром черепахи 61
крем с казеином 58
крем с календулой 58
крем с кокосовым маслом 58
крем с коллагеном 59
крем с маслом авокадо 58
крем с маслом какао 58
крем с минеральными солями 60
крем с мультивитаминами 60
крем, смягчающий кожу 61
крем с натуральным фруктовым соком 59
крем с огуречным экстрактом 59
крем, сокращающий поры 58
крем с оливковым маслом 60
крем с оптическим эффектом 60
крем со сбалансированным значением pH 60
крем со сфингосомами 61
крем с отдушкой 60
крем, способствующий омолаживанию кожи 61
крем с пыльцой орхидеи 60
крем с растительными экстрактами 61
крем с соком земляники 61
крем с соком манго 60
крем с увлажняющим и успокаивающим действием на кожу 60
крем с успокаивающим действием 58

крем с успокаивающим действием на кожу 61
крем с шиншилловым жиром 58
крем с экстрактами трав 59
крем с экстрактом бамбука 58
крем с экстрактом гамамелиса 62
крем с экстрактом молочая 60
крем с экстрактом одуванчиков 59
крем с экстрактом планктона 60
крем с экстрактом плаценты 60
крем с экстрактом фиалкового корня 60
крем с экстрактом цветочной пыльцы 61
крем с эмбриональным экстрактом 59
крем, улучшающий кислородный обмен веществ 60
крем, улучшающий состояние кожи 61
крем, улучшающий эластичность и упругость кожи 61
крем шелковистой текстуры 61
крем-антиперспирант 24, 58
крем-блеск для губ 95
крем-дезодорант 59, 66
крем-депилятории 59, 67
крем-кондиционер 59
крем-краска для волос 59
крем-маска 121
крем-ополаскиватель 167
крем-основа 59, 90
крем-основа, регулирующий водный баланс кожи 90
крем-паста для зубов 59
крем-плацебо 60
крем-помада для губ 152
крем-пудра 57, 61, 153
крем-румяна 167
крем-саше 167
крем-эмаль для ногтей 75
кремовый тон 171
кремообразная консистенция 54, 62
кремообразная масса 122
кремообразная рецептура 89
кремообразная структура 183
кремообразная текстура 62
кремообразная тушь 120
кремообразная форма 88
кремообразная эмульсия 75
кремообразность 62
кремообразность пены 62
кремообразные тени для век 81
кремообразный 62
кремофор 62
крепкий 86

крепкий настой 103
крепость спирта 183
кривая 63
кривая вязкости 63
кривая испарения 63, 143
кристаллизация 62
кристаллизуемость 36
кристаллическая ваниль 197
кристаллическая структура 183
кристаллические частицы 142
кристаллический 62
кристаллический анетол 23
кристаллический ванилин 62, 198
кристаллический краситель 71
кристаллический ментол 62, 124
кристаллический осадок 170
кристаллический тимол 191
кристаллический цибет 45
кристаллическое вещество 123
кристаллическое душистое вещество 135
кристаллическое состояние 181
кристаллообразование 88
кристаллы 62
кристаллы гуанина 62
кристаллы для ванн 62
кристаллы для ванн игольчатой формы 62
кристаллы для ванн кубической формы 62
критерии безвредности 62
критерии для потребительского выбора 62
критерии потребительских качеств 62
критерии чистоты 62
критерий 62
критическая масса 122
критическая экстракция 81
кротоновая кислота 13
кроющая способность 11, 57, 153
кроющий слой 57
круглая форма 174
круглые гранулы 97
круглый флакон 32
круговое этикетирование 109
кружевная тесьма 166
крупная известная фирма 49
крупнозернистая дисперсия 69
крупнозернистая текстура 190
крупнозернистый 46
крупномасштабное производство 82, 159
крупномасштабный изготовитель 119
крупномасштабный синтез 186
крупный изготовитель 119

крушина 34
крыжовник 64, 96
крыжовник отклонённый 82
крышка 36, 46, 57, 111
крышка впотай 46
крышка котла 57
ксантановая смола 97
ксантен 201
ксантофилл 201
ксерогель 201
ксерогель на основе диоксида кремния 201
ксилит 201
куб 107
куб для перегонки с водяным паром -182
кубовый остаток 165
кудрявец 22
кукурузное масло 136, 137
кукурузный крахмал 181
кукушкин цвет 95
культивирование 62
культивирование лаванды 62
культивирование эфирномасличной розы 62
культивирование эфирномасличных растений 62
кумарин 57
кумин тминовый 62
куминовый альдегид 21
куминовый спирт 20
кумулятивный эффект 72
кунжут 28, 95, 171
купаж 30
куполообразный колпачок 36
куркума 62, 195
куркумон 62
кусковое мыло 176
кусок 27
кусок мыла 27
кутикула 63
кутикула зубной эмали 63

лабданум 108
лаборатория 109
лаборатория испытаний 109
лаборатория контроля качества 109
лаборатория научных исследований и развития 109
лаборатория тестирования 109
лаборатория технологического контроля 109
лабораторная лемешная мешалка 125
лабораторная мельница 125
лабораторная установка 196
лабораторная центрифуга 42
лабораторное оборудование 77
лабораторное тестирование 190
лабораторный анализ 189
лабораторный метод 188
лабораторный опыт 78
лабораторный синтез 186
лабораторный смеситель 30
лаванда 110
лаванда-спик 110
лавандин 110
лавандовая вода 199
лавандово-ароматическая начальная нота 28
лавандовый запах 134
лавандулилацетат 110
лавандулол 110
лавр 110
лавр благородный 28
лавровишня лекарственная 110
лавровые листья 110
ладан 91, 103, 136
ладанник 45
ладонь 141
лайм 112
лак 109
лак в аэрозольной упаковке 109
лак, восстанавливающий влагу волос 98
лак для волос 98, 109
лак для волос в аэрозольной упаковке 179
лак для волос в неаэрозольной упаковке 98, 99
лак для волос в упаковке пульверизаторного типа 99
лак для волос сверхжёсткой фиксации в аэрозольной упаковке 180
лак для волос с золотистым оттенком 98
лак для волос с кондиционирующими добавками 98
лак для волос с перламутровым оттенком 99
лак для волос с серебристым оттенком 99
лак для женских волос 98
лак для жёсткой фиксации волос 98
лак для завершающей отделки причёски 98
лак для лёгкой фиксации волос 99
лак для мужских волос 98
лак для ногтей 109, 114, 151, 198
лак для ногтей в аэрозольной упаковке 179

лак для ногтей, не дающий осадка 109
лак для ногтей, скоординированный по тону с губной помадой 109
лак для окончательной отделки причёски 180
лак для сверхжёсткой фиксации волос 99
лак для фиксации волос 98
лак, придающий шелковистость волосам 99
лак, стойкий к воздействию моющих средств 109
лак, увеличивающий объёмность волос 98
лакированная банка 36
лакированная бумага 142
лакированная фольга 87
лакированный картон 38
лакированный целлофан 39
лакировать 109
лаковое покрытие 47
лак-основа для маникюра 27
лакричник 111
лактат натрия 177
лактоальбумин 19
лактон 109
лактон персика 109
лактосерум 109
лакфиоль 95
ламинарный 109
ламинированная бумага 142
ламинированная туба 195
ламинированная этикетка 108
ламинированный плёнкой картон 142
ламповая сажа 30, 109
ландыш 112, 128
ланолин 83, 97, 109
ланолин фармакопеи США 110
ланолиновая основа 27
ланолиновый крем 60
ланолиновый шампунь 173
лантрол 110
лапчатка 44, 193
ларец 38
латекс 110
латентный 110
латеральный 110
латук 111
латунный пенал 39
лаурилбетаин 110
лаурилгликоль 110
лауриловый спирт 20, 70
лаурилсаркозинат натрия 177
лаурилстеарат 110
лаурилсульфат 110

лаурилсульфат аммония 22
лаурилсульфат магния 119
лаурилсульфат натрия 177
лауриновая кислота 14
лауриновый альдегид 21, 70
левкой 95
лёгкая консистенция 190
лёгкая пудра светлых тонов 153
лёгкая теплота 199
лёгкая фиксация волос 100
лёгкая фиксация, придающая волосам естественный вид 100
лёгкая фракция 90
лёгкая цветочная нота 130
лёгкая эмульсия 75
лёгкий 94
лёгкий амбровый оттенок 196
лёгкий бежевый оттенок 171
лёгкий восточный оттенок 196
лёгкий гель 93
лёгкий древесный оттенок 196
лёгкий животный оттенок 196
лёгкий запах 133
лёгкий камфорный оттенок 196
лёгкий крем 60
лёгкий крем для кожи вокруг глаз 59
лёгкий лосьон 116
лёгкий массаж 122
лёгкий мускусный оттенок 196
лёгкий осадок 170
лёгкий оттенок 100, 132, 172, 196
лёгкий оттенок зелени 196
лёгкий оттенок кожи 196
лёгкий оттенок мха 196
лёгкий оттенок табака 196
лёгкий перманент 146
лёгкий погон 69
лёгкий сладковато-пудровый оттенок 196
лёгкий шипровый оттенок 196
легковпитывающийся крем 59
легковспенивающийся шампунь 173
легкодиспергируемая смола 165
лёгкое перемешивание 19, 183
легкозаменяемая рецептура 89
легкосжимаемая пластмассовая упаковка 141
легкосжимаемая туба 195
легкосжимаемый пластмассовый флакон 32
легкоузнаваемый запах 134
лезвие 30
лекарственные растения 150
лекарственные травы 100
лекарственный препарат 70
лекарство 70

лемонграсс 111
лента 27
ленточка 166
ленточная мешалка 125
ленточная этикетка 108
ленточный конвейер 56
лепестки 146
лепестки розы 146
летучая головная нота 193
летучая жидкость 114
летучая нота 130
летучая фракция 90
летучее вещество 52, 123, 184
летучее душистое вещество 135
летучее масло 139
летучесть 92, 199
летучий 92
летучий запах 90
летучий профиль 159
летучий растворитель 178
летучий силикон 174
лецитин 110
лецитин яичного желтка 111
лецитиновый крем 60
лецитиновый шампунь 173
лечебно-косметические средства для кожи 67
лечебно-косметическое мыло 176
лечебно-оздоровительная функция 92
лечебно-оздоровительная эффективность 74
лечебно-оздоровительное действие 16
лечебно-оздоровительные средства 163
лечебно-оздоровительный 190
лечебно-оздоровительный зубной эликсир 128
лечебно-оздоровительный ингредиент 104
лечебно-оздоровительный крем 60
лечебно-оздоровительный уход 194
лечебно-оздоровительный шампунь 173
лечебно-оздоровительный шампунь для волос 173
лечебно-профилактическая зубная паста 66, 193
лечебно-профилактические косметические изделия 57
лечебно-профилактические косметические средства 19
лечебно-профилактический 190
лечебно-профилактический уход за зубами 194
лечебно-профилактический уход, предотвращающий старение кожи 194

лечебно-профилактический шампунь 173
лечебно-профилактическое значение 197
лечебно-профилактическое применение 24
лечебно-профилактическое средство 158
лечебное действие 73
лечебное назначение 162
лечебное свойство 160
лечебный 100
лечебный аспект 25
лечебный зубной эликсир 167
лечебный шампунь 173
лечение 100
лещина 99
лигнин 111
лидирующая марка 33
лидирующая марка изделия 108
лидирующая фирма 49
лидирующее парфюмерное изделие 91
лидирующие духи 145
ликёрная нота 131
лилестралис 111
лилиаль 111
лилиальдегид 111
лилия 111
лимон 111
лимонен 112
лимоненальдегид 21
лимонный аромат 25
лимонный запах 91
лимонный крем 60
лимонный шампунь 172, 173
линалилацетат 112
линалилбензоат 112
линалилбутират 112
линалилпропионат 112
линалилформиат 112
линалилциннамат 112
линалоол 112
линалоол из масла розового дерева 112
линалоолоксид 112
линия 112
линия сборки 112
линолевая кислота 14
линоленовая кислота 14
лиофилизация 117
лиофилизированная липосома 113
лиофилизированный коллаген 47
лиофилизированный экстракт 80
липа 112
липидная система 186
липидная фракция 90

липидные шарики 95
липидный баланс 26
липидный барьер 27
липидный концентрат 52
липидный слой 84, 110
липиды 113
липиды эпидермального слоя 113
липкая консистенция 54
липкие волосы 98
липкий 182
липкость 17, 182, 187
липоаминокислоты 113
липовитамин 113
липовый цвет 30
липовый шампунь 173
липолитическая активность 16
липопептиды 113
липопластидины 113
липополисахариды 113
липопротеин 113
липосистема 113
липосома 113
липосома на основе лецитина 113
липосома на основе сфинголипидов 113
липосома на основе фосфолипидов 113
липосома, не содержащая биологически активных веществ 113
липосома, несущая биологически активные вещества 113
липосомальная рецептура 89
липосомальная система 186
липосомальная стабильность 180
липосомальная суспензия 186
липосомальная технология 188
липосомальная форма 88
липосомальная эффективность 74
липосомальное действие 15
липосомальное применение 24
липосомальный 113
липосомальный гель 93
липосомальный комплекс 50
липосомальный концентрат 52
липосомальный крем 60
липосомальный препарат 155
липосомы для косметического применения 113
липофильное вещество 184
липофильное свойство 43
липофильные свойства 43
липофильный 113
лираль 117
лисмераль 117
листва 88
лиственница 110

лиственный 88
листовая почка 94
листовидный 110
листок-вкладыш в упаковке 105
листочек-вкладыш с инструкцией 110
листья 88, 110
листья ванильного дерева 110
листья гвоздичного дерева 110
листья дерева манго 110
листья кориандра 110
листья коричного дерева 110
листья фиалки 110
листья чайного дерева 110
литографированная картонная коробка 38
литографированная этикетка 108
литографированный картон 38
литографированный картонный футляр 38
литографическая печать 115, 156
литографическое этикетирование 109
литография 115, 156
литол 115
лифтинг-эффект 111
лицеа кубеба 115
лицевая область 25
лицевая сторона 82
лицевой 82
лицевые угри 14
лицензированное производство 120
лицо 82
личная гигиена 38, 102
лишайник 111
лоб 88
«ловушка» свободных радикалов 169
ложный 83
локальный 115
локон 62
ломкие волосы 97, 98
ломкие ногти 128
ломкий 34, 90
ломкость 34, 90
ломкость волос 34, 90
ломкость ногтей 34, 90
лопастная мешалка 19, 183
лопасть 30
лопух 34
лопух лечебный 34
лопушник 96
лоск 95, 117, 174
лоснящаяся кожа 175
лоснящийся вид 115
лосьон 87, 114, 115
лосьон в аэрозольной упаковке 117
лосьон для волос 116

лосьон для глубокого очищения кожи 116
лосьон для жирной кожи 116
лосьон для завивки волос 116, 117
лосьон для загара 116, 117
лосьон для загара с фотозащитным фактором 4 117
лосьон для загара с фотозащитным фактором 8 117
лосьон для кожи после ванн 115
лосьон для лица 87, 116
лосьон для массажа 116
лосьон для модельной укладки волос 116
лосьон для ног 114, 116
лосьон для ног с холодящим эффектом 116
лосьон для ног с экстрактом мяты 116
лосьон для перманентной завивки волос 87, 116
лосьон для рук 116
лосьон для смягчения волос 116
лосьон для сокращения пор 116
лосьон для тела с альфа-оксикислотами 116
лосьон для тела с холодящим эффектом 116
лосьон для удаления волос 116
лосьон для удаления макияжа 116
лосьон для удаления макияжа вокруг глаз 116
лосьон для укладки волос 116, 117
лосьон для укладки волос феном 116
лосьон для ухода за волосами 116
лосьон для ухода за кожей головы 116
лосьон для ухода за ногтями 116
лосьон для ухода за посечёнными волосами 117
лосьон для ухода за телом 116
лосьон для холодной завивки волос 116
лосьон до бритья 116
лосьон до бритья, изменяющий наклон волос 116
лосьон до бритья электробритвой 116
лосьон, нормализующий состояние кожи 117
лосьон, обогащённый полезными добавками 117
лосьон, оказывающий на кожу лечебно-профилактическое действие 117
лосьон, оказывающий на кожу оздоравливающее действие 116
лосьон от мелких морщин 116
лосьон от морщин 115
лосьон от перхоти 114, 115, 116

лосьон от пота 116
лосьон от солнечных ожогов 117
лосьон после бритья 115
лосьон после загара 115
лосьон, регулирующий водно-солевой баланс кожи 116
лосьон с биологически активными добавками 116
лосьон с витаминами 117
лосьон с гормонами 116
лосьон с коллагеном 116
лосьон с маслом хохобы 116
лосьон с перламутровым красителем 116
лосьон с успокаивающим действием на кожу 87
лосьон с экстрактами трав 116
лосьон, улучшающий состояние кожи 117
лосьон-депиляторий 67, 116
луковица 34
лунка 117
лучи 163
льняное масло 136, 137
льняное семя 170
любисток лекарственный 117
любой тип 195
люминесцентный 117
люпин многолетний 31
лютик 35

магнолия 119
майоран 120
макет 71
макияж 119
макияж «вне дома» 119
макияж в полуматовых тонах 119
макияж в ярких тонах 115
макияж лица 119
макияж, придающий естественность 119
макияж с атласным блеском 115
макромускусы 119
макроциклический мускус 128
максимальная вязкость 198
максимальная доза 70
максимальная дозировка 111
максимальная защита от солнца 161
максимальная концентрация 52, 53
максимально жёсткая фиксация волос 100
максимальное разнообразие 198
максимальный уровень 111
максимальный эффект 73

максимум 112
малеиновая кислота 14
малина 163
малоскоростной смеситель 125
малый размер 175
мальва 119
мальтол 119
манго 119
мандарин 187
маникюр 119
маникюрная эмаль 49
маникюрный лак 48, 109
маникюрный лак с добавками для укрепления ногтей 109
маникюрный набор 108
маникюрша в салоне 188
маннит 119
маргаритка 96
марка 33, 120
марка детского изделия 33
марка изделия 108
марка изделия высшей категории 33
марка изделия декоративной косметики 33
марка изделия для женщин 33
марка изделия массового ассортимента 33
марка изделия, пользующаяся большим спросом 108
марка изделия средней категории 33
марка, пользующаяся повышенным спросом 33
марка средства для волос 33
марка средства для ухода за кожей 33
марка шампуня 33
маркетинг 189
маркировка 181
маркировка по датам 181
марь душистая 22
маска 122
маска без нагрева 140
маска вяжущего действия 121
маска для жирной кожи 122
маска для кожи вокруг глаз 121
маска для лица 82, 121, 140
маска для лица с экстрактом латука 122
маска для любого типа кожи 121
маска для сухой кожи 121
маска на основе белой глины 121
маска на основе белой глины с экстрактами трав 121
маска на основе воска 122
маска на основе казеина 121
маска на основе каолина 122

маска, обладающая стягивающим действием 121
маска от морщин 121
маска от угревой сыпи 121
маска плёночного типа 121
маска, повышающая упругость кожи 121
маска, разглаживающая кожу вокруг глаз 122
маска, регулирующая водный баланс клеток кожи 121
маска с биоактивными добавками 121
маска с быстрым косметическим эффектом 121
маска с витаминами 122
маска со смолами 121
маска с протеиновыми добавками 122
маска с растительными экстрактами 121
маска с ферментами 121
маска с фруктовым соком 121
маска с экстрактами водорослей 121
маска с экстрактами морепродуктов 122
маска с экстрактами трав 121
маска с экстрактом плаценты 122
маска-гель 121
маска-желе 122
маска-пилинг 121, 122
маска-эликсир для кожи вокруг глаз 74
маскировка 122
маскирующая ароматизация 145
маскирующая отдушка 91, 144
маскирующая пудра 153
маскирующий запах 91, 144
маскирующий карандаш 57, 182
маскирующий карандаш двойного назначения 57
маскирующий карандаш для жирной кожи 57
маскирующий карандаш для кожи 143
маскирующий карандаш от морщин 182
маскирующий карандаш от угрей 182
маскирующий карандаш, придающий гладкость коже 143
маскирующий карандаш с лечебным действием 57
масла для косметического производства 136
масла для парфюмерного производства 138
масла из продуктов моря 137
масла из травянистого сырья 137

масла из цветочного сырья 136
масличная пальма 141
масличное растение 150
масличное семя 139
масличный 139
масло 35, 135
масло авокадо 135
масло австралийского ореха 137
масло бабассу 135
масло бурачника 135
масло для ванн 135
масло для ванн, не дающее пены 137
масло для ванн с добавлением масла хохобы 137
масло для волос 137
масло для загара 138
масло для смягчения кутикул 136
масло для удаления макияжа 137
масло для ухода за кожей 138
масло для ухода за кожей головы 138
масло для ухода за лицом и шеей 136
масло для ухода за ресницами 136
масло для ухода за телом 135
масло из водорослей 137
масло из плодов лакового дерева 137
масло из плодов свечного дерева 137
масло из семян винограда 137
масло из цветов бузины 136
масло какао 35
масло калофилла 135
масло Каритэ 35
масло лесного ореха 137
масло, обладающее хорошей растекаемостью 139
масло облепихи 135
масло однократного прессования 138
масло ореха кешью 135
масло от морщин вокруг глаз 136
масло пантениума 135
масло, полученное прессованием 136, 138
масло, полученное прессованием на холоде 136
масло, полученное ручным прессованием 137
масло пшеничных зародышей 139
масло растительного происхождения 135
масло сореа 35
масло тройного прессования 138
масло хохобы 137
масло ши 35
масло шиповника 139
масло элеми 136
масло энотеры 136

масло юкки 139
маслорастворимый 178
маслорастворимый ингредиент 104
маслорастворимый компонент, вызывающий раздражение кожи 105
масляная кислота 13
масляная основа 28
масляная плёнка 85
масляная смывка для маникюрного лака 164
масляная фаза 147
маслянистая жидкость 114
маслянистая консистенция 190
маслянистая плёнка 84
маслянистая форма 88
маслянистость 139, 196
маслянистый 83, 139, 196
масляное свойство 42
масляные духи 144
масляный гель 93
масляный компонент 51
масляный настой 103
масляный раствор 178
масляный слой 85, 110
масляный экстракт 80
масса 34, 122, 200
масса губной помады 34, 122
масса цветочного сырья 122
массаж 122
массаж лица 122
массаж тела 122
массажное масло 137
массажное молочко 125
массажный крем 60
массажный крем для похудения 59
массовая торговля 70
массовое количество 162
массовое производство 159
масс-спектрометрия 122
материал средней степени абразивности 11
материалы 122
материалы для тестирования 123
материальные затраты 57
матирование 92
матирование кислотой 92
матирование механическим способом 92
матированное стекло 95
матовое стекло 95
матовость 24
матовые тени для век 82
матовый завершающий штрих 85
матовый пигмент 150
матовый тон 171
матрица для штампования мыла 127

мать-и-мачеха 49, 87
мацерация 117
мацерация на холоде 117
мацерация при нагревании 117
машина 117
машина для вакуумного укупоривания колпачками 118
машина для зажима туб 118
машина для затаривания в картонную тару 118
машина для накладывания самоклеящихся этикеток 118
машина для нанесения самоклеящихся этикеток 108
машина для нанесения художественной печати 118
машина для прессования пудры 118
машина для розлива во флаконы 118
машина для сборки картонной тары 118
машина для укладки в картонные футляры 118
машина для укупоривания банок колпачками 37
машина для укупоривания банок крышками 37
машина для укупоривания винтовыми колпачками 37
машина для укупоривания колпачками 37, 118
машина для укупоривания колпачками с одной закруточной головкой 37
машина для укупоривания флаконов 118
машина для укупоривания флаконов колпачками 37
машина для упаковки в коробки 39
машина для упаковки в ящики 39
машина для фальцовки туб 118
машина для фасовки в саше 118
мёд 101
медицина 123
медицина на основе лекарственных трав 123
медицинский аспект 25
медицинское мыло 177
медленное перемешивание 126
медно-красный оттенок 171
медовая маска 121
медово-бежевый оттенок 171
медово-лимонный лосьон для рук 116
медово-овсяная маска для лица 140
медовый запах 176
медовый крем 59
медовый тоник 192
медовый шампунь 173

международная единица 196
международная торговая марка 33
международные стандарты 181
международные тенденции 194
международный поставщик 185
международный рынок 120
межклеточная пенетрация 144
межклеточный 105
межмолекулярная связь 113
межфазное натяжение 188
мел 42
мел для косметического производства 42
мелисса 27, 111, 123
мелисса лекарственная 27
мелкие морщины 113
мелкие повреждения на коже губ 111
мелкие поры 152
мелкий 85
мелкозернистость 85
мелкозернистость пигментов 85
мелкозернистый 85
мелкокристаллический осадок 154
мелкомасштабное производство 159
мелованная бумага с высоким глянцем 142
мельница 125
мельница роторного типа 125
мельница тонкого измельчения 125
мельчайшие частицы 142
ментилацетат 124
ментол 124
l-ментол 124
ментоловая нота 131
ментон 124
меркаптан 124
мероприятие 35
мерцание 174
мерцающий завершающий штрих 85
местная фирма 49
местное действие 15, 16
местное применение 25
местный 115
местный изготовитель 120
местный уход 194
метаболизм 124
метаболизм растения 124
метаболическая активность 16
метаболическая функция 92
мета-крезол 62
металлизированная бумага 142
металлизированная крышка 46
металлизированная плёнка 84
металлизированная этикетка 108
металлизированный картон 31, 38
металлизированный полиэтилен 151

металлизированный фольгой картон 142
металлическая коробка 33
металлическая нота 131
металлическая тара 36, 55, 141
металлическая туба 195
металлический колпачок 36, 193
металлический ободок 96
металлический пенал 39, 96, 101
металлический пигмент 150
металлический хомутик на горловине стеклянного флакона 47
метанол 20, 124
метастабильная структура 183
метафосфат кальция 35
метафосфат натрия 177
метилабиетат 124
метилантранилат 124
метилбензиловый спирт 20
метилбензиловый эфир 77
метилбензоат 124
метилгептенол 124
метилгептенон 124
метилгераниат 124
метилдигидрожасмонат 100
метилжасмонат 124
метилкоричный спирт 20
метиллаурат 124
метилмиристат 124
метилнонилацетальдегид 21
метиловый спирт 20, 124
метиловый эфир эвгенола 124
метилпальмитат 124
метилпарабен 124
метилрицинолеат 124
метилфенилацетальдегид 21
метилфенилкарбинол 20, 124
метилфенилэтиловый спирт 20
метилхавикол 124
метилцеллюлоза 124
метилциннамат 124
метод 124, 157, 186, 188
метод анфлёраж 157
метод измерения морщин 188
метод исследования в лабораторных условиях 188
метод исследования в пробирке 188
метод классификации 124
метод отбора проб 188
метод составления рецептур 188
метод тестирования 124, 157
метод эмульгирования в вакууме 124
метод ядерного магнитного резонанса 188
метоксифенилбутанон 23
механическая мешалка 19, 125, 183

механическое воздействие 15
механическое повреждение 63
механическое смешивание 126
мешалка 20, 118, 125, 182
мешалка для жидких продуктов 125
мешалка для сухих продуктов 125
мешалка для сыпучих продуктов 125
мешалка спирального типа 125
мешалка с регулируемой скоростью 183
мешочек 88
микробиологическая лаборатория 109
микробиологическая характеристика 160
микробиологически безвредный 168
микробиологически устойчивый 181
микробиологические критерии 62
микробиологический анализ 23
микробиологический контроль 56
микробиологическое исследование 184
микробиологическое качество 162
микробиологическое разложение 65
микробная инфекция 103
микробное заражение 55
микробы 26
микрогель 124
микрокапсула 124
микрокапсулирование 124
микрокапсулированная отдушка 91
микрокапсулированный краситель 48
микроколичество 162
микрокомпонент 51, 54
микрокристаллическая целлюлоза 42
микрокристаллический воск 200
микронизированный диоксид титана 191
микронизированный оксид цинка 201
микронизированный пигмент 150
микроорганизмы 125
микроорганизмы, вызывающие ферментацию 125
микрочастицы 125, 142
микроэлемент 74, 124
микроэмульсионный концентрат 52
микроэмульсия 124
мимоза 125
миндаль 22
миндаль горький 22
миндаль сладкий 22
миндальная маска 140
миндальная мука 123
миндальное масло 135
миндальное молочко 125
миндальный 22
миндальный запах 133
миндальный крем 58

миндальный крем с экстрактом розы 61
миндальный орех 132
миндальный шампунь 172
минеральная глина 45
минеральная добавка 178
минеральная смола 165
минеральное вещество 184
минеральное жировое вещество 83
минеральное происхождение 139
минеральный воск 200
минеральный источник 178
минеральный пигмент 150
миниатюрный набор 171
миниатюрный пенал 96
миниатюрный флакон 32
мини-витрина 69
минимальная доза 70
минимально раздражающий 105
минимальные примеси 103
минимум 112
миристилбетаин 128
миристилгликозид 128
миристилизостеарат 128
миристиллактат 128
миристилмиристат 128
миристилпропионат 128
миристиновая кислота 14
миристиновый альдегид 21
мировой рынок 120
мирра 128
мирт 128
мирцен 128
мирценилацетат 29, 128
мицелла 124
мицеллярные свойства 160
мицеллярный казеин 39
млечный сок 110
многогранный 82
многогранный запах 145
многокомпонентная рецептура 89
многокомпонентная смесь 126
многопатронная наполнительная установка 118
многоплановая активность 16
многопозиционная этикетировочная установка 118
многослойная липосома 113
многослойная плёнка 84
многослойные материалы 123
многослойный 128
многостадийный процесс 157
многостадийный синтез 186
многосторонность 198
многотарельчатая колонна 49

многотоннажный синтез 186
многофазная система 187
многофазная эмульсия 75
многофункциональная добавка 17, 18
многофункциональный 128, 151
многофункциональный ингредиент 104
многофункциональный крем 60
многофункциональный шампунь 173
многоцветная печать 156
многоцветная этикетка 108
многоцветный 128
многоцелевое применение 197
многоцелевой 22, 128
многоцелевой косметический карандаш 182
мода 83
мода в парфюмерии 83
мода на мускусные запахи 83
модель 71, 126, 143
модельная композиция 51
модельная рецептура 88, 89, 126
модельная рецептура духов 126
модельная рецептура зубной пасты 126
модельная рецептура шампуня 126
модельная эмульсия 75
модельный 71
модельный препарат 155
модификатор 126
модификатор вязкости 126
модификатор головной ноты запаха 126
модификатор запаха 126
модификатор пены 126
модификатор реологии 126
модификатор тона 126
модифицированная нота 131
модифицированная рецептура 89
модифицированная целлюлоза 42
модифицированный запах 134
модифицированный крахмал 181
модифицированный ланолин 109
модифицированный лецитин 110
модифицированный органосиликон 174
модифицирующая добавка 34
модифицирующая нота 131
модное направление 184
модные аксессуары 13
модные тенденции 194
модные цветовые тона 48
модный запах 90, 91
модный стиль причёски 83
модный тон 171

модулан 126
моечная камера 42
моечная машина 199
моечно-сушильная машина 199
моечный автомат 199
моечный агрегат для флаконов 196
можжевельник 35, 39, 107, 169
можжевельник виргинский 39
можжевельник красный 39
мозаика 127
мозаичность 127
мойка 42, 199
мойка горячими растворами 199
мойка щётками 34
молекулярная масса 200
молекулярная перегонка 69
молекулярное строение 54
молекулярный уровень 111
молодёжная серия 113
моложавая кожа 176
моложавый вид 115
молотковая дробилка 34
молотковая мельница 125
молочай 78
молочко для загара 125
молочко для кожи 125
молочко для лица 125
молочко для тела 125
молочко для удаления макияжа 125
молочко после бритья 125
молочко после загара 125
молочко с экстрактом плаценты 125
молочная кислота 14
молочная консистенция 190
молочная маска 140
молочная сыворотка 109
молочнокислый казеин 39
молочный протеин 162
моноалкилфосфат 127
моноглицериды 127
моностеарат полиэтиленгликоля 151
моностеараты 127
монотерпеновая фракция 90
монотерпеновый спирт 20
монофторфосфат натрия 177
моноциклические терпены 189
моноэтаноламин 127
моноэтаноламинлаурилсульфат 127
монтан-воск 200
морковный протеин 161
морковь 38
морская вода 200
морские водоросли 21, 169
морщина 56, 112
морщина на лице 112
морщинистая кожа 176

морщинистость 201
морщины 201
морщины вокруг глаз 201
морщины лица 201
мох 127
мочевина 197
мочка уха 115
мощная рекламная кампания 17
мощность 36, 140, 153
моющая добавка 17
моющая основа 27, 28
моющее действие 15
моющее свойство 160
моющее средство 68
мраморированные тени для век 82
мраморированный 120
мраморная бумага 142
мраморное мыло 177
мраморный эффект 73
муаровая подводка 81
муаровая тушь 121
мужская косметика 57
мужская парфюмерная серия 112
мужские волосы 98
мужские духи 91
мужское облысение 27
мужской 121
мужской дезодорант 66
мужской лак для волос в аэрозольной упаковке 179
мужской одеколон 48
мужской парфюмерный набор 47
мука грубого помола 123
мука из морских водорослей 123
мука из плодов авокадо 123
мукополисахариды 128
мускатный орех 132
мускон 128
мускус 128
мускус амбровый 128
мускус Т 128
мускус ТМ 128
мускус-кетон 107, 128
мускус-ксилол 128
мускус-москен 128
мускусная конечная нота 26
мускусная конечная нота с оттенком дубового мха 71
мускусная нота 131
мускусное масло 137
мускусные зёрна 96
мускусный 128
мускусный аккорд 13
мускусный запах 134, 169
мускусный оттенок 12, 100, 132, 192
мускусный характер 43, 192

мускус-тибетен 128
мусс 127
мусс в аэрозольной упаковке 127
мусс для завивки волос 127
мусс для загара 127
мусс для лица 127
мусс для окрашивания волос 127
мусс для сверхжёсткой укладки волос 127
мусс для удаления волос 127
мусс для укладки волос 127
мусс для укладки, придающий волосам блеск 127
мусс для укладки, увеличивающий объёмность волос 127
мусс для укрепления волос 127
мусс для ухода за волосами 127
мусс для ухода за кожей 127
мусс с отшелушивающим действием 127
мусс с экстрактом шёлка 127
мутность 139
мутный 46, 139
мутный раствор 178
мылкость 177
мыло 176
мыло без обёртки 177
мыло в бумажной обёртке 177
мыло в подарочной упаковке 176
мыло в целлофановой обёртке 176
мыло для бритья 177
мыло для гостиниц 176
мыло для жёсткой воды 176
мыло для лица 176
мыло для морской воды 177
мыло для ухода за зубными протезами 176
мыло категории «люкс» 176
мыло квадратно-выпуклой формы 27
мыло круглой формы 177
мыло мягкого действия 176
мыло пробного образца 177
мыло с минеральными солями 177
мыло с отшелушивающим действием 27, 177
мыло с пережиривающими добавками 177
мыло с экстрактами трав 176
мыловар 177
мыловарение 31, 177
мыловаренное оборудование 77
мыловаренный завод 82, 151, 177
мыловаренный котёл 108, 142
мыловаренный цех 66
мылообёрточная установка 118
мылорезальная машина 118

мылострогальная машина 44
мыльная масса 122
мыльная основа 28
мыльная пена 110
мыльная стружка 44, 176
мыльный 177
мыльный порошок 153, 177
мыльный порошок для бритья 153
мытьё 199
мытьё волос 199
мытьё шампунем 174
мытьё шампунем дважды в неделю 174
мышечная активность 16
мышечное сокращение 55
мягкая вода 200
мягкая кисточка 34
мягкая кожа 175, 176
мягкая нота 131
мягкая структура 190
мягкая тара 55
мягкая туба 195
мягкая упаковка 141
мягкая фиксация волос 86, 101
мягкая щёточка 34
мягкие волосы 98
мягкие ногти 128
мягкий 47, 94, 185
мягкий маскирующий корректор 56
мягкий пластмассовый флакон 32
мягкий шелковистый шампунь 173
мягкое действие 15, 73
мягкое мыло 177
мягкость 31, 177
мягкость кожи 177, 185
мята 125
мята болотная 144
мята бразильская 125
мята круглолистная 24
мята кудрявая 178
мята лимонная 27, 111, 123
мята перечная 144
мята японская 125
мятная зубная паста 193
мятная нота 131
мятные масла 137
мятный ароматизатор 86
мятный запах 134

на водной основе 200
на жировой основе 83
на завершающей стадии 76
набивная печать 156
наблюдение 78, 133

набор 47, 108, 171
набор губной помады трёх оттенков 171
набор для макияжа 47
набор для ухода за волосами 47
набор из двух декоративных изделий для век 71
набор из двух предметов 71
набор из двух теней для век 71
набор изделий 112
набор изделий в мелкой расфасовке 47
набор изделий для весеннего сезона 48
набор изделий для ухода за кожей 47
набор из трёх изделий 195
набор из трёх теней для век 195
набор из четырёх теней для век 162
набор косметических карандашей для раскраски лица 108
набор к Рождеству 47
набор мыла 171
набор парфюмерных изделий 47
набор престижных изделий 47
набор средств для ухода за кожей 171
набор теней для век 108
набор цветных карандашей для фанатов 48
набухаемая в воде глина 45
набухаемость 37, 154
набухаемый в воде 200
набухание волос 186
набухание кожи 186
наведение глянца 95
навинчивающийся колпачок 36
навязчивая рекламная деятельность 17
нагрев 100
нагрев на открытом огне 100
нагревание 100, 199
нагревать 100
надбровная дуга 25
надпись 111, 174
нажимной клапан 35
нажимной клапан-пускатель 16
нажимной колпачок 36
нажимной пенал 39, 55
название 33, 65, 68, 128
название по этикетке 129
название, присвоенное Ассоциацией по парфюмерно-косметическим товарам и душистым веществам 129
название фирмы 128
назначение 92, 162
наилучшее качество 162
наименование 33, 128
наименование духов 129

наименование изделия 108, 128
наименование изделия категории «люкс» 129
накладной колпачок 140
накладной колпачок аэрозольной упаковки 140
накладной колпачок тубы 140
накладные ногти 128
накладные ресницы 81
накладывание декоративного обода 27
наклейка 108
наклейка этикеток 24, 108
наклонная крышка 46
наклонный колпачок 46
намёк 100
нанесение 24
нанесение печати на упаковочную тару 156
нанесение рисунка 156
наносимое на ночь 166
наносить слой лака 109
наносома 129
наночастица 129
наполнение 84
наполнение аэрозольных баллонов 84, 141
наполнение под вакуумом 84
наполнение по массе 84
наполнение по объёму 84
наполнение по уровню 84
наполнение туб 84
наполненная туба 195
наполненный 92
наполненный флакон 31
наполнитель 34, 84
наполнитель для мыльной массы 84
наполнитель поршневого типа с четырьмя дозирующими патронами 84
наполнительная линия для аэрозольных баллонов 112
наполнительная линия для пластмассовых туб 112
наполнительно-разливочная установка, работающая по уровню 118
наполнительно-разливочное оборудование 77
наполнительно-разливочный автомат 117
наполнительно-разливочный полуавтомат 118
наполнительно-фасовочная линия 112
наполнительно-фасовочная линия для жидких препаратов 112
наполнительно-фасовочная установка для вязких масс 84

наполнительно-фасовочный конвейер 56
наполнительный клапан 132
наполнительный патрон 132
напыление 180
напыление керамикой 180
напыление «под золото» 180
напыление эмалью 180
народная медицина 123
наружная упаковка 141
наружное применение 24, 197
наружность 115
наружный 67, 78, 79
наружный покров волоса 56
наружный слой 110
нарушение 63, 70, 105
нарушение, вызванное свободными радикалами 63
нарушение жизнедеятельности клеток 63
нарушение обмена веществ 70
нарушение пигментации кожи 67
нарушение стабильности 68
нарцисс 129
нарцисс жонкиль 107
насадка тарелки ректификационной колонны 36
насадочная колонна 49
насадочный клапан со щелчком 69
насосная система· 187
настой 103, 191
настой бензойной смолы 103, 191
настой ванили 191
настой дубового мха 191
настой ирисового корня 103
настой календулы 103
настой канифоли 191
настой кастореума 191
настой кошенили 191
настой мирры 191
настой мускуса тонкинского 103
настой опопонакса 191
настой перца 191
настой семян амбретта 191
настой серой амбры 103, 191
настой сивета 103, 191
настой стиракса 103
настой толуанского бальзама 103
настой целебных трав 103
настой цибета 103, 191
настой шалфея 103
настурция 129
насыщенность запаха 67
насыщенность цвета 65
насыщенность цветового тона 67
насыщенные кислоты 14

насыщенный бежевый тон 172
насыщенный красный тон 172
насыщенный рынок 120
насыщенный тон 171
нативный казеин 39
нативный коллаген 47
нативный крахмал 181
нативный протеин 161
натуральная косметика 57
натуральное анисовое масло 23
натуральное вещество 52, 184
натуральное вяжущее вещество 26
натуральное душистое вещество 135
натуральное лавандовое масло 110
натуральное масло 137
натуральное подслащивающее вещество 186
натуральное происхождение 140
натуральные вещества 122, 123
натуральные продукты 158
натуральные фосфолипиды 147
натуральный анетол 23
натуральный антиоксидант 24
натуральный ароматизатор 86
натуральный биостимулятор 29
натуральный витамин 199
натуральный воск 200
натуральный гераниол 94
натуральный жир 83
натуральный ингредиент 104
натуральный кератин 107
натуральный консервант 155
натуральный краситель 48, 49, 71
натуральный линалоол 112
натуральный ментол 124
натуральный мускус 128
натуральный пергидросквален 145
натуральный протеин 162
натуральный пчелиный воск 28
натуральный смягчающий компонент 117
натуральный стабилизатор 180
натуральный увлажняющий фактор 82
натуральный фиксатор 86
натуральный фруктовый ароматизатор 86
натуральный цибет 45
натуральный цитраль 45
натуральный шёлк 174
натуральный экстракт 80
натяжение 188
натяжение на границе раздела фаз 188
научная косметология 57

265

научно-исследовательская деятельность 16
научный метод 124
научный работник 169
научный работник в области косметики 169
научный работник в области парфюмерии 169
научный работник в области эфирных масел 169
нахлобучка 57
нахлобучка флакона 36
нахлобучка-колпачок на аэрозольном баллоне 57
находящийся во взвешенном состоянии 186
начало 28, 139
начальная концентрация 53
начальная нота 28, 99, 131, 132, 193
начальная нота зелени 28
начальная нота свежести 28
начальная стадия 28, 181
начальная фаза 147
начальный 104
начальный запах 145
не вызывающий аллергической реакции 129
не вызывающий жжения 130
не вызывающий появления угрей 129
не вызывающий раздражения 24, 105
не вызывающий сухости 129
не имеющий запаха 105, 129, 135, 197
не оставляющий пятен 130
не получающий достаточного количества питательных веществ 196
не пропускающий запаха 135
не содержащие воды косметические изделия 56
не содержащий воды 23
не содержащий масла 139
не содержащий отдушки 91, 129
не содержащий спирта 21
не содержащий химикатов 43
не содержащий химических веществ 43
не соответствующий норме 11
не соответствующий стандарту 135
не соответствующий эталону цвет 135
неактивный 103
неаллергенный 129
неароматизированная форма 88
неароматизированный 129
неблагоприятное действие 15, 16
неблагоприятный 17, 196
неблагоприятный эффект 73

небольшой размер 175
невесомый 102
невидимый крем-основа 90
невосприимчивость 102
невысокая баночка 106
невысокая концентрация 53
невязкая консистенция 54
невязкий 130
негативное действие 15
негативный эффект 73
негидролизованный 129
негустая консистенция 190
недогрузка 196
недорогие тароупаковочные материалы 141
недостаток 30, 64, 109
недостаток витаминов 64, 109
недостаток влаги 109
недостаток кислорода 64
недостаток кожи 30
недостаток кожи лица 30
недостаток питания 66
недостаток питательных веществ 66
недостаток питательных веществ волос 66
недостаток питательных веществ кожи 66
недостаточная влажность 126
недостаточная дозировка 196
недостаточная стойкость 188
недостаточность 105
нежелательный внешний вид 24
нежелательный эффект 73
неживой 64
нежирная кожа 175
нежирная плёнка 84
нежирная текстура 190
нежирный 129, 139
нежирный гель 93
нежирный крем 59, 60
нежирный лосьон 116
нежирный слой 84
нежировая основа 27
нежировая рецептура 88
нежировое смягчающее средство 74
нежировое сырьё 123
нежная кожа 176
нежный запах 91
нежный оттенок 132
незабудка 88
незавитые волосы 98
незаменимая жирная кислота 199
нездоровая кожа 176
нездоровые волосы 98
нездоровый 200
нездоровый участок 25

незрелые плоды 92
неидентифицированный компонент 54
неизменённый протеин 161
неионогенная система 187
неионогенное поверхностно-активное вещество 185
неионогенный 129
неионогенный детергент 68
неионогенный тип 196
неионогенный эмульгатор 75
нейлоновое волокно 84
нейтрализатор 129
нейтрализатор для волос 129
нейтрализатор неприятного запаха 129
нейтрализатор свободных радикалов 129
нейтрализация 129
нейтрализация запаха 129
нейтрализация свободных радикалов 129
нейтрализующая жидкость 116
нейтрализующий компонент 18
нейтрализующий шампунь 173
нейтральная среда 123
нейтральная фракция 90
нейтральный 129
нейтральный запах 134
нейтральный показатель рН 146
некачественный 135
некрошащийся 129
нелакированный целлофан 39
нелетучая жидкость 114
нелетучее душистое вещество 135
нелетучее масло 136
нелетучий 130
нелетучий растворитель 178
нелетучий силикон 174
нелипкая плёнка 85
нелипкий 130
нелипкий слой 85
немасляное смягчающее средство 74
немасляный 129
немасляный гель 93
ненавязчивый запах 133
ненасыщенные кислоты 14
ненужное свойство 161
необработанное состояние 88
необработанный пигмент 150
необратимая эмульсия 75
необратимый гель 93
необходимые условия 165
необыкновенный аромат 25
необычный дизайн 67
необычный запах 90
неоднократное расчёсывание волос 34

неоднородный 100, 129
неокклюзивная плёнка 84
неокклюзивное смягчающее средство 74
неокклюзивный 129
неокклюзивный слой 84
неокрашенное абсолю 11
неомыляемая фракция 90
неомыляемый 197
неорганический загуститель 190
неорганический пигмент 150
неосыпающаяся тушь 120, 121
неосыпающийся 129
неосязаемый 102
неотдушенный 129, 197
неотъемлемый 105
неочищенное масло 136, 138
неочищенный 197
неочищенный воск 200
неочищенный ланолин 109
неочищенный экстракт 79
неощутимый 102
непенное средство для ванн 155
непенящаяся зубная паста 66
неперламутровая слюда 3
неперламутровый пигмент 150
неплотная эмульсия 75
неполярный растворитель 178
непослушные волосы 98
непослушный 87
непосредственное ощущение свежести 92
непосредственные данные 63
непосредственный эффект 72, 73
непрерывная перегонка 69
непрерывная плёнка 84
непрерывная фаза 147
непрерывное перемешивание 19, 126, 183
неприсущий 81
неприятный запах 119, 134, 135, 176
непрозрачная баночка 106
непрозрачность 139
непрозрачные румяна 30
непрозрачный 46, 139
непрозрачный гель 93
непрозрачный лосьон 116
непрозрачный полиэтилен 151
непрозрачный раствор 178
непрозрачный шампунь 173
непроницаемый 102
непроницаемый для душистых веществ 135
непрочная плёнка 84
непрочность упаковки 90
неравномерная окклюзия 133

неравномерное распределение 70
неразбавленное состояние 88
нераздражающий 24, 129
нераздражающий шампунь 173
неразмазывающийся 176
нерастворимая фракция 90
нерастворимое вещество 52
нерастворимость 105
нерастворимые частицы 142
нерастворимый 105
нерастворимый в воде 200
нерастворимый в воде компонент 51
нерастворимый коллаген 47
нерастворимый остаток 165
нерастворимый протеин 161
нерастекающаяся и непачкающая тушь 121
нерастекающийся 176
нерафинированное масло 139
нерафинированный 197
нерилацетат 129
неровная поверхность 185
нерол 129
нероли 129
неролидилацетат 129
неролидол 129
нерол-кёр 129
нероло́ксид 129
несамоэмульгирующийся 130
несвойственный 81
несенсибилизирующий 130
несмешивающиеся фазы 147
несминаемая тара 55
несмываемая этикетка 108
несовместимость 103
несовместимость с упаковочным материалом 103
несовместимый 103, 129
неспиртовой антиперспирант 24
нестабильная эмульсия 75
нестабильность 105
нестабильность красителя 105
нестабильность эмульсии 105
нестандартная упаковка 141
нестандартный цвет 135
нестойкий 92
нестойкий запах 90, 133
нестойкость 92, 105
несуспендированная система 187
несущий компонент 19
несущий элемент 38
нетоксичное вещество 123
нетоксичный 130
нетоксичный компонент 51
нетональный дневной крем 62
неудачный цветовой оттенок 135

неустойчивая эмульсия 75
неустойчивое равновесие 76
неустойчивое состояние 181
неустойчивость 87
неустойчивость запаха 90
неустойчивость качества 87
неустойчивость цен 87
неустойчивый 42
неустойчивый олеогель 139
неухоженные волосы 98
нефальсифицированное масло 138
нехватка 64
нехлорфторуглеродный пропеллент 159
нецветочный характер 192
нечётко выраженный тон 49
нечистая кожа 175
нешипучая соль для ванн 168
неэмульсионная система 187
неэмульсионный крем 60
неэмульсионный тип 196
неэффективный 103
неяркий блеск 117
нижний предел 112
нижний слой 46
нижняя часть 32
низкая вязкость 198
низкая концентрация 53
низкая летучесть 199
низкая растворимость 178
низкая степень растекания 180
низкая стойкость 188
низкая температура 188
низкая токсичность 194
низкий показатель pH 146
низкий сорт 96
низкий уровень 111
низкий уровень токсичности 111
низкоабразивная зубная паста 66, 193
низковязкое масло 137
низкое качество 162
низкосортный 135
низкотемпературная камера 35
низкотемпературное выстаивание 183
низкотемпературный процесс 157
никотиновая кислота 199
нипагин 129
нипазол 129
нитрозамины 129
нитромускусы 129
нитроцеллюлоза 129
нитроцеллюлозная паста 143
нить 84
новая рецептура 89
новейшая косметология 57
новейшая рецептура 88

новинка 105, 129, 132
нововведение 105
новое изделие 129, 158
новшество 105
новые духи 144
новый вид продукции 132
новый запах 144
нога 88
ноготки 120
ногтевая кутикула 63
ногтевая лунка 117
ногтевая пластина 28, 151
ногтевая складка 87
ногти 128
ногти на пальцах ног 191
ногти с неровной поверхностью 128
ногти, укреплённые с помощью косметических средств 128
нонадиеналь 21
нонадиенол 20, 21, 129
ноналактон 109, 130
нонилацетат 130
нониловый альдегид 21, 129
нониловый спирт 20, 129
норковый жир 83, 97, 137
норковый крем 60
норма 181
норма содержания 22
нормализация 130
нормализующая способность 160
нормализующее действие 15, 73
нормальная дозировка 70
нормальная жирная кожа 175
нормальная кожа 175
нормальная концентрация 53
нормальная микрофлора 87
нормальная сухая кожа 175
нормальная фиксация волос 86, 101
нормальные волосы 98
нормированная концентрация 53
нормы Международной организации по стандартам 181
нос 130
носитель 38, 198
носитель липосом 198
нота 130
нота абрикоса 130
нота аира 35
нота акажу 12
нота акации 12, 39, 130
нота ананаса 131, 150
нота ангелики 130
нота анемона 23
нота аниса 23
нота апельсина 131
нота арбуза 200

нота бадьяна 26
нота базилика 28, 130
нота банана 130
нота бархатцев 132, 187
нота без оттенков 130
нота белой сирени 111
нота бергамота 29, 130
нота ванили 132
нота вербены 29, 132, 198
нота ветивера 132, 198
нота винограда 131
нота вишни 44
нота гальбанума 93, 131
нота гардении 93, 131
нота гвоздики 38, 46, 130
нота гелиотропа 100, 131
нота герани 94, 131
нота гиацинта 101, 106
нота гортензии 101
нота грейпфрута 131
нота груши 143
нота дубового мха 131, 133
нота душистого горошка 132
нота душистого перца 150
нота душицы 131
нота дыни 123, 131
нота жасмина 107, 131
нота жимолости 131
нота зелени 97, 131
нота зелёного яблока 131
нота зелёных листьев 131
нота земляники 131, 183
нота иланг-иланга 132, 201
нота имбиря 95, 131
нота ириса 105, 131
нота иссопа 102
нота календулы 120
нота камелии 35
нота камфоры 36
нота кардамона 37, 130
нота кипариса 130
нота клевера 46, 132
нота кожи 110, 131
нота кориандра 56, 130
нота корицы 44
нота костуса 130
нота лабданума 108
нота лавандина 110
нота лаванды 110, 131
нота лавровых листьев 130
нота ладана 103
нота ладанника 45, 130
нота лайма 112
нота ландыша 112, 128, 131
нота лемонграсса 111
нота леса 131

нота лесной хвои 131
нота лилии 111
нота лимона 111, 131
нота листьев фиалки 132
нота магнолии 119, 131
нота майорана 120
нота малины 131, 163
нота манго 119, 131
нота мандарина 131, 132, 187
нота мёда 131
нота мелиссы 123
нота мимозы 125
нота миндаля 130
нота миндаля горького 130
нота мирры 131
нота мирта 128, 131
нота можжевельника 107, 131
нота морского бриза 131
нота мускатного ореха 131, 132
нота мха 131
нота мяты 125
нота мяты кудрявой 131, 178
нота мяты перечной 131, 144
нота нарцисса 107, 129
нота настурции 129, 131
нота нероли 129, 131
нота огурца 130
нота омелы 125
нота опопонакса 131, 139
нота орхидеи 131, 139
нота османтуса 131, 140
нота пальмарозы 141
нота папайи 131, 142
нота папоротника 84
нота пачули 143
нота персика 131, 143
нота петигрена 146
нота пиона 131
нота плесени 131
нота полыни 25, 128
нота полыни горькой 11
нота резеды 131, 165
нота розмарина 167
нота розы 131, 167
нота розы с пудровым оттенком 131
нота ромашки 35
нота санталового дерева 168
нота сассафраса 169
нота свежей зелени 132
нота свежести 131
нота, свойственная женской парфюмерии 130
нота, свойственная мужской парфюмерии 131
нота сельдерея 39, 130
нота серы 132

нота сивета 45
нота сирени 111, 131
нота скошенного сена 131
нота скошенной травы 130
нота сливы 131, 151
нота смородины 63
нота стиракса 132
нота сухой травы 130
нота табака 132, 191
нота тимола 132
нота тимьяна 127, 132, 191
нота тмина 62
нота туберозы 195
нота фиалки 132, 198
нота фиалкового корня 140
нота флёрдоранжа 87, 131
нота флокса 131
нота «фужер» 90, 130, 131
нота хвои 150
нота хризантемы 44
нота цветов гвоздики 130
нота цибета 45
нота цикламена 63, 130
нота цитронеллы 45
нота чёрной смородины 39, 130
нота чубушника 186
нота шалфея 168
нота шалфея мускатного 130, 168
нота шафрана 168
нота шоколада 130
нота эвкалипта 130
нота эстрагона 130
нота яблока 130
ночной гель, улучшающий биологический баланс кожи 93
ночной крем 60
ночной крем для обновления клеток кожи 60
ночной крем для ухода за кожей 61
ночной лечебно-профилактический крем 60
ночной лосьон 116
ночной питательный крем 60
нумерация кода 132
нуткатон 130
нюанс 132, 171

обандероливание 27
обветренные губы 113
обезвоженная кожа 175, 176
обезвоженный 65, 70, 200
обезвоживание 65
обезвоживание кожи 65
обезвоживать 65

обезжиренное вещество 184
обезжиренный 83
обезжиривание 64, 65
обезжиривание волос 64
обезжиривание кожи 64
обезжиривание ногтей 65
обезжиривающее действие 15, 72
обеззараживание 64
обеззараживающее свойство 160
обепин 26
обёртка 76, 201
обёрточная бумага 142
обёрточная плёнка 85
обёрточная установка 118
обёрточный автомат 118
обёрточный материал 201
обёртывание 201
обёртывание термоусадочной плёнкой 201
обёртывание целлофаном 201
обеспечение 26
обессмоленный воск 200
обесцвеченная глина 45
обесцвеченное абсолю 12
обесцвеченные волосы 97
обесцвеченный 30, 64
обесцвеченный экстракт 79
обесцвечивание 30, 64, 69, 82
обесцвечивание волос 64
обесцвечивать 64
обесцвечивающее вещество 64
обесцвечивающий 64
обесцвечивающий компонент 18, 64
обильная пена 87, 110
обильное пенообразование 11
обладающий заживляющим действием 44
область 25, 84
область век 25
область вокруг глаз 25
область вокруг губ 25
область носа 25
область применения 25, 84
область шеи и плеч 25
область щёк 25
облегчающий расчёсывание волос 68
облегчение 72
облепиха крушинная 34
обломки 64
облысение 22, 27
обмен 78
обмен веществ 124
обновление 164
обновление клеток кожи 165
обновлённая марка 23
обновлённая рецептура 88, 89

обогащать 76
обогащение 76
обогащение витаминами 76
обогащение минеральными веществами 76
обогащение протеинами 76
обогащённая специальными добавками рецептура 89
обогащённый 76
обод 27
ободок 96
обозначение 65, 68, 174
обозначение, принятое Ассоциацией по парфюмерно-косметическим товарам и душистым веществам 68
оболочка 37, 46, 76, 143
обольстительный запах 91, 134
обоняние 139, 140, 176
обонятельная капсула 37
обонятельная луковица 34
обонятельная оценка 77
обонятельная память 124
обонятельная система 187
обонятельная усталость 83
обонятельная чувствительность 170
обонятельное ощущение 170
обонятельные клетки 39
обонятельный 139, 140
обонятельный профиль 159
обонятельный эпителий 76
оборудование 76, 82, 118
оборудование для забора образцов 77
оборудование для изготовления тары 76
оборудование для мойки флаконов 76
оборудование для производства губной помады 77
оборудование для производства изделий в аэрозольной упаковке 76
оборудование для производства мыла 119
оборудование для ручных операций 77
оборудование для смесительных операций 77
оборудование для фасовки кремов 118
оборудование для фасовки порошкообразных препаратов 118
оборудование для художественной печати 77, 119
оборудование технологического контроля 76
обработанные волосы 98
обработанный мел 42
обработанный пигмент 150
обработка 157, 194

обработка волос перманентом 194
обработка на холоде 157
обработка ультразвуком 196
образ 102
образ жизни 184
образ, созданный рекламой 102
образец 25, 143, 155, 168, 181
образец для анализа 168
образец для тестирования 168
образец душистого вещества 168
образование 88
образование геля 94
образование желе 94
образование коллагена 88
образование комков 88
образование липопероксидов 88
образование нитрозаминов 88
образование осадка 154
образование пены 74
образование рубца 169
образование свободных радикалов 88
образование складок 62
образование трещин 34, 57
образование хлопьев 87
образование чешуек на коже головы 169
образовывать пену 87
образцы 123
образцы волос 168
обратимая эмульсия 75
обратимость 166
обратимость при нагреве 166
обратимость эмульсии 105
обратимый гель 94
обратимый тип 196
обратный 105
обруч 47
обучение парфюмеров 194
общая выработка 140
общей массой 34
общие требования 165
объективные данные 63
объём 34, 36, 55, 199
объём рынка 175
объёмность 199
объёмность волос 199
объёмность запаха 199
овальная банка 36
овальная форма 174
овёс 133
овсяная мука 123, 133
овсяный экстракт 80
ограничение 112, 166
ограничения к применению 112
ограниченная растворимость 178
ограниченная сфера сбыта 70

ограниченное значение 197
ограниченное использование 197
огрубевшая кожа 175
огурец 62
огуречная очищающая маска 121
огуречное масло 136
огуречный лосьон 116
огуречный тоник 192
огуречный экстракт 79
одеколон 48, 72
одеколон в аэрозольной упаковке 17, 179
одеколон в виде карандаша 182
одеколон в обычной упаковке 48
одеколон, входящий в парфюмерную серию 48
одеколон для женщин 48
одеколон для отдыха и спорта 48
одеколон с запахом классического стиля 48
одеколон с мускусным запахом 48
одеколон с нежным запахом 48
одеколон с низким содержанием спирта 48
одеколон с символикой клуба 48
одеколон с тонким запахом 48
одеколон с цитрусовым запахом 48
одеколон устаревшего стиля 48
одеколон-дезодорант 66
одеколон-мусс 127
одинаковое качество 162
одинаковый 102
одинарная баночка 106
одинарные тени для век 82
одноколонный ректификационный аппарат 182
одноразовая упаковка 141
одноразовый шампунь 173
однородная дисперсия 69
однородная консистенция 54
однородная смесь 126
однородная текстура 190
однородная эмульсия 75
однородность 196
однородность окрашивания 196
однородность размера 196
однородность типа кожи 196
однородные по размеру гранулы 97
однородный 101, 196
однородный завершающий штрих 86
однослойная липосома 113
однослойная структура 184
однослойный 196
одностенная баночка 107
однотипный запах 91
одобрение 12

одобренный 13
одориметр 135
одориметрия 135
одуванчик лекарственный 36, 63, 96
одутловатость 162
ожог 34
оздоравливающая маска 122
оздоравливающая способность 154
оздоравливающее действие 15, 28, 73
оздоравливающее свойство 160
оздоравливающее средство для волос в аэрозольной упаковке 180
оздоравливающий ингредиент 104
оздоравливающий комплекс 50
оздоравливающий тоник 192
оздоровительное отшелушивающее средство 169
оздоровительное средство 166
оздоровительный уход, восстанавливающий жизненно важные функции кожи лица 194
оздоровление 166
озокерит 140, 200
озонный слой 110
окисление 140
окислительная краска для волос 71
окислительное разложение 65
окислительное расщепление 64
окисляемый краситель 48
окклюзивная плёнка 85
окклюзивность 133
окклюзивный слой 85, 110
окклюзия 133
окончание 76
окончательная рецептура 88
окопник лекарственный 49
окраска 49, 71
окраска волос 49, 71
окраска волос в домашних условиях 49
окрашенная фольга 87
окрашенные волосы 98
окрашенный 49
окрашенный гель 94
окрашенный крем 61
окрашенный раствор 178
окрашивание 49, 71
окрашивающая добавка 17, 18
окрашивающая способность 11, 153
окрашивающее вещество 71, 72
окрашивающее средство 49, 154, 191
окрашивающий ингредиент 104
округлённые плечики 174
округлённый запах 134
окружающая среда 22, 76
окружающие условия 22, 53

оксадиазол 140
оксазолин 140
оксатиозиноны 140
оксигенированная зубная паста 66, 193
оксид алюминия 22
оксид алюминия с добавкой кремния 22
оксид олова 181
оксид цинка 201
оксид цинка, обработанный шёлком 201
оксикислоты 14
оксихлорид висмута 30
оксиэтилированный ланолин 109
оксиэтилированный цетиловый спирт 151
октанол 133
октилгидроксистеарат 133
октиловый альдегид 21
октиловый спирт 20, 133
октилпальмитат 133
октилсульфосукцинат 133
окуривание благовониями 92
олеат аммония 22
олеилбетаин 139
олеиловый спирт 20
олеиновая кислота 14
олеосмола 139
олеофильный 113
олефинсульфат натрия 177
оливковое масло 137
оливковый шампунь 173
олигомер 139
олигопептиды 139
оловянная туба 195
ольфакта 139
ольфактометр 139
ольфактометрия 139
ольфакторная нота 131
ольфакторная оценка 77
ольфакторная чувствительность 170
ольфакторное восприятие 144
ольфакторное впечатление 102
ольфакторное изучение 78
ольфакторное качество 162
ольфакторное сходство 164
ольфакторные свойства 160
ольфакторные характеристики 43
ольфакторный анализ 23
ольфакторный аналог 23
ольфакторный импульс 102
ольфакторный тренинг 194
ольха 21
омадин цинка 201
омела 125

омертвевшая кожа 175
омертвевшие клетки кожи 39, 64
омертвевший 64
омолаживание 164
омолаживающая маска 122
омолаживающее действие 15, 73
омолаживающий кожу концентрированный состав, применяемый на ночь 52
омолаживающий крем 61
омолаживающий эффект 73
омыляемая фракция 90
омыляемый 169
опалесценция 139
опалесценция без блеска 139
опалесценция, придающая блеск 139
опалесцирующее действие 15, 73
опалесцирующий 139
опалесцирующий компонент 18
описание 67
описание запаха 67
оплавление 86, 151
оплавление губной помады 95
ополаскивание 167
ополаскиватель 157, 167
ополаскиватель для волос 167
ополаскиватель для волос с перманентом 167
ополаскиватель ежедневного пользования 167
ополаскиватель, облегчающий укладку волос 167
ополаскиватель от перхоти 167
ополаскиватель после мытья шампунем 167
ополаскиватель, придающий объёмность волосам 167
ополаскиватель с антистатическим эффектом 167
ополаскиватель-кондиционер 167
ополаскивать 167
опопонакс 97, 137, 139
опорный компонент 19
определение 68, 102, 123
определение биологической активности 25, 29
определение значения pH 68
определение зольности 189
определение качества 96
определение кислотного числа 189
определение кислотности 68
определение пороговой величины 189
определение содержания влаги 68
определение степени растекания 189
определение температуры воспламенения 189
определение эмульсионной способности 189
опреснительная установка 65
опрокидывающийся котёл 107
оптимальная стабильность 180
оптимальный эффект 73
оптическая активность 16
оптические свойства 160
оптический эффект 73
оптическое вращение 167
опыт 78, 195
опытная установка 196
оранжевая губная помада 114
оранжево-золотистый оттенок 171
оранжево-медный оттенок 171
оранжево-перламутровый оттенок 171
оранжево-розоватый тон 172
оранжевый тон 171
орган чувств 31
органическая смола 97
органическая фаза 147
органические кислоты 14
органический загуститель 191
органический краситель 48, 71
органический лак 109
органический пигмент 150
органический пластификатор 151
органический растворитель 178
органическое вещество 52
органическое соединение 52
органолептическая оценка 77, 78
органолептическая проба 189
органолептические свойства 160, 162
органолептические характеристики 43
органолептический 139
органолептический анализ 23, 184
органолептический метод 124
органолептическое определение 68
органополисилоксаны 139
органосиликон 174
органосиликоны 139
ореллин 139
орех 132, 199
орех бабассу 132
орех ши 132
оригинальная концепция 53
оригинальная рецептура 88, 89
оригинальная упаковка 141
оригинальность 140
оригинальность запаха 140
оригинальность рецептуры 140
оригинальный дизайн 67
оригинальный запах 91
ориентация 139

ориентация «унисекс» 139
ороговевшие клетки 39
ороговевший слой 110
ороговение 101, 107
ороговение клеток 107
оротовая кислота 199
орхидея 139
осадок 154, 165, 170, 171
осадок перламутрового красителя 171
осадочный чан 154
осаждение 154, 170, 171
осаждение взвеси 170
осаждение красителя 170
осаждение пигмента 170, 171
осаждение при центрифугировании 170
осаждённый 154
осаждённый диоксид кремния 174
осаждённый мел 42
освежающая маска 122
освежающее действие 15
освежающее средство 164
освежающее средство для ванн 68
освежающее средство после принятия ванн 164
освежающее средство с холодящим эффектом 164
освежающий гель для лица 94
освежающий и очищающий кожу гель 93
освежающий кожу гель 94
освежающий крем 59
освежающий лосьон 116
освежающий тоник 192
освежитель 92, 164
освежитель воздуха 66, 92
освежитель для полости рта 92
осветление 45, 200
осветление волос 111, 200
осветлённое масло 136
осветлённые волосы 98
осветлённый пчелиный воск 28
осветлённый талловый жир 187
осветляющее действие 15, 73
осветляющее кожу действие 15, 73
осветляющий компонент 18
осветляющий шампунь 172
оседание 171
осколки 64
ослабление 26, 163
ослабленная кожа 176
ослабленность 200
ослабленные волосы 98
ослабленный 200
османтус 140
осмоление 165

осмология 140
осмотические свойства 160
осмотическое действие 15
основа 27, 90
основа для губной помады 27
основа для крема 27
основа для макияжа 28
основа для шампуня 28
основа, наносящаяся под маникюрный лак для ускорения высыхания 99
основа под грим 156
основа под губную помаду 154, 156
основание 27, 32
основание для установки баночки 151
основание для установки флакона 151
основная функция 92
основной аккорд 13
основной запах 91, 133
основной ингредиент 104
основной компонент 34, 51, 54
основной краситель 48, 71
основной критерий 62
основной поставщик 185
основной тон 48
основной эмульгатор 75
основные вещества 122
основные масла 135
особая очистка 164
особенность 143
особенный 103
особо подчёркнутый 100
остатки 64
остатки соединений аммония 165
остатки хлора 165
остатки эпителиальных клеток кожи 64
остаток 165
остаток при перегонке 165
остаточное ощущение 17
остаточное ощущение атласности 18
остаточное ощущение бархатистости 18
остаточное ощущение гладкости 18
остаточное ощущение смягчённости 17
остаточный 165
остаточный запах 18, 134
остаточный привкус 18
остаточный слой в виде плёнки 85
остаточный эффект 73
острая кожная токсичность 194
острая пероральная токсичность 194
острая токсичность 193
остров Реюньон 166
острота 16
острота обоняния 16

острый запах 134
острый пар 181
остывание 170
осыпание хлопьев 86
осязательное свойство 161, 162
осязательные характеристики 43
отбелённая глина 45, 72
отбелённый 30
отбелённый воск 200
отбелённый мел высшего сорта 42
отбелённый талловый жир 187
отбелённый шеллак 174
отбеливание 30, 200
отбеливание веснушек 200
отбеливание кожи 111, 200
отбеливающая зубная паста 193
отбеливающая маска 121
отбеливающее действие 14, 72
отбеливающее и вяжущее средство 26
отбеливающее кожу действие 15, 73
отбеливающее средство 30
отбеливающее средство для кожи 155, 159
отбеливающий кожу компонент 19
отбеливающий кожу крем 58
отбеливающий кожу лосьон 116, 117
отбеливающий компонент 18
отбеливающий крем 62
отбеливающий лосьон 116
отбеливающий препарат 30
отвар 64
отвар хинной коры 64
отвердение 99
отвердение губной помады 99
отверждающий компонент 99
отверстие клапана 139
отвеска 200
отвечающий изощрённому вкусу 178
отвратительный запах 176
отгонка лёгких фракций 154
отгрузка 65, 174
отгрузка готовой продукции 174
отгрузка материалов 174
отгрузка стеклотары 65
отгрузка сырья 65, 174
отделение 66, 70, 106
отделение воды 170
отделение мойки флаконов 66
отделка 85
отделка по индивидуальному заказу 146
отдушенное изделие 158
отдушенный 25, 91, 145, 169
отдушенный шампунь 173
отдушивание 25, 135, 145
отдушивание гигиено-косметических средств 145
отдушивание губной помады 145
отдушивание зубной пасты 145
отдушивание изделий бытовой химии 145
отдушивание косметических средств 145
отдушивание крема 145
отдушивание мыла 145
отдушивание пудры 145
отдушивание с продолжительным эффектом 145
отдушивание средств для ванн 145
отдушивание шампуня 145
отдушка 19, 51, 52, 90, 144
отдушка в соли для ванн 144
отдушка для аэрозольной упаковки 144
отдушка для бриллиантина 144
отдушка для губной помады 144
отдушка для крема 144
отдушка для мыла 145
отдушка для носовых платков 144
отдушка для промышленных изделий 144
отдушка для синтетических моющих средств 144
отдушка для текстильных изделий 145
отдушка для технических изделий 144
отдушка с восточным запахом 144
отдушка с запахом белых цветов 145
отдушка с лимонным запахом 91
отдушка с приятным запахом 91
отдушка с простым цветочным запахом 91
отдушка с сильным запахом 145
отдушка с тонким запахом 144
отдушка с усложнённым запахом 145
отдушка с шипровым запахом 144
отёк 72
отёчная кожа 175
отёчность 162
отёчность вокруг глаз 162
отёчность кожи 162
отёчность под глазами 162
отёчный 72
отжим 79, 156
откидная крышка с защёлкой 86
отклонение 11
отличительная нота 130
отличительный признак 42, 43, 108
относительная летучесть 199
относительная плотность 65
относительная стойкость 146
относящийся к запаху 139
относящийся к категории «люкс» 117

относящийся к флоре 87
отпечатанная этикетка 108
отпотевание 146
отправка 174
отрасль 84
отрегулированный 17
отрегулированный показатель рН 146
отрицательное действие 15
отруби 33
отслоение 78
отстаивание 64
отстой 165, 170, 171
отстойная центрифуга 42
отстойник 64, 142, 154
отстойный чан 187
отсутствие 109
отсутствие аллергенности 109
отсутствие ощущения жирности кожи 83
отсутствие ощущения липкости кожи 83
отсутствие токсичности 109
отсутствие чувствительности к запаху 23
отсутствующий 129
отталкивающий запах 135
оттенок 12, 48, 130, 132, 171, 172, 191, 192
оттенок бамбука 171
оттенок гвоздики 12
оттенок жасмина 132
оттенок зелени 12, 100, 132
оттенок зелёного яблока 132
оттенок кожи 132
оттенок мха 100, 132
оттенок пудры 191
оттенок свежести 132
оттенок табака 132
оттенок теней для век 191
оттенок травянистой зелени 12
оттеночная окраска волос 49
оттеночное средство для волос 191
оттеночный краситель 49
оттеночный лак для волос 98
оттеночный мусс для подкрашивания волос 127
оттеночный ополаскиватель для волос 167
оттеночный шампунь 172
оттеняющее действие 16
отшелушивание 143, 169, 176
отшелушивающая маска 121, 122
отшелушивающее вещество 170
отшелушивающее действие 15
отшелушивающее желе 107

отшелушивающее средство 143, 159, 169
отшелушивающее средство для лица 169
отшелушивающее средство для лица с мёдом 169
отшелушивающее средство для лица с миндальным порошком 169
отшелушивающее средство для ног 169
отшелушивающее средство для тела 169
отшелушивающее средство с абрикосовым порошком и толокном 169
отшелушивающий гель 93, 107
отшелушивающий жидкий состав 169
отшелушивающий крем 58, 169
отшелушивающий крем для тела 58
отшелушивающий крем с измельчёнными абрикосовыми косточками 58
официальный перечень 115
оформление упаковки по индивидуальному заказу 146
офсетная печать 156
охлаждающая среда 123
охлаждающее действие 15, 72
охлаждающий стол 187
охлаждение 44, 56
оцеллофаненный футляр 33
оцеллофанивание 201
оценивание 77
оценивать 77
оценка 55, 77, 78, 96
оценка запаха 78, 176, 189, 190
оценка потребительских свойств 189
оценка путём взятия проб 77
оцимен 133
очень мягкая кожа 176
очень мягкий шампунь 172
очень сухие волосы 98
очистка 45, 46, 64, 162, 164
очищающая зубная паста 65, 192
очищающая маска 121, 122, 140
очищающая маска на основе белой глины 121
очищающая маска с быстрым эффектом 121
очищающая маска с лимонным соком 121
очищающая паста для рук 143
очищающая пена 46
очищающая пена для лица 87
очищающая экспресс-маска 121
очищающее действие 14
очищающее и отшелушивающее средство 169

очищающее крем-мыло 176
очищающее масло 136
очищающее молочко 46, 125
очищающее мыло 27
очищающее мыло для жирной кожи 27
очищающее мыло с увлажняющими добавками 27
очищающее пенное средство 46
очищающее свойство 160
очищающее средство 154, 164
очищающее средство бытовой химии 46
очищающее средство в виде косметического карандаша 45
очищающее средство для век 46
очищающее средство для зубов и полости рта 46
очищающее средство для лица 46
очищающее средство для повседневного ухода 46
очищающее средство для ресниц 46
очищающее средство для рук 46
очищающее средство для рук, используемое без воды 46
очищающее средство для рук, не содержащее мыла 46
очищающее средство для умывания на ночь 46
очищающее средство для утреннего умывания 46
очищающее средство мягкого действия 46
очищающее средство, не содержащее мыла 46
очищающее средство с активными добавками 45
очищающее средство с алоэ 45
очищающее средство с отшелушивающим действием 46
очищающее средство с полезными добавками 46
очищающее средство с увлажняющим действием 46
очищающее средство с экстрактом из цветов липы 46
очищающе-тонизирующее средство в одном флаконе 45
очищающий гель 46, 93
очищающий гель для жирной кожи 93
очищающий гель с экстрактом черники и лавандовым маслом 45
очищающий кожу уход 194
очищающий крем 46, 58
очищающий лосьон 46, 116

очищающий лосьон, не вызывающий сухости кожи 116
очищающий мусс 127
очищающий тоник 192
очищение 45, 46, 162
очищение кожи путём отшелушивания ороговевших клеток 45
очищенная вода 200
очищенная кожа 175
очищенное поверхностно-активное вещество 185
очищенный 85
очищенный вид 88
очищенный глицерин 96
очищенный жир 83
очищенный кремнезём 72
очищенный ланолин 109
очищенный озокерит 140
очищенный пигмент 150
очищенный продукт 158
очищенный резиноид 165
очищенный сорт 96
очищенный экстракт 81
ошибочные заявленные свойства 45
ощутимая польза 28
ощущение 83, 144, 170
ощущение бархатистости кожи 83
ощущение гладкости кожи 83
ощущение жирности кожи 83
ощущение липкости кожи 83
ощущение мягкости кожи 83
ощущение на коже 176
ощущение окклюзивности 83
ощущение свежести 83, 92
ощущение свежести кожи 92
ощущение свежести, сохраняющееся в течение всего дня 92
ощущение сухости кожи 83
ощущение тяжести на коже 83
ощущение увлажнённости кожи 83
ощущение шелковистости кожи 83
ощущение шероховатости кожи 83

падать 82
падение 70, 82
пажитник 84
пакет 26
пакетик из алюминиевой фольги 54
пакетик-вкладыш в футляре 26
палевый тон 48
палевый цвет 48
палитра запахов 141
палитра запахов парфюмера 141

палочка-аппликатор для корректировки макияжа 191
палочка-аппликатор с губчатым наконечником 191
пальма 141
пальмароза 141
пальмитилгликозид 141
пальмитиловый спирт 20
пальмитиновая кислота 14
пальмитолеиновая кислота 14
пальмовое масло 138
пальмоядровое масло 138
пальпебральные круги 44
пальпебральный 141
пангамовая кислота 199
пантениум 35
пантениум-экстракт 79
пантенол 142
пантотенат кальция 35
папайя 142
папоротник 84, 90
пар высокого давления 182
пара-аминобензойная кислота 14
парагвайский петигрен 146
параметр 43
парафин 142
парафинированная бумага 142
парафиновый воск 200
парик 200
парикмахер 98
парикмахерский салон 168
парный 70
паровая фаза 147
паровой обогрев 100
паронепроницаемость 166
парообразное состояние 181
паросмия 142
партия 115
парфюмер 145
парфюмер по оценке запахов 78
парфюмер по экспертной оценке 145
парфюмер, работающий на производстве 145
парфюмер-дегустатор 145
парфюмер-практикант 145
парфюмер-производственник 145
парфюмер-разработчик композиций 145
парфюмерия 145
парфюмерия высших сортов 145
парфюмерия для женщин 145
парфюмерия для мужчин 145
парфюмерия мирового рынка 145
парфюмерная готовая композиция 52
парфюмерная жидкость 114
парфюмерная категория 96
парфюмерная коллекция 47
парфюмерная комиссия 142
парфюмерная композиция 30, 51, 52
парфюмерная композиция-база 28
парфюмерная композиция с модным запахом 51
парфюмерная концепция 53
парфюмерная концепция со сладковатым запахом 53
парфюмерная лаборатория 109
парфюмерная марка 33
парфюмерная промышленность 103, 145
парфюмерная рецептура 89
парфюмерная серия 112
парфюмерная серия художника-дизайнера 90
парфюмерная фабрика 82
парфюмерная фирма 50, 101
парфюмерное изделие 154, 158
парфюмерное изделие в аэрозольной упаковке 17
парфюмерное изделие для занятия спортом 91
парфюмерное искусство 25
парфюмерное «облако» 26
парфюмерное применение 24
парфюмерное сырьё 123
парфюмерные изделия 163
парфюмерные изделия для женщин 163
парфюмерный 145
парфюмерный бизнес 35
парфюмерный линалоол 112
парфюмерный набор 47
парфюмерный образец 168
парфюмерный рынок сбыта 140
парфюмерный совет 142
парфюмерный спирт 20
парфюмерный флакон 32
пары 198
пары воды 198
пары душистого вещества 198
пассифлора 97, 143
паста 143
паста для полирования ногтей 143
паста, не содержащая частиц воздуха 143
паста перламутрового красителя 143
паста пигментного красителя 143
паста, предупреждающая появление зубного камня 193
паста, удаляющая зубной камень 193
паста-депилятор 143
пастельный тон 172
пастообразная консистенция 54

279

пастообразная масса 143
пастообразная форма 88
пастообразное мыло 177
пастообразный шампунь 173
пастушья сумка 109, 127
патогенная микрофлора 87
патогенные бактерии 26
патогенные грибки 92
патогенные микроорганизмы 125
патрон 100
патрон для фасовки пенных препаратов 100
пахучий 134, 135
пачкать 176
пачулевая нота 131
пачулевый спирт 20
пачулевый характер 43
пачули 143
педикюр 143
педикюр в парикмахерском салоне 143
пектин 143
пеларгоновая кислота 14
пена 87, 110, 127
пена для бритья 87, 110, 127
пена для бритья в аэрозольной упаковке 87
пена для ванн 28, 87, 127
пена для ванн с экстрактом луговых трав 87
пена для ванн с экстрактом плюща 28
пена для душа 127
пена для укладки волос 87
пенал 38, 96, 101
пенал для губной помады 39, 55, 101
пенал для карандашной косметики 55
пенал категории «люкс» 39
пенал поворотного типа 55
пенал с движком-толкателем 39
пениться 87
пенка для лица 121
пенка для лица с ферментами 121
пенная консистенция 54
пенная фаза 147
пенная эссенция для ванн 77
пенное средство для ванн 154
пенное средство макияжа 119
пенный 87
пенный гель 93
пенный гель для бритья 93
пенный депиляторий 87
пенный состав 127
пенный состав для укладки волос 87
пеногаситель 18, 64
пеногасительная способность 11
пеногашение 64

пеногашение механическим способом 64
пеногашение ультразвуком 64
пеногашение химическим способом 64
пенообразование 28, 87, 88
пенообразователь 31
пенообразующая добавка 18
пенообразующая способность 11, 36, 37, 154
пенообразующее свойство 160
пенообразующие свойства 43
пенообразующий 87
пеностабилизирующее поверхностно-активное вещество 185
пеностабилизирующее свойство 160
пеностойкость 36, 166
пеноусиливающая способность 36
пеноусиливающее свойство 160
пентадеканолид 144
пентаэритрин 144
пенящаяся зубная паста 66
пенящийся 87, 92
пепельная краска для волос 48
пептид 144
пептид шёлка 144
пептидная связь 113
пептиды тимуса 144
перборат натрия 177
первичная смесь 154
первичная упаковка 154
первичная эмульсия 154
первичное раздражение кожи 105
первичный 104
первичный компонент 54
первичный экстракт 79
первоначальная цена 156
первоначальный импульс 102
первый помол 97
первый слой 46, 156
первый сорт 96
пергамент 142
пергамин 142
пергидросквален 145
пергидросквален животного происхождения 145
пергидросквален растительного происхождения 145
перегнанное масло 136
перегнанный с водяным паром 182
перегонка 69, 90
перегонка без ректификации 70
перегонка на месте 69
перегонка на открытом огне 70
перегонка под вакуумом 70
перегонка при атмосферном давлении 69

перегонка с водяным паром 70
перегонная колонна 49
перегонная установка 70, 150
перегонное оборудование 76
перегонный аппарат 70, 182
перегонный аппарат для отгонки лёгких фракций 182
перегонный завод 70
перегонный куб 182, 198
перегонный куб ректификационной колонны 182
перегонный куб с мешалкой 182
перегонный куб с паровым обогревом 182
перегонный куб с ректификационной колонной 182
перегрев 100, 140
перегретый пар 182
перед бритьём 155
перед макияжем 156
перед обесцвечиванием 156
перед перманентом 156
передовая косметология 57
передовая технология 188
пережиренное мыло 177
пережиренный 185
пережиривающая добавка 17, 18, 19, 185
пережиривающая способность 160
пережиривающее действие 15, 16, 73
пережиривающий ингредиент 104
пережиривающий компонент 51
перезарядка 163
переливчатый 105, 179
переливчатый тон 48
переменный показатель pH 146
перемешивание 19, 108, 126, 183
перемешивание ультразвуком 126
перемешивающаяся установка 118
перенасыщение 140
переносимость 50, 191
переносимость слизистой оболочкой 50
переносчик 38
переносчик воды 38
переносчик кислорода 38
переносчик кислорода в кожных тканях 38
переоформление упаковки 165
переоформленный 163
перерабатывающая фабрика 82
переработанная рецептура 88, 89
переработанное изделие 159
переработка рецептуры 164
пересмотренная рецептура 89
переувлажнение 140

перефальцовка туб 165
перечень 114
перечень веществ, признанных полностью безвредными 114
перечень веществ, утверждённых Международной ассоциацией по душистым веществам 114
перечень компонентов 114
перечень консервантов 115
перечень разрешённых к применению красителей 115
перечная нота 131
перечный запах 134
период 63, 64, 145
период охлаждения 145
период хранения 145
перколяция 144
перламутр 127
перламутровая бумага 142
перламутровая губная помада 114
перламутровая дисперсия 69
перламутровая добавка 17, 18
перламутровая паста 143
перламутровая слюда 124
перламутровая эмаль для ногтей 76
перламутровая эссенция 77
перламутрово-красный оттенок 172
перламутрово-розовый 172
перламутровость 143
перламутровые румяна 30, 96
перламутровые тени для век 82
перламутровый 92, 127, 143
перламутровый блеск 34, 95, 117, 174
перламутровый гель-румяна 92
перламутровый завершающий штрих 85
перламутровый карандаш 182
перламутровый концентрат 52
перламутровый лак для ногтей 109, 151
перламутровый оттенок 172
перламутровый пигмент 150
перламутровый пигмент на основе висмута 150
перламутровый шампунь 173
перламутровый эффект 72, 73
перманент 145, 200
перманент, изменяющий физическое состояние волос 146
перманентная завивка 200
перманентный макияж 119
перокисление липидов 146
пероксидное число 197
пероральный тест 189
персик 143
персиковая отдушка 91

персиковый тон 172, 192
персиковый шампунь 173
перуанский бальзам 27
перхоть 63, 169
песочный тон 172
пёстрая цветная бумага 142
пёстрый 128
петигрен 146
петигрен бергамотного дерева 146
петигрен дерева горького апельсина 146
петролатум 146
петролейный эфир 77
петрушка 142
печатание 156
печатание этикеток 156
печатающая этикетировочная машина 108
печатающее устройство 156
печать 156
печать в полутонах 156
печать с гелиогравюр 156
пивной шампунь 172
пигмент 150
пигмент животного происхождения 150
пигмент загара 150
пигмент кожи 150
пигмент на базе окиси цинка 150
пигмент с высокой кроющей способностью 150
пигмент с золотистым блеском 150
пигмент с нанесённым покрытием 150
пигмент с серебристым блеском 150
пигментация 150
пигментация, вызванная ультрафиолетовым облучением 150
пигментация кожи 150
пигментированный полиэтилен 151
пигментная паста 143
пигментная суспензия 186
пигментный концентрат 52
пигментный краситель 71
пигментный размол 97
пижма обыкновенная 21, 57
пикантный запах 134
пиколиновая кислота 14
пилинг 143, 169
пилинг-гель 107
пилинг-крем 58
пилирование мыла 125
пилировочные вальцы для мыла 118
пилотная установка 150, 196
пинен 150
пинцет для выщипывания бровей 195
пиперональ 150

«пиратские» духи 91
пиридинтионат цинка 201
пиридоксин 199
пиритиондисульфид 162
пирокатехин 39, 162
пироктол 150
пироктоноламин 150
пирофосфат кальция 35
пирофосфат натрия 177
питание 21, 88, 132, 133, 165
питание в ночное время 132
питание волос 132, 133
питание и увлажнение кожи 165
питание кожи 132, 133
питание ногтей 132
питатель 83
питательная добавка 18, 185
питательная маска 122
питательная основа для макияжа 27
питательное вещество 133, 184
питательное масло 137
питательное свойство 160
питательное средство для кожи 132
питательные вещества для волос 133
питательные вещества для кожи 133
питательный 88, 133
питательный высокоэффективный крем 61
питательный ингредиент 104
питательный крем 60, 61
пихта 86
пихта бальзамическая 86
пихта цельнолистная 86
пихтовая нота 130
пища 88
пищевая добавка 17
пищевая эссенция 77
пищевое масло 136
пищевой 21, 88
пищевой ароматизатор 52, 86, 123, 184
пищевой витамин 199
пищевой запах 134
пищевой краситель 71
пищевой крахмал 181
плавление 114
планетарная вакуум-мешалка 108
планетарная мешалка 19, 183
планетарная мешалка двойного действия 125
пласт 28, 110
пластинка 109
пластинчатый 109
пластинчатый фильтр 85
пластификатор 151

пластификатор для маникюрного лака 151
пластификатор мыла 151
пластификатор смол 151
пластификация 151
пластифицирующая добавка 19
пластическая вязкость 198
пластичная глина 45
пластичность 151
пластичность маникюрного лака 151
пластмассовая баночка 106
пластмассовая коробка 33, 39
пластмассовая крышка 46
пластмассовая легкосжимаемая тара 55
пластмассовая ленточка из полипропилена 166
пластмассовая пробка 151
пластмассовая тара 55
пластмассовая туба 195
пластмассовая упаковка 141
пластмассовая этикетка 108
пластмассовое саше 168
пластмассовый колпачок 36, 46
пластмассовый наконечник на стебле стеклянной пробки 86
пластмассовый пыж 151
пластмассовый флакон 32
пластмассовый флакон из поливинилхлорида 32
пластмассовый флакон, полученный методом выдувания 31
пластмассовый футляр 33, 39, 101
плацебо 150
плацентарный протеин 162
плацентарный экстракт 80
плёнка 76, 84, 143
плёнкообразование 85, 88
плёнкообразующая способность 11, 160
плёнкообразующее действие 72
плёнкообразующие свойства 43
плёнкообразующий ингредиент 104
плёнкообразующий полимер 152
плёночная тара 141
плёночная упаковка 141
плёночные материалы 122
плёночный пакет 26
плесневые грибки 92
плесневый 92
плечики 174
плод 29, 92
плоды авокадо 92
плоды апельсина 92
плоды бергамота 92
плоская печать 156

плоский колпачок 193
плоский флакон 31
плотность 65
плотность кожи 86, 191
плотность пара 65
плотность укладки в тару 65
плотность упаковывания 65
плотность частиц 65
плотный 86
плотный гель 93, 94
плющ 106
плющение 62
пневматический конвейер 56
пневмопресс для штамповки мыла 156
побочное действие 15, 35
побочный продукт 35
побочный эффект 35, 73
поверхностно-активное вещество 185
поверхностно-активное вещество, безвредное для окружающей среды 185
поверхностно-активное вещество биологического происхождения 29
поверхностно-активное вещество, благоприятное для кожи 186
поверхностно-активное вещество мягкого действия 185
поверхностно-активное вещество на основе жирных кислот кокосового масла 185
поверхностно-активное вещество на основе силикона 186
поверхностно-активное вещество на основе четвертичного аммония 185
поверхностно-активное вещество сильного действия 186
поверхностно-активное вещество с низким пенообразованием 185
поверхностно-активное вещество с обильным пенообразованием 185
поверхностно-активное действие 16
поверхностно-активное свойство 161
поверхностно-активные вещества 123
поверхностно-активный 185
поверхностно-активный компонент 19, 51
поверхностное воспаление 103
поверхностное выпотевание 186
поверхностное натяжение 188
поверхностное оплавление 86
поверхностное потемнение 63
поверхностное раздражение 106
поверхностный 185
поверхностный блеск 95
поверхностный дефект 64
поверхностный слой 183

поверхность 185
поверхность кожи 185
поверхность соприкосновения 185
поверхность тела 185
поворотный пенал 39
повреждение 63, 82
повреждение кожи 63
повреждение ногтей 63
повреждения 111
повреждения кожи 82
повреждённая кожа 175
повреждённые волосы 98
повреждённые клетки 39
повреждённые ногти 128
повреждённый 63
повреждённый участок 25
повторная перегонка 163
повторное мытьё 199
повторное нанесение 163
повторное применение 163, 197
повторное тестирование 166
повторное фильтрование 164
повторный помол 125
повторяемость 92
повышенная абразивность 140
повышенная активность 102
повышенная дозировка 111
повышенная пигментация 150
повышенная секреция 102
повышенная чувствительность 102
повышенное содержание 52
повышенный 34
повышенный спрос 31
поглотитель 12, 13
поглотитель ультрафиолетовых лучей 12
поглотитель ультрафиолетовых лучей спектра А 12
поглотитель ультрафиолетовых лучей спектра В 12
поглощающая способность 12
поглощение 12
поглощение влаги 12
поглощение воды 12
поглощение ультрафиолетовых лучей 12
погон 69, 90
погон из верхней части колонны 69
погон от перегонки с водяным паром 69
пограничная эмульсия 75
погрузочное устройство 115
погрузчик 115
подавление 104
подарок 95
подарочная коробка 33

подарочная серия 112
подарочная сумочка с косметикой 26
подарочная упаковка 141
подарочное изделие 95
подарочные духи 144
подарочные изделия 163
подарочный косметический набор в сумочке 26
подарочный набор 47, 171
подарочный набор для женщин 171
подарочный набор для мужчин 171
подарочный футляр 33
податливый 119
подача 65
подача препарата с помощью аэрозольной системы упаковки 65
подача препарата с помощью насосной системы упаковки 65
подающий механизм 83
подбор 122
подбор консерванта 122
подбор красителей 122
подбор эмульгатора 122
подбородок 44
подбородочный 94
подвижный котёл 107
подводка, дающая очень тонкую линию 81
подводка для век 81, 112
подводка с перезарядкой 81
подводка, стойкая к слезам 81
поддающийся окраске 49
поддающийся определению 102
поддающийся сжатию 180
поддерживать 90
подкисление 14
подкислитель 14
подкисляющее вещество 14
подкожный 184
подкожный слой 110
подкрашивание 49
подмешивание 17
подмышечная область 25, 26, 196
подмышечный запах 134
подобный запаху амбры 22
подорожник 109
подорожник перистый 100
подпергамент 142
подражание 102
подростковая косметика 57
подслащивающая добавка 17
подслащивающее вещество 186
подсолнечное масло 138
подсушенное цветочное сырьё 87
подсушенные корни 167
подсушенные лепестки 146

подсушивание 154
подтверждённая толерантность 191
подтверждённая эффективность 74
подтверждённый сертификатом 42
подтягивающее действие 15
подушечки для удаления макияжа 141
подчёркивание 12, 78
подчёркнутый 12
подчёркнутый запах 133, 176
позитивное действие 15
позитивный эффект 73
показ 155
показатели 63
показатели безвредности 63
показатель 82, 103, 132, 197
показатель абразивности 103
показатель гидрофильно-липофильного баланса 197
показатель гомогенизации 103
показатель жизнедеятельности 82
показатель зернистости 103
показатель качества 82, 103
показатель консистенции 82
показатель мутности 132
показатель преломления 103
показатель растворимости 132
показатель растекания 82
показатель растекания за 90 минут 132
показатель pH 65
показатель pH кожи 146
показатель степени кислотности среды 146
показатель фотозащитного фактора 132
показатель цветности 103
покалывающее ощущение 170
покрасневшая кожа 175
покраснение 86
покрытая слюда 124
покрытый бородавками 199
покупатель 63
полезная функция 92
полезное действие 14
полезный 28
полезный ингредиент 104
полиакрилат 151
полиакрилаты 151
поливинилацетат 152
поливинилпирролидон 152
поливинилпирролидоновая плёнка 85
поливинилпирролидоновый полимер 152
поливинилхлоридная плёнка 85
полигликолевый эфир 77
полиглицерин 151

полимер 151
полимер со стабилизирующими свойствами 152
полимеризация 152
полимерная плёнка 85
полимерные материалы 123
полимерный пластификатор 151
полимеры для косметического производства 152
полимеры, используемые в лаках для волос 152
полимеры, используемые в средствах для ухода за волосами 152
полимеры, используемые в фиксирующих средствах для волос 152
полимеры на основе целлюлозы 152
полимеры с кондиционирующим действием 152
полипептид 152
полипептидно-витаминный комплекс 50
полипептиды шёлка 152
полипропилен 152
полипропиленовая баночка 106
полипропиленовая плёнка 85
полипропиленовый флакон 32
полирование 95
полирование стеклянных флаконов 151
полированное стекло 95
полированный флакон 31
полировать 151
полировка 151
полирующая способность 11, 154, 160
полирующий карандаш для ногтей 143
полирующий компонент 19
полирующий компонент для зубных паст 151
полирующий состав для ухода за зубами 151
полисахариды 152
полисахариды из морепродуктов 152
полисорбат 152
полистирол 152
полифойл 151
полициклический мускус 128
полиэтилен 151
полиэтилен повышенной плотности 151
полиэтилен пониженной плотности 151
полиэтиленгликолевый эфир 77
полиэтиленовая баночка 106
полиэтиленовая плёнка 85
полиэтиленовая туба 195

285

полиэтиленовый флакон 32
полиэтоксилированный 151
полная совместимость 50
полностью натуральный 22
полный 92
положительное действие 15
полоски с образцами губной помады 183
полоски с образцами запахов 183
полость 39
полуавтомат для укупоривания колпачками 118
полуавтоматическая линия по производству губной помады 113
полуавтоматическое оборудование 77
полувосточная нота 131
полувосточный 170
полужидкий 170
полужидкий лосьон 116
полужидкое состояние 181
полужирная губная помада 114
полужирная эмульсия 75
полужирный 170
полуматовый пигмент 150
полунасыщенный тон 171
полуперманент 170
полуперманентная завивка 200
полупродукт 159
полупрозрачная губная помада 114
полупрозрачная пластмассовая туба 195
полупрозрачная пудра 153
полупрозрачное стекло 95
полупрозрачный 170, 194
полусинтетическая технология 188
полутвёрдая форма 88
полутвёрдая фракция масла хохобы 200
полутвёрдый парафин 142
полутон 172, 191, 196
полуукрывистый 170
полуфабрикат 159
полученные данные 85
полынь 25
полынь горькая 11
полынь кустарниковая 33
полынь лекарственная 109
полынь обыкновенная 127, 128
полынь эстрагон 188
польза 28
полярный растворитель 178
помада 152
помада для волос 152
помада для волос в виде карандаша 152
помол 97

помолодевший внешний вид кожи 24
помутнение 46, 88, 139
понижение цветности 64
понятие 53
пополнение питательными веществами 165
популярный запах 91
попытка 26
поражённый 63
пористая кожа 175, 176
пористая структура 184
пористость 152
пористость кожи 179
пористые вещества 123
пористый 39, 152
пороговая величина 197
пороговая доза 70
пороговая концентрация 53
пороговая чувствительность 170
порок 30, 83
порошковый ароматизатор 86
порошкообразная маска 122
порошкообразная форма 88
порошкообразное изделие в аэрозольной упаковке 17
порошкообразные сапонины 169
порошкообразный ванилин 198
порошкообразный дезодорант 66
порошкообразный депилятор 67
порошкообразный диоксид кремния 174
порошкообразный препарат 155
порошкообразный свекольный краситель 153
порошкообразный эластин 74
порошок 152
порошок для полирования ногтей 153
порошок для удаления волос 153
порошок из коры хинного дерева 153
порошок из морских водорослей 152
порошок из персиковых косточек 153
порошок пемзы 153
порошок шёлка 153
порча 22, 34, 55, 64, 167
порча от воздействия солнечных лучей 65
поры 152
поры кожи 152
посадочная крышка со щелчком 46
посадочная пробка 46
посадочный колпачок 36
посадочный колпачок со щелчком 36
посвежевший цвет лица 50
посветлевший цвет лица 50
посечённые концы волос 179
посконник 31

последовательный 96
послушность волос 119, 171
послушные волосы 98
послушный 119
поставка эфирного масла 65
поставщик 185
поставщик душистых веществ и пищевых ароматизаторов 185
поставщик синтетических душистых веществ 185
поставщик сырья 185
поставщик упаковочных материалов 185
поставщик эфирных масел 185
постепенное охлаждение 56
постепенный 96
постороннее вещество 123, 184
посторонние вещества 123
посторонний запах 134
постоянно разрешённое к применению вещество 184
пот 146, 186
потемневший 63
потемнение 63
потемнение красителя 63
потемнение пигмента 63
потери 57
потери за счёт испарения 115
потери при производстве эфирного масла 115
потеря 115
потеря влаги 65, 115
потеря влаги испарением через кожу 115
потеря волос 115
потеря питательных веществ 115
потеря стабильности 115
потеря тонуса 26
потеря упругости кожи 26
потерявший качество от времени 18
потовые железы 95
потоотделение 146, 170, 194
поточная линия 112
поточная линия по наполнению, укупорке и укладке в картонную тару 112
поточно-автоматическая линия 112
потребитель 54, 63
потребительская оценка 78
потребительские свойства 43, 144, 160, 161
потребительские тенденции 194
потребительские требования 165
потребительский вид 115
потребительский образ 102
потребительский спрос 65

потребительское назначение 139
потребительское тестирование 189, 190
потребление 54
потребление зубных паст 54
потребление на душу населения 54
потребление парфюмерной продукции 54
потребность 65
потребность в расчёте на душу населения 65
потрескавшиеся губы 113
потрескавшийся 57
почка 94
почки 34
почки чёрной смородины 34
появление желтизны 201
появление морщин 88, 201
появление перхоти 88
появление трещин 179
правильное применение 24
практические условия 53
практическое применение 197
преграда 27
предварительная дисперсия 154
предварительная обработка 156
предварительная сушка 154
предварительная фильтрация 154
предварительно диспергируемый краситель 48
предварительно наполненный флакон 32
предварительно приготовленная смесь 154
предварительное нагревание 154
предварительное смешивание 154
предварительное смешивание парфюмерной композиции с равным количеством спирта 154
предварительное фильтрование 85
предварительное фракционирование 154
предварительное эмульгирование 154
предварительные технические условия 179
предел 112
предельно допустимая концентрация 53
предназначение женщинам 139
предназначение молодёжи 139
предназначение молодым женщинам 139
предназначение мужчинам 139
предназначение спортсменам 139
предназначенный 185
предназначенный для женщин 83

предназначенный для мужчин 121
предотвращение 156
предотвращение возникновения статического электричества 156
предпочитаемая марка изделия 33
предприниматель, занимающийся перегонкой эфирных масел 70
предприятие 150
представление 53
предупреждающий вспенивание 23
предупреждение 55, 156
предупреждение появления зубного камня 56
предупреждение появления зубного налёта 56
предупреждение появления мелких морщин 56
предупреждение появления морщин 156
предшественник 154
преждевременно состарившаяся кожа 175
преждевременное появление морщин 201
преждевременное старение 19
преждевременные морщины 201
преждевременный 154
презентация 155
презентация новых изделий 155
преимущественное содержание 55
прейскурант 156
прекращение 105
пренилацетат 154
пренол 154
преобладающее содержание 55
преобладающий компонент 51, 54
препарат 154
препарат в аэрозольной упаковке 155, 179
препарат в виде крема 154
препарат двойного назначения 155, 195
препарат для лёгкого перманента 155
препарат для перманента 155
препарат для ухода за волосами 37
препарат, прошедший клиническое тестирование 154
препарат стимулирующего действия 182
препарат, стимулирующий эпителизацию клеток кожи 182
препарат тройного назначения 155, 191
препаративная газовая хроматография 44

препятствие 55
препятствующий закупориванию 23
препятствующий появлению морщин 24
препятствующий расслоению эмульсии 23
пресс 155
пресс для брусковых изделий 156
пресс для выдавливания рельефных рисунков 156
пресс для компактирования пудры 156
пресс для штамповки мыла 156
пресс-автомат для штамповки мыла 156
прессование 79, 156
прессованная форма 88
престижная марка 33, 129
престижная марка изделия 108
престижная парфюмерия 145
престижное изделие 158
престижные духи 144
престижные косметические изделия 57
претензия 45
приблизительная оценка 77
приблизительный 25
привкус 86, 188
привкус мяты перечной 188
привлекательная упаковка 140
привлекательный вид 115
привлекательный запах 133
приглушённый 133
приглушённый блеск 95, 117
пригодный 185
пригодный для использования 185
пригодный для любого типа кожи 185
пригодный для повторного использования 163
приготовление 154
приготовление шампуней 155
придание глянцевого блеска 95
придание оттенка 12
придающий блеск 117, 178
приемлемое количество 22
приемлемость 12
приемлемый 12
признак 43, 83, 174
признак преждевременного старения 174
признак старения кожи 174
признак сухости кожи 174
прикладные характеристики 43
прикладывание 24
прилежащий 17
прилипание 17
применение 24, 197

применение в дневное время 24
применение в домашних условиях 197
применение в качестве душистого вещества 24
применение в качестве пищевой добавки 24
применение во время принятия ванны 24
применение в парикмахерских салонах 197
применение в фармацевтическом производстве 25
применение для всего тела 197
применение для ухода за кожей 25
применение на ночь 25, 197
применение под макияж 197
применение после бритья 24
применение после загара 24
применение после мытья шампунем 24, 197
применение после принятия ванны 24
применение с оздоровительной целью 24
примеси 103, 123
примесь 19, 123, 184
припудривать 71
природная камедь 97
природная смола 165
природный абразивный материал 11
природный антиоксидант 24
природный краситель 123
природный пигмент 150
природный полимер 152
природный эмульгатор 75
приспособляемость 16
присущий 105
присыпка 71, 152, 187
присыпка для женщин 187
присыпка для тела 187
присыпка от пота 24
притёртая пробка 46, 183
притёртая стеклянная пробка 183
притёртый колпачок 36
причёска 47
причина 82
причина внутреннего характера 82
приятный запах 91, 133, 134, 176
проба 26, 168, 189
проба Крейса 189
проба на вкус 97, 189
проба на ощупь 189
проба на переносимость 189
проба на прогоркание 189
пробка 46, 151, 183
пробка в виде цветка 183
пробка из гальванопластики 183

пробка из стекла «под изморозь» 183
пробка из цветного стекла 183
пробка с золочёным ободком 183
проблема 156
проблема безвредности 157
проблема безопасности 157
проблема коррозии 156
проблема постороннего запаха 157
проблема проницаемости 157
проблема стабильности 157
проблемная кожа 175
проблемы кожи, склонной к аллергической реакции 156
проблемы нездоровой кожи 157
проблемы посечённых концов волос 157
проблемы раздвоенных концов волос 157
пробный 195
пробный образец 168
проверенная переносимость 191
проверенный 42
проверка 25, 105
проверка качества 105
проветривание 17
провитамин 154, 162, 199
прогнозируемые тенденции 194
прогорклость 163
прогорклый запах 134, 176
прогрессирующее облысение 27
продавец 70
продавец косметической продукции 70
продавец парфюмерии 70
продажа 168
продолжительная влагоудерживающая способность 101
продолжительное действие 15
продолжительность 145
продолжительность высыхания 191
продолжительность охлаждения 145
продолжительность перемешивания 191
продолжительность эмульгирования 191
продукт 157
продукт нефтепереработки 67
продукт перегонки 69
продукт переработки 67
продукт переработки древесины 67
продукт переработки каменного угля 67
продукт переработки касторового масла 67
продукт переработки масла хохобы 67

289

продукт переработки пчелиного воска 67
продукт переработки растительного сырья 67
продукт переработки шёлка 67
продукт переработки эфирного масла 67
продукт целлюлозы 157
продукты 122
продукты целлюлозы 122
прозрачная губная помада 114
прозрачная дисперсия 69
прозрачная зубная паста 193
прозрачная коробка 33, 38
прозрачная пластмассовая туба 195
прозрачная плёнка 84, 85
прозрачная пудра 153
прозрачная смесь 126
прозрачное мыло 176, 177
прозрачное окно из пластмассовой плёнки 201
прозрачное средство макияжа 119
прозрачное стекло 95
прозрачность 194
прозрачный 46, 194
прозрачный гель 93, 94
прозрачный карандаш 182
прозрачный колпачок 36
прозрачный косметический карандаш 182
прозрачный лак 109
прозрачный лак для ногтей 151
прозрачный лосьон 116
прозрачный маскирующий карандаш от морщин 182
прозрачный пенал 39
прозрачный раствор 178
прозрачный растворитель 178
прозрачный флакон 31, 32
прозрачный футляр 33, 38, 39
прозрачный целлофан 39
произведённая продукция 140
производитель 119
производитель косметического сырья 119
производительность 36, 37, 140
производить 82
производное аскорбиновой кислоты 67
производное бензофурана 67
производное витамина Е 67
производное глюкозы 67
производное жирного спирта 67
производное жирной кислоты 67
производное имидазола 67
производное индола 67
производное казеина 67

производное коллагена 67
производное ланолина 67
производное липида 67
производное мочевины 67
производное пантенола 67
производное пара-аминобензойной кислоты 67
производное протеина 67
производное соединение 67
производное тиогликолевой кислоты 67
производное хитина 67
производное целлюлозы 67
производное цитраля 67
производный продукт 67
производственная документация 70
производственная ёмкость 107
производственная маркировка 108
производственная температура 188
производственное оборудование 77
производственные затраты 57
производственные линии 118
производственные мощности 82
производственные условия 53
производственный анализ 189
производственный контроль 56
производственный образец 168
производственный показатель 82
производственный процесс 157
производственный участок 25
производство 82, 103, 120, 159
производство душистых веществ 103, 159
производство по контракту 120
производство синтетических душистых веществ 103, 159
производство стекольной продукции 159
происхождение 139
прокладка 113
прокладка в винтовом колпачке 113
пролонгированное действие 15
пролонгированный эффект 73
промежуток 105
промежуточная композиция 51
промежуточная нота 131
промежуточная фракция 90
промежуточное состояние 181
промежуточный 123
промежуточный продукт 105
промежуточный продукт синтеза 105
промежуточный продукт химической реакции 105
промывание 199
промывочная вода 200
промывочная жидкость 114

промышленная категория 96
промышленная установка 196
промышленное использование 197
промышленное производство 159
промышленность 103
промышленные стандарты 181
промышленный метод 124
промышленный синтез 186
проникающая способность 146
проникающая способность ионов 146
проникающий через кожу 144
проникновение 144, 146
проникновение внутрь клеток кожи 144
проникновение душистых веществ 146
проникновение жировых веществ 146
проникновение запаха 146
проникновение между клетками кожи 144
проникновение через клетки кожи 144
проникновение через кожу 144
проникновение через эпидерму 144
проницаемость 146
проницаемость для водяных паров 146
проницаемость для душистых веществ 146
проницаемость для микроорганизмов 146
проницаемость для спирта 146
проницаемость для ультрафиолетовых лучей 146
проницаемость запаха 146
проницаемость липосом 146
проницаемость стенок клеток кожи 146
проницаемость упаковки 146
проницаемость через кожу 146
проницаемый для душистых веществ 143
проницаемый для паров воды липидный слой 85
проницаемый слой 85
пронюхивание 176
пропан-бутановый пропеллент 160
пропановый пропеллент 159
пропеллент 159
пропеллент, безвредный для озонового слоя 159
пропеллент, не загрязняющий окружающую среду 159
пропеллерная мешалка 125, 183
пропилацетат 161
пропилгаллат 161
пропиленгликоль 161
пропилпарабен 161

пропионовая кислота 14
пропитывание 102
прополис 161
пропорция 163
проросток 94
просачиваемость 146
просвирник 22, 119
просвирник мускусный 22
простая перегонка 70
простая форма 174
простейший запах 134
простейший компонент 54
простое прессование 156
простой кубовый аппарат 182
простой цветочный запах 91
простой эфир 77
простой эфир жирного спирта 77
простой эфир целлюлозы 77
протеин 161
протеин водорослей 161
протеин из кукурузных початков 161
протеин из морских продуктов 162
протеин из пшеницы 162
протеин из сыворотки крови 161
протеин из яичного белка 161
протеин шёлка 162
протеиновый баланс 26
протеиновый гидролизат 101
протеиновый комплекс 50
протеиновый комплекс растительного происхождения 50
протеолитический фермент 76
протестированное средство 159
противоаллергический 23
противовоспалительная способность 11
противовоспалительная эффективность 74
противовоспалительное действие 14, 72
противовоспалительное свойство 160
противовоспалительный 24
противовспенивающий компонент 64
противогрибковая активность 16
противогрибковая эффективность 74
противогрибковое действие 14, 15, 72
противогрибковый 23, 24, 92
противогрибковый компонент 18
противодерматический витамин 199
противокариозная зубная паста 192
противокариозный 23
противокариозный зубной эликсир 127
противокариозный компонент 18
противомикробный компонент 18, 51
противомикробный консервант 155
противоокислительная активность 16

противоокислительная способность 36
противоокислительное действие 14, 72
противоотёчный 23
противоперхотная добавка 17
противоперхотный 23
противоперхотный компонент 18
противопоказание 55
противоположное действие 15
противоположный 17, 105
противоположный эффект 73
противосеборейное действие 14, 72
противосеборейный 24
противосеборейный лосьон 115
противосеборейный шампунь 172
противоточная хроматография 44
противоточный конденсатор 53
противоугревая активность 16
противоугревое мыло 27
противоугревой лосьон 115
противоцеллюлитный комплекс 50
противоцеллюлитный уход 194
профессионально организованный рынок сбыта 140
профессиональное применение 197
профессиональный макияж 119
профессиональный маникюр 119
профессиональный уход за волосами 38
профессиональный уход за ногтями 38
профилактический уход 194
профилактическое действие 15, 73
профиль испарения душистого вещества 159
процентное содержание 144
процентное содержание красителя 144
процентное содержание отдушки 144
процентный состав 52
процесс 157
процесс вызревания 157,
процесс вымораживания 157
процесс диффузии 157
процесс естественного старения кожи 157
процесс изготовления 157
процесс инверсии 157
процесс коррозии 157
процесс обновления клеток кожи 157
процесс перемешивания 157
процесс применения 157
процесс регенерации 157
процесс слушивания клеток кожи 157
процесс старения 157
процесс старения кожи 157
процесс сухого компактирования 157
процесс упаковки 157
процесс фильтрации 157

прочная плёнка 84
прочное стекло 95
прочность 71, 166, 180, 183, 193
прочность волос 183
прочность геля 183
прочность маникюрного лака 71
прочность ногтей 183
прочность плёнки 71
прочный краситель 71
прошедший клинические испытания 190
прошедший тестирование 189
проявляющаяся губная помада 114
проявляющийся краситель 49
прыщавая кожа 175, 176
прыщи 150
пряди волос 194
прядь 115
прядь волос 115
прямое воздействие 15
прямое действие 72
прямоточный конденсатор 53
прямоугольная коробка 33
прямоугольный флакон 32
прямоугольный футляр 33
прямые волосы 98
прямые затраты 57
пряная срединная нота 100
пряное растение 150
пряность 179
пряность пачулевого запаха 179
пряный 115
пряный аккорд 13
пряный ароматизатор 86
пряный запах 134, 169
пряный оттенок 12, 132, 192
пряный травянистый букет 33
пряный характер 179
пряный цветочный букет 33
пряный шипровый букет 33
псевдоионоы 162
псевдоколлаген 162
пудра 152
пудра для лица 153
пудра категории «люкс» 153
пудра мягкой консистенции 153
пудра, не содержащая талька 153
пудра, придающая матовость коже 153
пудра с блёстками 153
пудра с высокой укрывистостью 153
пудра с перламутровым блеском 153
пудра, стойкая к слёживанию 152
пудра цвета загара 153
пудра-румяна 167
пудра-саше 168

пудреница 96
пудровая конечная нота 26
пудровая нота 131
пудровый 153
пудровый аккорд 13
пудровый антиперспирант 24
пудровый запах 134
пудровый оттенок 12, 132
пузырёк 34, 88
пульверизатор 26, 179, 180
пульверизатор для дамской сумочки 26, 180
пульверизация 162
пульверизирующее действие 15
пурцеллиновое масло 162
пусковой клапан 35
«пустая» липосома 113
пустоты 199
пустырник 127
путь сбыта 42
пуховка 162
пуховка для пудры 162
пучок 115
пчелиный воск 28
пшеничные отруби 33
пшеничный зародыш 94
пшеничный крахмал 181
пыльца 151
пятицветная литография 115
пятна 179
пятна на зубах 181
пятна на коже 181
пятнистый 86
пятно 30, 86, 143, 176, 181
пятнышко 86

работа 28
равновесие 76
равновесие фаз 76
равномерное охлаждение 56
равномерное перемешивание 126
равномерное распределение 70
радужный 105
радужный завершающий штрих 85
радужный пигмент 150
радужный тон 48
разбавитель 69, 79, 198
разбавитель красителя 79
разбавитель пигмента 79
разбавитель-пластификатор 69
разбавление 26, 69
разбавленная кислота 13
разбавленное состояние 88
разбавлять 79

разбавляющее действие 72
разбавляющий 69
разборный 47
разведение 62
разведение масличных культур 62
разветвлённая структура 183
развитие 68, 76, 97
развитие запаха 68
разглаживающая кожу маска 122
раздвоенные концы волос 76, 179
разделение 34, 170
разделение фаз 170
разделение центрифугированием 170
раздельная гомогенизация 101
раздельная фаза 147
раздражающий 105
раздражение 105
раздражение кожи 105, 106
раздражение кожи головы 106
раздражение кожи от бритья 105
раздражение на коже губ 113
раздражение от поверхностно-активных веществ 106
раздражение слизистой оболочки 105
раздражение слизистой оболочки глаз 105
раздражённая кожа 175
раздражённая кожа головы 169
раздражитель 105
раздражительная реакция 163
разжижающий 69
разжижение 26, 69, 114
разжижитель 69
разлетающиеся волосы 98
разлетающийся 87
разливочно-наполнительная установка 84
разливочно-наполнительная установка вакуумного типа 84
разливочно-наполнительная установка карусельного типа 84
разливочно-наполнительная установка карусельного типа с двенадцатью дозирующими патронами 84
разложение 64
разложение под влиянием бактерий 64
разложение под действием света 64
разложение при воздействии солнечных лучей 65
размазываться 176
размельчение 34
размер 174
размер пробных изделий 175
размер, равный двум унциям 175
размер, равный $1/4$ унции 175

размер частиц 175
размолотая пигментная масса 97
размолотый пигмент 150
разновидность 70, 108, 178, 198
разнообразие 70, 198
разнообразие ассортимента 70, 198
разнообразие добавок 70
разнообразие запахов 198
разнообразие изделий 198
разнообразие красителей 70
разнообразие направлений деятельности 70
разнообразие нот 198
разнообразие продукции 70, 198
разнообразие сырья 70
разнообразие типоразмеров 198
разнообразие форм деятельности 70
разнообразие цвета 198
разнообразие эмульгаторов 70
разогревать 100
разработка 68
разработка нового препарата 68
разработка нового продукта 68
разработка отдушек для мыла 145
разработка рецептуры 89
разработчик рецептур 89
разрешение 22
разрешённое к применению вещество 184
разрешённое к применению подслащивающее вещество 186
разрешённый 12, 13, 22, 146
разрешённый к постоянному применению консервант 155
разрешённый к применению без ограничений 146
разрешённый к применению ингредиент 104
разрешённый к применению консервант 155
разрешённый к применению пигмент 150
разрешённый краситель 48
разрешённый УФ-фильтр 85
разрушать эмульсию 65
разрушающее действие 15
разрушение 82
разрушение межфазовой поверхности 82
разрушение эмульсии 65
разрушенные клетки 39
ракитник 34
рамы 43
рапс 49
рапсовое масло 138
раскрашивание тела 141

раскрытые поры 152
распад 34, 64
распад клеток 64
расплавленное состояние 181
распределение 70
распределение частиц 70
распределительное устройство 69
распределительный клапан для вязких препаратов 69
распределительный клапан для густых препаратов 69
распространение 68, 180
распространитель 70
распространитель косметической продукции 70
распространитель парфюмерии 70
распространяющийся 68
распрямитель для волос 164
распрямитель для волос в виде крема 164
распрямитель для волос на щелочной основе 164
распрямитель для сильно вьющихся волос 164
распрямитель, изменяющий структуру волос 164
распутанные волосы 98
распыление 26, 162, 180
распыление тонкого слоя серебристого лака 180
распылитель 26, 179, 180
распылитель, не содержащий хлорфторуглеродного пропеллента 179
распылитель с составом для жёсткой укладки волос 180
распылитель с составом для увеличения объёма волос 180
распылительный клапан 69, 132
распылительный клапан аэрозольной упаковки 69
распылительный колпачок 36, 46
распыляющее действие 15
расслабление 164
расслабляющее действие 15, 73
расслоение 34
расслоение эмульсии 22, 34, 62, 170
расслоившаяся эмульсия 75
расслоившиеся ногти 128
расслоившийся лосьон 116
рассыпная пудра 153
рассыпное средство макияжа 119
рассыпной 115
рассыпные румяна 30, 153
рассыпные тени для век 82, 153
растапливание 114
раствор 178

раствор камеди 128
раствор поверхностно-активных веществ 178
раствор трагакантовой камеди 128
растворение 178
растворимая фракция 90
растворимое вещество 184
растворимость 177
растворимые таблетки для полости рта 187
растворимый 178
растворимый в воде 200
растворимый в спирте коллаген 47
растворимый кератин 107
растворимый коллаген 47
растворимый краситель 71
растворимый лецитин 110
растворимый остаток 165
растворимый эластин 74
растворитель 69, 74, 178, 198
растворитель для маникюрного лака 178
растворитель жировых веществ 178
растворять 69
растворяющая способность 154
растворяющее действие 16
растворяющий 178
растекание 180
растение 150
растения восточных регионов 150
растирание 97, 167
растирание в порошок 195
растирание красителей 195
растительная слизь 128
растительная слизь алоэ 128
растительная смола 97
растительное желе 107
растительное масло 97, 139
растительное происхождение 140
растительное сырьё 31, 123
растительные триглицериды 195
растительный 31, 87
растительный воск 200
растительный дёготь 188
растительный жир 83
растительный казеин 39
растительный клей 128
растительный краситель 49
растительный краситель в краске для волос 71
растительный лецитин 110
растительный мир 87
растительный пигмент 150
растительный протеин 162
растительный стеарин 182
растительный экссудат 81

растительный экстракт 80, 81, 158
растрёпанные волосы 98
растрескавшаяся кожа 175
растрескивание 57, 179
растрескивание губной помады 174
растрескивание ногтей 57
растушёвывание тона в декоративной косметике 26
растяжимость кожи 79
расфасованный 141
расфасовка 84, 154
расфасовка в пакетики 26
расход 54
расчёсанные волосы 98
расчёска 49
расчёсываемость влажных волос 49
расчёсываемость волос 49
расчёсываемость сухих волос 49
расчёсывание 49
расчёсывание влажных волос 49
расчёсывание волос 34
расчёсывание сухих волос 49
расширение 69, 76, 180
расширение пор 69, 76
расширенные поры 152
расщепление волос 57
рафинирование 164
рафинированная суспензия 186
рафинированное масло 138
рафинированный жир 83
рафинированный крахмал 181
рафинированный ланолин 109
рафинированный сорт 96
рацемическая смесь 126
рацемический 163
рацемический ментол 124
рацемический ментон 124
реакционный чан 198
реакция 163
ревень 166
ревень лекарственный 166
регенерация 163, 164, 165
регенерация клеток 164
регенерирующая маска для лица 122
регенерирующая способность 11, 160
регенерирующее действие 15, 73
регенерирующее свойство кожи 161
регенерирующий биокомплекс 29
регенерирующий крем 58, 61
регенерирующий шампунь 173
регулирование 17, 55
регулирование вязкости 17, 56
регулирование значения pH 17
регулирование процесса кровоснабжения 55
регулирование салоотделения 56

регулирование температуры 17
регулируемый патрон 100
регулирующее действие 15, 72
регулирующие условия 165
регулирующий клапан 197
регулирующий фактор 82
регулярное применение 25
регулярный косметический уход 38
регулятор 164
регулятор вязкости 164
регулятор консистенции 164
регулятор обмена веществ 164
регулятор стабильности 164
редкое применение 197
реестр 114
режим 28
резеда 165
резедилацеталь 165
резервуар 198
резиновый карандаш-аппликатор для подводки век 143
резиноид 165
резиноид гальбанума 165
резиноид древесного мха 165
резиноид дубового мха 165
резиноид кастореума 165
резиноид лабданума 165
резиноид мирры 165
резиноид олибанума 165
резиноид перуанского бальзама 165
резиноид стиракса 165
резиноид толуанского бальзама 165
резиноид фиалкового корня 165
резкий 19
резкий запах 133, 134
резко выделяющаяся нота 131
резко выраженная нота 131
резко раздражающий 105
резной хрустальный флакон 31
резорцин 166
результат 72
реклама 17, 162
реклама косметических средств 17
рекламная деятельность 17
рекламная кампания 35
рекламная кампания в журналах 35
рекламная кампания в прессе 35
рекламная кампания на телевидении 36
рекламное подарочное изделие 95
рекламно-пропагандистская кампания 36
рекламные мероприятия 159
рекламные мероприятия в связи с выпуском новых изделий 159
рекламный 17

рекламный бюджет 34
рекламный образ 102
рекламный типоразмер 175
рекомендации ИФРА 163
рекомендации РИФМ 163
рекомендуемое ограничение 112
рекомендуемое применение 25
ректификационная колонна 49, 90
ректификационная установка 151, 197
ректификационный процесс 157
ректификация 90, 162, 163
ректифицированное масло 138
ректифицированный пропиленгликоль 161
релаксация 164
релаксация кожи 164
релаксация кожи при использовании средства для ванн 164
рельефное тиснение 67, 74
рельефное штампование 74
рельефный рисунок 67
реминерализация 164
рентабельная рецептура 88
реологические свойства 28, 43, 161
реологический контроль 56
реология 166
репейное масло 135
ресницы 81
ретикулин 166
ретинилпальмитат 166
ретиноевая кислота 14
ретиноид 166
ретинол 166, 199
рецептура 88, 89
рецептура антиперспиранта 89
рецептура без добавления консерванта 89
рецептура губной помады 89
рецептура зубной пасты 89
рецептура изделия в аэрозольной упаковке 89
рецептура карандашного изделия 89
рецептура крема 89
рецептура лака для ногтей 89
рецептура на базе альфа-оксикислоты 88
рецептура нелипосомального типа 89
рецептура, не содержащая аммониевых соединений 88
рецептура, не содержащая нитрозаминов 89
рецептура одеколона 89
рецептура, разработанная специально для парикмахерских салонов 89
рецептура с активными добавками 89

рецептура, сбалансированная по значению pH 89
рецептура с низким значением pH 89
рецептура средства для ухода за губами 89
рецептура средства для ухода за кожей 89
рецептура средства лечебно-оздоровительного действия 89
рецептура средства от зубного камня 89
рецептура теней для век 89
рецептура типа вода/масло 89
рецептура типа масло/вода 89
рецептура туши для ресниц 89
рецептура фотозащитного средства 89
рецептура шампуня 89
рецептура-образец 88
рецептурная техника 188
рецептурное количество 162
рециклизация 163
решающий критерий 62
рибофлавин 199
рисовая мука 123
рисовая пудра 153
рисовые отруби 33
рисовый крахмал 181
рисовый спирт 20
рисовый экстракт 81
рисунок 67, 143
рифлёная баночка 107
рифлёный колпачок 193
рицинолевая кислота 14
ровная текстура 190
ровный завершающий штрих 86
ровный загар 188
ровный запах 134
роговой 56
роговой слой 110, 183
родамин 166
родинилацетат 166
родинол 166
родинол-кёр 166
«родственный» запах 169
рождественские рекламные мероприятия 159
рождественский подарочный набор 171
роза 167
роза белая 167
роза болгарская 167
роза «дамасцена» 167,
роза казанлыкская 167
роза майская 167
роза «сантифолия» 167
роза турецкая 167

роза чайная 167
розеноксид 167
розлив 84
розлив в баночную тару 36
розлив во флаконы 32
розлив по уровню 84
розмарин 167
розмариновый шампунь 173
розничная торговля 70, 140, 168
розничная цена 156
розоватый оттенок 172
розовая вода 200
розовая герань 94
розовое дерево 167
розовое масло 26
розовый тон 172
ромашка 35
ромашка благородная 35
ромашка лекарственная 35, 123
ромашка непахучая 35
ромашковый бальзам 27
ромашковый крем 58
ромашковый шампунь 172
ромашковый экстракт 79
ромовый ароматизатор 86
ромовый шампунь 173
росный ладан 27, 97
рост 68, 76, 97
рост волос 97
рост клеток 76, 97
рост микроорганизмов 68
рост объёма продаж 97
ротационная глубокая печать 156
ротационная печать 156
ротационная разливочная машина 118
ротационный этикетировочный автомат 108
роторная мешалка с обратным ходом 125
рубец 169
рубиновое стекло 95
рубцевание 169
рулонная печать 156
рулонная этикетка 108
румяна 30, 48, 96, 167
румяна в виде бруска 167
румяна в виде геля 30
румяна в виде крема 30
румяна в виде пасты 167
румянец 96
«русская кожа» 110
ручная выбраковка 178
ручная операция 99
ручное печатающее устройство 156
рыбий жир 136
рынок 120

рынок детских косметических товаров 120
рынок косметических товаров 120
рынок косметических товаров для этнических групп населения 120
рынок парфюмерии 120
рынок парфюмерии для женщин 120
рынок парфюмерно-косметических товаров высшей категории 120
рынок парфюмерно-косметических товаров для мужчин 120
рынок парфюмерно-косметических товаров избирательного спроса 120
рынок парфюмерно-косметических товаров массового спроса 120
рынок парфюмерно-косметических товаров средней категории 120
рынок сбыта 140
рынок сбыта продукции массового ассортимента 140
рынок средств гигиены полости рта 120
рынок средств для ухода за волосами 120
рыночная категория 96
рыночная цена 156
рыночное исследование 189
рыночные тенденции 194
рыночный образец 168
рыночный убыток 115
рыхлая структура 183
рыхлый 115
рыхлый гель 93

с блёстками 178
с высоким содержанием жира 100
с высоким содержанием жировых веществ 185
с высоким содержанием отдушки 145
с глянцевым покрытием 46
с запахом жасмина 169
с запахом мха 127
с нанесённым покрытием 46
с невысоким содержанием отдушки 145
с ободком 166
с оттенком 12
с оттенком кожи 110
с оттенком фиалки 12
с перезарядкой 164
с пониженным содержанием аллергенов 102
с содержанием этилового спирта 77
с тонкой текстурой 85

с угревой сыпью 49
с фруктовой нотой 92
с хвойным запахом 169
с цветочным запахом 169
с шёлковым покрытием 46
с широким спектром активности 128
с широким спектром действия 128
сажа 30
салвиол 168
салициловый альдегид 21
сало 83, 97
сало волос 83
салон 168
салон-парикмахерская 184
салообразование 88
салоотделение 170
сальность 97
сальные железы 95
сальные поры 152
сальный 97
сальный внешний вид 24
самовспенивание 170
самовспенивающийся препарат 155
самозатачивающийся косметический карандаш 143
самоклеящаяся лента 17
самоклеящаяся фольга 87
самоклеящаяся этикетка 108
самоокисление 170
самоокисляющийся краситель 71
самоохлаждение 170
самопроизвольная ферментация 84
самопроизвольное испарение 170
самоциркуляция 170
самоэмульгирование 170
самоэмульгирующийся воск 200
самоэмульгирующийся силикон 174
сандела 168
санитарные нормы 181
санитарные требования 165
санитарные условия 53
санитарный контроль 56
санитарный надзор 56
санталекс 168
санталилацетат 168
санталовая нота 131
санталовое дерево 168
санталовый 168
санталол 168
сантипуаз 42
сантолит 168
сапонин 169
саркозинат натрия и жирных кислот кокосового масла 177
сассафрас 169
сафраналь 168

сафранин 168
сахарин 167
сахаринат натрия 177
саше 167
саше для ванн 167
саше для кипячения белья 168
саше из многослойного материала 168
саше из фольги 168
саше с запахом ландыша 168
саше с сухими духами для бельевого шкафа 168
саше старинного стиля 168
сбалансированная рецептура 89
сбалансированная увлажняющая система 187
сбалансированное сочетание запахов 13
сбалансированность 181
сбалансированный 27
сбалансированный аккорд 13
сбалансированный показатель pH 146
сбой 70
сбор урожая 62, 99
сборник 198
сборный чан 198
сбыт 70, 168
сведения 63, 85
свежая бодрящая нота 130
свежая цветочная головная нота 193
свежая цитрусовая головная нота 193
свежесобранное растительное сырьё 123
свежесобранное цветочное сырьё 87, 123
свежесть 92
свежесть аромата 92
свежесть ароматического запаха 92
свежесть запаха 92
свежесть запаха бергамота 92
свежесть запаха жасмина 92
свежесть запаха зелёных листьев 92
свежий запах 134, 169
свежий оттенок 192
свежий фруктовый запах 91
свежий характер 192
свежий цвет лица 50
свежий цитрусовый запах 90
сверкающий 178
сверхактивность 102
сверхжёсткая фиксация 81
сверхтонкая текстура 190
сверхфункция 92
сверхчувствительная кожа 175
сверхэнергичное эмульгирование 140
свет 111
светлая жидкость 114

светло-русая краска для волос 48
светло-русый тон 171
светло-русый тон с оттенком красного дерева 172
светло-русый тон с платиновым оттенком 172
светлый 46
светоотражающий пигмент 150
светопоглощающий 111
светорассеивающий пигмент 150
светоустойчивый 111
светочувствительный 111
светящиеся блёстки 178
светящийся 105, 117
свинцовая туба 195
свинцово-ацетатный краситель 48
свободные радикалы 163
свободный стиль 184
свободный стиль укладки волос 99
своеобразный запах 134
свойства 28, 144
свойства кожи 161
свойственный 105
свойство 42, 43, 160, 162
свойство обновления клеток 160
связанная вода 199
связующая способность 36, 153, 160
связующее вещество 29
связующее действие 29
связующие вещества 122
связующие свойства 43
связующий компонент 18, 51
связь 47, 113
сдавливание 180
сдвоенная мешалка 19
сдвоенная центрифуга 42
сдвоенный 70
себорейная экзема 67, 72
себорейный 169
себорея 169
сегментация рынка 170
седиментация 170
седые волосы 98
сезам 28
сезонная коллекция 47
сезонная цена 156
секретная рецептура 89
секреция 169
селективный сбыт 70
селенопротеиновый комплекс 50
сельдерей 39
семейная фирма 49
семейное использование 197
семена 170
семена ангелики 170
семена аниса 170

семена кориандра 170
семена кумина тминового 170
семена моркови 170
семена петрушки. 170
семена тмина 170
семена укропа 170
семена фенхеля 170
сенсибилизирующее действие 15, 73
сенсибилизирующий компонент 19
сепарация 170
серая амбра 22
«сердце» 100, 147
сердцевина 100
серебристо-перламутровая картонная коробка 38
серебристо-перламутровый картонный футляр 38
«серебряная» бумага 142
серия гипоаллергических изделий 112
серия декоративной косметики 112
серия декоративных косметических изделий для весеннего сезона 113
серия из восьми изделий 112
серия изделий 112
серия изделий гигиенического назначения 113
серия изделий для бритья 113
серия изделий для ванн 112
серия изделий для детей 112
серия изделий для женщин 112
серия изделий для загара 113
серия изделий для занятия спортом 113
серия изделий для молодёжи 113
серия изделий для мужчин 112
серия изделий для мужчин для ухода за волосами 112
серия изделий для определённого сезона 113
серия изделий для удаления макияжа 112
серия изделий для ухода за волосами 112
серия изделий для ухода за кожей 113
серия изделий для ухода за телом 112
серия изделий лечебно-профилактического назначения 113
серия изделий массового ассортимента 112
серия изделий на базе минеральных добавок 113
серия изделий от перхоти 112
серия изделий от старения кожи 112
серия изделий престижной категории 112

серия «люкс» 112
серия модных изделий 112
серия недорогих изделий 112
серо-пепельная тушь 120
сертификат качества 42
сертифицированный 42
сертифицированный краситель 48, 49, 71
сертифицированный пигмент 150
сесквикарбонат натрия 177
сесквитерпеновая фракция 90
сесквитерпеновые спирты 20
сесквитерпеновый 171
сетчатый 39
сжатие 180
сжатый газ 93
сжижение 53
сжиженный газ 93
сжиженный пропеллент 159
сжимаемый 47, 180
сивет 45
сила 153, 183
сила запаха 153
силикагель 94
силикон 174
силиконовое масло 138
силиконовое производное 67
силиконовые соединения 52
силиконовый крем для рук 61
силиконовый полимер 152
силиконовый эмульгатор 75
силикон-полигликолевый эфир 78
силиконы 52
силоксан 174
силоксановый полимер 152
сильная нота 131, 132
сильная фиксация волос 101, 171
сильно отдушенное изделие 158
сильно отдушенный 145, 169
сильно раздражающий 105
сильнодействующий антисептик 24
сильнодействующий ингредиент 104
сильное обезжиривание 65
сильные волосы 98
сильный запах 134, 145
сильный растворитель 178
символ 115
симптом 174
сине-зелёные водоросли 21
синергический эффект 73
синтез 186
синтез витаминов 186
синтез душистых веществ 186
синтез l-ментола 186
синтез на основе изопрена 186
синтетическая амбра 22

синтетическая нота 132
синтетическая смола 97, 165
синтетические вещества 123
синтетические ионоиы 105
синтетический 186
синтетический анетол 23
синтетический ароматизатор 86
синтетический ванилин 198
синтетический витамин 199
синтетический воск 28, 200
синтетический гераниол 94
синтетический гераниол из изопрена 94
синтетический гераниол из пинена 94
синтетический глицерин 96
синтетический жир 83
синтетический заменитель 185
синтетический ингредиент 104
синтетический краситель 49, 123
синтетический краситель в краске для волос 71
синтетический лецитин 110
синтетический линалоол 112
синтетический линалоол из изопрена 112
синтетический линалоол из пинена 112
синтетический ментол 124
синтетический органический полимер 152
синтетический пергидросквален 145
синтетический продукт 159
синтетический спермацет 179
синтетический спирт 20
синтетический стабилизатор 180
синтетический стиральный порошок 153
синтетический цибет 45
синтетический цитраль 45
синтетический цитраль из пинена 45
синтетическое вещество с мускусным запахом 43, 128
синтетическое душистое вещество 43, 135
синтетическое масло 138
синтетическое масло какао 35
синтетическое масло хохобы 107
синтетическое моющее средство 68
синтетическое подслащивающее вещество 186
синтетическое происхождение 140
синяя тушь 120
сиренево-розовый тон 171
сирень 111
сирень персидская 111
сиринга 186

система 186
система аэрозольной упаковки 187
система гидрофильно-липофильного баланса 186
система жидких кристаллов 187
система контроля качества 187
система на основе силикона 187
система переноса 186
система пульверизатора 187
система распределения 186
система торговли 187
система торговли вразнос 186
сияющий 105
скатол 169, 175
сквалан 180
сквален 180
скипидар 138, 195
скипидар, богатый β-пиненом 195
скипидарный запах 134
складка 56, 87
складка кожи 62, 112
складка тела 87
складная картонная коробка 38
складная коробка 33
складной 47
складной картонный футляр 38
складной футляр 33
складская упаковка 141
складское оборудование 82
складское отделение 67
складывать 87
склеивающая машина 96
скопление 19
скорлупа 174
скорость 163
скорость диффузии 163
скорость испарения 163
скорость набухания 163
скорость охлаждения 163
скорость растекания 163
скорректированный тон 171
скорректированный тон губной помады и лака для ногтей 171
скошенные плечики 174
скребковая мешалка 183
скрытый 110
слабая кожа 175,
слабая переносимость 191
слабая стойкость 146
слабо раздражающий 105
слабовязкая жидкость 87
слабовязкая консистенция 54
слабоконцентрированный лосьон для бритья 116
слабоотдушенное изделие 158
слабость 200

слабость ногтей 200
слабые волосы 98
слабый 200
слабый оттенок 193
слабый оттенок зелени 193
слабый оттенок мускуса 193
слабый оттенок розы 193
слабый растворитель 178
сладковатая нота 132
сладковато-амбровый 22
сладковато-пряная нота 132
сладковато-цветочный букет 33
сладковато-цветочный букет с запахом розы 32
сладковатость 186
сладковатость запаха амбры 186
сладковатость запаха ванили 186
сладковатый запах 134
сладковатый оттенок 12, 132
сладковатый привкус 188
сладковатый характер 43, 192
слегка ароматизированный 91
слегка отдушенный 145
следы 194
следы макияжа 194
следы примесей 194
слёживаемость 62
слёживание 35
слёживание пудры 35
слив с осадка 64
слива 151
слизеобразный 128
слизистая оболочка 123, 128
слизистый 128
слизь семян айвы 128
слипание 19
слияние 46
сложный 178
сложный запах 133
сложный состав 126
сложный эфир 77
сложный эфир жирной кислоты 77
сложный эфир олеиновой кислоты 77
сложный эфир полиэтиленгликоля 77
сложный эфир сорбита 77
сложный эфир сорбита и жирной кислоты 77
сложный эфир холестерина 77
слоистая структура 183
слоистый 109
слой 28, 46, 110, 183
слой лака 46, 84
слой эмали 84
случайный 13
слущенные клетки 39
слущенные чешуйки кожи 143, 180

слущенный эпителий 76
слущивание 68
слущивающее действие 15
слюда 124
слюда, покрытая оксихлоридом висмута 124
слюда с обработанной поверхностью 124
слюдяная бумага 142
слюдяной краситель 49
слюдяной пигмент 150
слюдяной порошок 153
слюдяные частицы 142
слюна 168
смазанный тон 49
смазывающая способность 160
смачиваемость 200
смачивание 200
смачивать 63
смачивающая способность 154, 161
смежный 17
смектическая глина 45
смеситель 30, 118, 125, 182
смеситель вертикального типа 126
смеситель-гомогенизатор 101
смесительная установка 118, 150, 196
смесительный чан 187
смесь 30, 50, 51, 52, 125, 126
смесь активных веществ 50
смесь амфотерных поверхностно-активных веществ 50
смесь биологически активных веществ 50
смесь витаминов 30
смесь восков 126
смесь гераниола и нерола 126
смесь жирных кислот 126
смесь жирных спиртов 126
смесь изомеров 126
смесь консервантов 50, 187
смесь красителей 30
смесь пигментов 126
смесь поверхностно-активных веществ 49, 187
смесь пропеллентов 126
смесь растворителей 187
смесь смягчающих веществ 50
смесь сфинголипидов 126
смесь триглицеридов 30
смесь эмульгаторов 186
смешанный способ 157
смешивание 30, 108, 126, 183
смешивание вручную 126
смешивать 125
смешной стиль укладки волос 99
смола 97, 165, 188

смола акажу 97
смола белой акации 97
смола, добавляемая в лаки для волос 165
смола, добавляемая в средства для волос 165
смола лжеакации 97
смолистая нота 131
смолистые вещества 123
смолистый запах 134
смолистый экссудат 81
смолообразование 165
смоляное масло 138
смородина 63
смоченный водой 200
смываемость 166
смываемый водой 166
смывка 164
смывка для маникюрного лака 164
смывка с протеином для маникюрного лака 164
смягчающая маска 122
смягчающая способность 153, 160
смягчающее вещество 74
смягчающее действие 15, 16
смягчающее кожу масло 136
смягчающее косметическое средство для кожи 74
смягчающее средство 159
смягчающее средство с высокой степенью растекания на коже 74
смягчающий 74, 117
смягчающий компонент 18, 51, 117
смягчающий крем 59, 61
смягчающий лосьон 116, 117
смягчающий тоник 192
смягчение 74, 117
смягчение запаха 26
смягчитель 177
снижающий раздражение 67
снижение 70, 82
снижение вкусовых свойств 82
снижение раздражения 67
снижение цветности 82
сниженная упругость 74
сниженный тургор 195
снятие напряжения 164
собственно кожа 67
совершенство 144
совместимая основа 27
совместимость 50
совместимость с кожей 50
совместимые вещества 122
совместимый 50
совместимый ингредиент 104
совместная перегонка 47

совокупный эффект 72
современная косметология 57
современная мода 83
современная парфюмерия 145
современные тенденции 194
содержание 55
содержание аминокислот 55
содержание влаги в коже 101
содержание воды 55
содержание воска 55
содержание жирных кислот 55
содержание жировой фазы 53
содержание жировых компонентов 55
содержание композиции в парфюмерном изделии 53
содержание ментола 55
содержание пестицидов 55
содержание примесей 55
содержание свободных кислот 55
содержание спирта 52, 55
содержание терпеновых углеводородных соединений 55
содержание триглицеридов 55
содержание эмульгатора 52
содержание этилового спирта 55
содержащий 55
содержащий витамины 55
содержащий коллаген 55
содержащий ланолин 55
содержащий отдушку 91, 145
содержащий отдушку со свежим запахом 91
содержащий фтор 55
соевая мука 123
соевое масло 138
соевые бобы 28
соевые стеролы 182
соевые фосфолипиды 147
соевый лецитин 110
соевый протеин 162
соединение 46, 47, 49, 52, 113
соединения четвертичного аммония 52
соединительная ткань 191
созревание духов 123
сокращение 55, 69, 163
сокращение количества мелких морщин 163
сокращение количества морщин 163
солёная вода 200
солнечная ванна 185
солнечная экзема 72
солнечная эритема 77
солнечное излучение 105
солнечное облучение 79
солнечные лучи 163
солнечный дерматит 67

303

солнечный ожог 34, 185
солнечный свет 111
солнцезащитная эффективность 74
солнцезащитное действие 16, 73, 147
солнцезащитное молочко 125
солнцезащитное средство 185
солнцезащитный карандаш 182
солнцезащитный крем 61
солнцезащитный фактор 19, 82
солнцезащитный фильтр 85, 185
солнцезащитный фильтр УФА/УФВ 185
солодка 111
соль 168
соль для ванн 62, 168
соль для ванн с экстрактами трав 168
солюбилизатор 178
солюбилизатор витаминов 178
солюбилизатор душистых веществ 178
солюбилизатор липидов 178
солюбилизатор отдушки 178
солюбилизатор силикона 178
солюбилизация 178
солюбилизация на холоде 178
солюбилизированный ланолин 109
солюбилизированный шеллак 174
солюбилизирующее действие 16, 73
солюбилизирующее свойство 161
солюбилизирующий компонент 19
солюлан 178
соответствующее рекомендациям применение 24
соответствующий запаху 56
соответствующий тону 56
соотношение 163
соотношение компонентов в смеси 163
соотношение фаз 163
соперничающая фирма 50
сопло 132
сопротивляемость 165
сопутствующие изделия 158
сопутствующий фактор 47
сорбиновая кислота 14
сорбит 178
сорбитан 178
сорбитанмонолаурат 178
сорбитанмонопальмитат 178
сорбитанмоностеарат 178
сорбитансесквиолеат 178
сорбитанстеарат 178
сорбитантристеарат 178
сорт 96, 178, 198
сорт «экстра» 96
сортировка 25, 45, 96, 178
сортировочная машина 178

сортировочная машина для флаконов 178
сортировщик 178
соседний 17
сосна 150
сосновая хвоя 129
сосновый дёготь 188
состав 51, 88, 89, 126
состав в виде суспензии 89
состав для завивки волос 114
состав для мытья 199
состав для мытья тела 199
состав для придания волосам глянцевого блеска 95
состав для сухой кожи 88
состав для удаления макияжа 65
состав для укладки волос и придания им глянцевого блеска 95
состав для умывания лица 199
состав лака для ногтей 52
состав мягкого действия 89
состав средства от морщин 89
состав шампуня 52
составление рецептуры 89
составная часть 34, 50, 74, 103, 156
составная часть композиции 74
составная часть смеси 74
составной компонент композиции с цветочным запахом 74
составной компонент композиции с цитрусовым запахом 74
состарившаяся кожа 175
состояние 53, 88, 181
состояние равновесия 181
состоящий из микрочастиц 125
сохранение 166
сохранение ароматических свойств 166
сохранение вкусоароматических свойств 166
сохранение цвета 166
социальная гигиена 102
сочетание 49
сочетание амбровых и пряных запахов 13
сочетание ароматических нот 13
сочетание запахов 13
сочетание запахов амбры и табака 13
сочетание запахов древесной, кипарисовой и амбровой нот 13
сочетание запахов жасмина, дубового мха, тмина и мяты 13
сочетание запахов зелени и трав 13
сочетание запахов мха и шипра 13
сочетание запахов розы, жасмина, ириса и амбры 13

сочетание запахов розы и фиалки 13
сочетание мускусных запахов 13
сочетание пряных запахов 13
сочетание пудровых запахов 13
сочетание фруктовых запахов 13
сочетание фруктовых и бальзамических запахов 13
сочетание цветочных запахов 13
спад 70
спекание 35
спермацет 179
спермацетовый воск 200
спермацетовый крем 61
специализированный рынок сбыта 140
специалист 178
специалист косметического кабинета 28
специалист по косметике 178
специалист по макияжу 68
специалист по маркетингу 178
специалист по парфюмерии 178
специалист по пищевым ароматизаторам 86
«специалите» 179
специальная добавка 17
специальный наконечник-насадка на аппликатор 191
спецификация 179
спецификация качества 179
спецификация на косметические вещества 179
спецификация на отдельный продукт 179
специфические свойства 161
специфический запах 134
специфичность 143
спиральная щёточка для туши 34
спирт 19
спирт из сахарной свёклы 20
спирт листьев 20, 100
спирт листьев фиалки 21
спирт огурца 20
спирт розы 20
спирт сиринги 20
спиртовая мацерация 117
спиртовая настойка 21
спиртовая парфюмерия 145
спиртовая фаза 147
спиртовая фракция 90
спиртовая экстракция 81
спиртовой 21
спиртовой бриллиантин 34
спиртовой гель 93
спиртовой дезодорант 66
спиртовой лосьон 115
спиртовой настой 103, 191

спиртовой раствор 178
спиртовой раствор душистых веществ 178
спиртовой растворитель 198
спиртовой экстракт 79
спирторастворимое смягчающее вещество 74
спирторастворимый краситель 71
спирторастворимый протеин 161
спиртосодержащая рецептура 88
спиртосодержащий косметический карандаш 182
спирт-ректификат 20
спирты жирных кислот 20
спирты ланолина 20
список 114
список веществ, запрещённых к применению 115
список веществ, разрешённых к применению 115
список веществ, разрешённых к применению в ограниченных дозах 114
список веществ, разрешённых к применению в ограниченных условиях 114
сплошной кроющий слой 57
спортивный крем 61
способ 124, 157, 186, 188
способ забора образцов 157
способ контроля качества 157
способ приготовления 124
способ применения 124
способ укладки волос 188
способ хранения 188
способ художественной печати 188
способ эмульгирования 188
способность 11, 36, 153, 160
способность к биологическому разложению 64
способность к высыханию 160
способность к длительному хранению 161
способность к испарению 36
способность к набуханию 37, 154, 161
способность к округлению запаха 161
способность к переносу 37
способность к поглощению ультрафиолетовых лучей 37
способность к проницаемости 43
способность к разложению биологическим путём 29
способность к растворению 43
способность к растеканию 11, 43, 161, 180
способность к сбалансированию 161
способность к сбраживанию 153

способность к связыванию воды 37
способность к смешиванию 125
способность к смягчению 117
способность к смягчению кожи 37
способность к снижению вязкости 154, 161
способность к увлажнению 200
способность к успокаивающему действию 36
способность к устойчивости 161
способность освежать полость рта 36
способность улавливать свободные радикалы 160
спрей 179
спрей-антиперспирант 24
спрос 65
спутанные волосы 98, 187
сравнительная летучесть 199
сравнительное исследование 184
сравнительный анализ 189
сращение 46
среда 26, 123
срединная нота 100, 130, 131
срединная нота запаха 100
срединная нота с оттенком розы 100
срединная нота с фруктовым оттенком 100
срединная фаза 147
среднеабразивная зубная паста 193
средний 123
средний размер 175
средняя вязкость 198
средняя дозировка 111
средняя концентрация 52, 53
средняя летучесть 199
средняя степень растекания 180
средняя степень укрывистости 57
средняя стойкость 188
средняя фракция 90
средства для волос 163
средства для загара 163
средства для кожи 163
средства для молодёжи 159
средства для мытья тела 45
средства для укладки волос 19
средства для ухода за волосами 19
средства для ухода за кожей 19
средства для ухода за ногами 158
средства макияжа 163
средство 157
средство, благотворное для кожи головы 124
средство в аэрозольной упаковке, придающее объёмность волосам 180
средство в виде геля 155

средство для ароматизации полости рта в аэрозольной упаковке 179
средство для бритья 155, 159
средство для ванн 28, 154, 157
средство для волос 154
средство для временной маскировки морщин 164
средство для выпрямления волос 158
средство для гигиены полости рта 155
средство для глубокого увлажнения кожи 126
средство для домашнего перманента 146
средство для душа 155, 159
средство для жёсткой фиксации волос в аэрозольной упаковке 179
средство для завивки волос 155, 159
средство для завивки волос и фиксации 154, 158
средство для загара 155, 159
средство для загара в аэрозольной упаковке 179
средство для защиты лица от солнечных лучей 30
средство для защиты от солнечных лучей 30
средство для искусственного загара 155, 159, 187
средство для лёгкого увлажнения кожи 126
средство для макияжа век 154, 158
средство для макияжа лица 154
средство для маникюра 119
средство для моделирования причёски в аэрозольной упаковке 180
средство для обесцвечивания волос 30
средство для облегчения расчёсывания волос 68
средство для облегчения расчёсывания волос, придающее им шелковистость и блеск 68
средство для оздоровления 199
средство для оздоровления ежедневного пользования 199
средство для окраски волос 155, 158
средство для окраски мужских волос 158
средство для отбеливания кожи 30
средство для отбеливания ногтей 200
средство для отшелушивания 78, 143, 169
средство для отшелушивания и глубокого очищения кожи 78
средство для отшелушивания кожи при угревой сыпи 169

средство для отшелушивания мягкого действия 78
средство для отшелушивания омертвевших клеток кожи 78, 143
средство для перманента 146
средство для перманентной завивки волос 158
средство для питания кожи в ночное время 165
средство для полировки ногтей 151
средство для проблемной кожи, маскирующее пятна 179
средство для роста волос 155, 158
средство для театрального грима 119
средство для удаления волос 67, 155, 164
средство для удаления волос в аэрозольной упаковке 179
средство для удаления краски для волос 164
средство для удаления кутикул 164
средство для удаления макияжа 65, 164
средство для удаления макияжа вокруг глаз 164
средство для удаления с ногтей пятен 30
средство для удаления туши для ресниц 164
средство для укладки влажных волос в аэрозольной упаковке 180
средство для укладки волос 158, 159
средство для укладки волос в аэрозольной упаковке 180
средство для укладки сухих волос в аэрозольной упаковке 179
средство для укрепления волос 89
средство для укрепления ногтей 99
средство для утреннего умывания 164
средство для ухода за волосами 37, 155, 158
средство для ухода за губами 155, 158
средство для ухода за зубами 154
средство для ухода за кожей 155, 159
средство для ухода за кожей мужчин 158
средство для ухода за лицом 154, 158
средство для ухода за ногами 154
средство для ухода за ногами в аэрозольной упаковке 179
средство для ухода за руками 155, 158
средство для ухода за телом 157
средство для фиксации волос 158
средство для фиксации волос в аэрозольной упаковке 179

средство до бритья 158
средство интимной гигиены 155
средство интимной гигиены в аэрозольной упаковке 179
средство лечебно-профилактического назначения 159
средство личной гигиены 158
средство макияжа 119, 155, 158
средство макияжа в виде крема 119
средство макияжа век 119
средство макияжа губ 119
средство макияжа для этнических групп населения 119
средство макияжа лица 119
средство макияжа, маскирующее поры 119
средство макияжа, не содержащее отдушки 119
средство макияжа с высокой укрывистостью 119
средство макияжа, содержащее полезные добавки 119
средство маникюра 155
средство, маскирующее пятна 179
средство местного применения 155
средство мягкого действия для удаления макияжа 164
средство на основе воска 155
средство от веснушек 154
средство от заусенцев 154
средство от кариеса 154
средство от морщин 154, 157
средство от пота 24, 66, 159
средство от старения кожи 154, 157
средство от сухости кожи 157
средство от угревой сыпи 154, 157
средство после бритья 18
средство, применяемое после загара 18, 154
средство, улучшающее состояние волос 124
средство, улучшающее физическое состояние 124
сродство 17
сродство запахов 17
сродство красителей 17
срок 64
срок годности 64, 111
стабилизатор 180
стабилизатор вязкости 180
стабилизатор дисперсных систем 180
стабилизатор коллоидных систем 180
стабилизатор косметических препаратов 180

стабилизатор красителя 180
стабилизатор пены 180
стабилизатор суспензии 180
стабилизатор эмульсии 180
стабилизирующая способность 37
стабилизирующее вещество 180
стабилизирующее действие 16, 73
стабилизирующее свойство 161
стабилизирующий ингредиент 104
стабильная эмульсия 75
стабильное состояние 181
стабильность 180
стабильность вязкости 180
стабильность запаха 180
стабильность параметров 180
стабильность пены 180
стабильность цветности 180
стабильность эмульсии 180
стабильный 180
стадия 63, 147, 181
стадия вызревания 63
стадия выстаивания 63
стадия гомогенизации 181
стадия измельчения 181
стадия нагрева 181
стадия отвердевания 181
стадия охлаждения 181
стадия размола 181
стальник 166
стандарт 181
стандартная банка 36
стандартная баночка 107
стандартная рецептура 89
стандартная тара 141
стандартное качество 162
стандартный сорт 96
стандарты 181
стандарты Ассоциации по парфюмерно-косметическим товарам и душистым веществам 181
стандарты качества 181
стандарты на внешнее оформление 181
стандарты на эфирные масла 181
стандарты, отвечающие высоким требованиям 181
стандарты Управления по надзору за пищевыми продуктами и медикаментами 181
стандарты фармакопеи США 181
станиоль 142
старая кожа 175
старение 19
старение кожи 19
старение кожи, вызванное внутренним состоянием организма 19

старение кожи, вызванное воздействием внешних факторов 19
старение кожи от воздействия ультрафиолетовых лучей 19, 147
старение кожи, ускоренное воздействием солнечных лучей 19
стареющая кожа 175
старомодный одеколон 48
старость 18
старческая кожа 175
старческая пигментация 150
старческие веснушки 92
старческие пятна 179
старый 18
статистические данные 63
стеарат кальция 35
стеарат лития 115
стеарат магния 119
стеарат натрия 177
стеарат полиэтиленгликоля 151
стеарат цинка 201
стеараты 182
стеарилгептаноат 182
стеарилгликозид 182
стеариловый спирт 20
стеарин 182
стеариновая кислота 14
стеариновый крем 61
стекло 95
стекло, декорированное «под изморозь» 95
стекло ручной полировки 95
стекло с защитным покрытием 95
стекло с пластмассовым покрытием 95
стекло, стойкое к царапинам 95
стекло, частично декорированное «под изморозь» 95
стекловолокно 84
стеклотара 95
стеклотара с трещинами 95
стеклотара с царапинами 95
стеклянная банка 36
стеклянная баночка 106
стеклянная ёмкость 55
стеклянная пробка 183
стеклянный флакон 31
стеклянный флакон под аэрозольную упаковку 86
стекольное производство 120
степень 65, 111
степень бактериальной обсеменённости 65
степень влажности 65, 101
степень вязкости 65, 111
степень гомогенизации 65
степень дисперсности 69

степень измельчения 65
степень кислотности 65
степень очистки 65
степень пигментации 111
степень плотности 65
степень размола 65
степень смягчения 111
степень токсичности 111
степень увлажнённости 65
степень фиксации 111
степень цветности 65
степень чистоты 65
степень щёлочности 65
стержень волоса 31, 84, 172
стержень губной помады 34
стеролы 182
стеролы ланолина 182
стёртая кожа 175
стилизованная пробка 46
стилизованная укладка волос 184
стилизованная упаковка 141
стилизованный вид 115
стилист 68, 99
стиль 83, 184
стиль жёсткой модельной укладки волос 99
стиль макияжа 115, 184
стиль макияжа «вне дома» 115
стиль макияжа для летнего сезона 115
стиль макияжа для осенне-зимнего сезона 115
стиль нарочито растрёпанных волос 99
стиль укладки волос 99, 184
стиль укладки волос со сложным переплетением прядей 99
стиль укладки волос с острыми прядями 99
стимулирующая маска 122
стимулирующая способность 161
стимулирующее действие 14, 16, 73
стимулирующее свойство кожи 161
стимулирующий 23
стимулирующий биокрем 58
стимулирующий препарат для ухода за кожей головы 182
стимулятор роста волос 182
стиракс 138, 184
стиралилацетат 184
стиралиловый спирт 20
стиралилпропионат 184
стиральный порошок 68, 153, 176
стирание 167
стирол 184
стоимость 57, 197
стойкая ароматизация 145

стойкая нота 131, 132
стойкая эмаль для ногтей 76
стойкие духи 91
стойкий 146, 166
стойкий запах 91, 134
стойкий к коррозии 166
стойкий к микробному заражению 166,
стойкий к нагреву 100
стойкий к окислению 166
стойкий к окислению на воздухе 166
стойкий к прогорканию 166
стойкий к слёживанию 166
стойкий к сминаемости 166
стойкий макияж 119
стойкий на разлом 166
стойкость 71, 146, 154, 165, 180, 188, 193
стойкость духов 146
стойкость запаха 146, 166
стойкость запаха душистого вещества 188
стойкость к образованию коррозии 166
стойкость кожи 166
стойкость к окислению 180
стойкость к окислению на воздухе 166
стойкость красителей 180
стойкость к старению 166
стойкость к стиранию 166
стойкость к ультрафиолетовому облучению 180
стойкость пены 36
стол 187
стол для оплавления губной помады 187
стол для охлаждения губной помады 187
сточные воды 200
странный запах 90
страстоцвет 97, 143
строение 54, 183
стружка 44
струйный конденсатор 53
структура 54, 183, 190
структура в виде пены 183
структура волос 183
структура кожи 184
структура микрогеля 183
структура эпидермиса 183
структурированный протеин 162
структурированный стиль 184
структурная формула 89
структурные изменения 42
структурные особенности 143
структурный анализ 23

309

структурообразователь 190
структурообразующее вещество 184
структурообразующее действие 73
структурообразующее свойство 161
структурообразующие свойства 161
структурообразующий 31
структурообразующий компонент 18, 51, 156
студенистое вещество 184
студенистость 24
студенистый 107
студенистый осадок 154
студнеобразный 94
ступня 88
стягивающее ощущение 170
субстантивность 184
субстантивность красителя 184
субстантивный 184
субъективная оценка 78
сужение 55
сужение пор 55
сульфат бария 27
сульфатная целлюлоза 42
сульфатный анетол 23
сульфатный скипидар 195
сульфаты жирных спиртов 185
сульфид селения 170
сульфид стронция 183
сульфитная целлюлоза 42
сульфобетаины 185
сульфонат натрия 177
сульфосукцинат 185
сумма 22
суммарная выработка 140
сумочка 26
сумочка-косметичка 26
сумочка-косметичка для декоративной косметики 26
суррогатный 83
суспендированное состояние 88
суспендированный 186
суспендирующая основа 28
суспендирующая способность 154
суспендирующее свойство 161
суспендирующий компонент 19
суспензия 186
суспензия красителей 186
суспензия красителя 186
суспензия перламутровых красителей 186
сухая кожа 175
сухая кожа головы 169
сухая консистенция 54
сухая нота 130
сухая обработка 157
сухая перегонка 69

сухая себорея 169
сухая смесь 126
сухая «угнетённая» кожа 175
сухие волосы 98
сухие губы 113
сухие косметические изделия 56
сухие плоды 92
сухие румяна 167
сухое вещество 184
сухой 70
сухой дезодорант 66
сухой остаток 165
сухой оттенок 132
сухой пар 181
сухой пенный антиперспирант 24
сухой способ измельчения 125
сухой шампунь 172, 173
сухой экссудат 81
сухость 71
сухость волос 71
сухость кожи 71
сухость кожи вокруг глаз 71
сухость кожи головы 71
сухость ногтей 71
сушилка для маникюрного лака 70
сушильная камера 42
сушильный агрегат 196
сушильный шкаф 35
сушка 71
сушка феном 71
сушуар 70
существенный 105
сфера деятельности 84
сферическая форма 174
сферический 95
сфинголипид 179
сфингосома 179
схема 143
сходный 102
сходство 17, 102
сходство запахов 174
сцепление 17, 47, 113
сцепляемость 17
сшивная картонная коробка 38
сшивная коробка 33
сшивной картонный футляр 38
сшивной футляр 33
съёмный 42
сыворотка 170
сыворотка для интенсивного ухода за кожей 171
сыворотка для лица 171
сыворотка для ухода за кожей вокруг глаз 170
сыворотка от морщин 170

сыворотка от преждевременного старения кожи 171
сыворотка от старения кожи 170
сыворотка, придающая шелковистость коже 171
сыворотка с бычьим альбумином 170
сыворотка, создающая лифтинг-эффект 171
сыворотка с оздоравливающим действием 171
сыворотка с подтягивающим действием на кожу 171
сывороточные пептиды 144
сывороточный концентрат 52
сывороточный протеин 162
сыпучий 115
сыпь 77
сырое масло 136, 138
сырой 101, 200
сырьё 123, 183
сырьё для перегонки 122
сырьё из продуктов моря 123
сырьевые запасы 183
сюрпризный набор 171

табак 191
табанон 187
таитянское масло манои 137
тактильное свойство 161, 162
талловое масло 138
талловый жир 187
талловый жир для варки мыла 187
тальк 152, 187
тальк для мужчин 187
тальк для тела после принятия ванны 153
тальк от пота 187
тальк после бритья 152
тальк с шёлковым покрытием 187
тампон, пропитанный специальным составом, для ухода за ногами 176
тара 54, 140, 141
тара большой ёмкости 141
тара в подарочном исполнении 55
тара для хранения 55
тара из полипропилена 55
тара из полистирола 55
тара малой ёмкости 141
тара с двойными стенками 55
тара с запасным блоком 55
тара с распылителем 55
тара с распыляющим клапаном 55
тара стандартных размеров 55
тарельчатая колонна 49

тарный картон 31
тароупаковочная технология 188
тароупаковочное оборудование 77
тароупаковочные детали 51
тароупаковочные компоненты 51
тароупаковочные материалы 123, 141
тароупаковочные средства 141
тароупаковочные средства для косметической продукции 141
тартразин 188
твёрдая консистенция 54
твёрдая масса 122
твёрдая основа 90
твёрдая тара 141
твёрдая тушь 120
твёрдая тушь для ресниц 34
твёрдая фаза 147
твёрдая форма 88
твёрдое мыло 176
твёрдое саше 168
твёрдое состояние 181
твёрдость 99, 177
твёрдость ногтей 99
твёрдые духи 143, 145
твёрдые частицы 142
твёрдый 86, 99
твёрдый воск 200
твёрдый животный жир 187
твёрдый одеколон 48, 182
твёрдый парафин 142
твёрдый растительный жир 187
твин 195
творческая деятельность 62
творческая парфюмерия 145
творчество 62
творчество дизайнера 62
творчество парфюмера 62
театральная косметика 57
театральная пудра 153
театральные румяна 167
театральный грим 97, 119
тегобетаин 29
тексапон 190
текстура 190
текстура кожи 190
текстурированный протеин 162
текучесть 28, 43, 87
текучий 114
телевизионная реклама 17
телесный тон 172
тёмно-коричневая краска для волос 48
тёмно-коричневый тон 171
тёмно-розовый тон 171
тёмно-синий тон 171
тёмно-фиолетовый краситель 198
тёмное стекло 95

тёмные волосы 97, 98
тёмные круги 44
тёмный 63, 133
тёмный цвет 48
темп 163
температура 151, 188
температура воспламенения 151
температура гелеобразования 151
температура замерзания 151, 188
температура застывания 151
температура затвердевания 188
температура испарения 151
температура кипения 151
температура кристаллизации 151, 188
температура насыщения 151
температура окружающей среды 188
температура отвердения 151
температура охлаждения 188
температура плавления 151
температура размягчения 151
температура расслоения 151
температура розлива 188
температура розлива в формы 188
температура текучести 151
температура технологического процесса 188
температура фазового перехода 188
температура фазового превращения 188
температура хранения 188
температура эмульгирования 151
температурная кривая 63
температурные характеристики 43
температурный контроль 56
температурный регулятор 164
тенденции 194
тенденции в парфюмерии 194
тени для век 48, 81
тени для век в виде карандаша 82, 143, 182
тени для век с блёстками 82
тень 171
тёплая нота 132
тёплая чувственная базовая нота 132
тепло 200
тепловая маска 121, 140
тепловая обработка 194
теплостойкий 100
теплота 100, 199
теплота запаха 199
тёплый запах 134
тёплый тон 49
тёплый цвет 49
терапия, способствующая обновлению клеток кожи 190
терапия целлюлита 190

тератологический тест 189
термические свойства 161
термический распад 64
термическое разложение 64, 65
термографская печать 156
термопечать 156
термопластичный полимер 152
термосклеиваемый целлофан 39
термостат 35
термостойкий 181
термостойкость 166, 180
термоусадочная плёнка 85
термоусадочная тара 55
терпеновая нота 132
терпеновая фракция 90
терпеновые кислоты 14
терпеновый 189
терпеновый спирт 20
терпеноиды 189
терпентинное масло 138
терпены 189
терпены из древесного скипидара 189
терпинеол 189
терпинеол 189
терпкий запах 134
терять окраску 82
тест 189
тест в лабораторных условиях 189
тест в пробирке 189
тест на аллергенность 189
тест на аллергическую реакцию 189
тест на безвредность 189
тест на биоразлагаемость 189
тест на виброустойчивость 189
тест на возможные нарушения репродуктивной функции 189
тест на выстаивание 189
тест на животных 189
тест на живых организмах 189
тест на кожную контактную аллергенность 189
тест на кожную совместимость 189
тест на местное нанесение 189
тест на мутагенность 189
тест на подлинность 189
тест на совместимость 189
тест на стабильность 189
тест на теплостойкость 189
тест на токсичность 189
тест на эффективность средства для лица 189
тестер 190
тестикулярный экстракт 81
тестирование 189, 190
тестирование, проводимое на группе испытуемых 190

тестированный 189
тестированный в клиниках 190
тестированный на аллергическую способность 189
тестированный на животных 190
тестированный на раздражение 190
тестированный на сенсибилизирующую способность 190
тесьма 27, 166
тетракальций пирофосфат 190
тетралиновый мускус 128
техника 188
техническая информация 103
техническая категория 96
техническая норма 181
технические показатели 63
технические свойства 161
технические требования 165
технические условия 179
технические условия косметического производства 164
технические условия Международной классификации по красителям 164
технические условия на красители 179
технический жир для мыловарения 97
технический ланолин 110
технический приём 188
технический спирт 20
технический стеарин 182
техническое испытание 190
техническое мыло 176
технологическая документация 70
технологическая схема 44
технологические условия 53
технологический контроль 56
технологический приём 157
технология 188
технология аэрозольного производства 188
технология душистых веществ и композиций 188
технология микрокапсулирования 188
технология парфюмерии 188
технология производства 188
технология производства косметических карандашных изделий 188
тиамин 199
тибетолид 190
тиксотропия 191
тиксотропная структура 184
тимберол 191
тимол 191
тимус 95
тимьян 127, 191
тимьяновый экстракт 81

тиогликолевая кислота 14
тиогликолевый депиляторий 67
тиогликолевый раствор 178
тиогликолят кальция 35
тиогликоляты 191
тип 178, 195
тип «Анаис-Анаис» 195
тип волос 196
тип вязкости 196
тип запаха 196
тип запаха «фужер» 196
тип кожи 196
тип крема 196
тип парфюмерного изделия 196
тип продукции 196
тип «Шанель № 5» 196
тип эмульсии 196
типовая рецептура 89
типовая форма 174
типовая эмульсия 75
типовой образец 168
типоразмер 174
типоразмер для парикмахерских салонов 175
типоразмер для семейного пользования 174
типоразмер дорожной продукции 175
типоразмер изделий для гостиниц 174
типоразмер флакона для дамской сумочки 175
тирозин 196
тиснёная бумага 142
тиснёная фольга 87
тиснение 111, 181
тиснение «под золото» 111
тиснение горячим способом 74
титанированная слюда 124
титанированные частицы шёлка 191
тканевый коллаген 47
тканевый фильтр 85
тканевый экстракт 80
ткань 191
ткань глубинного слоя кожи 191
ткань кожи лица 191
тмин 37, 62
товарная отдушка 144
товарный образец 168
товарный сорт 96, 198
товары 96
товары бытовой химии 158
токоферол 191, 199
токсикологическая оценка 78
токсикологические данные 63
токсикологические свойства 161
токсикологический профиль 159
токсикологическое исследование 184

токсикологическое тестирование 190
токсин 194
токсическое действие 16, 73
токсичное вещество 123, 184
токсичность 193
толерантность 191
толерантность кожи 191
толерантность слизистой оболочки глаз 191
толокно 123, 133
толокнянка 28
толокняный шампунь 173
толуанский бальзам 27
толуат натрия 177
тон 48, 171, 191, 192
тон губной помады 48, 171, 192
тон камеи 171
тон краски для волос 171
тон пудры 172, 192
тон «рашель» 172, 192
тон светлого загара 192
тон слоновой кости 171
тон «сомон» 172
тон тёмного загара 192
тоналид 192
тональная крем-пудра 90
тональная окраска волос 49
тональная пудра, позволяющая моделировать контур лица 153
тональное средство 90
тональное средство для кожи 155
тональное увлажняющее средство 127
тональность 192
тональность запаха 192
тональный крем 61, 90
тональный крем в виде карандаша 90
тональный крем, придающий бархатистость коже 90
тональный крем с лечебными добавками 90
тональный маскирующий карандаш 57
тонер 192
тонизирующая маска 122
тонизирующая сыворотка, применяемая при сниженной функции кожи 171
тонизирующее действие 16, 73
тонизирующее молочко 125
тонизирующее свойство 161
тонизирующий гель-бальзам 192
тонизирующий крем для бритья 61
тонизирующий крем для кожи 61
тонизирующий лосьон 117
тонизирующий препарат 192
тоник 192

тоник в аэрозольной упаковке 192
тоник для волос 192
тоник для душа 192
тоник для лица 192
тоник для окрашенных волос 192
тоник для тела 192
тоник мягкого действия 192
тоник с алоэ 192
тоник с экстрактами клубники и лимона 192
тоник с экстрактами трав 192
тоник с экстрактом бузины 192
тоник с экстрактом гамамелиса 192
тоник-молочко 192
тонированное в два тона стекло 95
тонкая дисперсия 69
тонкая кожа 175
тонкая консистенция 54
тонкая плёнка 63, 85
тонкая текстура 190
тонкие волосы 98
тонкий 85
тонкий аромат 25
тонкий букет 32
тонкий запах 91, 144
тонкий оттенок 132
тонкий помол 97
тонкий слой 85
тонкоароматизированный 91
тонковолокнистый 85
тонкодисперсная присыпка 187
тонкодисперсная пудра 153
тонкодисперсная суспензия 186
тонкодисперсная текстура 190
тонкодисперсная эмульсия 75
тонкодисперсность пудры 85
тонкодисперсность эмульсии 85
тонкодисперсный диоксид титана 191
тонкодисперсный пигмент 125
тонкозернистая дисперсия 69
тонкозернистое отшелушивающее средство 169
тонкоизмельчённая масса 122
тонкоизмельчённая ореховая скорлупа 174
тонкоизмельчённые косточки абрикоса 107
тонкоразмолотый 85
тонкоразмолотый диоксид титана 191
тонкослойная хроматография 44
тонкость 85
тонус 192
тонус кожи 192
тончайшие частицы 142
топография кожи 193
торговая марка 33, 120, 129

торговая марка изготовителя 33
торговец 70
торговля 70, 168
торговля без посредников 168
торговля вразнос 168
торговля по выборочной системе 70
торговля по каталогу 168
торговля по количеству единиц продукции 168
торговля по почте 70, 168
торговля по стоимостному объёму 168
торговое название 65
торговый знак 33
торговый канал 42
торговый образец 168
торговый рекламный щит 69
точилка для косметического карандаша 174
точка 151
точка помутнения 151
трава 97, 100
травянистая начальная нота 28
травянистая нота 131
травянистое растение 100
травянистое сырьё 123
травянистый 97, 100
травянистый запах 134, 169
травянистый оттенок 12, 132
травянистый характер 43
травяной 97, 100
травяной шампунь 173
трагакант 97
трагакантовая камедь 97
традиционная медицина 123
традиционная рецептура 89
традиционный пропеллент 160
транснациональная фирма 49
транспарентные румяна 30
транспортёр 56
трансэпидермальный 194
трафаретная печать 156
требование 45
требования 165
требования ИФРА 165
требования к этикеткам 165
требования по безвредности 165
требования по качеству 165
требования по контролю качества 165
требования по охране окружающей среды 165
требования по хранению 165
требования рынка 165
тресковый жир 136
трёхвальцовая мельница 125
трёхфазная рецептура 89
трёхфазная эмульсия 75

трещина 86
трещина на коже 62
«три в одном» 155, 191
тригидрат оксида алюминия 22
триглицериды, модифицированные этиленоксидом 195
трикальцийфосфат 195
трихлортрифторэтан 159
трихлорфторметан 92, 159
триэтаноламин 195
триэтаноламинлаурилсульфат 195
трудносмываемая губная помада 113, 114
трудносмываемая тушь 121
трудносмываемый 115
трудносмываемый макияж 119
трудный 68
трудный для введения в состав 68
трудный для маскировки 68
трудный для эмульгирования 68
туалетная вода 72, 200
туалетная вода, одноимённая с духами 200
туалетное мыло 177
туалетные духи 142
туба 195
туба большого типоразмера для семейного пользования 195
туба в $1/2$ унции 195
туба для пробных образцов 195
туба для тонального крема 195
туба, наполняемая с носика 195
туба, наполняемая с хвостовой части 195
туба с герметичной мембраной 195
туба с дозатором 195
туба с накладываемым колпачком 195
туба с шариковой пробкой 195
туба туши для век 195
тубероза 195
тубонаполнитель 84
тубонаполнительная линия 113
тубонаполнительная установка для зубных паст 84
тубонаполнительная установка периодического действия 84
тубонаполнительная установка туши для ресниц 84
тубонаполнительное оборудование 77
тубонаполнительный и укупорочный автомат 117
тубоподающий механизм 83
туннельный оплавитель 195
туннельный охладитель 195
турбинная мешалка 19
турбомешалка 19, 195

315

тургор 195
тусклые волосы 98
тусклые ногти 128
тусклый цвет 48
тушь двойного действия 120
тушь для ресниц 120
тушь, не раздражающая слизистую оболочку глаз 121
тушь, не содержащая волокон 120
тушь, придающая блеск ресницам 120
тушь, придающая особый внешний эффект 121
тушь с волокнами 120
тушь с двухсторонней щёточкой 121
тушь с запасным блоком 121
тушь с перезарядкой 121
тушь с полезными для ресниц добавками 121
тушь с протеиновыми добавками 121
тушь, стойкая к слезам 121
тушь, удлиняющая и загибающая ресницы 121
тушь, удлиняющая ресницы 120, 121
тушь, устойчивая к неблагоприятным погодным условиям 121
тушь, утолщающая ресницы 120, 121
тушь эмульсионного типа 120
тушь, эффективно удлиняющая ресницы 120
тщательное перемешивание 19
тыква 117
тысячелистник 125, 201
тюльпан 195
тягучесть 183
тяжёлый запах 134

убыток 115
увеличение 76
увлажнение 63, 101, 127, 200
увлажнение волос 200
увлажнение пигмента 200
увлажнённая кожа 175
увлажнённость 55, 101
увлажнённость кожи 101
увлажнённый 200
увлажнитель 126
увлажнять 63
увлажняющая губная помада 114
увлажняющая добавка 185
увлажняющая маска 121, 122
увлажняющая маска с алоэ 121
увлажняющая маска с биоактивными добавками 121

увлажняющая основа 28
увлажняющая основа под губную помаду 156
увлажняющая пена для бритья 87
увлажняющая система 186, 187
увлажняющая способность 11, 37, 154, 160
увлажняющая сыворотка 171
увлажняющая эмульсия 75
увлажняющее действие 15, 73, 127
увлажняющее молочко 125
увлажняющее средство 126
увлажняющее средство длительного действия 126
увлажняющее средство для губ 126
увлажняющее средство для лица 126
увлажняющее средство для омолаживания кожи 164
увлажняющее средство для тела 126
увлажняющее средство, не содержащее жиров 126
увлажняющее средство после бритья 18, 126
увлажняющее средство с алоэ 126
увлажняющее средство с протеином 127
увлажняющее средство с экстрактом из морских водорослей 127
увлажняющее средство с эластином 126
увлажняющие свойства 43
увлажняющий бальзам 27
увлажняющий биокомплекс 29
увлажняющий гель 93
увлажняющий кожу уход 194
увлажняющий комплекс 50
увлажняющий компонент 18, 19, 51, 126
увлажняющий концентрированный состав 52
увлажняющий крем 60
увлажняющий крем, обогащённый активными добавками 61
увлажняющий крем-основа 90
увлажняющий лосьон 87, 116
увлажняющий мусс 127
увлажняющий шампунь 173, 174
увядание 19, 82
увядать 82
увядающая кожа 175
увядающий 82
углеводородный пропеллент 159
углерод 37
углеродная сажа 30
«угнетённая» кожа 176

уголь 37
угорь 14
угревая сыпь 14, 30, 49, 77, 150
угри 30, 49
угристый 49
удаление 164, 167
удаление волос 67, 76
удаление запаха 64
удаление избыточного салоотделения 164
удаление макияжа 164
удаляемый 164
удаляемый при мытье шампунем 164
удар 102
ударная мельница 125
ударопрочное стекло 95
ударопрочность 166, 183
удельная масса 65, 122
удельная стойкость 188
удержание 166
удлинитель 79
удлинитель ресниц 79
удлинять 79
узел 30
узкая горловина 129
узор 67, 143
укладка 171
укладка в картонную тару 141
укладка волос 171
укладка волос с помощью специального состава для придания глянцевости 184
укладка, придающая волосам влажный вид 184
укладка, придающая объёмность волосам 184
укладчик 115
укладчик готовой продукции 115
украшать 64
укреплять 86, 90
укрепляющая маска 121
укрепляющая сыворотка для лица 171
укрепляющее действие 15, 72, 73
укрепляющий комплекс 50
укрепляющий тоник 192
укроп 69
укрывистая губная помада 114
укрывистая текстура 190
укрывистое средство макияжа 119
укрывистость 11, 57, 153
укрывистость декоративного средства 57
укрывистый компонент 18
укрывистый тональный крем 90
уксусная кислота 13
укупоренная крышкой баночка 106

укупоренный флакон 31
укупоривание 46, 169
укупоривание колпачками 37
укупоривание колпачками автоматическим способом 37
укупоривание притёртой пробкой 46
укупоривание распылительным колпачком 46
укупорка 46
укупорочная машина 37, 169
укупорочная машина для стеклянных баночек 169
укупорочная прокладка 113
укупорочное оборудование 76
укупорочное средство 46, 151
укупорочный автомат 117
улетучивание 199
улетучивание запаха 82
улучшение 22
улучшенная рецептура 88
улучшенная стабильность 180
ультразвуковой анализ 23
ультрафиолетовое излучение 105, 163
ультрафиолетовое облучение 79
ультрафиолетовые лучи 163
ультрафиолетовый свет 111
уменьшаться 82
уменьшающий потоотделение 24
уменьшение 69, 163
уменьшение воспаления 163
умывание 199
умягчение 74, 117
умягчитель 74, 117, 177
ундекалактон 196
ундекатриен 196
ундециленовая кислота 14
ундециленовый спирт 20
ундециловый альдегид 21
ундециловый спирт 21
универсальное применение 197
универсальный 22
универсальный консервант 155
универсальный крем 58
универсальный лосьон 115, 116
универсальный шампунь 172
уникальный аромат 25
«унисекс» 196
унифицированный флакон 32
унция 140
упадок 64
упакованный 141
упакованный в коробку 33
упакованный вручную 99
упакованный в футляр 33
упаковка 140, 141
упаковка, безопасная для детей 140

упаковка в авангардном стиле 141
упаковка в коробки 33
упаковка в прозрачную плёнку 141
упаковка в футляры 33
упаковка для двойного набора 71
упаковка для изделий престижной категории 141
упаковка для образцов 141
упаковка для презентации 141
упаковка для пробных изделий 141
упаковка для рекламных образцов 141
упаковка для тропических регионов 141
упаковка из прозрачных материалов 141
упаковка категории «люкс» 141
упаковка под давлением 141
упаковка по индивидуальному заказу 140, 141
упаковка пульверизаторного типа 141
упаковка с запасным блоком 141
упаковка с многоцветной печатью 141
упаковка с перезарядкой 141
упаковочная коробка 33
упаковочная плёнка 85
упаковочная тара 55
упаковочная тара для парикмахерских салонов 141
упаковочная установка 118
упаковочно-фасовочный цех 66
упаковочный картон 31, 38
упаковочный пакет 26
упаковочный пакет из прозрачного материала 26
упаковочный футляр 33
упаковывание 141
упаковывание в картонную тару 38
упаковывание в картонную тару автоматическим способом 38
уплотнённая кожа 175
уплотнять 86
употребление 24, 197
употребление в качестве пищевого ароматизатора 24
упрочнённое стекло 95
упрощённая форма 174
упрощённая этикетка 108
упрощённый 174
упругая кожа 175
упругий 74
упругость 74, 165
упругость кожи 74
упругость молодой кожи 74
упругоэластичные свойства кожи 198
уравновешенная система 186
уравновешивающее действие 14

уровень 111
уровень pH 111
уровень абразивности 111
уровень безвредности 111
уровень загрязнённости 111
уровень наполнения 111
уровень переносимости 111
уровень потребления 111
уровень продаж 111
уровень содержания влаги 111
уровень содержания липидов 111
уровень содержания перекисных соединений 111
уровень увлажнения 111
уровень увлажнённости 111
уровень цен 111
урожай 62, 201
уроканиновая кислота 14
усиление 76, 78
усиленный 12
усиленный запах 133, 176
усиливающий компонент 18
усиливающий кровообращение 102
усилитель 31, 76
усилитель блеска волос 76
усилитель вкуса 31
усилитель завитости волос 76
усилитель пенообразования 76
ускоренное старение 19
ускоритель 12, 16, 31
ускоритель впитывания 12
ускоритель загара 12
условие 53
условия применения 53
условия сушки 53
условия транспортировки 53
условия хранения 53
усложнённая нота 131
усложнённый запах 91, 134, 145, 169
усовершенствование 164
усовершенствованная рецептура 88
усовершенствованная стабильность 180
успешно реализуемое изделие 159
успокаивать 72
успокаивающая маска 121, 122
успокаивающее действие 14, 72, 73
успокаивающее свойство 160
успокаивающий лосьон 117
успокоение 72
«уставшая» кожа 176
усталость 83
«усталость» кожи 83
установка 117, 150, 196
установка для дозирования, розлива и укупорки 196

установка для завёртывания в фольгу 118
установка для обёртывания термоусадочной плёнкой 118
установка для расфасовки жидкой туши 118
установка для розлива во флаконы 32
установка для сборки картонных коробок 77
установка для сборки картонных футляров 77
установка для сушки флаконов 118
устойчивая краска для волос 48
устойчивая липосома 113
устойчивая пена 87
устойчивая эмульсия 75
устойчивое состояние 181
устойчивость 146, 154, 165, 180, 188
устойчивость к атмосферным воздействиям 166
устойчивость к действию ультрафиолетовых лучей 166
устойчивость к холоду 180
устойчивость к щёлочи 180
устойчивость плёнки 166
устойчивость при хранении 28, 180
устойчивый 146, 166, 180
устойчивый запах 91
устойчивый к коррозии 56
устойчивый перманент 146
устойчивый эффект 73
устранение неприятного запаха 66
устраняющий неприятный запах 66
устройство для нанесения двухцветной печати 156
устройство для нанесения печати 156
устройство для нанесения печати по фольге горячим способом 156
устройство для печатания этикеток 156
утечка 110
утечка пропеллента 110
утилизация 197
утолщение 191
утолщённая кожа 176
утончённая нота 130, 131
утончённость 85
утончённость запаха 85
утончённый 178
утрата 115
утрата витаминов 115
утрата вязкости 115
утрата протеинов 115
утрата эластичности 115
утратившие упругость волосы 98
утративший влажность 65

утративший срок годности 18
утраченная упругость 74
утяжелённое стекло 95
уход 194
уход, восстанавливающий структуру и тургор кожи 194
уход, восстанавливающий структуру кожи 194
уход за веснушками 194
уход за волосами 70, 97
уход за дёснами 37
уход за зубами 37
уход за зубами и полостью рта 38
уход за кожей 194
уход за кожей вокруг глаз 194
уход за кожей головы 194
уход за кожей лица 194
уход за кожей лица при загаре 194
уход за кожей после загара 194
уход за кожей, предотвращающий появление морщин 194
уход за кожей, создающий лифтинг-эффект 194
уход за кожей тела при загаре 194
уход за ногтями 38, 194
уход за ногтями в домашних условиях 37
уход за полостью рта 38
уход за пористой кожей 194
уход за сухой кожей рук 194
уход за угристой кожей 194
уход, нормализующий физическое состояние 194
уход, оказывающий благотворное действие 194
уход, предупреждающий старение кожи 37
ухоженный внешний вид 24
ухудшение свойств 64
участок 25
участок кожи 25

фабрика 82, 150
фабричная стоимость 156
фабричная упаковка 140
фаза 147, 181
фактор 18, 82
фактор влияния окружающей среды 82
фактор кожного кислородного обмена 82
фактор контроля 82
фактор роста клеток 82
фальсификация 17, 83

фальсифицированное масло 135
фальсифицированные заявленные свойства 45
фальсифицировать 83
фальц 87
фальцевать 87
фальцовка 62, 88
фальцовка туб 167, 169
фальцовка тубы 88
фальшивый 83
фантазийная композиция 51
фантазийная форма 174
фантазийный 83
фантазийный букет 32
фантазийный запах 134, 144
фантазийный характер 192
фантазия 83
фантолид 146
фармакологическая активность 16
фармакологическое действие 73
фармакопейное качество 162
фармакопейный анис 23
фармакопейный глицерин 96
фармакопейный кодекс Великобритании 47
фармакопейный пропиленгликоль 161
фармакопейный тимол 191
фармацевтическая категория 96
фармацевтическая фирма 50
фармацевтическое применение 25
фарнезол 83
фаска 82
фасовка 84, 141
фасовка гигиено-косметических изделий 141
фасовка жидких препаратов 141
фасовка косметических изделий 141
фасовка по контракту 84, 141
фасовка саше 84
фасовочно-упаковочная установка 118
фасонная банка 36
фасонный флакон 32
фейхоа 83
фекальный запах 134
фелландрен 147
фенилацетальдегид 147
фенилпропилацетат 147
фенилпропиловый спирт 20
фенилэтилацетат 147
фенилэтилбензоат 147
фенилэтилбутират 147
фенилэтиловый спирт 20
фенилэтилпропионат 147
фенилэтилсалицилат 147
фенилэтилформиат 147
фенилэтилциннамат 147

фенхель 84
фенхель итальянский 84
фенхель лекарственный 84
фермент 76, 84
ферментативная активность 16
ферментативная мацерация 117
ферментативная технология 188
ферментативное разложение 65
ферментативное расщепление 64
ферментативный 76
ферментативный гидролиз 101
ферментативный процесс 157
ферментация 84
феромоны 147
фиалка 198
фиалка трёхцветная 142
фиалковый корень 140, 167
фиберглас 84
фибра 84
фибровый картон 31
фиброин шёлка 84
фибронектин 84
фигурная банка 36
фигурная баночка 107
фигурный флакон 32
физико-химические свойства 43, 160
физико-химический анализ 23
физиологический баланс 26
физиологическое действие 15, 73
физиология кожи 147
физический фактор 82
фиксатор 86
фиксатор для волос 86
фиксатор для маникюрного лака 86
фиксатор для парфюмерных композиций 86
фиксатор для усов 86
фиксация 86, 171
фиксация волос 86, 100, 171
фиксация завивки 166
фиксация запаха 86
фиксация красителя 86
фиксация причёски 86
фиксирующая основа 27
фиксирующая смола 165
фиксирующая способность 11, 153
фиксирующее действие 15, 72
фиксирующее свойство 160
фиксирующее средство 86
фиксирующий 86
филиал 70
филлохинон 199
фильтр 85, 169
фильтр тонкой очистки 85
фильтр ультрафиолетовых лучей спектра А 85

фильтр ультрафиолетовых лучей спектра B 85
фильтр ультрафиолетовых лучей спектра C 85
фильтрационный осадок 170
фильтрация 85
фильтрование 85
фильтрование на центрифуге 85
фильтровать 85
фильтруемость 36
фильтрующая способность 36
фильтрующий слой 28
фиолетовый синтетический краситель 198
фирма 49, 86
фирма, осуществляющая упаковку готовых изделий по контракту 49
фирма парфюмерного сырья 101
фирма по наполнению аэрозольных баллонов 49
фирма по производству душистых веществ 101
фирма по торговле вразнос 49
фирма семейной собственности 49
фирма синтетических душистых веществ 49
фирма-учредитель 50
фирменная коллекция 47
фирменная концепция 53
фирменная марка 33
фирменная рецептура 88
фирменное душистое вещество 179
фирменное душистое вещество с запахом сирени 179
фирменное изделие 157, 158
фирменное парфюмерное изделие 179
фирменные косметические изделия 57
фирменный знак 115
фирменный косметический полупродукт 179
фирменный препарат 179
фитилацетат 147
фитогормоны 147
фитоингредиент 104
фитоконцентрат 147
фитокосметика 147
фитол 147
фитосома 147
фитостерол 147
фитостимулятор 147
фитотоксин 194
флавоноид 86
флакон 31, 86
флакон асимметричной формы 31
флакон большой ёмкости 31
флакон для аэрозольной упаковки 32

флакон для дамской сумочки 32
флакон для одеколона 31
флакон для туалетной воды 31
флакон из бесцветного стекла 32
флакон из высококачественного стекла 31
флакон из декоративного стекла «под изморозь» 31
флакон из матированного стекла 32
флакон из матового стекла 32
флакон из многослойного материала 32
флакон из небьющегося стекла 32
флакон из непрозрачного стекла 32
флакон из полированного стекла 32
флакон из полиэтилентерефталата 32
флакон из прозрачного стекла 31, 32
флакон из тёмного стекла 31
флакон из тонкого стекла 32
флакон из упрочнённого стекла 31
флакон из цветного стекла 31
флакон из шлифованного стекла 31
флакон малой ёмкости 32
флакон необычной формы 31
флакон овальной формы 32
флакон округлённой формы 31
флакон под притёртую пробку 31
флакон продолговатой формы 32
флакон пятиугольной формы 32
флакон ручной работы 31
флакон с вертикальным рифлением 32
флакон с диагональным рифлением 31
флакон с колпачком 31
флакон сложной конфигурации 31
флакон со спиральным рифлением 32
флакон с удлинённым колпачком и кисточкой 31
флакон с узким горлом 32
флакон с широким горлом 32
флакон с этикеткой 31
флакон треугольной формы 32
флакон цилиндрической формы 31
флакон шарообразной формы 31
флакон эллиптической формы 31
флакономоечная машина 118, 199
флаконнонаполнительное оборудование 118
флексографическая печать 156
флексография 156
флёрдоранж 30, 87
флёрдоранжевая вода 200
флинтглас 95
флокуляция 87
флора 87

флораль 87
флориенталь 87
флуоресцентный 87
флуоресцентный краситель 72
флуоресценция 87
флуоресцирующий 87, 105
фолиевая кислота 13
фолликула 88
фолликулярный 88
фольга 87, 142
фон 26
форма 54, 88, 127, 174
форма без отдушки 88
форма в виде полумесяца 174
форма для губной помады 127
форма изготовления 88
форма флакона 174
формальдегид 88
формирование 88
формирование мыльной штанги 151
формовочная установка для губной помады 118
формоналивные косметические изделия 57
формула 88
фосфат кальция 35
фосфат магния 119
фосфатидилглицерин 147
фосфатидилхолин 147
фосфобетаины 147
фосфолипиды 147
фосфолипиды животного происхождения 147
фосфолипиды растительного происхождения 147
фосфорная кислота 14
фотоаллергенное тестирование 190
фотозащитная губная помада 114
фотозащитная эффективность 74
фотозащитное вещество 184
фотозащитное действие 16, 147
фотозащитное косметическое средство 30
фотозащитное косметическое средство для лица 30
фотозащитное молочко 125
фотозащитное соединение 43
фотозащитное средство 155, 169, 185
фотозащитное средство для губ 169
фотозащитные свойства 160
фотозащитный кондиционер 54
фотозащитный фактор 19, 82
фотозащитный фильтр 85, 185
фотосенсибилизирующее действие 15
фотосенсибилизирующее тестирование 190

фототоксичное действие 15, 73
фототоксичность 147
фототоксичный 147
фототоксичный компонент 19
фоточувствительная зона 25
фоточувствительная реакция 163
фоточувствительность 147
фоточувствительность кожи 147
фоточувствительный 147
фотоэлектронная сортировка по уровню наполнения 178
фрагмент 90
фрагментация 90
фрагментированный рынок 120
фракционирование 90
фракционирование методом хроматографии 90
фракционная конденсация 53
фракционная перегонка 69
фракционный 90
фракция 90
фракция, содержащая душистые вещества 90
французская фирма 49
фреон 92
фруктовая конечная нота 71
фруктовая маска 121
фруктовая нота 131
фруктовая пищевая эссенция 77
фрукто-альдегидное направление запаха 92
фрукто-бальзамический аккорд 13
фруктовое направление запаха 92
фруктовое направление запаха с нотой персика 92
фрукто-лимонное направление запаха 92
фрукто-сладковатая нота 131
фрукто-цветочное направление запаха 92
фруктовые кислоты 13
фруктовый 92
фруктовый аккорд 13
фруктовый аромат 25
фруктовый ароматизатор 86
фруктовый запах 134
фруктовый оттенок 12, 132
фруктовый сок 79
фруктовый характер 43
фруктовый экстракт 79
фрукты 92
фторид 87
фторирующий компонент 18
фтористан 87
фтористая добавка 87
фтористая зубная паста 66, 193

фтористое соединение 87
фтористый зубной эликсир 127
фтористый натрий 177
фторсодержащая зубная паста 66, 193
фужер 90
фузаровая кислота 13
фуллерова глина 72
фунгицидный 92
функциональная активность 16
функциональная добавка 17
функциональная косметика 56
функциональное назначение 162
функциональное свойство 160
функциональный 92
функциональный ингредиент 104
функциональный компонент 51
функция 92
функция кожи 92
функция сальных желёз 92
фурокумарин 92
фурфурол 92
футляр 33, 38, 47, 96, 101, 199
футляр для мыла 33
футляр из гофрированного картона 38
футляр категории «люкс» 39
футляр ручной сборки 33
футляр с двойными стенками 33
футляр с окном из прозрачной плёнки 33
футляр с художественной печатью 33

хамазулен 42
характер 42, 192
характер запаха 192
характер запаха на основе нот зелени 192
характер запаха на основе нот розы и ландыша 192
характер запаха на основе нот фиалки 192
характеристика 43, 144, 160
характеристики ощущений 43
характерная особенность 42
характерная черта 83
характерный 103
характерный запах 133, 176
характерный оттенок дыни 43
характерный оттенок зелени 43
хвойная нота 131
хвойное дерево 54
хвойное мыло 177
хвойные масла 136
хвойный 54
хвойный дёготь 188

хвойный запах 134
хвойный экстракт 80
хвостовая фракция 90
хвощ 101, 174
хвощ полевой 32
хвоя пихты бальзамической 129
хелатный компонент 18
хелатообразующая способность 11
хелидамовая кислота 13
хелидоновая кислота 13
химик 43
химик по пищевым ароматизаторам 44
химик, работающий в области косметики 43
химик, работающий в области парфюмерии 44
химик-исследователь 44
химик-косметолог 43
химик-парфюмер 44
химик-составитель рецептур 44
химикат 43
химическая несовместимость 103
химическая нота 130
химическая обработка 194
химическая реакция 42
химическая связь 113
химическая совместимость 50
химическая стойкость 166, 180
химическая фирма 49
химически инертное стекло 95
химически устойчивый 180
химически чистое вещество 184
химические свойства 160
химический запах 133
химический ингредиент 104
химический компонент 51
химический краситель 49
химический распад 65
химический распрямитель для волос 164
химический состав 51
химическое вещество 43, 52
химическое вещество для парфюмерии 43
химическое вещество косметического назначения 43
химическое вещество пищевого ароматизирующего назначения 43
химическое вещество тонкого органического синтеза 43
химическое воздействие 14
химическое название 65, 128
химическое разделение 170
химическое разложение 64
химическое соединение 52

химическое сродство 17
химическое строение 54, 183
хинная кора 44
хинное дерево 44
хинный экстракт 79
хитин 44
хитозан 44
хлебный злак 96
хлопковая целлюлоза 42
хлопковое волокно 84
хлопковое масло 136
хлопковый стеарин 182
хлопкошерстяная пуховка 162
хлопьевидная консистенция 117
хлопьевидный 86
хлопья 86
хлорбутанол 44
хлоргексидин 44
хлоргидрат алюминия 22
хлоргидрол 44
хлордифторэтан 92
хлорид алюминия 22
хлорид кальция 35
хлорид натрия 177
хлорид стронция 183
хлорированная вода 199
хлорофилл 44
хлорофиллин 44
хлорфторуглерод. 44
хлорфторуглеродный газ 93
хлорфторуглеродный пропеллент 159
хмель 101
хна 100
хозяйственное мыло 176
холекальциферол 199
холестерин 44
холин 199
холод 47
холодильная камера 33
холодильная установка 118
холодная завивка 200
холодная завивка волос 63
холодная укладка волос 184
холодное прессование 79
холодное фильтрование 85
холодное эмульгирование 75
холодный 47
холодный перманент 146
холодный способ 157
холодоустойчивый 181
холодящее действие 15
холодящее ощущение 83, 170
холодящий эффект 72
хомутик 47
хорошо переносимый 200

хорошо подобранное сочетание запахов 13
хорошо сбалансированная смесь 50
хорошо сбалансированный запах 133
хорошо сбалансированный по запаху букет 33
хохоба 107
хранение 183
хранение в сухом состоянии 183
хранение готовой продукции 183
хранение на холоде 183
хризанталь 44
хризантема 44
хроматографический анализ 23
хроматографическое определение 68
хроматографическое разделение 170
хроматография 44
хроматография на бумаге 44
хроматография по сродству 44
хроническая токсичность 194
хрупкий 34, 90
хрупкость 34, 90
хрустальная пробка 183
хрустальный флакон 31
хрустальный флакон с резными гранями 31
художественная печать 156
художественно выполненная упаковка 140
художественно оформлять 64
художественно-декорированный флакон 86
художественное оформление 64
художественное оформление тароупаковочных материалов 64
художник-модельер 68
художник-модельер по причёскам 68, 99

царапина 86
цвет 30, 48
цвет волос 48
цвет кожи 192
цвет лица 50
цветение 30, 87
цветная зубная паста 192
цветная косметика 56
цветная печать 156
цветная помада 152
цветная тушь 120
цветное косметическое изделие 48
цветное стекло 95
цветной колпачок 193
цветной косметический карандаш 143

цветной лак 109
цветной маскирующий карандаш 57
цветной оттенок 193
цветной пигмент 150
цветовая гамма 141
цветовая гамма макияжа для весеннего сезона 47
цветовая палитра 141
цветовое искажение 11
цветовой эталон 181
цветовой эффект 100
цветок 30
цветостойкость 180
цветочная головная нота с запахом флёрдоранжа и розы 193
цветочная композиция 51
цветочная композиция современного стиля 51
цветочная начальная нота 28
цветочная нота 130
цветочная пыльца 83
цветочная срединная нота 100
цветочно-амбровый букет 32
цветочно-восточный запах 91
цветочно-восточный характер 192
цветочное сырьё 87, 123
цветочно-сладковатая нота 132
цветочно-травянистый букет 32
цветочно-фруктовая нота 130
цветочно-фруктовый букет 32
цветочно-цитрусовая головная нота 193
цветочно-шипровый букет 32
цветочно-шипровый запах 91
цветочные бутоны 34
цветочные лепестки 146
цветочные масла 136
цветочный 87
цветочный аккорд 13
цветочный букет 32
цветочный букет романтического стиля 32
цветочный букет с дополнительными оттенками 33
цветочный букет с нотами ландыша и зелени 32
цветочный запах 91, 134
цветущий 30
цветы 87
цедра 201
цедрилацетат 39
цедрол 39
целебная трава 100
целебный 100
целебный шампунь 172
целлофан 39

целлофан с полиэтиленовым покрытием 39
целлофановая обёртка 201
целлофановые материалы 122
целлофано-обёрточная установка 118
целлюлит 39
целлюлоза 42
целлюлозная плёнка 84
целлюлозная смола 165
целлюлярный комплекс в средствах для ухода за кожей лица 50
целлюлярный ночной крем 58
цель 162
цельнотянутый баллон 36
цельный баллон 36
цена 156
цена изготовителя 156
цена мирового рынка 156
цена продавца 156
цена продажи 156
ценность 197
ценные питательные вещества 133
ценовое регулирование 55
центрифуга 42
центрифугирование 42
центрифуговый процесс 157
центробежное фильтрование 85
центробежный 42
церамид 42
церамид животного происхождения 42
церамид растительного происхождения 42
цереброзиды 42
цереброзиды растительного происхождения 42
церезин 42, 140
церезиновый воск 200
цетиларахидол 42
цетилмиристат 42
цетиловый спирт 20
цетиловый эфир арахидоновой кислоты 42
цетиловый эфир молочной кислоты 42
цетилпальмитат 42
цетилрицинолеат 42
цетилстеариловый эфир 42
цетостеариловый спирт 20
цех 66, 167
цех выстаивания 66
цех для приготовления пудры 167
цех розлива во флаконы 66
цех смешивания сырьевых компонентов 167
цианокобаламин 199
цибет 45
цибетон 45

цикл 44, 63, 145
цикл вызревания 63
цикл выстаивания 63
цикл охлаждения 44, 63
цикламен 63
цикламенальдегид 21
циклический 63
циклогексадеценон 128
циклогексилацетат 63
циклогексилбутират 63
цикломат натрия 177
циклометиконы 63
цикорий 44, 47
цилиндрическая банка 36
цилиндрическая туба 195
цилиндрическая форма 127
цилиндрический баллон 36
цилиндрический картонный футляр 38
цинеол 44
цинк-пиритион 201
циннамилбутират 44
циннамилпропионат 44
циннамилформиат 44
циннамилциннамат 44
циркуляционный конденсатор 53
цис-3-гексеналь 100
цис-3-гексенилацетат 110
цис-3-гексенол 100
цитварное масло 139
цитраль 45
цитраль из лемонграссового масла 45
цитрат натрия 177
цитронелла 45
цитронеллаль 45
цитронеллилацетат 45
цитронеллилбутират 45
цитронеллилизобутират 45
цитронеллилоксиацетальдегид 21
цитронеллилпропионат 45
цитронеллилформиат 45
цитронелловый запах 133
цитронеллол 45
цитронеллол-кёр 45
цитрусовая головная нота 193
цитрусовая нота 130, 131
цитрусовые плоды 92
цитрусовый ароматизатор 86
цитрусовый запах 133, 134
цитрусовый оттенок 132, 192
цитрусовый характер 43

чабер обыкновенный 28
чабрец 191

чайный куст 188
чан 142, 187, 198
чан для отдельной фазы 198
чан для хранения 187
чан из нержавеющей стали 187
чан с паровой рубашкой 187
частица 95
частицы 142
частицы воды 142
частицы воздуха 142
частицы двойного размола 142
частицы красителя 97
частицы пигментного красителя 142
частицы полиэтилена 142
частичная замена 185
частично гидролизованный 101
частичное действие 15
частичный эффект 73
частная торговая марка 108
частная фирма 50
часто встречающиеся примеси 103
частое мытьё 199
частое мытьё шампунем 174
частое применение 197
частота 92
часть 90
чашечка 96
череда 28, 34
черёмуха 44
чёрная краска для волос 48
чёрная сажа 37
чёрная смородина 39
чёрная тушь 120
черника 29, 30, 101
черноплодная рябина 44
чёрный железооксидный краситель 30, 105
чёрный краситель 30
чёрный краситель из смолы акации 30
чёрный пигмент 150
чёрный угольный краситель 30
черта 112
чеснок 93
чесночный запах 133, 134
четвертично-аммониевое производное 67
четвертичные соли 163
четвертичный полимер 152
четвертичный протеин 162
чешуйка 109
чешуйки 169
чешуйчатая кожа 175
чешуйчатая кожа головы 169
чешуйчатая структура 183
чешуйчатость 169

чешуйчатый 109
число 64, 103, 132, 197
число омыления 132, 197
число основности 132
чистая кожа 175
чистая нота 130
чистота 162
чистота красителей 162
чистота согласно требованиям фармакопеи США 162
чистотел 39
чистый 85
член комиссии по дегустации 142
член комиссии по оценке 142
чрезмерная пигментация 150
чрезмерная сладковатость 186
чрезмерно густые волосы 97
чрезмерно сухая кожа 175
чрезмерное употребление 140
чрезмерный 78
чрезмерный камфорный оттенок 140
чрезмерный оттенок 140
чрезмерный сладковатый оттенок 140
чубушник 186
чувственная нота 131
чувственный запах 134, 169
чувствительная зона 25
чувствительная кожа 175
чувствительная слизистая оболочка и кожа вокруг глаз 81
чувствительность 170
чувствительность дёсен 170
чувствительность зубов 170
чувствительность кожи 170
чувствительность к ультрафиолетовому излучению 147
чувствительность слизистой оболочки глаз 170
чувствительные ногти 128
чувствительный 83, 170
чувство 83, 170
чужеродный 88

шалфей 168
шалфей мускатный 168
шалфейный шампунь 173
шампунь 172
шампунь «без слёз» 173
шампунь в виде крема 172
шампунь в саше 173
шампунь, глубоко очищающий кожу головы 172
шампунь двойного назначения 172
шампунь для детей 173
шампунь для душа 173
шампунь для ежедневного мытья волос 172
шампунь для жирных волос 172, 173
шампунь для любых волос 172
шампунь для нормальных волос 173
шампунь для парикмахерских салонов 173
шампунь для семейного пользования 172
шампунь для сухих волос 172
шампунь для тела и волос 172
шампунь для частого мытья волос 172
шампунь для этнических групп населения 172
шампунь, защищающий от ультрафиолетовых лучей 173
шампунь и кондиционер в одном флаконе 172
шампунь мягкого действия 172, 173
шампунь на основе подсолнечного масла 173
шампунь нормализующего действия 173
шампунь, облегчающий расчёсывание волос 172
шампунь от перхоти 172
шампунь, очищающий кожу головы 172
шампунь, придающий блеск волосам 173
шампунь, придающий объёмность волосам 173
шампунь, придающий шелковистость волосам 173
шампунь с алоэ 172
шампунь с арникой 172
шампунь с витамином E 173
шампунь с высоким содержанием поверхностно-активных веществ 173
шампунь с женьшенем 172
шампунь с жиром норки 173
шампунь с маслом хохобы 173
шампунь с молочными аминокислотами 173
шампунь с отдушкой 173
шампунь с пектином 173
шампунь с протеином 173
шампунь с растительными экстрактами 173
шампунь с экстрактом алтея 173
шампунь с экстрактом жимолости 173
шампунь с экстрактом иван-чая 174
шампунь с экстрактом календулы 173
шампунь с экстрактом клевера 172

шампунь с экстрактом личи китайского 173
шампунь с экстрактом мать-и-мачехи 172
шампунь с экстрактом натурального шёлка 173
шампунь с экстрактом окопника 172
шампунь с экстрактом пшеничных зародышей 174
шампунь с экстрактом тысячелистника 173
шампунь с экстрактом хвоща 173
шампунь с экстрактом хны 173
шампунь с яичным лецитином 172
шампунь-бальзам 172
шампунь-гель 172
шампунь-кондиционер 172
шарик 95
шариковая укупорка 46
шариковая упаковка 141, 167
шариковая форма 88
шариковый антиперспирант 24
шаровая мельница 125
шарообразный 95
шафран 168
шевелюра 44, 97
шёлк 174
шелковистая кожа 175
шелковистая пена 127
шелковистая пудра 153
шелковистая текстура 190
шелковистость 174
шелковистость волос 174
шелковистость кожи 174
шелковистый 170
шелковистый блеск 34, 95, 117, 174
шелковистый внешний вид 24
шёлковый порошок 153, 174
шелкографическое художественное оформление 64
шелкография 156
шелкотрафаретная печать 156
шеллак 174
шеллак, не содержащий воска 174
шелушение 68, 78
шероховатость 169
шероховатость кожи 167, 169
шероховатый 46
шерстяной воск 200
шерстяной жир 83, 97
шершавая кожа 175
шестицветная печать 156
шея 129
шик 44
шильник 26
шиповник 34

шипр 44
шипровая композиция 51
шипровая нота 130
шипровый запах 90, 133, 144
шипровый тип 196
шипучая пена для ванн 87
шипучая соль для ванн 168
широкая торговля 70
широкое применение 197
широкомасштабная рекламная деятельность 17
широкомасштабное использование 197
шифр 47
шифровой код при фасовочно-наполнительных операциях 47
шиффово основание 28
шишка 54
шкаф 35
шлифование 95
шлифование горла флакона 97
шлифование стекла 95
шлифование стеклянных флаконов 151
шлифованный флакон 31
шлифовать 151
шнек-машина для мыла 151
шнековая мешалка 19, 125
шнековый питатель 83
«шоковый» уход за кожей 194
шоколадно-коричневый 34
шрам 169
штамп 181
штамп-машина 181
штампование горячим способом 74
штампованная коробка 33
штампованный футляр 33
штамповка 181
штамповка мыла 181
штамповочная машина 181
штамповочная машина для колпачков 181
штамповочная машина для мыла 181
штифтовая дисковая мельница 125
штрих 54, 100, 193

щавель 70
щека 43
щёлочестойкость 166
щелочная проба 189
щелочная среда 123
щелочное число 132
щелочной 21
щелочной показатель pH 146
щётка 34

щёточка 34
щёточка-аппликатор 34
щёточка-аппликатор туши для ресниц 25
щёточная флакономоечная машина 118
щипцы для загибания ресниц 62
щирица 22

эвгенилацетат 78
эвгенол 78
эвкалипт 78, 97
эвкалиптовый запах 134
эвкалиптол 78
экзальтатор 18
экзальтолид 78
экзальтон 78
экзема 72
экзогенный 78
экзотическая нота 130
экзотический запах 144
экологическая ориентация 139
экологически безвредная упаковка 140
экологически безвредный 104
экологическое последствие 72
экономически эффективная рецептура 88
экономически эффективное изделие 158
экран 169
эксперимент 78, 195
эксперимент в пробирке 78
эксперимент на живых организмах 78
экспериментальные данные 63
экспериментальный 195
экспериментальный метод 157
экспериментальный синтез 186
экспериментирование 78
экспертная оценка 77
экспорт 79
экспорт парфюмерной продукции 79
экспорт эфирных масел 79
экспортная стоимость 197
экспортная торговля 168
экспресс-метод 124, 190
экссудат 81
экссудат из листьев 81
экстравагантный запах 90
экстрагирующее вещество 18
экстракт 79, 81, 103
экстракт алоэ 79
экстракт алтея 79, 80
экстракт альпийского лишайника 79
экстракт анютиных глазок 80

экстракт арники 79
экстракт бамбука 79
экстракт боярышника 80
экстракт бурачника 79
экстракт валерианы 81
экстракт васильков 79
экстракт венерина волоса 80, 81
экстракт вербены лимонной 80
экстракт вереска 80
экстракт взморника морского 81
экстракт гамамелиса 81
экстракт гибискуса 80
экстракт гидрастиса 80
экстракт гинкго 80
экстракт горечавки 80
экстракт дымянки лекарственной 80
экстракт ежевики 79
экстракт желтокорня 80
экстракт женьшеня 80
экстракт зверобоя 80
экстракт зелёного кофе 80
экстракт зелёного чая 80
экстракт иван-чая 81
экстракт иглицы понтийской 79
экстракт из берёзовых листьев 79
экстракт из берёзовых почек 79
экстракт из животной ткани 79
экстракт из корня солодки 80
экстракт из костного мозга крупного рогатого скота 79
экстракт из крови крупного рогатого скота 79
экстракт из листьев мангового дерева 80
экстракт из листьев оливкового дерева 80
экстракт из морских водорослей 79, 80, 81
экстракт из печени 80
экстракт из плодов киви 80
экстракт из плодов папайи 80
экстракт из пшеничных зародышей 81
экстракт из селезёнки 81
экстракт из тимуса 81
экстракт из тимуса крупного рогатого скота 79
экстракт из цветов бузины 79
экстракт из цветов липы 80
экстракт из цветочной пыльцы 81
экстракт ирландского мха 80
экстракт кактуса 79
экстракт календулы 79, 80
экстракт калины 81
экстракт калофилла 79
экстракт кипрея 81
экстракт клевера 79

экстракт кокосового ореха 79
экстракт конского каштана 80
экстракт копытня 80
экстракт коровяка 80
экстракт крапивы 80
экстракт крапивы жгучей 81
экстракт лайма 80
экстракт лапчатки 81
экстракт латука 80
экстракт лилии 80
экстракт липы 80
экстракт лопуха ·79
экстракт льняного семени 79
экстракт люффы 80
экстракт мака-самосейки 79
экстракт мальвы 80
экстракт мате 80
экстракт мать-и-мачехи 79
экстракт мелиссы 79, 80
экстракт мирта 80
экстракт можжевельника 80
экстракт молочая 80
экстракт моркови 79
экстракт мыльнянки 81
экстракт мяты болотной 80
экстракт мяты круглолистной 79
экстракт мяты лимонной 79, 80
экстракт настурции 80
экстракт огурца 79
экстракт одуванчика 79
экстракт окопника лекарственного 79
экстракт омелы 80
экстракт орешника 81
экстракт очанки 79
экстракт папоротника 79
экстракт парагвайского чая 80
экстракт плаценты 80
экстракт плюща 80
экстракт полыни горькой 79
экстракт полыни обыкновенной 80
экстракт постенницы 80
экстракт просвирника 80
экстракт пчелиных сот 80
экстракт ревеня 81
экстракт розмарина 81
экстракт ромашки 79
экстракт ромашки лекарственной 80
экстракт рябины обыкновенной 80
экстракт сахарного тростника 81
экстракт стальника 81
экстракт страстоцвета 80
экстракт тысячелистника 80, 81
экстракт фенхеля 79
экстракт фиалки трёхцветной 80
экстракт хвоща 80, 81
экстракт хмеля 80

экстракт хны 80
экстракт цмина 79
экстракт чабреца 81
экстракт чайного дерева 81
экстракт черники 79
экстракт чёрного ореха 79
экстракт чёрных водорослей фукус 79
экстракт шалфея 81
экстракт шёлка 81
экстракт шелковицы 80
экстракт щавеля 81
экстракт эвкалипта 79
экстракт юкки 81
экстракт яблока 79
экстрактор 198
экстракты лекарственных трав 80
экстракционная колонна 49
экстракционная перегонка 69
экстракционная технология 188
экстракционная установка 150, 196
экстракционное масло 79, 136, 137
экстракционное масло жасмина 80
экстракционное масло флёрдоранжа 80
экстракционное разделение 170
экстракционное эфирное масло 139
экстракция 81
CO_2-экстракция 81
экстракция ацетоном 81
экстракция бензолом 81
экстракция гексаном 81
экстракция летучим растворителем 81
экстракция петролейным эфиром 81
экстракция противотоком 81
экстракция растворителем 81
экстракция углекислым газом 81
экстрапоны 81
экструдер 81
экструдер постоянного давления переменной скорости 81
экструзионный процесс 157
экструзия 81
эксцентричный запах 90
эластин 74
эластичная кожа 175
эластичная плёнка 84
эластичная структура 190
эластичная упаковка 141
эластичность 74, 87, 151, 165
эластичность кожи 87, 151, 165
эластичность плёнки 87
эластичность эмали для ногтей 87
эластичный 74, 87
эластомер 74
электрический нагрев 100
электрозавивка 200

электролит 74
электролитическое свойство 43
«электронный нос» 130
элемент 74
элемент упаковочного материала 74
элеми 74, 165
эликсир 74
эликсир для полости рта, применяемый перед чисткой зубов 167
эликсир лечебного назначения 127
эликсир от зубного налёта 127, 167
эликсир от кариеса 167
элюент 74
эмаль 75
эмаль для ногтей 76
эмаль для ногтей, не дающая осадка 76
эмаль для ногтей с нитроцеллюлозой 76
эмбриональная ткань 191
эмульгатор 18, 75
эмульгатор для косметического производства 75
эмульгатор на базе холестерина 75
эмульгатор органического происхождения 75
эмульгатор типа вода/масло 75
эмульгатор типа масло/вода 75
эмульгирование 75
эмульгирование без нагревания 75
эмульгирование с инверсией фаз 75
эмульгирование смешанного типа 75
эмульгирование с нагревом 75
эмульгированные частицы 95
эмульгировать 75
эмульгируемость 153
эмульгируемый 74
эмульгирующая активность 16
эмульгирующая способность 11, 36, 153, 160
эмульгирующая фракция 90
эмульгирующее вещество 75
эмульгирующие свойства 43
эмульгирующий ·75
эмульгирующий компонент 18
эмульсионная консистенция 190
эмульсионная основа 27, 75
эмульсионная система 186
эмульсионная структура 183
эмульсионный крем 59
эмульсионный крем типа вода/масло 62
эмульсионный крем типа масло/вода 60
эмульсионный препарат 75, 154
эмульсионный состав 88

эмульсификатор 75
эмульсия 75, 154
эмульсия для детей 75
эмульсия для лица 75
эмульсия для спортивного массажа 75
эмульсия для удаления макияжа 75
эмульсия для ухода за кожей вокруг глаз 75
эмульсия для ухода за телом 75
эмульсия красителя 75
эмульсия на основе силикона 75
эмульсия низкой вязкости 75
эмульсия, обогащённая полезными добавками 75
эмульсия обычного типа 75
эмульсия после бритья 75
эмульсия после загара 75
эмульсия с отдушкой 75
эмульсия типа вода/масло 75
эмульсия типа масло/вода 75
эндогенный 76
энергичное перемешивание 183
энергичный массаж 122
энзим 76
энзимный 76
энотера 78
эозин 76
эпидерма 76
эпидерма человека 76
эпидермальное нарушение 63
эпидермальные клетки 39
эпидермальный 76
эпидермальный защитный комплекс 50
эпидермальный слой 110
эпидермальный слой кожи человека 76
эпидермис 76
эпиляция 76
эпителиальная ткань 76
эпителиальные клетки 39
эпителиальный 76
эпителизация 76
эпителизирующее действие 15
эпителий 76
эпителий полости рта 76
эргокальциферол 199
эритема 77
эритема от ультрафиолетовых лучей 77
эритемная доза 70
эритрозин 77
эрозия 77
эруковая кислота 13
эскулин 77
эссенция 77

эссенция гальбанума 137
эссенция для ванн 77
эссенция для ванн с расслабляющим действием 77
эстерификация 77
эстерифицированный 77
эстетическая функция 92
эстетические свойства 43, 160
эстетические характеристики 43
эстрагон 77
эталон 181
эталонный образец 168
этанол 20
этерифицированный лаурилсульфат 110
этерифицированный лаурилсульфат аммония 22
этерифицированный монолаурилсульфосукцинат 127
этикетирование 108
этикетирование боковой поверхности тары 109
этикетирование верхней поверхности тары 109
этикетирование горячим способом 108
этикетирование дна тары 108
этикетирование прижимным способом 109
этикетирование с использованием воздушной струи 108
этикетирование с полным указанием состава изделия 109
этикетированная банка 36
этикетированный флакон 32
этикетировочная машина 108, 118
этикетировочная машина для флаконов 108
этикетировочная машина с прижимным устройством 108
этикетировочное оборудование 118
этикетировочный автомат 25, 108, 117
этикетировочный полуавтомат 108
этикетка 108
этикетка в виде голограммы 108
этикетка из фольги 108
этикетка изысканного стиля 108
этикетка, наклеиваемая горячим способом 108
этикетка, наклеиваемая на заднюю стенку тары 108
этикетка, наклеиваемая на фронтальную сторону тары 108
этикетка с полным перечнем компонентов в составе изделия 108
этикеточная бумага 142
этилантранилат 78

этилацетат 78
этилбензоат 78
этилбутират 78
этилванилин 78
этилгексилпальмитат 78
этилгексилпеларгонат 78
этиленбрассилат 78, 128
этилизовалериат 78
этилкапроат 78
этиллактат 78
этиловый спирт 20, 77
этилолеат 78
этилпарабен 78
этилсалицилат 78
этилциннамат 78
этнический 78
этоксилан 78
этоксилирование 78
этоксилированное поверхностно-активное вещество 185
этоксилированный 78
этоксилированный глицерин 96
этоксилированный ланолин 109
этоксилированный пчелиный воск 28
эфир глицерина и жирной кислоты кокосового масла 96
эфирное аирное масло 135
эфирное амбретовое масло 135
эфирное амирисовое масло 135
эфирное ангеликовое масло 135
эфирное анисовое масло 23, 135
эфирное апельсиновое масло 137
эфирное бадьяновое масло 138
эфирное базиликовое масло 135
эфирное белое тимьяновое масло 138
эфирное бергамотное масло 135
эфирное ветиверовое масло 139
эфирное гваяковое масло 137
эфирное гвоздичное масло 136
эфирное гераниевое масло 137
эфирное грейпфрутовое масло 137
эфирное еловое масло 138
эфирное иланг-иланговое масло 139
эфирное имбирное масло 137
эфирное ирисовое масло 137
эфирное каепутовое масло 135
эфирное канангового масло 135
эфирное кардамоновое масло 135
эфирное кедровое масло 136
эфирное кориандровое масло 136
эфирное красное тимьяновое масло 138
эфирное куркумовое масло 136
эфирное лавандиновое масло 137
эфирное лавандовое масло 137, 138
эфирное лавровое масло 135, 137

эфирное лаймовое масло 137
эфирное лемонграссовое масло 137
эфирное лимонное масло 137
эфирное любистоковое масло 137
эфирное мандариновое масло 137, 138
эфирное масло 77, 135, 136
эфирное масло акации 136
эфирное масло аниса звёздчатого 138
эфирное масло бархатцев 138
эфирное масло бессмертника 137
эфирное масло валерианового корня 139
эфирное масло валерианы 139
эфирное масло вербены 139
эфирное масло горького апельсина 135, 137
эфирное масло дерева сиу 138
эфирное масло душистого перца 138
эфирное масло душицы 137
эфирное масло здравеца 139
эфирное масло из берёзовых почек 135
эфирное масло из коры кротонового дерева 135
эфирное масло из лавандина сорта «абриаль» 137
эфирное масло из листьев гвоздичного дерева 136
эфирное масло из листьев дерева хо 137
эфирное масло из почек чёрной смородины 135
эфирное масло из семян моркови 135
эфирное масло из семян сельдерея 136
эфирное масло из цветов гвоздичного дерева 136
эфирное масло иссопа 137
эфирное масло кипариса 136
эфирное масло костуса 136
эфирное масло кубебы 136
эфирное масло лабданума 136, 137
эфирное масло лимонника эвкалиптового 136
эфирное масло майорана 137
эфирное масло мелиссы 137
эфирное масло мирры 137
эфирное масло мускатного ореха 137
эфирное масло мяты болотной 138
эфирное масло мяты кудрявой 138
эфирное масло мяты перечной 138
эфирное масло, не содержащее сесквитерпенов 138
эфирное масло, не содержащее терпенов 136, 138
эфирное масло олибанума 137

эфирное масло петрушки 138
эфирное масло пижмы 136
эфирное масло, полученное вакуум-разгонкой 102
эфирное масло, полученное вторичной перегонкой сырья, оставшегося после мацерации 136
эфирное масло, полученное перегонкой с водяным паром 138
эфирное масло полыни 135, 137
эфирное масло резеды 138
эфирное масло розового дерева 137, 138
эфирное масло розовой герани 138
эфирное масло сладкого апельсина 137
эфирное масло туберозы 138
эфирное масло тысячелистника 139
эфирное масло фенхеля итальянского 138
эфирное масло фиалкового корня 137
эфирное масло чайного дерева 138
эфирное масло шалфея мускатного 136
эфирное миртовое масло 137
эфирное можжевеловое масло 137, 138
эфирное неролиевое масло 137
эфирное низкоментольное масло 136
эфирное пажитниковое масло 136
эфирное пальмарозовое масло 137, 138
эфирное пачулевое масло 138
эфирное перечное масло 137
эфирное петигреновое масло 138
эфирное пихтовое масло 136
эфирное полынное масло 139
эфирное померанцевое масло 135
эфирное розмариновое масло 138
эфирное розовое масло 138
эфирное ромашковое масло 135
эфирное рутовое масло 138
эфирное санталовое масло 138
эфирное сассафрасовое масло 138
эфирное сафлоровое масло 138
эфирное свежеотогнанное масло 136
эфирное сосновое масло 138
эфирное тимьяновое масло 138
эфирное тминное масло 135, 136
эфирное тунговое масло 138
эфирное укропное масло 136
эфирное хвойное масло 138
эфирное хмелевое масло 137
эфирное цитронелловое масло 136
эфирное чесночное масло 137
эфирное число 103, 132

эфирное шалфейное масло 138
эфирное эвкалиптовое масло 136
эфирное эстрагоновое масло 136
эфирномасличная отрасль 84
эфирномасличная промышленность 103
эфирномасличное предприятие 70, 150
эфирномасличное растение 150
эфирномасличное сырьё 122
эфирномасличное цветочное сырьё 87
эфирномасличный жасмин 107
эфирные масла с Коморских островов 136
эфирные масла французского производства 136
эфиры пара-оксибензойной кислоты 142
эффект 14, 72
эффект влажности 73
эффект жёсткой фиксации 73
эффект загара 73
эффект зеркального блеска 73
эффект изморози 72
эффект обновления клеток кожи 72
эффект подтягивания кожи 111
эффект подтягивания кожи лица 111
эффективная влагоудерживающая способность 101
эффективное вяжущее средство 26
эффективное увлажнение 127
эффективное увлажняющее средство 126
эффективность 74
эффективный 74
эффективный антисептик 24
эффективный ингибитор 104
эффективный компонент 18
эффективный консервант 155
эффективный модификатор 126
эффективный уровень 111
эффективный эмульгатор 75

ювелирный эффект 73
юглон 107
юкка алоэлистная 28
юношеская угревая сыпь 14

яблоко 24
яблоневый цвет 30
яблочная кислота 14
яблочный ароматизатор 86
яблочный привкус 86
явное благоприятное воздействие 28
явное изменение 42
явный 42
ягода 29
яд 194
ядро 107
ядро кокосового ореха 132
ядро ореха 107
ядровое мыло 176
яичная маска 121
яичное масло 136
яичный альбумин 19
яичный лецитин 110
яичный порошок 153
яичный шампунь 172
яичный экстракт 79
якорная мешалка 19, 182
янтарная кислота 14
яра-яра 201
яркий 49
яркий блеск 100
яркий краситель 71
яркий макияж 119
яркий пигмент 150
яркий цвет 48
ярко выделенный 100
ярко подчёркнутые губы 113
ярко-красный тон 172
яркость 100
ячейка 39
ячменный экстракт 79
ячмень 27
ящик 33

А. Ю. Болотина, Е. О. Якушева

КРАТКИЙ АНГЛО-РУССКИЙ И РУССКО-АНГЛИЙСКИЙ МЕДИЦИНСКИЙ СЛОВАРЬ

Издается впервые, 1997 г.

Словарь содержит около 36 000 терминов.

Современная медицина в последние годы значительно обогатилась множеством новых методов диагностических исследований и лечения за счет широкого использования достижений науки и технических возможностей. Успешно развиваются новые направления медицины, в частности, иммуногенетика, генная инженерия, радиоизотопная диагностика, применение лазеров. Это обусловливает появление в медицинской лексике совершенно новых терминов, адекватный перевод которых необходим.

Предлагаемый словарь предназначен в первую очередь для студентов медицинских институтов, аспирантов и научных работников. Он компактен, удобен в пользовании. В словарь включены как наиболее употребительные медицинские термины, так и внедряющиеся в медицинскую лексику новые термины, в том числе из смежных дисциплин.

При подготовке словаря была использована, помимо энциклопедических и справочных изданий (русских и английских), обширная текущая медицинская литература.

Издательство «РУССО»
Адрес: 117071, Москва, Ленинский проспект, д. 15, комн. 324, 325
Телефоны: 237-25-02; 955-05-67; Факс: 237-25-02

СПРАВОЧНОЕ ИЗДАНИЕ

ПУЧКОВА
Татьяна Валентиновна

КОРАЛЬНИК
Светлана Ивановна

АНГЛО-РУССКИЙ СЛОВАРЬ
ПО ПАРФЮМЕРИИ
И КОСМЕТИКЕ

Ответственный за выпуск
ЗАХАРОВА Г. В.

Ведущий редактор
ГАЛКИНА Н. П.

Редакторы:
МОКИНА Н. Р.
МИТРОВИЧ В. Л.

Художник-оформитель
МУРАШОВ В. С.

Лицензия ЛР № 090103
от 28. 10. 1994 г.

Подписано в печать 10.09.1996. Формат 60х90/16. Бумага писчая бланочная. Гарнитура таймс. Печать офсетная. Усл.печ.л. 21. Уч.-изд. 22. Тираж 7500 экз. С 021

«РУССО», 117071, Москва, Ленинский пр-т, д. 15, к. 325. Телефон/факс 237 2502.

Отпечатано в Московской типографии № 2 ВО «Наука», 121099, Москва, Шубинский пер., д. 6.

Издательство «Р У С С О»,
выпускающее научно-технические словари,
предлагает:

Толковый биржевой словарь (с английскими эквивалентами)
Англо-немецко-французско-русский физический словарь
Англо-русский и русско-английский словарь по солнечной энергетике
Англо-русский металлургический словарь
Англо-русский словарь по пищевой промышленности
Англо-русский словарь по химии и переработке нефти
Англо-русский словарь по химии и химической технологии
Англо-русский юридический словарь
Испанско-русский и русско-испанский словарь
Немецко-русский медицинский словарь
Немецко-русский металлургический словарь (в 2-х томах)
Немецко-русский политехнический словарь
Немецко-русский словарь по атомной энергетике
Немецко-русский словарь по судостроению и судоходству
Немецко-русский текстильный словарь
Немецко-русский экономический словарь
Немецко-русский электротехнический словарь
Немецко-русский юридический словарь
Русско-английский медицинский словарь-справочник с толкованиями
Русско-испанский словарь
Русско-французский и французско-русский физический словарь
Словарь сокращений испанского языка
Французско-русский словарь
Французско-русский математический словарь
Французско-русский медицинский словарь
Французско-русский технический словарь
Французско-русский юридический словарь

Адрес: 117071, Москва, Ленинский проспект, д. 15, комн. 324, 325
Телефоны: 237 2502, 955 0567 **Факс:** 237 2502

С НАМИ - в завтрашний день

Единственный в России изготовитель трансдермальных липосомальных и микроэмульсионных носителей для производства высокоэффективной косметической продукции

КОРПОРАЦИЯ НИЗАР МОСКВА

113114, Москва,
Летниковская ул.16,
тел. 235-7556, 235- 7596,
факс 275-3575, 232-6484.